해국도지 【七】

海國圖志 七

해국도지 海國圖志 【七】

초판 1쇄 인쇄   2024년 3월 18일
초판 1쇄 발행   2024년 4월 1일

—

저   자 | 위원魏源
역주자 | 정지호·이민숙·고숙희·정민경
발행인 | 이방원
발행처 | 세창출판사

신고번호·제1990 － 000013호
주소·03736 서울특별시 서대문구 경기대로 58 경기빌딩 602호
전화·02 － 723 － 8660 팩스·02 － 720 － 4579
홈페이지·http://www.sechangpub.co.kr 이메일·edit@sechangpub.co.kr

—

ISBN   979 - 11 - 6684 - 315 - 0   94900
ISBN   979 - 11 - 6684 - 040 - 1   (세트)

—

이 역주서는 2017년 대한민국 교육부와 한국연구재단의 지원을 받아 수행된 연구임.
(NRF－2017S1A5A7020082)

—

이 책은 한국연구재단의 지원으로 세창출판사가 출판, 유통합니다.
잘못 만들어진 책은 구입하신 서점에서 바꾸어 드립니다.

해국도지
海國圖志

【七】
(권19~권24)

위원魏源 저

정지호 · 이민숙 · 고숙희 · 정민경 역주

세창출판사

옮긴이의 말

『해국도지』 출판 배경

1839년 호광총독湖廣總督 임칙서林則徐(1785~1850)는 도광제道光帝(재위 1820~1850)의 특명을 받고 아편 무역을 단속하기 위해 흠차대신欽差大臣(특정한 사항에 대해 황제의 전권을 위임받아 처리하는 대신)으로 광주廣州에 파견되었다. 그의 목적은 아편 수입의 급증에 따른 경제적 혼란과, 관료와 군인들의 아편 흡입으로 제국의 기강이 무너지는 것을 방지하기 위한 것이었다. 광주에 도착한 임칙서는 외국 상인에게서 약 2만여 상자의 아편을 몰수한 후 석회를 섞어 소각해서 바다로 흘려보냈다. 아편 1상자가 약 1백 명이 1년간 상용할 수 있는 양이라고 하니 당시 소각한 아편은 엄청난 양이었음을 알 수 있다.

임칙서는 아편을 단속하는 한편, 서양 정세에도 깊은 관심을 기울였다. 그러나 당시 서양의 실상을 알기 위한 중국 서적이 거의 없는 상황에서 그는 서양 사정에 관한 다양한 자료를 수집하여 번역하는 작업에 착수했다. 번역 팀은 양진덕梁進德, 원덕휘袁德輝, 아맹亞孟, 임아적林亞適 등으로 구성되었다. 이 중 양진덕은 중국 최초의 기독교 선교사로서 『권세양언勸世良言』을 저술한 양발梁發의 아들이다. 독실한 기독교 가정에서 자란 그는 미국인 선교사 엘리자 콜먼 브리지먼Elijah Coleman Bridgman으로부터 영어를 배웠다고 한다.

임칙서는 수집한 자료 중에서 영국인 휴 머레이Hugh Murray(중국명 모단慕端)가 저술한 『세계지리대전The Encyclopaedia of Geography』(London, 1834)을 번역하게 한 후 이를 윤색하여 『사주지四洲志』를 편찬했다. 『사주지』는 원저의 요점을 간추려서 20분의 1 분량으로 요약했다고 하는데, 임칙서가 윤색에 어느 정도 관여했는지는 명확하지 않다. 임칙서는 1841년 6월에 아편전쟁의 책임을 지고 이리伊犁로 좌천되었는데, 도중 양주揚州 근처 경구京口(강소성 진강鎭江)에서 위원을 만나 『사주지』를 비롯해 그동안 수집한 다양한 자료 등을 전해 주었다.

공양학자公羊學者이면서 일찍부터 해방海防에 관심이 높았던 위원은 임칙서가 전해 준 『사주지』 등의 자료를 토대로 1년 만인 1842년 『해국도지海國圖志』 50권본을 출간했다. 그 후 1847년에는 60권본으로 증보 개정했고, 1852년에는 방대한 분량의 100권 완간본을 출간했다. 『해국도지』는 그 서명에서도 알 수 있듯이 대륙 중심의 중국이 처음으로 해양을 통한 세계 여러 나라에 관심을 기울이게 된 기념비적인 서적이라고 할 수 있다.

위원은 『해국도지』 서문에서 이 서적의 특징에 대해 "이전 사람들의 책이 모두 중국인의 입장에서 서양을 언급한 것이라면, 이 책은 서양인의 관점에서 서양을 언급한 것이다"라고 밝히고 있다. 나아가 "서양의 힘을 빌려 서양을 공격하고(以夷攻夷), 서양의 힘을 빌려 서양과 화친하며(以夷款夷), 서양의 뛰어난 기술을 배워(爲師夷長技) 서양을 제압하기 위해서 저술한 것이다(以制夷而作)"라고 언급하고 있다. 당시 중화사상에 입각해 외국에 배운다고 하는 것에 저항감이 있었던 중국의 현실에서 위원은 서양을 제압하기 위해서는 서양의 뛰어난 기술을 배울 필요가 있다고 호소한 것이다. 근대 계몽사상가인 량치차오梁啓超는 『중국근삼백년학술사中國近三百年學術史』에서 『해국도지』에 대해 "근래 백 년 동안 중국의 민심을 지배했고, 오늘날까지 그 영향력이 적지 않을 뿐만 아니라 … 중국 사대부의 지리에 관한 지식은 모두 이 책에서 비롯되었다"라고 높게 평가하고 있다.

위원의 생애

위원魏源(1794~1857)은 청대 정치가이며 계몽사상가이다. 호남성湖南省 소양邵陽 사람으로, 자는 묵심默深, 묵생墨生, 한사漢士이며, 호는 양도良圖이다. 그의 아버지 위방로魏邦魯(1768~1831)는 강소성 가정현嘉定縣 등에서 지방관을 역임했다. 위원은 주로 강소성 지역에서 활동하면서 해방에 대해 관심이 높았는데, 이러한 해방 의식의 형성 배경에는 이 지역이 해상으로부터 피해를 입기 쉬운 곳이라는 지역적 특성이 작용한 듯하다.

위원은 유봉록劉逢祿으로부터 공양학公羊學을 전수받았다. 공양학은 『춘추공양전春秋公羊傳』에 입각하여 성인의 미언대의微言大義(간결한 언어로 심오한 대의를 논하는 것)를 연구하는 학문이다. 그는 특히 동중서董仲舒 『춘추번로春秋繁露』의 미언대의 중에서 '도道'와 '세勢'의 관계에 주목했다. 도뿐만 아니라 세를 중시하는 그의 사상은 세상을 일대 변국으로 보고 다양한 정치 개혁을 착수하는 데 밑거름이 되었던 것이다.

위원은 도광 2년(1822) 향시鄕試에 합격해 거인擧人이 되었으나 이후 거듭되는 과거 시험의 낙방으로 결국은 연납捐納을 통해 관직에 진출했다. 이후 내각중서內閣中書로 일하면서 황실 도서를 이용할 수 있게 되어 이를 바탕으로 『성무기聖武記』를 저술했다. 이 책은 위원이 10여 년의 시간을 들여 청조의 흥기에서 아편전쟁에 이르기까지 국내의 여러 반란이나 주변 민족의 평정 등에 대해 서술한 것으로 청조의 전법戰法, 군사, 재정에 대해 종합적으로 논한 것으로 평가되고 있다. 위원은 37세가 되던 1830년 임칙서 등과 함께 선남시사宣南詩社를 결성했다. 이는 문인들의 모임이지만, 아편 엄금론을 주장한 황작자黃爵滋, 고증학자로 유봉록에게서 공양학을 전수받은 공자진龔自珍 등 당시로서는 개혁적 성향을 지닌 인사들의 교류 공간이었다. 위원은 1840년 아편전쟁이 발발하자 임칙서의 추천으로 양절총독 유겸裕謙의 막료로 들어갔다. 영국 장교 앤스트러더Anstruther를 만난 것은 바로 이 시기이다. 위원은 앤스트러더에게서 영국의 제반 상황을 전해 듣고 1841년 『영길리소기英吉利小記』라는 소책자를 출간하면서 서양에 대해 본격적인 관심을 기울였다. 마침 같은 해 아편전쟁 패배의 책임을 지고 이리로 좌천되어 가던 임칙서에게서

『사주지』를 비롯해 서양 관련 자료를 전해 받았다. 위원은 "서양 오랑캐를 물리치려면 먼저 서양 오랑캐의 실정을 자세하게 파악하는 데서 시작해야 한다(欲制外夷者, 必先悉夷情始)"(『해국도지海國圖志』권1 「주해편籌海篇」)라는 인식하에 이듬해인 1842년 마침내 『해국도지』50권본을 편찬하게 되었다.

위원은 도광 25년(1845)에 비로소 진사가 되어 고우현高郵縣 지주知州를 지냈으나 만년에는 벼슬을 버리고 불교에 심취했다. 주요 저작으로는 『공양고미公羊古微』, 『동자춘추발미董子春秋發微』, 『춘추번로주春秋繁露注』, 『시고미詩古微』, 『서고미書古微』, 『원사신편元史新篇』, 『고미당시문집古微堂詩文集』, 『성무기』 등이 있는데, 경학經學, 사학史學, 지리학, 문학, 정치, 경제 및 군사 등 다방면의 내용을 다루고 있다.

『해국도지』의 판본

『해국도지』는 모두 3종의 판본이 있다. 50권본(1842), 60권본(1847), 100권본(1852)이 그것이다. 그 외, 후에 영 존 앨런Young John Allen에 의하여 20권본이 증보된 120권본이 있는데, 여기에서는 전자인 3종의 판본에 대해 설명한다.

1. 50권본

『해국도지』50권본은 이 책의 「서敍」에 따르면, "도광 22년(1842), 임인년 가평월(음력 12월) 양주에서 내각중서 소양 사람 위원이 쓰다(道光二十有二載, 歲在壬寅嘉平月, 內閣中書魏源邵陽敍于揚州)"라고 되어 있다. 즉 1842년 12월 57만 자에 이르는 『해국도지』50권본이 처음으로 세상에 모습을 드러낸 것이다. 이 책에는 23폭의 지도와 8쪽에 이르는 서양 화포 도면이 수록되어 있다. 「서」에 따르면, 임칙서의 『사주지』를 토대로 더 많은 내용을 첨가해서 "동남양·서남양은 원서(『사주지』)에 비해 10분의 8이 늘어났고, 대소서양·북양·외대양은 원서(『사주지』)보다 10분의 6이 더 늘어났다(大都東南洋·西南洋, 增于原書者十之八, 大小西洋·北洋·外大洋增于原書者十之六)"라고 기록하고 있다.

2. 60권본

『해국도지』 60권본은 이 책의 「원서原敍」에 따르면 "도광 27년(1847)에 양주에서 판각되었다(道光二十七載刻于揚州)"라고 기록하고 있다. 위원은 50권본을 출간한 이후 5년간의 노력 끝에 60여만 자로 확충해 『해국도지』 60권본을 편찬한 것이다. 이 책은 50권본에 비해 해외 각 나라의 당시 상황과 서양의 기예技藝 부분 1권을 8권으로 확충했는데, 위원에 따르면 임칙서가 번역한 서양인의 『사주지』와 중국 역대의 사지史志, 명明 이래의 도지島志 그리고 최근의 외국 지도와 외국 저술에 의거하여 편찬했다고 한다.

3. 100권본

『해국도지』 100권본은 "함풍 2년(1852)에 책 내용을 더 보태 100권본으로 만들어서 고우주에서 판각했다(咸豊二年重補成一百卷, 刊于高郵州)"고 한다. 『해국도지』 「후서後敍」에 따르면 함풍 2년 88만 자로 확충해서 100권본을 출간했다고 언급하고 있는데, 이 책에서는 지도 75폭, 서양 기예 도면도가 57쪽, 지구천문합론도식地球天文合論圖式 7폭이 보충되었다. 이후 이를 정본으로 하여 위원의 사후에도 중국 각지에서 100권본에 대한 재간행이 이루어졌다. 그중에서 위원의 후손인 위광도魏光燾가 광서光緒 2년(1876)에 『해국도지』를 재간행했는데, 이 책에는 좌종당左宗棠의 서문이 실려 있다. 최근에는 지난대학暨南大學의 천화陳華 등이 주석을 단 악록서사본岳麓書社本(1988)이 간행되어 『해국도지』를 읽어 나가는 데 유익함을 주고 있다. 본 역주 작업은 광서 2년본 『해국도지』를 저본으로 삼아 악록서사본 및 그외 판본 등을 참조하여 진행했음을 미리 밝혀 둔다.

『해국도지』의 구성 및 내용

『해국도지』의 구성은 다음과 같다.

권수	구성
권1~2	주해편籌海篇
권3~4	해국연혁각도海國沿革各圖
권5~70	동남양東南洋(동남아시아, 일본), 서남양西南洋(인도, 서·중앙아시아), 소서양小西洋(아프리카), 대서양大西洋(유럽), 북양北洋(러시아와 발틱 국가들), 외대서양外大西洋(남북아메리카)의 인문지리
권71~73	동서양 종교, 역법曆法, 기년법紀年法 비교표
권74~76	세계 자연지리 총론: 오대주와 곤륜崑崙에 대한 서양의 지도 소개
권77~80	주해총론籌海總論−중국 저명인사의 해방론에 대한 상주문과 해방 관련 글
권81~83	청대 신문 잡지에 실린 대외 관련 기사
권84~93	해방을 위한 대포, 포탄 등 무기 12종에 관한 논의와 도설圖說
권94~95	망원경 제작 방법 등 서양의 과학 기술에 대한 소개, 아편의 중국 수입 통계 등.
권96~100	지구천문합론地球天文合論, 칠정七政과 일월식日月蝕 등 14종의 지구과학적 자연 현상에 대한 해설

각 권의 요지는 다음과 같다.

권1~2 주해편은 『해국도지』를 편찬하는 목적이라고 할 수 있는 해방론을 다룬 부분이다. 여기에서 위원은 아편전쟁에서 패한 교훈을 근거로 방어와 화친에 대해 논한다. 먼저 '방어란 무엇인가? 어떻게 방어할 것인가?'라는 문제에 대해 "바다를 지키는 것은 해구海口를 지키는 것만 못하고, 해구를 지키는 것은 내륙의 하천을 지키는 것만 못하다"라는 원칙하에 해안보다는 내지 하천의 방비를 강화할 것을 주장한다. 특히 안남국과 미얀마가 영국을 무찌른 사례를 들어 중국의 지세를 활용한 방어책의 중요성을 강조하며, 나아가 군사 모집의 방법과 용병술에 대해 서술하고 있다. 내부의 방어를 견고히 한 후 외국의 공격을 막기 위해서는 적을 이용해 적을 공격하는 이른바 '이이공이以夷攻夷'를 제기한다. 당시 적국인 영국과 사이가 좋지 않은 러시아와 프랑스를 끌어들여 영국을 견제하게 하는 방안이다. 이와 함께 해상전을 위해 광동과 복건 등지에 조선소를 건설해서 군함을 비롯한 선박을 제조하고 적합한 인재를 양성해 해군력을 강화할 것을 주장한다. 화친에 대해서는 단지 열강과의 충돌이 두려워 그들의 요구를 수용(예를 들면 아편 무역을 허용)하기보다는 대체 무역을 통해 그들의 이익을 보장해 주어 화친할 것을 논하고 있다.

권3~4에서는 동남아시아와 서남아시아·아프리카·대서양 유럽 및 남북아메리카의 연혁과 함께 지도를 수록하고 있다. 역사적으로는 지도를 통해 한대부터 위진 남북조, 당대, 원대까지 역대 사서에 기록된 서역 각 나라의 연혁을 서술하여 세계 각 나라의 지리를 한눈에 볼 수 있게 했다.

권5~18의 동남양에서는 역사적으로 중국과 관계가 깊은 베트남을 필두로 해서 태국, 미얀마[이상을 연안국(沿岸諸國)으로 분류], 루손, 보르네오, 자와, 수마트라, 일본[이상을 섬나라(海島諸國)로 분류] 등 각 나라의 지리, 역사, 문화 특색 및 중국을 비롯한 서양 국가들과의 대외관계를 서술하고 있다. 동남아시아의 주요 국가를 기술하면서 일본을 포함시킨 이유에 대해 바다로부터 침입을 막은 해방의 경험이 있기 때문이라고 하며, 조선과 류큐는 해방과는 거리가 멀어 언급하지 않는다고 밝히고 있다. 그리고 베트남을 제일 먼저 서술하고 있는 것에 대해 베트남이 역사상 중요한 조공국인 것도 있지만, 그보다도 지리적 여건을 이용해 여러 차례 네덜란드를 비롯한 서양 선박을 물리친 사실에서 중국이 해방을 하는 데 유의할 만한 사례라고 언급하고 있다. 나아가 베트남에서 아편을 금지한 것도 일본에서 기독교를 금지한 것과 함께 높게 평가하고 있다. 이 동남양에서는 중국에서 동남아시아 제 지역으로 가는 항로에 대해서도 상세하게 소개하고 있어 마치 독자로 하여금 직접 여행하는 기분을 느끼게 해 준다.

권19~32에서는 서남양의 인도 및 서아시아에 대해 서술하고 있다. 먼저 인도를 동인도·서인도·남인도·북인도·중인도로 나누어 이들 지역에 존재했던 왕국의 지리, 역사, 문화 등에 대해 언급하고 아울러 중국을 비롯한 서양 국가들과의 대외관계에 대해 서술하고 있다. 그리고 영국 동인도 회사의 설립과 해산 과정, 영국 속지의 지리, 역사, 문화, 종교, 인구, 풍속 등을 기술하고 있다. 또한 페르시아, 유다 왕국, 터키의 지리, 역사, 문화 및 서양과의 대외관계에 대해 기술하고 있는데, 여기에서는 특히 천주교가 중국에 어떠한 경로를 통해 전래되었는지를 보여 주는 『대진경교유행중국비大秦景教流行中國碑』 전문을 소개하고 있다. 위원은 천주교의 교리에 대해서도 많은 지면을 할애해서 소개하면서 그 교리의 문제점에 대해 비판적인 자세를 보이고 있다.

권33~36의 소서양에서는 아프리카대륙에 대한 전반적인 소개를 비롯해서 이집트, 에티오피아 등 아프리카대륙 국가들의 역사, 지리, 문화, 대외관계 등에 대해서 기술하고 있다. 특히 로마와 카르타고의 전쟁에 대해 상세하게 서술하고 있어 흥미롭다.

권37~53의 대서양에서는 유럽대륙에 대한 전반적인 소개를 하고 포르투갈을 필두로 해서 유럽 각 나라의 역사, 지리, 문화, 대외관계 등에 대해 기술하고 있다. 포르투갈 편에서는 옹정제 시기 포르투갈 국왕에 대한 하사품으로 일반적인 은상 외에 인삼, 비단, 자기 등 수십여 가지 품목을 구체적으로 기록하고 있어 서양과의 조공무역 일단을 살피는 데 유익하다. 위원은 영국에 대해 특히 많은 관심을 보여 다른 국가에 비해 많은 지면을 할애하여 영국의 역사, 지리, 문화, 정치, 경제, 사회, 대외관계 등에 대해 상세하게 소개하고 있다. 영국과의 아편전쟁이 『해국도지』 편찬에 중요한 계기가 되었음을 보여 주는 좋은 사례라 하겠다.

권54~58 북양·대서양에서는 러시아와 북유럽 국가의 역사, 지리, 민족, 언어, 정치 제도, 종교, 문화 등에 대해 상세하게 소개하고 있다. 특히 러시아 지역을 백해 부근, 백러시아, 발트해 연안, 신러시아, 시베리아 등 여러 지역으로 구분해서 각 지역의 복잡다단한 역사와 지리, 지역적 특성에 대해 고찰하고 있어 러시아에 대한 전반적인 이해를 돕는 데 유익하다. 위원이 러시아에 대해 영국과 마찬가지로 많은 지면을 할애하고 있는 것은 영국과 대립하고 있는 러시아를 이용해 영국을 견제하고자 하는 의도가 담겨 있는 것이라고 하겠다.

권59~70 외대서양에서는 콜럼버스의 아메리카대륙 발견 과정과 남북아메리카대륙의 위치와 기후, 물산의 특징에 대해 서술하고 있다. 특히 미국의 역사와 정치, 종교, 교육, 복지, 경제 및 미국인들의 인격 등에 대해서 상세하게 설명하고 있다. 보스턴 차 사건을 계기로 미국이 영국으로부터 독립을 쟁취하기까지의 과정을 상세히 살펴보면서 미국의 독립을 높게 평가하고 있다. 위원이 영국을 '영이 英夷(영국 오랑캐)'라고 표기하면서도 미국을 '미이美夷'라고 표기하지 않은 것 역시 영국에 대한 적대적 감정과 함께 미국을 통해 영국을 견제하고자 하는 의도가 담겨 있는 것이라 하겠다.

　권71~73 표에서는 동서양의 종교, 역법, 기년법의 차이에 대해 상세하게 서술하고 있다.

　권74~76 지구총설에서는 불교 경전과 서양의 도설에 의거해 오대주와 세계의 지붕이라고 불리는 곤륜(파미르고원)의 자연지리 및 설화 등에 대해 상세한 소개를 하고 있다.

　권77~80 주해총론은 당대 관료와 학자들의 변방과 해안 방어에 관한 각종 대책과 상주문을 모은 것으로 19세기 당시 중국 엘리트 지식인들의 영국, 프랑스 등 서양 각 나라에 대한 인식을 비롯해 영국을 제압하기 위한 방도 및 급변하는 시국에 적절한 인재 양성 등을 논하는 내용을 다루고 있다.

　권81~83 이정비채夷情備採에서는 『오문월보澳門月報』를 비롯한 서양 신문 잡지에 실린 내용을 통해 외국의 눈에 비친 중국의 모습을 소개하고 있으며, 서양의 중국에 대한 관심 및 아편 문제, 중국 해군의 취약점 등을 상세하게 서술하고 있다.

　권84~93에서는 해방을 위한 서양의 전함과 대포 및 포탄 등 병기 제조, 전술, 측량술 등을 도면과 함께 상세하게 소개하고 있다.

　권94~95에서는 망원경 제작 방법 등 서양의 다양한 과학 기술을 소개하고 있으며, 아편의 중국 수입량에 대한 통계를 다루고 있다.

　권96~100에서는 포르투갈 출신의 예수회 선교사 호세 마르티노 마르케스José Martinho Marques의 저술에 의거하여 칠정七政, 즉 일日·월月·화성火星·수성水星·금성金星·목성木星·토성土星을 소개하고, 이외 일월식日月蝕, 공기, 바람, 천둥과 번개, 조수 및 조류, 지진, 화산 등 다양한 자연 현상의 발생 원인과 양상에 대해 구체적으로 설명하고 있다. 나아가 일월과 조수의 관계, 절기에 따른 태양의 적위, 서양 역법의 기원에 대해서도 다루고 있다.

『해국도지』의 조선 및 일본에의 전래

　전근대 중국의 세계관은 고도의 문명을 자랑하는 중국(華)을 중심으로 해서 그 주변에 아직 문명이 미치지 않은 오랑캐(夷)가 존재한다고 하는 일원적인 세계관을 전제로 했다. 화이관에 입각한 중국의 지배 질서는 황제의 덕이 미치는 정도에 따라 중앙과 지방의 이원적 구조를 뛰어넘어 표면상으로는 전 세계에 걸쳐 있었다. 이른바 '천하일통天下一統'의 관념이 존재했던 것이다. 이러한 화이사상에 근거한 중화 세계 질서는 아편전쟁 이후 서구 열강의 침략을 받게 되면서 서서히 무너져 가기 시작한다. 중국이 서구 열강을 중심으로 하는 국제 질서에 편입하게 됨에 따라 '중국'은 더 이상 세계의 중심이 아니라 많은 나라 중의 하나에 불과하며, 세계는 서로 다른 문화를 가진 각 나라가 서로 경합하는 다원적인 공간이라고 하는 인식의 변화가 일어난 것이다. 이러한 인식의 변화는 당시 중국의 엘리트 지식인들에게는 일찍이 경험해 보지 못한 미증유의 세계였다. 위원이 편찬한 『해국도지』는 중국의 지식인들이 새로운 세계에 눈을 돌릴 수 있는 계기를 제공한 것으로, 그것은 단순히 지리적 세계뿐만 아니라 정신적 세계로의 길잡이 역할을 한 것이다. 이리하여 『해국도지』는 당시 중국 지식인들이 '천하'에서 '세계'로 세계상을 전환하면서 중화사상이라는 자기중심적 세계상에서 탈출하는 힘들고 어려운 여행길에 나설 수 있게 해 주었다.

『해국도지』 50권본은 출간되자마자 조선에 전래되었다. 남경조약이 체결되고 나서 1년여가 지난 1844년 10월 26일 조선은 겸사은동지사兼謝恩冬至使를 북경에 파견했는데, 이듬해인 1845년 3월 28일 겸사은동지사의 일행 중에서 정사正使 흥완군興完君 이정응李晸應, 부사 예조판서 권대긍權大肯이 『해국도지』 50권본을 가지고 귀국한 것이다. 이 50권본은 일본에는 전해지지 않았다. 이후 많은 학자들이 북경에 다녀올 때마다 『해국도지』를 구입해 들여와서 개인 소장할 정도로 인기가 높았다고 한다. 가령 김정희金正喜(1786~1856)는 『완당선생전집阮堂先生全集』에서 "『해국도지』는 반드시 필요한 책이다(海國圖志是必需之書)"라고 했으며, 또한 허전許傳(1792~1886)의 『성재집性齋集』에 실린 「해국도지발海國圖志跋」에는 "그 대강을 초록해 놓음으로써 자세히 살피고 검토하는 데 보탬이 된다(故略抄其槩, 以資考閱云爾)"라고 언급하고 있는 것으로 보아 당시에 이미 요약본도 있었음을 알 수 있다. 나아가 최한기崔漢綺(1803~1877)는 『해국도지』 등을 참고하여 『지구전요地球典要』를 썼고, 1871년 신미양요 중에 김병학金炳學은 『해국도지』를 인용하여 국왕에게 미국의 정세를 보고했으며, 1872년 박규수는 중국에 다녀온 뒤로 당시 청년 지식인들에게 해외에 관한 관심과 이해를 강조하며 『해국도지』를 권장했다고 할 정도로 『해국도지』는 조선의 지식인들에게 외국에 대한 이해를 넓히고 새로운 세계 문명지리에 대한 지식을 갖게 해 주었다. 특히 신헌申憲(1810~1884)은 『해국도지』에 제시된 무기도武器圖에 근거하여 새로운 무기를 만들었다고 할 정도이니 그 영향이 매우 컸음을 알 수 있다.

이러한 상황은 일본의 경우도 마찬가지이다. 『해국도지』는 1851년 처음 일본에 전해졌지만, 1854년 미일통상수교조약이 체결된 뒤에 정식으로 수입이 허가되었다. 그 뒤로 막부 말기에 가와지 도시아키라川路聖謨가 사재를 들여 스하라야 이하치須原屋伊八에게 번각翻刻 출간하게 함으로써 일반인에게도 알려졌다. 그 뒤로 메이지 원년(1868)까지 간행된 『해국도지』는 23종에 이를 정도로 널리 보급되었으며, 일본 근대화에 큰 영향을 미친 사쿠마 쇼잔佐久間象山, 요시다 쇼인吉田松陰, 사이고 다카모리西鄕隆盛 등은 이 책의 열렬한 독자였다고 전해진다.

『해국도지』 역주 작업의 경과 및 의의

『해국도지』 역주 작업은 한국연구재단 명저번역 사업의 일환으로 진행되었다. 번역진은 필자를 포함해 모두 4인으로 총 3년에 걸쳐 초벌 번역을 진행했으며, 이후 지속적이고 꼼꼼한 윤독 과정을 거치며 번역문에 대한 수정 작업에 전념했다. 위원이 『해국도지』의 서문에서 100권이라는 분량의 방대함에 너무 질리지 않았으면 좋겠다고 한 것에서 알 수 있듯이 방대한 분량으로 인해 당초 3년이라는 시간 내에 역주 작업을 마칠 수 있을까 하는 염려가 없지 않았으나, 번역진의 부단한 노력 끝에 무사히 번역 작업을 완수할 수 있게 되었다.

본 역주 작업은 광서 2년에 간행된 『해국도지』 100권을 저본으로 삼아 기존에 간행된 판본과의 비교 검토를 진행하면서 글자의 출입을 정리하는 것에서부터 시작했다. 이 작업에는 악록서사 교점본에 많은 도움을 받았다.

번역 작업은 그 자체로 험난한 여정이었다. 『해국도지』는 세계 문명지리서인

만큼 외국의 수많은 국명과 지명, 인명이 한자어로 표기되어 있는데, 독자들의 가독성을 위해 가급적 원어 명칭을 찾으려고 노력했다. 유럽과 아메리카의 경우 다른 대륙에 비해 명칭 확인이 비교적 용이했지만, 지금은 사라진 국명이나 전혀 알려지지 않은 지명 등의 원어 명칭을 찾는 일은 그 자체로 수고로운 일이었다. 끊임없는 노력을 기울였음에도 원어 명칭을 찾지 못해 한자어 명칭을 그대로 표기한 것도 있는데, 이에 대해서는 독자들의 양해를 구하는 바이다.

또한 이미 언급했듯이 100권이라는 방대한 분량에 각 권의 내용도 상당히 난해하여 해석하고 주석을 다는 일 역시 쉬운 작업은 아니었다. 지금까지 『해국도지』의 중요성을 모두 인식하고 있음에도 불구하고 아직 완역본이 나오지 않은 것 역시 역주 작업의 어려움을 간접적으로 말해 주는 것이다. 이에 본서는 『해국도지』에 대한 세계 최초의 역주서라는 점에서 그 의의를 높게 살 만하지 않을까 생각한다. 게다가 본 번역진의 완역 작업을 통해 그동안 일부 전문 연구자의 전유물이었던 『해국도지』를 일반 독자에게도 제공할 수 있게 되었다는 점에 의미를 부여하고자 한다. 그럼에도 불구하고 본 역주 작업에는 번역진이 미처 인지하지 못한 번역상의 문제가 있을 수 있으니, 독자 여러분의 아낌없는 질정을 바라는 바이다.

마지막으로 어려운 출판 여건 속에서도 좋은 책을 만들기 위해 항상 애쓰시는 세창출판사 관계자 여러분께 깊은 감사를 드린다. 특히 김명희 이사님과 정조연 편집자님의 끝없는 관심과 세세한 교정 덕분에 본서의 완성도를 한층 더 높일 수 있게 되었다고 생각한다.

고황산 연구실에서 역주자를 대표해 정지호 씀

차례

해국도지
海國圖志

【七】
(권19~권24)

옮긴이의 말   5
일러두기   30
해국도지 원서 海國圖志 原敍   33
해국도지 후서 海國圖志 後敍   49

해국도지 권19   59
서남양 오인도 서설 西南洋五印度國志   61
서남양 西南洋   68
오인도 총설 상 五印度總述上   68
중집 重輯   80
오인도 보집 五印度補輯   108

해국도지 권20   129
서남양 西南洋   131
오인도 총설 하 五印度總述下   131
오인도 토군 번속국 五印度土君藩屬國   191

인도 각 토군국 印度各土君之國 204

해국도지 권21 217

서남양 西南洋 219

중인도 각 나라 中印度各國 219

동인도 각 나라 東印度各國 229

해국도지 권22 263

서남양 西南洋 265

북인도 각 나라 北印度各國 265

　　부록 『오문월보』 附 『澳門月報』 302

남인도 각 나라 南印度各國 308

해국도지 권23 335

서남양 西南洋 337

서인도 서쪽 페르시아 西印度西巴社國 337

서인도 서쪽 페르시아 연혁 西印度西巴社回國沿革 349

해국도지 권24 391

서남양 西南洋 393

아덴 阿丹國 393

서인도 서쪽 아덴 연혁 西印度西阿丹國沿革 421

찾아보기 463

해국도지 전체 차례

해국도지 원서海國圖志 原敍
해국도지 후서海國圖志 後敍

해국도지 권1

주해편 1 방어에 대해 논함 상 籌海篇一 議守上
주해편 2 방어에 대해 논함 하 籌海篇二 議守下

해국도지 권2

주해편 3 전쟁에 대해 논함 籌海篇三 議戰
주해편 4 화친에 대해 논함 籌海篇四 議款

해국도지 권3

해국 연혁도 서설 海國沿革圖敍
　　동남양 각 나라 연혁도 東南洋各國沿革圖
　　서남양 오인도 연혁도 西南洋五印度沿革圖
　　소서양 아프리카 연혁도 小西洋利未亞洲沿革圖
　　대서양 유럽 각 나라 연혁도 大西洋歐羅巴各國沿革圖
한·위·당대 서역 연혁도 총설 漢魏唐西域沿革圖總敍
　　한대 서역 연혁도 漢西域沿革圖
　　『북위서』 서역 연혁도 『北魏書』西域沿革圖
　　당대 서역 연혁도 唐西域沿革圖
원대 강역도 서설 元代疆域圖敍
　　원대 서북 강역 연혁도 元代西北疆域沿革圖
세계 전도 地球正背面全圖
아시아 각 나라 지도 亞細亞洲各國圖
　　아시아 전도 亞細亞洲全圖
　　조선 지도 朝鮮國圖
　　안남 지도 安南國圖
　　동남양 연안 각 나라 지도 東南洋沿海各國圖

중인도·남인도 지도 中南兩印度國合圖
동인도 지도 東印度圖
오인도 지도 五印度國圖
오인도 고지도 五印度國舊圖
서역 이슬람 지역 지도 西域各回部圖
서역 부하라·아프가니스탄·발루치스탄 3국
지도 西域押安比路治三國圖
페르시아 지도 百耳西亞國圖
아라비아 지도 亞拉比亞國圖
터키 전도 土耳其國全圖
남터키 지도 南土耳其國圖
러시아 전도 俄羅斯國全圖
아시아 내 러시아 지도 亞細亞洲內俄羅斯國圖
일본 동부 지도 日本國東界圖
일본 서부 지도 日本國西界圖
동남양 각 섬 지도 東南洋各島圖
네덜란드령 순다열도 지도 荷蘭國所屬葛留巴島圖
오스트레일리아 및 부속 도서 지도 奧大利亞及各島圖
오스트레일리아 지도 奧大利亞洲專圖
오스트레일리아 뉴사우스웨일스주 지도 奧大
利亞內新瓦里士圖
태즈메이니아 지도 地面島圖

해국도지 권4

아프리카 각 나라 지도 利未亞洲各國圖
　　아프리카 전도 利未亞洲全圖
　　이집트 지도 麥西國圖
　　아프리카 북방 각 나라 지도 利未亞北方各國圖
　　영국령 아프리카 남부 지도 英吉利所屬利未亞

洲南方各地圖

유럽 각 나라 지도 歐羅巴洲各國圖

유럽 전도 歐羅巴洲全圖

스페인·포르투갈 양국 지도 大呂宋葡萄亞兩國合圖

『영환지략』 스페인·포르투갈 양국 지도 『瀛環
志略』大呂宋葡萄亞合圖

프랑스 전도 佛蘭西國全圖

프랑스 지도 佛蘭西圖

네덜란드·벨기에 양국 지도 荷蘭北義兩國合圖

이탈리아 전도 意大里國全圖

스위스 지도 瑞士國圖

덴마크 지도 大尼國圖

독일·프로이센·오스트리아 3국 지도 日耳曼破
路斯奧地利三國圖

프로이센 지도 普魯社國專圖

오스트리아 지도 奧地利國專圖

북터키 지도 北土耳其國圖

그리스 지도 希臘國圖

스웨덴·노르웨이 양국 지도 瑞丁那威兩國合圖

유럽 내 러시아 지도 歐羅巴洲屬俄羅斯國圖

『영환지략』 러시아 서부 지도 『瀛環志略』俄羅斯西鄙圖

『이역록』 러시아 지도 『異域錄』俄羅斯國圖

영국 지도 英吉利本國三島國合圖

『사주지』 영국 구회도 『四州志』英吉利國分部圖

『영환지략』 영국 지도 『瀛環志略』英吉利圖

스코틀랜드 지도 蘇各蘭圖

아일랜드 지도 伊耳蘭島圖

아메리카 각 나라 지도 亞默利加洲各國圖

북아메리카 전도 北亞默利加全圖

영국령 캐나다 동부 지도 英吉利所屬加拿他國東
邊各部圖

미국 전도 彌利堅國全圖

멕시코 전도 麥西哥國全圖

과테말라 전도 危亞地馬拉國全圖

북아메리카 내 영국 및 러시아 식민지 지도 北默

利加內英俄二國屬地圖

아메리카 각 섬 지도 亞默利加洲各島圖

남아메리카 전도 南默利加洲全圖

콜롬비아 전도 可倫比國全圖

브라질 지도 巴悉國圖

페루·볼리비아 양국 지도 北路破利威兩國圖

아메리카 남부 5국 지도 亞默利加洲南方五國合圖

해국도지 권5

동남양 서설 敍東南洋

동남양 1 東南洋一

아시아 총설 亞細亞洲總說

베트남 1 越南一

중집 重輯

　　부록 베트남 강역 고찰 越南疆域附考

해국도지 권6

동남양 2 東南洋二

베트남 2개 분국 越南分國二

베트남 분국 연혁 상 越南分國沿革上

베트남 분국 연혁 하 越南分國沿革下

해국도지 권7

동남양 3 東南洋三

태국 1 暹羅一

중집 重輯

해국도지 권8

동남양 東南洋

태국 暹羅國

태국 본국 연혁 1 暹羅本國沿革一

태국 속국 연혁 2 暹羅屬國沿革二

해국도지 권9

동남양 4 東南洋四

구 태국 동남부 속국 현 영국 조계지 싱가포르

연혁 3 暹羅東南屬國今爲英吉利新嘉坡沿革三

해국도지 권10

동남양 5 東南洋五

미얀마 緬甸

연혁 沿革

　　부록 미얀마로 들어가는 여정 附入緬路程

　　부록 『대금사강고』 附『大金沙江考』

해국도지 권11

동남양 東南洋

스페인령 섬 1 呂宋夷所屬島一

해국도지 권12

동남양 東南洋

네덜란드령 큰 섬 荷蘭所屬大島

보르네오섬·자와섬 각 나라 연혁고 婆羅爪哇大

島各國沿革考

영국·네덜란드·포르투갈 3국령 티모르 등의

섬 英荷布路三夷分屬地間等島

해국도지 권13

동남양 東南洋

영국·네덜란드령 순다열도 英荷二夷所屬葛留巴島

　　부록 순다열도 부속 도서 附葛留巴所屬島

해국도지 권14

동남양 東南洋

순다열도 부속 도서 葛留巴所屬島

구 랑카수카 순다열도 연혁 葛留巴舊爲狼牙修沿革

구 사파국 자와·순다열도 연혁 葛留巴舊爲闍

婆小爪哇沿革

해국도지 권15

동남양 東南洋

영국·네덜란드령 아체 및 스리비자야 英荷二

夷所屬亞齊及三佛齊島

구 파리국 아체 및 팔렘방 연혁고 亞齊舊卽古

婆利沿革考

네덜란드·포르투갈령 말루쿠 荷佛二夷所屬美洛居島

영국령 피낭섬 英夷所屬新埠島

해국도지 권16

동남양 東南洋

영국령 뉴홀랜드 英夷所屬新阿蘭島

　　부록 부속 도서 附近此洲各島

해국도지 권17

동남양 東南洋

일본 日本島國

　　부록 동남양 각 섬 형세 상 附東南洋諸島形勢上

해국도지 권18

동남양 東南洋

동남양 각 섬 형세 하 東南洋諸島形勢下

　　부록 남양 각 섬 附南洋各島

　　부록 동남양 가는 경로 附東南洋道路

동양 항로 東洋鍼路

해국도지 권19

서남양 오인도 서설 西南洋五印度國志

서남양 西南洋

오인도 총설 상 五印度總述上

중집 重輯

오인도 보집 五印度補輯

해국도지 권20

서남양 西南洋

오인도 총설 하 五印度總述下

오인도 토군 번속국 五印度土君藩屬國

인도 각 토군국 印度各土君之國

해국도지 권21

서남양 西南洋

중인도 각 나라 中印度各國

동인도 각 나라 東印度各國

해국도지 권22

서남양 西南洋

북인도 각 나라 北印度各國

　　부록 『오문월보』 附 『澳門月報』

남인도 각 나라 南印度各國

해국도지 권23

서남양 西南洋

서인도 서쪽 페르시아 西印度西巴社國

서인도 서쪽 페르시아 연혁 西印度西巴社回國沿革

해국도지 권24

서남양 西南洋

아덴 阿丹國

서인도 서쪽 아덴 연혁 西印度西阿丹國沿革

해국도지 권25

각 나라 이슬람교 총설 各國回敎總考

이슬람교 고찰 상 天方敎考上

이슬람교 고찰 하 天方敎考下

해국도지 권26

서남양 西南洋

서인도 유다 왕국 연혁 西印度之如德亞國沿革

『경교유행중국비』 『景敎流行中國碑』

해국도지 권27

천주교 고찰 상 天主敎考上

천주교 고찰 중 天主敎考中

천주교 고찰 하 天主敎考下

해국도지 권28

남터키 南都魯機國

남터키 연혁 南都魯機國沿革

해국도지 권29

서남양 西南洋

오인도 연혁 총설 五印度沿革總考

북위 승려 혜생 『사서역기』 외 北魏僧惠生 『使西城記』

원나라 유욱 『서사기』 외 元劉郁 『西使記』

갠지스강 고찰 상 恒河考上

갠지스강 고찰 하 恒河考下

해국도지 권30

서남양 西南洋

중인도 연혁 中印度沿革

동인도 연혁 東印度沿革

남인도 연혁 南印度沿革

남인도양 스리랑카 연혁 南印度海中錫蘭山島國沿革

　　부록 포탈라카산·몰디브제도 附補落伽山及溜山

서인도 연혁 西印度沿革

북인도 연혁 北印度沿革

해국도지 권31

서남양 西南洋

　　부록 북인도 서북 주변부 北印度西北鄰部附錄

해국도지 권32

서남양 西南洋

북인도 밖 강역 고찰 1 北印度以外疆域考一

북인도 밖 강역 고찰 2 北印度以外疆域考二

원대 서역 원정 고찰 상 元代征西域考上

원대 서역 원정 고찰 하 元代征西域考下

　　부록 파미르고원 동쪽 신강 회부 고찰 상 蔥嶺
　　以東新疆回部附考上

　　부록 파미르고원 동쪽 신강 회부 고찰 하 蔥嶺
　　以東新疆回部附考下

해국도지 권33

소서양 아프리카 서설 小西洋利未亞洲各國志

소서양 小西洋

아프리카 총설 利未亞洲總說

이집트 厄日度國

중집 重輯

에티오피아 阿邁司尼國

중집 重輯

해국도지 권34

소서양 小西洋

동아프리카 東阿利未加洲

북아프리카 4국 北阿利未加洲四國

중집 重輯

남아프리카 각 나라 南阿利未加洲各國

중집 重輯

해국도지 권35

소서양 小西洋

서아프리카 각 나라 西阿利未加洲各國

세네감비아 10국 色黎安彌阿十國

감비아강 이남 벵겔라강 이북 내 14국 安彌河以
南至敏維臘河以北十四國

중집 重輯

서아프리카 각 나라 보집 西洲各國補輯

해국도지 권36

소서양 小西洋

중앙아프리카 각 나라 中阿利未加洲各國

중집 重輯

아프리카 각 섬 利未亞洲各島

해국도지 권37

대서양 유럽 각 나라 총설 大西洋歐羅巴洲各國總敍

대서양 大西洋

대서양 각 나라 연혁 大西洋各國總沿革

해국도지 권38

대서양 大西洋

포르투갈 총설 布路亞國總記

포르투갈 연혁 葡萄亞國沿革

해국도지 권39

대서양 大西洋

스페인 大呂宋國

스페인 연혁 大呂宋國沿革

해국도지 권40

대서양 大西洋

네덜란드·벨기에 양국 총설 荷蘭及彌爾尼壬兩國總記

네덜란드 연혁 荷蘭國沿革

해국도지 권41

대서양 大西洋

프랑스 총설 상 佛蘭西國總記上

프랑스 연혁 佛蘭西國沿革

해국도지 권42

대서양 大西洋

프랑스 총설 하 佛蘭西國總記下

해국도지 권43

대서양 大西洋

이탈리아 총설 意大里亞國總記

이탈리아 연혁 意大里國沿革

해국도지 권44

대서양 大西洋

독일 상 耶馬尼上

　　독일 분국 1 耶馬尼分國一

　　독일 분국 2 耶馬尼分國二

　　독일 분국 3 耶馬尼分國三

　　독일 분국 4 耶馬尼分國四

　　독일 분국 5 耶馬尼分國五

　　독일 분국 6 耶馬尼分國六

　　독일 분국 7 耶馬尼分國七

　　독일 분국 8 耶馬尼分國八

　　독일 분국 9 耶馬尼分國九

　　독일 분국 10 耶馬尼分國十

　　독일 분국 11 耶馬尼分國十一

　　독일 분국 12 耶馬尼分國十二

　　독일 분국 13 耶馬尼分國十三

　　독일 분국 14 耶馬尼分國十四

　　독일 분국 15 耶馬尼分國十五

　　독일 분국 16 耶馬尼分國十六

　　독일 분국 17 耶馬尼分國十七

　　독일 분국 18 耶馬尼分國十八

　　독일 분국 19 耶馬尼分國十九

　　독일 분국 20 耶馬尼分國二十

　　독일 분국 21 耶馬尼分國二十一

　　독일 분국 22 耶馬尼分國二十二

　　독일 분국 23 耶馬尼分國二十三

　　독일 분국 24 耶馬尼分國二十四

　　독일 분국 25 耶馬尼分國二十五

독일 연혁 耶瑪尼國沿革

해국도지 권45

독일 하 耶馬尼下

해국도지 권46

대서양 大西洋

오스트리아 奧地里加國

　　부록 헝가리 寒牙里國附記

오스트리아 연혁 奧地里亞國沿革

폴란드 波蘭國

폴란드 연혁 波蘭國沿革

해국도지 권47

대서양 大西洋

스위스 瑞士國

스위스 연혁 瑞國沿革

해국도지 권48

대서양 大西洋

북터키 北土魯機國

북터키 연혁 北土魯機國沿革

해국도지 권49

그리스 希臘國

해국도지 권50

대서양 大西洋

영국 총설 英吉利國總記

　　부록 영국령 스코틀랜드 英吉利所屬斯葛蘭地附記

　　부록 영국령 아일랜드 英吉利所屬愛倫國附記

해국도지 권51

대서양 大西洋

영국 개설 상 英吉利國廣述上

해국도지 권52

대서양 大西洋

영국 개설 중 英吉利國廣述中

해국도지 권53

대서양 大西洋

영국 개설 하 英吉利國廣述下

해국도지 권54

북양 러시아 서설 北洋俄羅斯國志

북양 北洋

러시아 총설 俄羅斯國總記

중집 重輯

동러시아 5개 지역 東俄羅斯五部

서러시아 8개 지역 西俄羅斯八部

해국도지 권55

북양 北洋

대러시아 18개 지역 大俄羅斯十八部

소러시아 3개 지역 小俄羅斯三部

남러시아 5개 지역 南俄羅斯五部

카잔 러시아 5개 지역 加匽俄羅斯五部

러시아 남부 신관할 5개 지역 俄羅斯南新藩五部

아시아 내 북양 러시아 동부 신관할 지역 洋俄
羅斯東新藩在阿細亞洲內地

중집 重輯

해국도지 권56

북양 러시아 연혁 北洋俄羅斯國沿革

『국조아라사맹빙기』 『國朝俄羅斯盟聘記』

원대 북방 강역 고찰 상 元代北方疆域考上

원대 북방 강역 고찰 하 元代北方疆域考下

해국도지 권57

북양 北洋

프로이센 서설 普魯社國記

프로이센 연혁 普魯社國沿革

해국도지 권58

대서양 大西洋

덴마크 嗹國

덴마크 연혁 嗹國沿革

스웨덴·노르웨이 총설 瑞丁國那威國總記

스웨덴 연혁 瑞丁國沿革

해국도지 권59

외대서양 아메리카 총설 外大西洋墨利加洲總敍

외대서양 外大西洋

아메리카 연혁 총설 墨利加洲沿革總說

미국 총설 상 彌利堅總記上

해국도지 권60

외대서양 外大西洋

미국, 즉 미합중국 총설 彌利堅國卽育奈士迭國總記

보집 補輯

해국도지 권61

외대서양 外大西洋

미국 총설 하 彌利堅國總記下

카리브해제도 南北亞墨利加海灣群島

해국도지 권62

외대서양 外大西洋

미국 동부 20개 주 彌利堅國東路二十部

해국도지 권63

외대서양 外大西洋
미국 서부 11개 주 彌利堅國西路十一部
테네시주 地尼西部
미국 변경 지역 4개 원주민 부락 彌利堅國邊地土番四部
미국 4개 인디언 원주민 부락 彌利堅國因底阿土番四部

해국도지 권64

외대서양 外大西洋
북아메리카 멕시코 北墨利加洲內墨是可國
북아메리카 서남부 4국 北墨利加洲西南四國
북아메리카 서부 3국 北墨利加西方三國
북아메리카 서북부 원주민 부락 北墨利加洲西北諸蠻方

해국도지 권65

외대서양 外大西洋
북아메리카 내 영국·러시아 식민지 北墨利加洲內
英俄各國屬地

해국도지 권66

외대서양 外大西洋
북아메리카 남부 텍사스·과테말라 北亞墨利加
南境德沙國危地馬拉國

해국도지 권67

외대서양 外大西洋
남아메리카 남부 파타고니아 南墨利加洲南智加國
남아메리카 카스티야 델 오로 南墨利加洲內金加西蠟國
남아메리카 페루 南墨利加洲內孛魯國

해국도지 권68

외대서양 外大西洋
남아메리카 아르헨티나 南墨利加洲內巴拉大河國
남아메리카 브라질 南墨利加洲內伯西爾國

해국도지 권69

외대서양 外大西洋
남아메리카 칠레 南墨利加洲內智利國
남아메리카 각 나라 식민지 南墨利加洲內各國兼攝地
아메리카 최남단 원주민 부락 墨利加洲極南方土番部落

해국도지 권70

외대서양 外大西洋
남아메리카제도 南墨利加諸島
서해제도 西海諸島
　　부록 남극 미개척지 南極未開新地附錄

해국도지 권71

표 1 表一
남양·서양 각 나라 종교 표 南洋西洋各國敎門表

해국도지 권72

표 2 表二
중국·서양 역법 대조표 中國西洋曆法異同表
　　부록 인도 『회회력법』 고찰 附天竺『回回曆法』考

해국도지 권73

표 3 表三
중국·서양 연표 中國西洋紀年通表
　　부록 이슬람교 교주 사망 시기 고찰 附回國敎主
辭世年月考
　　부록 부처 생멸 시기 고찰 附佛生滅年歲

해국도지 권74

지구총설 상 國地總論上
　　오대륙 해석 釋五大洲
　　곤륜 해석 상 釋崑崙上
　　곤륜 해석 하 釋崑崙下

해국도지 권75

지구총설 중 國地總論中

마테오 리치 지도설 利瑪竇地圖說

알레니 오대륙 지도 총설 艾儒略五大洲總圖略度解

알레니 사해 총설 艾儒略四海總說

해국도지 권76

지구총설 하 國地總論下

페르비스트 『곤여도설』南懷仁『坤輿圖說』

천하명천 天下名河

마르케스 『지리비고』 서설 西洋人瑪吉士『地理備考』敍

마르케스 『지구총론』瑪吉士『地球總論』

『지구추방도설』『地球推方圖說』

해국도지 권77

주해총론 1 籌海總論一

진륜형 『천하연해형세록』陳倫炯『天下沿海形勢錄』

영국 조공 관련 문서 英夷入貢舊案

해국도지 권78

주해총론 2 籌海總論二

광동시박론 粤東市舶論

광동상주 1 粤東章奏一

영국의 화친 요구를 대신하여 올린 미국의 상주
奏彌利堅代英夷請款疏

해국도지 권79

주해총론 3 籌海總論三

각 나라의 사정을 복주하여 올린 상주 覆奏各國夷情疏

프랑스의 사정을 올린 상주 奏佛蘭西國夷情疏

각 나라의 사정을 복주하여 올린 상주 覆奏各國夷情疏

인도의 사정을 복주하여 올린 상주 覆奏印度夷情疏

영국의 사정을 복주하여 올린 상주 覆奏英夷情形疏

베트남의 알선 정황을 복주하여 올린 상주 覆奏
越南軋船情形疏

베트남의 알선 정황을 재주하여 올린 상주 再奏
越南軋船情形疏

해국도지 권80

주해총론 4 籌海總論四

오랑캐 토벌군 약법 7조 剿夷兵勇約法七條

장군 혁산의 광동성 방어 6조에 대한 회답 答奕
將軍防禦粤省六條

오랑캐 선박 제압 방법 보고 稟夷船克制之法

천진의 오랑캐 방어 상황 상주 陳天津禦夷情形疏

문무 과시 확대를 청하는 상주 請推廣文武科試疏

해국도지 권81

이정비채 1 夷情備採一

『오문월보』 1 『澳門月報』一

『오문월보』 2 『澳門月報』二

『오문월보』 3 『澳門月報』三

해국도지 권82

이정비채 2 夷情備採二

『오문월보』 4 『澳門月報』四

『오문월보』 5 『澳門月報』五

해국도지 권83

이정비채 3 夷情備採三

『화사언』 요지 『華事夷言』錄要

『무역통지』『貿易通志』

바텔 『국제법』 滑達爾『各國律例』

법률의 원리와 정의가 실려 있는 제39조 法律
本性正理所載第三十九條

제172조 一百七十二條

제292조 二百九十二條

해국도지 권84

전함 건조 요청 상주 請造戰船疏

서양식 병선을 모방해 건조할 것을 복주하여 올린 상주 覆奏倣造夷式兵船疏

대포 제작 인건비가 규정 가격에 부합하기 어렵다는 상주 造砲工價難符例價疏

수군이 작은 배로 공격하는 정황을 올린 상주 水勇小舟攻擊情形疏

바다로 나가는 전함 제조에 대한 상주 製造出洋戰船疏

안남국 전함에 대한 해설 安南戰船說

해국도지 권85

화륜선 도설 火輪船圖說

화륜주와 화륜차 도설 火輪舟車圖說

화륜선에 대한 해설 火輪船說

해국도지 권86

화포 주조 쇠 거푸집 모형 도설 鑄砲鐵模圖說

쇠 거푸집 제작 방법 製鐵模法

쇠 거푸집 화포 주조법 鐵模鑄砲法

쇠 거푸집의 이점 鐵模利效

양포 주조 도설 鑄造洋砲圖說

포탄 주조법 鑄砲彈法

해국도지 권87

대포 주조에 대한 해설 鑄砲說

부록 작포법 附炸砲法

포탄·비포·경포에 대한 해설 炸彈飛砲輕砲說

신형 마반포가 도설 樞機砲架新式圖說

대포에 필요한 활차교가 도설 大砲須用滑車絞架圖說

거중대활차교가 도설 舉重大滑車絞架圖說

회전활동포가 도설 旋轉活動砲架圖說

차가거중 등급론 論車架舉重等第

해국도지 권88

서양의 대포 측량법에 대한 해설 西洋用砲測量說

포권 도설 砲圈圖說

불랑기 자모포의 가늠쇠 설치 佛郎機子母砲安表式

중국과 서양의 대포 사용론 中西用砲論

화약 사용법 用火藥法

포탄 사용법 用砲彈法

사정거리와 낙하 수치 經試墜數

정조준해도 명중하지 못할 때가 있음을 논함 測準亦有不中論

중국의 대포 조작법 中華用砲變通轉移法

서양인의 대포 주조와 대포 사용법 西人鑄砲用砲法

대포 사정권에 대한 해명 用砲遠近釋疑

대포 사용 적요 用砲摘要

해국도지 권89

상한의로 대포 발사 시 고저 측량법 用象限儀測量放砲高低法

대포 발사 시 숙지해야 할 중선 준칙론 演砲須知中線準則論

구고 계산법 도설 勾股相求算法圖說

대포 머리와 꼬리 부분 지름의 빠른 계산법 量砲頭尾徑捷便法

『연포도설』 진상 상주 進呈『演砲圖說』疏

해국도지 권90

서양 西洋

서양의 후미가 낮은 곡절 포대 도설 西洋低後曲折砲臺圖說

서양 원형 포대 도설 西洋圓形砲臺圖說

윤토 포대 도설 潤土砲臺圖說

포대 부근 다중 안전장치 해설 砲臺旁設重險說

지뢰 도설 地雷圖說

지뢰 사용법 공문 詳覆用地雷法

해국도지 권91

서양 자동화기 제조법 西洋自來火銃製法

화약 제조법 造藥方

서양 화약 제조법 모방 요청 상주 請倣西洋製造火藥疏

서양 화약 제조법 西洋製火藥法

서양인 화약 제조법과 활용법 西人製藥用藥法

해국도지 권92

선박 공격용 수뢰 도설 상 攻船水雷圖說上

해국도지 권93

선박 공격용 수뢰 도설 하 攻船水雷圖說下

해국도지 권94

서양 기예 잡술 西洋器藝雜述

중국 반입 아편 통계 鴉片來中國統計若干列

해국도지 권95

망원경 제작법 약술 作遠鏡法說略

해국도지 권96

지구천문합론 1 地球天文合論一

　　칠정 七政

해국도지 권97

지구천문합론 2 地球天文合論二

해국도지 권98

지구천문합론 3 地球天文合論三

　　마르케스 『지리비고』 瑪吉士 『地理備考』

해국도지 권99

지구천문합론 4 地球天文合論四

위도·경도에 대한 논의 緯經二度論

지구시각도론 地球時刻道論

지구시각표 地球時刻表

사계 한서 변론 辨四季寒暑論

해국도지 권100

지구천문합론 5 地球天文合論五

　　『평안통서』 천지론 『平安通書』論天地

　　부록 대소원근 비유 附大小遠近喩

　　「일구도」 해설 「日晷圖」說

　　부록 「월도도」 해설 附 「月道圖」說

　　「일월식도」 해설 「日月蝕圖」說

　　「사시절기도」 해설 「四時節氣圖」說

　　시각론 時刻論

　　「조신수일월도」 해설 「潮汛隨日月圖」說

　　부록 진해 한사리 附鎭海潮汛

　　절기에 따른 태양 적위표 節氣日離赤道表

　　서양 역법 기원 西洋曆法緣起

일러두기 ————————————————————————————————

1. 본 번역은 『해국도지海國圖志』 광서光緒 2년본(平慶涇固道署重刊), 『해국도지』 도광
   본道光本과 천화陳華 등이 교점한 『해국도지』(岳麓書社, 1998)(이하 '악록서사본'으로 약칭)
   등 『해국도지』 관련 여러 판본을 참고, 교감하여 진행했다.

2. 『해국도지』는 다음 원칙에 준해 번역한다.
   ① 본 번역은 광서 2년본에 의거하되, 글자의 출입이나 내용상의 오류가 발견될
      경우 악록서사본 등을 참고하여 글자를 고쳐 번역하고 주석으로 밝혀 둔다.

      예) 태국은 미얀마의 동남東南¹⁾쪽에서 위태롭게 버텨 오다가 건륭 36년(1771)에
          미얀마에게 멸망되었다.
          暹羅國跼長, 居緬東南, 緬于乾隆三十六年滅之.
          1) 동남쪽: 원문은 '동남東南'이다. 광서 2년본에는 '서남西南'으로 되어 있
             으나, 악록서사본에 따라 고쳐 번역한다.

   ② 본 번역은 가능한 한 직역을 위주로 하고 직역으로 문맥이 통하지 않을 경
      우에는 본뜻에 벗어나지 않는 범위 내에서 의역하며, 문맥의 이해를 돕기
      위해 필요시 [   ]부분을 삽입해 번역한다.

   ③ 본 번역에서 언급되는 중국의 국명, 지명, 인명, 서명의 경우, 한국식 독음으
      로 표기하며, 조목마다 처음에만 한자어를 병기한다. 다만 홍콩, 마카오와
      같이 한국인에게 널리 알려진 지명의 경우는 그대로 사용하며, 지금의 지명
      으로 설명이 필요한 경우는 중국 현대어 발음으로 표기한다.

④ 중국을 제외한 외국의 국명, 지명, 인명, 서명의 경우, 외래어 표기법에 의거하여 해당 국가의 현대식 표기법을 따르고, 조목마다 처음에만 해당 지역의 영문 표기를 병기한다. 나머지 필요한 상황은 주석으로 처리한다. 외국의 국명, 지명, 인명 등에 대한 음역의 경우, 이해를 돕기 위해 두음법칙을 적용하지 않았다.

예) 캘리컷Calicut[1]

　1) 캘리컷Calicut: 원문은 '고리古里'로, 인도 서남부의 캘리컷을 가리킨다. 지금의 명칭은 코지코드Kozhikode이다.

⑤ 외국 지명은 현대식 표기법을 따를 때 역사적 사건과 사실이 잘 드러나지 않는 경우가 있다. 안남安南의 경우, 오늘날의 베트남을 지칭하지만, 역사적으로 보면 베트남의 한 왕국 이름이다. 따라서 이 경우에는 부득이하게 한자음을 그대로 따르고 처음 나올 때 이를 주석에 명기한다.

예) 안남安南[1]

　1) 안남安南: 지금의 베트남을 가리키는 말로, 당대에 이곳에 설치된 안남도호부安南都護府에서 유래되었다. 청대에는 베트남을 안남국, 교지국 등으로 구분하여 불렀다. 또한 안남국은 쩐남국을 가리키기도 한다.

⑥ '안案', '안按', '원안源案' 및 부가 설명은 번역문과 원문에 그대로 노출시킨다. 본문 안의 안과 부가 설명은 본문보다 작게 표기하고 안은 본문보다 연하게 다른 서체로 표기한다. 다만 본문 가장 뒤에 나오는 '안'과 '원안'의 경우는 번역문과 원문 모두 진하게 표기하고 본문 안의 안과 같은 서체로 표기해 구분한다.

예1) 이에 스페인 사람들은 소가죽을 찢어 몇천 길의 길이로 고리처럼 엮어 필리핀의 땅을 두르고는 약속대로 해 달라고 했다. 살펴보건대 마닐라 땅을 [소가죽 끈으로] 두르고 약속대로 해 달라고 했다고 해야 한다.

其人乃裂牛皮, 聯屬至數千丈, 圍呂宋地, 乞如約. 案: 當云圍蠻里喇地, 乞如約.

예2)   **영국·네덜란드령 아체와 스리비자야**

단, 3국은 같은 섬으로, 당唐나라 이전에는 파리주婆利洲 땅이었다.

수마트라의 현재 이름이 아체이다. 스리비자야의 현재 이름이 팔렘방Palembang이다.

英荷二夷所屬亞齊及三佛齊島

三國同島, 卽唐以前婆利洲地. 蘇門答剌, 今名亞齊. 三佛齊, 今名舊港.

예3) 위원이 살펴보건대 베트남의 서도는 후에에 있으니 곧 참파의 옛 땅이다. 여기에서
별도로 본저국을 가리켜 참파라고 하는데, 옳지 않다. 본저국은 캄보디아, 즉 옛
첸라국이다. 『해록』이 상인과 수군의 입에서 나온 책이기 때문에 보고 들은 것은
비록 진실에 속할지 모르지만, 고대의 역사사실을 고찰함에 있어 오류가 많다. 이
에 특별히 부록을 달아 바로잡는다. 참파의 동남쪽 바다에 있는 빈동룡국은 바로
『송사』에서 말하는 빈다라賓陀羅로, 빈다라는 참파와 서로 이어져 있고 지금도 나
란히 꽝남 경내에 속해 있는 것으로 보아 아마도 용내의 땅인 것 같다. 명나라 왕기
王圻가 편찬한 『속통고續通考』에는 『불경』의 사위성舍衛城이라고 잘못 가리키고 있
는데, 이에 대해서는 말루쿠제도Maluku 뒤에서 바로잡는다.

源案: 越南之西都, 在順化港, 卽占城舊地也. 此別指本底爲占城, 非是. 本底爲柬埔寨, 卽古眞
臘國. 『海錄』出於賈客舟師之口, 故見聞雖眞, 而考古多謬. 特附錄而辯之. 至占城東南瀕海, 尙
有賓童龍國, 卽『宋史』所謂賓陀羅者, 與占城相連, 今竝入廣南境內, 疑卽龍柰之地. 明王圻『續
通考』謬指爲『佛經』之舍衛城, 辯見美洛居島國後.

⑦ 주석 번호는 편별로 시작한다.

⑧ 본서에서 언급하고 있는 '원본'은 임칙서林則徐의 『사주지四洲志』이다.

  예) 원본에는 없으나, 지금 보충한다.

해국도지 원서[1]

—

　『해국도지』60권은 무엇에 의거했는가? 첫째로 전 양광총독兩廣總督이자 병부상서兵部尚書였던 임칙서林則徐[2]가 서양인[3]의 저서를 번역한 『사주지四洲志』[4]에 의거했다. 둘째로 역대 사지史志[5] 및 명대明代 이래의 도지島志,[6] 그리고 최근의 외국 지도[7]·외국어 저술[8]에 의거했다. 철저하게 조사·고찰하고 일목요연하게 정리하여 새로운 길을 열고자 한다. 대체로 동남양東南洋,[9] 서남양西南洋[10]은 원본에 비해 10분의 8 정도를 증보했고, 대서양大西洋·소서양小西洋,[11] 북양北洋,[12] 외대서양外大西洋[13] 역시 10분의 6 정도를 증보했다. 또한 지도와 표를 날줄과 씨줄로 하고 다양한 사람들의 논점을 폭넓게 참고하여 논의를 진행했다.

　[이 책이] 이전 사람들의 해도海圖에 관한 서적과 다른 점은 무엇인가? 이전 사람들의 책이 모두 중국인의 입장에서 서양[14]을 언급한 것이라면, 이 책은 서양인의 관점에서 서양을 언급했다는 것이다.[15]

　이 책을 저술한 이유는 무엇인가? 서양의 힘을 빌려 서양을 공격하고

(以夷攻夷), 서양의 힘을 빌려 서양과 화친하며(以夷款夷), 서양의 뛰어난 기술을 배워(爲師夷長技) 서양을 제압하기 위해서 저술한 것이다(以制夷而作).

『주역周易』에 다음과 같은 기록이 있다.

"사랑과 증오가 서로 충돌함에 따라 길흉吉凶을 낳고, 장래의 이익과 눈앞의 이익을 취함에 따라 회린悔吝을 낳으며, 진실과 거짓이 서로 감응함에 따라 이해利害를 낳는다."[16] 그러므로 똑같이 적을 방어한다고 해도 그 상황을 아는 것과 모르는 것은 손익 면에서 아주 큰 차이가 난다. 마찬가지로 적과 화친한다고 해도 그 사정을 아는 것과 모르는 것은 손익 면에서 커다란 차이가 있다. 과거 주변 오랑캐[17]를 제압한 경우에, 적의 상황을 물어보면 자기 집 가구를 대하듯이 잘 알고 있었으며, 적의 사정을 물어보면 일상다반사와 같이 잘 알고 있었다.

그렇다면 이 서적만 있으면 서양을 제압할 수 있다는 것인가? 그렇다고 할 수도 있지만, 아닐 수도 있다. 이것은 군사적 전략은 될 수 있지만, 근본적인 대책은 아니다. 유형의 전략이지 무형의 전략은 아니다. 명대 관료는 말하길 "해상의 왜환倭患을 평정하고자 한다면 우선 사람들의 마음속에 쌓인 우환을 다스려야 한다"라고 했다. 사람들의 마음속에 쌓인 우환이란 무엇인가? [이것은] 물도 아니고 불도 아니며 칼도 아니고 돈도 아니다. 연해의 간민奸民도 아니고 아편을 흡입하거나 판매하는 악인도 아니다. 그러므로 군자는 [무공을 칭송한] 「상무常武」와 「강한江漢」[18]의 시를 읽기 전에 [인정을 칭송한] 「운한雲漢」과 「거공車攻」[19]을 읽으면서 『시경詩經』의 「대아大雅」와 「소아小雅」 시인들이 발분한 원인을 깨달았다. 그리고 『주역』 괘사卦辭와 효사爻辭[20]의 내괘內卦(하괘), 외괘外卦(상괘), 소식괘消息卦[21]를 음미하면서 『주역』을 지은 자가 근심한[22] 원인을 알았다. 이 발분과 우환이야말로 하늘의 도(天道)가 부否를 다해서 태泰로 움직이게 하는 것[23]이고 사람들의 마음(人心)이 몽매함을 벗어나 각성하게 하는 것이며 사람들의 재주(人才)가 허虛를 고쳐서 실實로 옮겨 가게 하는 것이다.

예전 강희康熙·옹정雍正 시기에 세력을 떨쳤던 준가르도 건륭乾隆 중기 순식간에 일소되어 버렸다.[24] 오랑캐의 아편[25]이 끼친 해로움은 그 해악이 준가르보다 더 크다. 지금 폐하[26]의 어짊과 근면함은 위로는 열조列祖[27]에 부합하고 있다. 하늘의 운행과 사람의 일에 길흉화복[28]은 언제나 번갈아 가며 변하는 것이니 어찌 [서양을] 무찔러 버릴 기회가 없음을 근심하는가? 어찌 무위武威를 떨칠 시기가 없음을 근심하는가? 지금이야말로 혈기 있는 자는 마땅히 분발해야 할 때이며, 식견을 가진 자는 마땅히 원대한 계획을 세워야 할 때이다.

첫째로, 허위虛僞와 허식을 버리고 재난에 대한 두려움을 버리며, 중병을 키우지 말고 자신의 안위만을 추구하지 않는다면 사람들의 우매한 병폐는 제거될 것이다.

둘째로, 실제의 일을 가지고 실제의 성과를 평가하고, 실제의 성과를 가지고 실제의 일을 평가해야 한다. 쑥은 삼 년간 묵혀서 쌓아 두고[29] 그물은 연못에 가서 엮고,[30] 맨몸으로 황하를 건너지 말며,[31] 그림의 떡을 바라지 않는다면,[32] 인재가 부족하다는 근심은 사라질 것이다.

우매함이 제거되면 태양이 밝게 빛나고, 인재가 부족하다는 근심이 사라지면 우레가 칠 것이다. 『전』에 이르기를 "누가 집안을 어지럽게 하고서 나라를 다스릴 수 있겠는가? 천하가 안정되니 월상越裳[33]도 신하 되기를 청하네"라고 한다.[34]

『해국도지』의 내용은 다음과 같다.

첫 번째, 「주해편籌海篇」[35]에서는 방어를 통해 공격하고 방어를 통해 화친하며, 오랑캐를 이용해서 오랑캐를 제압하는 열쇠를 쥐고 있는 것은 누구인가에 대해 서술한다.

두 번째, 「각 나라 연혁도各國沿革圖」에서는 3천 년의 시간과 9만 리의 공간을 씨실과 날실로 삼으면서, 지도와 역사적 사실을 아울러 서술한다.

세 번째, 「동남양 연안 각 나라東南洋海岸各國」에서는 기독교[36]와 아편을 영내에 들어오지 못하게 하면 우리의 속국[37]도 또한 적개심을 불태울 수 있다는 것에 대해 서술한다.

네 번째, 「동남양 각 섬東南洋各島」에서는 필리핀[38]과 자와는 일본과 같은 섬나라이지만, 한쪽(필리핀과 자와)은 병합되고 한쪽(일본)은 강성함을 자랑하는 것은 교훈으로 삼을 만하다[39]는 것에 대해 서술한다.

다섯 번째, 「서남양 오인도西南洋五印度」에서는 종교가 세 차례나 변하고,[40] 국토는 오인도[41]로 분할되어 까치집(인도)에 비둘기(영국)가 거주하는 것과 같은 형국이니, 이는 중국[42]에게도 재앙이 되고 있는 것에 대해 서술한다.

여섯 번째, 「소서양 아프리카小西洋利未亞」에서는 백인[43]과 흑인[44]은 거주하는 영역이 멀리 떨어져 있는데도 불구하고 흑인이 부림을 당하고 내몰리고 있는데, 이에 대해서는 해외에서 온 외국인[45]에게 자문한 것을 서술한다.

일곱 번째, 「대서양 유럽 각 나라大西洋歐羅巴各國」에서는 대진大秦[46]과 해서海西[47]에는 다양한 오랑캐[48]가 살고 있는데, 이익과 권위로 반림泮林의 올빼미[49]와 같이 감화시킬 수 있다는 것에 대해 서술한다.

여덟 번째, 「북양 러시아北洋俄羅斯國」에서는 동서양에 걸쳐 있고 북쪽은 북극해에 접해 있으니, 근교원공近交遠攻 정책을 취할 시에 육상전에 도움이 되는 우리 이웃 국가에 대해 서술한다.

아홉 번째, 「외대양 미국外大洋彌利堅」에서는 영국의 침략에 대해서는 맹렬히 저항했지만, 중국에 대해서는 예의를 다하니 원교근공遠郊近攻 정책을 취할 시에 해상전에 도움이 되는 나라에 대해 서술한다.

열 번째, 「서양 각 나라 종교 표西洋各國敎門表」에서는 사람은 모두 하늘을 근본으로 하고 가르침은 성인에 의해 세워져 있으니, 이합집산을 되풀이하면서도 조리를 가지고 문란하지 않은 것에 대해 서술한다.

열한 번째, 「중국·서양 연표中國西洋紀年表」에서는 1만 리 영토의 기년紀年이 하나로 통일되어 있는 점에서 중화에는 미치지 못하지만, 단절되면서도 연속되어 있는 아랍⁵⁰과 유럽⁵¹의 기년에 대해 서술한다.

열두 번째, 「중국·서양 역법 대조표中國西曆異同表」에서는 중국력은 서양력의 바탕이 되지만, 서양력은 중국력과 차이가 있으며, 사람들에게 농사짓는 시기를 알려 주는 것에 있어서는 중국력이 근간을 이루고 있다는 것에 대해 서술한다.

열세 번째, 「지구총설國地總論」에서는 전쟁은 지세의 이점을 우선하는데, 어찌 먼 변방이라고 해서 경시하겠는가! 쌀이나 모래로 지형을 구축해서 지세를 파악한다면⁵² 조정은 전쟁에서 승리할 수 있다는 것에 대해 서술한다.

열네 번째, 「주이장조籌夷章條」에서는 지세의 이점도 사람들의 화합에는 미치지 못하며, 기공법奇攻法과 정공법正攻法을 병용한다면 작은 노력으로도 커다란 성과를 거둘 수 있다는 것에 대해 서술한다.

열다섯 번째, 「이정비채夷情備採」에서는 적을 알고 나를 알면 화친할 수도 있고 싸울 수도 있으니, 병의 증상을 알지 못하면 어찌 처방할 것이며, 누가 어지럽고 눈앞이 캄캄한 증상을 치료할 수 있겠는가에 대해 서술한다.

열여섯 번째, 「전함조의戰艦條議」에서는 해양국이 선박에 의지하는 것은 내륙국이 성벽에 의지하는 것과 같으니, 뛰어난 기술을 배우지는 않고 풍파를 두려워하는 것은 누구인가에 대해 서술한다.

열일곱 번째, 「화기화공조의火器火攻條議」에서는 오행이 상극하여 금金과 화火[53]가 가장 맹렬하니, 우레가 지축을 흔들듯이 공격과 수비도 같은 이치라는 것에 대해 서술한다.

열여덟 번째, 「기예화폐器藝貨幣」에서는 차궤와 문자[54]는 다르지만, 화폐의 기능은 같으니, 이 신기한 것을 유용하게 활용하기 위해서 어찌 지혜를 다하지 않겠는가에 대해 서술한다.

도광 22년(1842) 임인년 12월, 내각중서 소양 사람 위원이 양주에서 쓴다.

海國圖志原敍

—

『海國圖志』六十卷何所據? 一據前兩廣總督林尙書所譯西夷之『四洲志』.
再據歷代史志及明以來島志, 及近日夷圖·夷語. 鉤稽貫串, 創榛闢莽, 前驅先
路. 大都東南洋·西南洋, 增於原書者十之八, 大·小西洋·北洋·外大西洋增於原
書者十之六. 又圖以經之, 表以緯之, 博參群議以發揮之.

何以異於昔人海圖之書? 曰彼皆以中土人譚西洋, 此則以西洋人譚西洋也.

是書何以作? 曰爲以夷攻夷而作, 爲以夷款夷而作, 爲師夷長技以制夷而作.

『易』曰: "愛惡相攻而吉凶生, 遠近相取而悔吝生, 情僞相感而利害生." 故
同一禦敵, 而知其形與不知其形, 利害相百焉. 同一款敵, 而知其情與不知其
情, 利害相百焉. 古之馭外夷者, 諏以敵形, 形同几席, 諏以敵情, 情同寢饋.

然則執此書卽可馭外夷乎? 曰: 唯唯, 否否. 此兵機也, 非兵本也. 有形之兵
也, 非無形之兵也. 明臣有言: "欲平海上之倭患, 先平人心之積患." 人心之積
患如之何? 非水, 非火, 非刃, 非金. 非沿海之奸民, 非吸煙販煙之莠民. 故君子
讀「雲漢」·「車攻」, 先於「常武」·「江漢」, 而知二雅詩人之所發憤. 玩卦爻內外

消息, 而知大『易』作者之所憂患. 憤與憂, 天道所以傾否而之泰也, 人心所以違寐而之覺也, 人才所以革虛而之實也.

昔準噶爾跳踉於康熙·雍正之兩朝, 而電埽於乾隆之中葉. 夷煙流毒, 罪萬準夷. 吾皇仁勤, 上符列祖. 天時人事, 倚伏相乘, 何患攘剔之無期? 何患奮武之無會? 此凡有血氣者所宜憤悱, 凡有耳目心知者所宜講畫也.

去僞, 去飾, 去畏難, 去養癱, 去營窟, 則人心之寐患袪, 其一. 以實事程實功, 以實功程實事. 艾三年而蓄之, 網臨淵而結之, 毋馮河, 毋畫餅, 則人材之虛患袪, 其二. 寐患去而天日昌, 虛患去而風雷行.『傳』曰: "孰荒於門, 孰治於田? 四海旣均, 越裳是臣." 敍『海國圖志』.

以守爲攻, 以守爲款, 用夷制夷, 疇司厥楗, 述「籌海篇」第一.

縱三千年, 圍九萬里, 經之緯之, 左圖右史, 述「各國沿革圖」第二.

夷敎夷煙, 毋能入界, 嗟我屬藩, 尙堪敵愾, 志「東南洋海岸各國」第三.

呂宋·爪哇, 嶼埒日本, 或噬或駃, 前車不遠, 志「東南洋各島」第四.

敎閱三更, 地割五竺, 鵲巢鳩居, 爲震旦毒, 述「西南洋五印度」第五.

維晳與黔, 地遼疆閡, 役使前驅, 疇諏海客, 述「小西洋利未亞」第六.

大秦海西, 諸戎所巢, 維利維威, 實懷泮鴞, 述「大西洋歐羅巴各國」第七.

尾東首西, 北盡冰溟, 近交遠攻, 陸戰之鄰, 述「北洋俄羅斯國」第八.

勁悍英寇, 恪拱中原, 遠交近攻, 水戰之援, 述「外大洋彌利堅」第九.

人各本天, 敎綱於聖, 離合紛紜, 有條不紊, 述「西洋各國敎門表」第十.

萬里一朔, 莫如中華, 不聯之聯, 大食·歐巴, 述「中國西洋紀年表」第十一.

中曆資西, 西曆異中, 民時所授, 我握其宗, 述「中國西曆異同表」第十二.

兵先地利, 豈間遐荒! 聚米畫沙, 戰勝廟堂, 述「國地總論」第十三.

雖有地利, 不如人和, 奇正正奇, 力少謀多, 述「籌夷章條」第十四.

知己知彼, 可款可戰, 匪證奚方, 孰醫瞑眩, 述「夷情備探」第十五.

水國恃舟, 猶陸恃堞, 長技不師, 風濤誰讋, 述「戰艦條議」第十六.

五行相克, 金火斯烈, 雷奮地中, 攻守一轍, 述「火器火攻條議」第十七.

軌文匯同, 貨幣斯同, 神奇利用, 盍殫明聰, 述「器藝貨幣」第十八.

道光二十有二載, 歲在壬寅嘉平月, 內閣中書邵陽魏源敍於揚州.

주석

1 원서: 이 서문은 원래 『해국도지』 50권본의 서문이다. 악록서사본에 따르면 이는 도광 22년 12월(1843년 1월)에 서술되어 도광 27년(1847) 『해국도지』 60권본을 출판할 때, 단지 50권본의 '5' 자를 '6' 자로 바꾸고 '서敍'를 '원서原敍'로 수정했다. 나머지 내용은 전부 50권본 그대로이다.

2 임칙서林則徐: 임칙서(1785~1850)는 청나라 말기의 정치가로 복건성 복주 출신이다. 자는 소목少穆, 호는 문충文忠이다. 1837년 호광총독湖廣總督으로 재임 중 황작자黃爵滋의 금연 정책에 호응해서 아편 엄금 정책을 주장했다. 호북湖北·호남湖南에서 금연 정책의 성공을 인정받아 흠차대신으로 등용되어 광동에서의 아편 무역을 단속하게 된다. 1839년 광동에 부임하여 국내의 아편 판매 및 흡연을 엄중히 단속하고 외국 상인이 소유하던 아편을 몰수했으며, 아편 상인을 추방하여 아편 무역을 근절하고자 했다. 그러나 이에 항의한 영국이 함대를 파견하자 이에 대한 책임을 지고 면직되어 신강성新疆省에 유배되었다.

3 서양인: 원문은 '서이西夷'이다.

4 『사주지四洲志』: 임칙서가 휴 머레이Hugh Muray 『세계지리대전The Encyclopaedia of Geography』의 일부를 양진덕梁進德 등에게 번역시킨 후, 직접 원고의 일부분을 수정해서 펴낸 책이다. 이하 본서에서 언급하고 있는 원본은 바로 『사주지』를 가리킨다.

5 사지史志: 『해국도지』에 인용되어 있는 24사를 비롯해 『통전通典』, 『문헌통고文獻通考』, 『속문헌통고續文獻通考』, 『황조문헌통고皇朝文獻通考』, 『통지通志』, 『수경주水經注』, 『책부원귀冊府元龜』, 『대청일통지大淸一統志』, 『광동통지廣東通志』, 『무역통지貿易通志』 등의 서적을 가리킨다.

6 도지島志: 『해국도지』에 인용되어 있는 주달관周達觀의 『진랍풍토기眞臘風土記』, 왕대연汪大淵의 『도이지략島夷志略』, 사청고謝淸高의 『해록海

錄』, 장섭張燮의 『동서양고東西洋考』, 황충黃衷의 『해어海語』, 황가수黃可垂
의 『여송기략呂宋紀略』, 왕대해汪大海의 『해도일지海島逸志』, 장여림張汝霖
의 『오문기략澳門紀略』, 진륜형陳倫炯의 『해국문견록海國聞見錄』, 줄리오
알레니Giulio Aleni의 『직방외기職方外紀』, 페르디난트 페르비스트Ferdinand
Verbiest의 『곤여도설坤輿圖說』 등의 서적을 가리킨다.

7　외국 지도: 원문은 '이도夷圖'이다. 서양에서 제작된 지도를 가리킨다.

8　외국어 저술: 원문은 '이어夷語'이다. 서양인이 저술한 서적을 가리킨다.

9　동남양東南洋: 위원이 말하는 동남양은 동남아시아Southeast Asia 해역, 한
국Korea·일본Japan 해역 및 오세아니아Oceania 해역 등을 가리킨다.

10　서남양西南洋: 위원이 말하는 서남양은 아라비아해Arabian Sea 동부에 있는
남아시아South Asia 해역 및 서남아시아 동쪽의 아라비아해 서부 등의 해
역을 포괄해서 가리킨다.

11　대서양大西洋·소서양小西洋: 위원이 말하는 대서양은 서유럽West Europe 및
스페인Spain·포르투갈Portugal의 서쪽 해역, 즉 대서양Atlantic Ocean에 인접
해 있는 여러 국가 및 북해North Sea의 남부와 서부를 가리킨다. 위원이
말하는 소서양은 인도양Indian Ocean과 대서양에 인접해 있는 아프리카
Africa 지역을 가리킨다.

12　북양北洋: 위원이 말하는 북양은 북극해Arctic Ocean 및 그 남쪽의 각 바다
에 인접해 있는 유럽Europe과 아시아Asia 두 대륙 일부, 일부 발트해 연
안 국가의 해역, 덴마크Denmark 서쪽의 북해 동부 및 북아메리카North
America의 그린란드Greenland 주위 해역, 즉 노르웨이Norway·러시아·스웨덴
Sweden·덴마크·프로이센Preussen 5개국의 해역 및 크름반도 주변 해역을
가리킨다.

13　외대서양外大西洋: 위원이 말하는 외대서양은 대서양에 인접해 있는 남
북아메리카 일대를 가리킨다.

14　서양: 대서양 양안의 구미 각 나라를 가리킨다.

15　이 책은 … 언급했다는 것이다: 도광 27년(1847)의 60권본의 5, 7, 13, 14,
16, 20~23, 25~33, 36~38, 40~43권은 유럽인 원찬(歐羅巴人原撰), 후관 임

칙서 역후관림칙서役侯官林則徐譯, 소양 위원 중집邵陽魏源重輯이라고 기록하고 있는데, 이 부분은 『사주지』를 원본으로 하고 다른 서적을 참고해서 증보한 것이다.

16 사랑과 증오가 … 낳는다: 『주역』 제12장 「계사전繫辭傳」 하에 보인다. 길吉은 좋은 것, 흉兇은 나쁜 것이다. 회悔는 후회하는 것이고, 린吝은 개선하려고 하지 않는 것이다. 흉과 길이 이미 벌어진 일이라면 회와 린은 일종의 전조와 같은 것으로 회는 길할 전조, 린는 흉할 전조가 된다.

17 주변 오랑캐: 원문은 '외이外夷'이다.

18 「상무常武」와 「강한江漢」: 모두 『시경』 「대아」의 편명이다. 주나라 선왕宣王이 회북准北의 오랑캐를 정벌하여 무공을 떨친 것을 기리기 위해 지은 것이다.

19 「운한雲漢」과 「거공車攻」: 「운한」은 『시경』 「대아」의 편명이고 「거공」은 「소아」의 편명이다. 주나라 선왕이 재해를 다스리고 제도를 정비한 것 등 내정을 충실히 한 것을 기리기 위해 지은 것이다.

20 괘사卦辭와 효사爻辭: 『주역』은 본래 양(—)과 음(--)의 결합에 의해 64괘로 이루어져 있다. 이 64괘에 대한 설명을 괘사라고 한다. 그리고 괘를 구성하고 있는 (—)과 (--)을 효라고 하는데, 이에 대한 의미를 설명한 것을 효사라고 한다. 1괘당 6개의 효가 있어 효사는 모두 384개로 이루어져 있다.

21 내괘內卦(하괘), 외괘外卦(상괘), 소식괘消息卦: 원문은 '내외소식內外消息'이다. 모두 『주역』의 용어로서 끊임없는 변화를 의미한다.

22 『주역』을 지은 자가 근심한: 『주역』「계사전」 하에 의하면 "『주역』이 흥기한 것은 중고 시대일 것이다. 『주역』을 지은 자는 근심을 품고 있을 것이다(『易』之興也, 其於中古乎, 作『易』者其有憂患乎)"라고 언급하고 있다.

23 부否를 다해서 태泰로 움직이게 하는 것: '부'와 '태'는 모두 『주역』64괘의 하나이다. '부'는 막혀 있는 상태, '태'는 형통하고 있는 상태로서 양자는 정반대의 위치에 있다. '부'가 지극해지면 '태'로 변화하는데, 이는 분노와 우환이 막혀 있는 상태에서 형통하는 상태로 변화하는 것을 의

미한다.

24 준가르도 … 일소되어 버렸다: 준가르는 17세기 초에서 18세기 중엽에
걸쳐 세력을 떨친 서북 몽골의 오이라트계 몽골족이다. 17세기 말경 종
종 중국의 서북 변경에 침입했으나 1755년 청나라군의 공격을 받아 준
가르가 붕괴되고 나아가 1758년 완전히 멸망되었다.

25 오랑캐의 아편: 원문은 '이연夷烟'이다.

26 폐하: 도광제道光帝(재위 1820~1850)를 가리킨다.

27 열조列祖: 청조의 역대 제왕을 가리킨다.

28 길흉화복: 원문은 '의복倚伏'이다. 노자老子 『도덕경道德經』의 "화란 것은
복이 의지하는 곳이고, 복은 화가 숨어 있는 곳이다(禍兮福之所倚, 福兮禍之
所伏)"라는 말에서 유래한다.

29 쑥은 삼 년간 묵혀서 쌓아 두고: 원문은 '애삼년이축지艾三年而蓄之'이다.
『맹자孟子』「이루離婁」 하편에 "7년의 병을 치료하기 위해서는 삼 년간
숙성된 쑥이 필요하다(七年之病救三年之艾)"는 말이 있다.

30 그물은 연못에 가서 엮고: 원문은 '망임연이결지網臨淵而結之'이다. 『한서
漢書』「동중서전董仲舒傳」에 "연못에 임해서 고기를 탐하는 것은 물러나
그물을 만드는 것보다 못하다(臨淵羨魚, 不如退而結網)"라는 말이 있다.

31 맨몸으로 황하를 건너지 말며: 원문은 '무풍하毋馮河'이다. 『논어論語』
「술이述而」편에 "맨손으로 호랑이를 잡고 맨몸으로 황하를 건너다가 죽
어도 후회가 없다는 사람과는 나는 함께하지 않을 것이다(暴虎馮河, 死而無
悔者, 吾不與也)"라는 말이 있다.

32 그림의 떡을 바라지 않는다면: 원문은 '무화병毋畵餠'이다.

33 월상越裳: 서주 초기의 '월상'은 막연하게 중국 남쪽의 아주 먼 나라를 가
리키기 때문에 정확한 지역은 알 수 없다. 삼국 시대 이후에 등장하는
'월상'은 대체로 베트남 중부의 월상현越裳縣을 가리키며, 지금의 하띤성
Ha Tinh 일대에 해당한다. 또한 라오스Laos나 캄보디아Cambodia를 가리키
기도 한다.

34 『전』에 … 한다: 『후한서後漢書』「남만전南蠻傳」에 의하면 월상은 베트

남의 남쪽에 있던 나라로 주공周公 시기 여러 번이나 통역을 거쳐서 입
조해서 흰 꿩을 바쳤다는 일화가 등장하는데, "누가 집안을 … 신하 되
기를 청하네"는 한유韓愈의 시 「월상조월상조越裳操」에서 인용한 것이다.

35 「주해편籌海篇」: '의수議守', '의전議戰', '의관議款' 세 항목으로 구성되어 있다.

36 기독교: 원문은 '이교夷敎'이다.

37 속국: 원문은 '속번屬藩'이다.

38 필리핀: 원문은 '여송呂宋'이다.

39 교훈으로 삼을 만하다: 원문은 '전거불원前車不遠'이다. 이 말은 앞 수레
가 넘어지면 뒤 수레의 경계가 된다는 의미의 '전거복철前車覆轍'과 은나
라가 망한 것을 거울로 삼아야 할 것은 멀리 있지 않다는 의미의 '은감
불원殷鑑不遠'의 앞뒤 두 글자를 따온 것이다.

40 종교가 세 차례나 변하고: 원문은 '교열삼경敎閱三更'이다. '종교의 나라'
로로 불리는 인도는 힌두교와 불교의 탄생지이며, 10세기경에는 이슬람
군이 인도의 델리 지방을 점거하면서 이슬람교가 전파되기 시작했다.

41 오인도: 원문은 '오축五竺'으로, 동인도·남인도·서인도·북인도·중인도
를 가리킨다. 악록서사본에 따르면 오인도는 다음과 같이 구분되고 있
다. 동인도Pracys는 지금의 인도 아삼주Assam 서부, 서벵골주West Bengal
의 중부와 남부, 오디샤Odisha의 북부와 중부 및 현 방글라데시Bangladesh
의 중부와 남부이다. 북인도Udicya는 현 카슈미르주Kashmir, 인도의 펀자
브주Punjab, 하리아나주Haryana, 파키스탄의 서북 변경, 펀자브주 및 아프
가니스탄의 카불강Kabul River 남쪽 양측 강변 지역이다. 서인도Aparanta는
현 파키스탄 중부와 남부, 인도 구자라트주Gujarat의 북부와 동부, 마디
아프라데시주Madhya Pradesh의 북부와 서부, 라자스탄주Rajasthan의 남부이
다. 『대당서역기大唐西域記』에는 '인도국'이 아니라고 명확히 밝히고 있
다. 중인도Madhyadesa는 현 방글라데시 북부, 인도의 서벵골주 북부, 라
자스탄주 북부, 우타르프라데시주Uttar Pradesh이다. 네팔Nepal을 중인도
에 넣고 있는데, 이는 옳지 않다. 선학들도 이미 논한 바 있다. 남인도
Daksinapatha는 인도차이나반도상의 오디샤주의 남부, 중앙주의 동남부,

마하라슈트라주Maharashtra와 위에서 서술한 세 곳 이남의 인도 각주 및 서북쪽으로 면한 카티아와르반도Kathiawar Peninsular이다. 『대당서역기』에는 '인도국'이 아니라고 명확히 밝히고 있다. 위원이 『해국도지』를 편찬할 때 무굴 제국Mughal Empire은 이미 멸망하여 잘 알지 못했기 때문에 『직방외기』에서 언급한 동·북·중·서인도가 무굴 제국에 병합되었다고 하는 설의 영향을 크게 받았다. 확실하게 영국의 동인도 회사가 직접 통치하는 벵골(현 방글라데시와 인도의 서벵골주 지역)을 동인도로 하고 카슈미르를 북인도라 한 것을 제외하고는 예전 중·서인도 및 동·북인도의 나머지 지역을 '중인도'라고 했다. 또한 지금 이란의 아라비아반도에 이르는 일대를 '서인도'라고도 했다.

42 중국: 원문은 '진단震旦'으로, 지나支那와 같이 중국을 달리 부르는 말이다.

43 백인: 원문은 '석晳'이다.

44 흑인: 원문은 '검黔'이다.

45 해외에서 온 외국인: 원문은 '해객海客'이다.

46 대진大秦: 고대 로마 제국Roman Empire, 또는 동로마 제국Byzantium Empire을 가리킨다.

47 해서海西: 고대 로마 제국, 또는 동로마 제국을 가리킨다.

48 오랑캐: 원문은 '융戎'이다. 고대 중국은 주변 민족을 동이東夷, 서융西戎, 남만南蠻, 북적北狄으로 불렀다. 여기에서 융은 중국의 서쪽에 있는 이민족을 가리킨다.

49 반림泮林의 올빼미: 원문은 '반효泮鴞'이다. 『시경』 「노송魯頌·반수泮水」편에 "훨훨 날아다니는 올빼미가 반궁 숲에 내려앉았네. 우리 뽕나무의 오디를 먹고서는 나에게 듣기 좋은 소리로 노래해 주네(翩彼飛鴞, 集于泮林, 食我桑黮, 懷我好音)"라고 하는데, 이는 훨훨 나는 올빼미가 오디를 먹고 감화되었다는 것을 의미한다.

50 아랍: 원문은 '대식大食'이다. 대식은 원래 이란의 한 부족명이었는데, 후에 페르시아인은 이를 아랍인의 국가로 보았다. 중국은 당조唐朝 이후 대식을 아랍 국가의 명칭으로 사용하고 있다.

51 유럽: 원문은 '구파歐巴'이다.

52 쌀이나 모래로 … 파악한다면: 원문은 '취미화사聚米畵沙'이다. 『후한서』 권24 「마원열전馬援列傳」에 의하면, 후한 광무제가 농서隴西의 외효隗囂를 치기 위하여 친정했을 때, 농서 출신 복파장군伏波將軍 마원이 쌀을 모아서 산과 골짜기 등 지형을 그림처럼 만들어 보여 주자 광무제가 오랑캐가 내 눈앞에 들어왔다고 기뻐했다는 고사가 전해진다.

53 금金과 화火: 금과 화는 음양오행설의 목·화·토·금·수의 순서에 따라 상극(상승) 관계에 있다. 동시에 여기에서는 무기, 화기를 나타낸다. 『주역』에 "우레가 지축을 흔든다(雷奮地中)"라는 말이 있다.

54 차궤와 문자: 『예기禮記』 「중용中庸」편에 "지금 천하의 수레는 차궤를 같이하고, 서적은 문자를 같이하며, 행실은 윤리를 같이한다(今天下車同軌, 書同文, 行同倫)"라고 한다. 여기에서 차궤, 문자, 행실은 넓은 의미에서 인류 사회의 문명을 의미한다.

해국도지 후서

—

　서양의 지리에 대해 이야기할 경우에는 명대 만력萬曆[1] 연간 서양[2]인 마테오 리치Matteo Ricci[3]의 『곤여도설坤輿圖說』[4]과 줄리오 알레니Giulio Aleni[5]의 『직방외기職方外紀』[6]에서부터 시작해야 한다. 이들 책이 처음 중국에 소개되었을 때, 중국인들은 대체로 추연鄒衍[7]이 천하를 논하는 것과 같다고 생각했다.[8] 청조[9] 시기에 이르러 광동에서 통상무역[10]이 활발해지면서 중국어와 산스크리트어가 두루 번역됨에 따라 지리에 관한 많은 서적이 중국어로 번역·간행되었다. 예를 들면, 북경 흠천감欽天監[11]에서 근무하던 페르디난트 페르비스트Ferdinand Verbiest[12]와 미셸 베누아Michel Benoist[13]의 『지구전도地球全圖』가 있다. 광동에서 번역 출간된 것으로서 초본鈔本[14]인 『사주지四洲志』·『외국사략外國史略』[15]이 있고, 간행본으로는 『만국지리전도집萬國地理全圖集』[16]·『평안통서平安通書』[17]·『매월통기전每月統紀傳』[18]이 있는데, 하늘의 별처럼 선명하고 손금을 보는 것처럼 명료했다. 이에 비로소 해도海圖와 해지海志를 펼쳐 보지 않았으면 우주의 창대함과 남북극의 상하가 둥글다는 것을 몰랐다는 사실조차 몰랐을 것이다. 다만, 이 발행물들은 대부분 서양 상인들이 발행한 것으로 섬 해안가 토산물의 다양함, 항구도시 화물 선박의 수, 더위와 추위 등 하늘의 운행에 따른 절기에 대해서는 상세하다. 그리고 각 나라 연혁의 전모나 행정 구역의 역사로 보아 각 나라 사서史書에 9만 리를 종횡하고 수천 년을 이어져 온 산천 지리를 기록할 수 있을 것 같은데, [이들 책에서는] 유감스럽게도 아직 들어 보지 못했다.

다만 최근에 나온 포르투갈[19]인 호세 마르티노 마르케스José Martinho Marques[20]의 『지리비고地理備考』,[21] 미국[22]인 엘리자 콜먼 브리지먼Elijah Coleman Bridgman[23]의 『미리가합성국지략美理哥合省國志略』[24]은 모두 그 나라의 문인들이 고대 전적典籍[25]을 세세하게 살펴 [집필하여] 문장의 조리가 매우 분명해 이해하기가 쉽다. 그리고 『지리비고』의 「구라파주총기歐羅巴洲總記」 상하 2편[26]은 더욱 걸작으로, 바로 오랫동안 막혀 있던 마음을 확 트이게 해 주었다. 북아메리카[27]에서는 부락이 군장을 대신하고[28] 그 정관이 대대로 이어지는데도 폐단이 없고, 남아메리카[29] 페루국[30]의 금은은 세계에서 제일 풍부하지만, 모두 역대로 들은 바가 없다. 이미 [『해국도지』는] 100권을 완성해 앞에 총론을 제시해서 독자들로 하여금 그 대강을 파악한 후에 그 조목을 상세하게 알게 해 두었으니 분량의 방대함에 질려 탄식하지 않기를 바란다.

또한 예전 지도는 단지 앞면과 뒷면 2개의 전도全圖만 있고, 또한 각 나라가 모두 실려 있지 않아 좌우에 지도와 역사서를 모두 갖추는 바람을 채우지 못했다. 그런데 지금 광동과 홍콩에서 간행된 화첩畵帖[31] 지도를 보면 각각 지도는 일국의 산수와 성읍의 위치를 구륵鉤勒, 즉 동그라미로 표시하고 색칠해 두었으며 경도[32]와 위도[33]를 계산하는 데 조금도 어긋나지 않았다. 이에 고대부터 중국과 교류가 없었던 지역임에도 산천을 펼쳐 보면 마치 『일통지一統志』의 지도를 보는 것 같았고 풍토를 살펴보면 마치 중국 17개 성省의 지방지를 읽는 것 같았다. 천지 기운의 운행이 서북쪽에서 동남쪽으로 해서 장차 중외가 일가를 이루려고 하는 것인가!

무릇 그 형세를 자세하게 알면 다스리는 방법이 틀림없이 「주해편」에 들어 있다는 것을 알게 될 것이다. 「주해편」은 작게 쓰면 작은 효용이, 크게 쓰면 큰 효용이 있을 것이니 이로써 중국의 명성과 위엄을 떨칠 수 있다면 이는 밤낮으로 매우 원하던 바이다.

마르케스의 『천문지구합론天文地球合論』과 최근 수전에서 사용되었던 화공과 선박, 기기의 도면을 함께 뒤쪽에 부록으로 실어 두었으니, 지식을 넓히는 데 보탬이 되고, 유익하게 활용하는 데 도움이 되기를 바란다.

함풍咸豐 2년(1852), 소양 사람 위원이 고우주高郵州에서 쓴다.

海國圖志後敍

—

　　譚西洋輿地者, 始於明萬曆中泰西人利馬竇之『坤輿圖說』, 艾儒略之『職方外紀』. 初入中國, 人多謂鄒衍之談天. 及國朝而粵東互市大開, 華梵通譯, 多以漢字刊成圖說. 其在京師欽天監供職者, 則有南懷仁·蔣友仁之『地球全圖』. 在粵東譯出者, 則有鈔本之『四洲志』·『外國史略』, 刊本之『萬國地理全圖集』·『平安通書』·『每月統紀傳』, 爛若星羅, 瞭如指掌. 始知不披海圖海志, 不知宇宙之大, 南北極上下之渾圓也. 惟是諸志多出洋商, 或詳於島岸土產之繁, 埠市貨船之數, 天時寒暑之節. 而各國沿革之始末·建置之永促, 能以各國史書誌富媼山川縱橫九萬里·上下數千年者, 惜乎未之聞焉.

　　近惟得布路國人瑪吉士之『地理備考』與美里哥國人高理文之『合省國志』, 皆以彼國文人留心丘索, 綱舉目張. 而『地理備考』之『歐羅巴洲總記』上下二篇尤爲雄偉, 直可擴萬古之心胸. 至墨利加北洲之以部落代君長, 其章程可垂奕世而無弊, 以及南洲孛露國之金銀富甲四海, 皆曠代所未聞. 既彙成百卷, 故提其總要於前, 俾觀者得其綱而後詳其目, 庶不致以卷帙之繁, 望洋生歎焉.

又舊圖止有正面背面二總圖, 而未能各國皆有, 無以愜左圖右史之願. 今則用廣東香港冊頁之圖, 每圖一國, 山水城邑, 鉤勒位置, 開方里差, 距極度數, 不爽毫髮. 於是從古不通中國之地, 披其山川, 如閱『一統志』之圖, 覽其風土, 如讀中國十七省之志. 豈天地氣運, 自西北而東南, 將中外一家歟!

夫悉其形勢, 則知其控馭必有於「籌海」之篇. 小用小效, 大用大效, 以震疊中國之聲靈者焉, 斯則夙夜所厚幸也. 夫至瑪吉士之『天文地球合論』與夫近日水戰火攻船械之圖, 均附於後, 以資博識, 備利用.

咸豐二年, 邵陽魏源敍於高郵州.

주석

1 만력萬曆: 명나라 제13대 황제 신종神宗 주익균朱翊鈞의 연호(1573~1620)
   이다.

2 서양: 원문은 '태서泰西'이다. 널리 서방 국가를 가리키는데, 일반적으로
   서유럽과 미국을 의미한다.

3 마테오 리치Mateo Ricci: 원문은 '이마두利瑪竇'이다. 마테오 리치(1552~1610)
   는 이탈리아 마체라타Macerata 출신으로 1583년에는 광동에 중국 최초의
   천주교 성당을 건립해 그리스도교를 전파했다. 그는 유학에도 상당히
   조예가 깊었으며, 철저한 중국화를 위해 스스로 유학자의 옷을 입었다.
   그리고 조상 숭배도 인정하는 융통성을 보여 유학자들로부터 '서양의
   유학자(泰西之儒士)'라고 불리었다. 대표적인 저작으로 자신과의 대화 형
   식을 빌려 천주교 교리를 설명한 『천주실의天主實義』가 있다.

4 『곤여도설坤輿圖說』: 청대 초기 흠천감을 맡고 있던 페르비스트(1623~1688)
   는 천문 역법뿐만 아니라 세계 지리와 지도, 천주교 등 다양한 유럽 문
   화를 소개했는데, 그중 세계 지리서로 간행한 것이 바로 『곤여도설』이
   다. 이 책은 상하 2권 1책으로 구성되어 있다. 여기에서 마테오 리치의
   저술이라고 한 것은 오류이다. 마테오 리치는 1601년 『만국도지萬國圖
   志』를 그려서 만력제에게 선물했으며, 세계 지도 위에 지리학과 천문
   학적인 설명을 덧붙여 놓은 『곤여만국전도坤輿萬國全圖』를 번역하기도
   했다. 본문에서 『곤여도설』은 『곤여만국전도』의 오류가 아닌가 생각
   한다.

5 줄리오 알레니Giulio Aleni: 원문은 '애유락艾儒略'이다. 알레니(1582~1649)는
   이탈리아 출신의 예수회 소속 선교사이다. 중국의 복장과 예절을 받아
   들여 '서양의 공자'라고 일컬어졌다.

6 『직방외기職方外紀』: 알레니가 한문으로 저술한 세계지리도지世界地理圖

志이다. 마테오 리치의 『만국도지』를 바탕으로 증보했으며, 아시아, 유럽, 아프리카, 아메리카 및 해양에 관한 내용을 적고 있다. 『주례周禮』에 기록된 관제 중에 직방씨職方氏가 있는데, 천하의 땅을 관장하기 위해 지도를 맡아 관리했다. 이에 따르면 천하는 중국과 주위의 사이四夷, 팔만八蠻, 칠민七閩, 구맥九貊, 오융五戎, 육적六狄으로 구성되어 있다. 이에 알레니는 중국 사람들에게 천하에는 이들 이외에 중국에 조공하지 않는 많은 나라가 있음을 이 책을 통해 알려 주려고 한 것이다.

7 추연鄒衍: 추연(기원전 305~기원전 240)은 중국 전국 시대戰國時代 제齊나라 사람으로 제자백가 중 음양가陰陽家의 대표적 인물이다. 오행사상五行思想과 음양이원론陰陽二元論을 결합하여 음양오행사상을 구축했다.

8 천하를 논하는 것과 같다고 생각했다: 여기에서 천문은 추연의 대구주설大九州說을 말하는 것이다. 『사기史記』에 따르면, "중국을 이름 붙이기를 적현신주赤縣神州라고 했다. 적현신주의 안에 구주九州라는 것이 있는데, 우禹임금이 정한 구주가 바로 이것이나, 대구주는 아니다. 중국의 밖에는 적현신주 같은 것이 9개가 있는데, 이것이 구주인 것이다"라고 되어 있다. 즉 추연은 우공의 구주 전체를 적현신주라 하고 이와 똑같은 것이 8개가 더 합쳐져서 전 세계가 하나의 주를 구성하고 있다고 보았다. 추연의 대구주설은 처음에는 이단으로 받아들여졌으나, 서양의 세계 지도가 중국에 전래되면서 관심을 끌게 되었다고 한다.

9 청조: 원문은 '국조國朝'이다.

10 통상무역: 원문은 '호시互市'이다. 본래 중국의 역대 왕조가 국경 지대에 설치한 대외무역소를 가리키는데, 명청 시대에는 책봉 관계를 체결하지 않은 외국과의 대외무역 체제를 의미한다.

11 흠천감欽天監: 명청 시대 천문·역법 등에 관한 일을 담당하던 기관으로 서양 선교사들이 황실의 천문을 살펴 주고 그 사업을 주도했다.

12 페르디난트 페르비스트Ferdinand Verbiest: 원문은 '남회인南懷仁'이다. 벨기에 출신으로 1659년 중국에 와서 전도에 일생을 바쳤다. 당초 예수회 수사 아담 샬Adam Schall을 도와 흠천감에서 근무했는데, 이는 서양의 천

문학과 수학에 통달했기 때문이었다. 강희 원년(1662) 양광선楊光先을 중심으로 하는 보수파의 반대 운동에 부딪혀 아담 샬과 함께 북경 감옥에 갇혔다. 이어 보수파가 실각하자 다시 흠천감의 일을 맡게 되었으며, 궁정의 분수 등을 만들어 강희제의 신임을 받아 공부시랑工部侍郎의 직위를 하사받았다. 또한 서양풍의 천문기기를 주조하고 그것을 해설한 『영대의상지靈臺儀象志』(1674) 16권을 출판했으며, 같은 해에 『곤여도설坤輿圖說』이라는 세계 지도를 펴냈다.

13 미셸 베누아Michel Benoist: 원문은 '장우인蔣友仁'이다. 미셸 베누아(1715~1774)는 프랑스 출신의 예수회 선교사, 천문학자이다.

14 초본鈔本: 인쇄 기술에 의존하지 않고 손으로 직접 글을 써서 제작한 도서나 출판물을 가리킨다. 필사본이라고도 한다.

15 『외국사략外國史略』: 영국인 선교사 로버트 모리슨Robert Morrison의 작품으로 『해국도지』에 커다란 영향을 미쳤다.

16 『만국지리전도집萬國地理全圖集』: 광서 2년본에는 '『만국도서집萬國圖書集』'으로 되어 있으나, 악록서사본에 따라 고쳐 번역한다.

17 『평안통서平安通書』: 미국 선교사 디비 베툰 매카티Divie Bethune McCartee의 저서로, 기독교 교의와 과학 지식, 천문天文·기상氣象 관련 상식들을 소개하고 있다.

18 『매월통기전每月統紀傳』: 원명은 『동서양고매월통기전東西洋考每月統記傳』으로, 카를 귀츨라프Karl Gützlaff가 1833년에 광주廣州에서 창간한 중국어 월간지이다.

19 포르투갈: 원문은 '포로국布路國'이다.

20 호세 마르티노 마르케스José Martinho Marques: 원문은 '마길사瑪吉士'이다. 마규사馬圭斯, 혹은 마귀사馬貴斯라고도 한다. 마르케스(1810~1867)는 어려서부터 마카오의 성요셉 수도원에서 한학을 배웠다. 1833년 23세 때 통역사 자격을 취득한 후 마카오 의사회에서 통번역 일을 했으며, 1848년부터는 프랑스 외교사절의 통역에 종사했다.

21 『지리비고地理備考』: 전 10권으로 구성되어 있다. 제1권은 지리학, 천문학

과 기상학, 제2권은 지진, 화산 등 각종 자연 현상, 제3권은 포르투갈의
정치 무역을 비롯해 각 나라의 기원과 역사에 대해, 제4권에서 제10권은
지구총론, 유럽, 아시아, 아프리카, 아메리카, 오세아니아주의 정치, 지
리, 경제 현상에 대해 서술하고 있다.

22 미국: 원문은 '미리가국美里哥國'이다.

23 엘리자 콜먼 브리지먼Elijah Coleman Bridgman: 원문은 '고리문高理文'이나, 비
치문裨治文으로 표기하는 것이 일반적이다. 브리지먼(1801~1861)은 중국에
파견된 최초의 미국 프로테스탄트 선교사이다. 성서 번역 외에 영어판
월간지 *Chinese Repository*를 창간했다. 또한 싱가포르에서 한문으로
미국을 소개한 『미리가합성국지략』을 간행했는데, 이 책은 위원의 『해
국도지』에서 미국 부분을 서술하는 데 중요한 참고자료가 되었다.

24 『미리가합성국지략美理哥合省國志略』: 원문은 '『합성국지合省國志』'이다. 혹
자는 이 말을 오해해서 『합성국지』가 『해국도지』 100권본에 이르러 비
로소 인용되었다고 하지만, 악록서사본에 따르면 이미 『해국도지』 50권
본에서 이 책을 인용하고 있다고 한다.

25 고대 전적典籍: 원문은 '구색索丘'이다. 『팔색八索』과 『구구九丘』를 아울러
칭한 것으로 일반적으로 고대의 모든 전적을 가리킨다.

26 『지리비고地理備考』의 「구라파주총기歐羅巴洲總記」 상하 2편: 위원은 『지
리비고』의 「방국법도원유정치무역근본총론邦國法度原由政治貿易根本總論」
의 전문을 각색해서 「구라파주총기」 상하 두 편으로 표제를 수정했다.

27 북아메리카: 원문은 '묵리가북주墨利加北洲'이다.

28 부락이 군장을 대신하고: 원문은 '이부락대군장以部落代君長'으로, 미국의
연방제를 가리키는 것으로 보인다.

29 남아메리카: 원문은 '남주南洲'이다.

30 페루국: 원문은 '패로국孛露國'이다.

31 화첩畵帖: 원문은 '책혈冊頁'이며, 화책畵冊이라고도 한다.

32 경도: 원문은 '개방리차開方里差'이다. 오늘날 시간대를 나타내는 이차의
원리는 원나라 이후 널리 알려져 절기와 시각, 일식과 월식을 예측하는

데 널리 적용됐다.

33 위도: 원문은 '거극도수距極度數'이다.

海國圖志
卷十九

해국도지
권19

—

유럽인(歐羅巴人) 원찬
후관侯官 임칙서林則徐 역
소양邵陽 위원魏源 중집

본권에서는 인도를 동인도·서인도·남인도·북인도·중인도로 나누어 이들 지역에 존재
했던 왕국의 통폐합과 지리, 역사, 풍속, 외모, 언어, 문화적 특색에 관해 서술하고 있
다. 동시에 네덜란드, 포르투갈, 프랑스, 영국 동인도 회사의 설립과 해산 과정, 17~18세
기 영국 속지의 지리, 역사, 문화, 종교, 인구, 풍속 등을 기술하고 있다.

서남양 오인도 서설

—

위원이 말한다.

서남양은 인도양Indian Ocean이다. 서인도西印度와 북인도北印度만이 자체적으로 나라를 구성했고, 중인도中印度·남인도南印度·동인도東印度는 유럽에 합병되어 지배를 받았다. 동인도는 영국군의 중요 주둔지로, 대개 전쟁이 일어나면 각 나라는 모두 벵골Bengal[1]로 이동했다. 매달 군사들은 약 은 20원員을 지급받았고, 또한 벵골은 우리 중국의 속국인 미얀마Myanmar,[2] 구르카Gurkha[3]와 인접해 있으며 대대로 원수지간이었다. 그래서 영국군이 중국을 공략할 때 우리와 함께 영국 토벌을 도모했는데, 주로 동인도에서 이루어졌다. 남인도는 인도양으로 툭 튀어나와 있으며 프랑스France[4]·미국United States of America[5]·포르투갈Portugal[6]·네덜란드Netherlands[7]·스페인Spain[8] 각 나라의 통상항구가 빙 둘러 늘어서 있다. 또한 영국의 통상항구는 마드라스Madras,[9] 뭄바이Mumbai[10]로 모두 아편을 생산하는데, 그 양은 벵골에 상당한다. 각 나라는 그 이익을 분배하지 않고 겉으로는 친한 척하면서 속으로는 경계했다. 그래서 우리가 프랑스·미국과 접촉해 선박과 대포를 구매할 때 주로 마카오와 남인도에서 행해졌다. 중인도는 영국과 러시아Russia[11]의 충돌 지역으로, 힌두쿠시산맥Hindu Kush Mountains[12] 하나를 사이에 두고 있어 러시아에서 산맥을 넘으면 바로 힌두스탄 Hindustan[13]을 공격해서 손에 넣을 수 있기에 영국에서는 대군을 두어 그곳을 지켰다. 그래서 우리 중국이 러시아와 연락을 취할 때는 주로 중인도에서 이루어졌다. 동인도의 사정을 자세하게 몰랐고 구르카를 이용할 줄 몰라서 비록 저들을 치고 호각지세를 이룰 계책을 가지고 있었다 하더라도 감히 믿을 수가 없었다. 남인도의 사정을 몰랐고 프랑스와 미국을 이용할 줄 몰라서, 병선을 구매하고 건조할 계책을 실행하고 싶어도 결정할 수 없었다. 중인도와 북인도의 상황을 몰라 러시아와 접촉할 줄 몰랐고, 바야흐로 러시아의 수도가 영국 수도와 얼마나 떨어져 있는지를 알아볼 때도 수도의 거리가 중요한 것이 아니라 서로 인도의 변경 근처에 있다는 것을 몰랐던 것이 사실이다. 옛날 당唐나라 태종太宗 정관貞觀[14] 연간에 왕현책王玄策[15]은 토번 군사의 힘을 빌려 인도를 쳤는데, 바로 구르카가 벵골을 쳤던 루트이다. 원元나라 태조太祖 칭기즈칸의 군사는 북인도와 중인도까지 갔다가 돌아왔다. 헌종憲宗 몽케칸Möngke Khan[16]은 훌라구 칸Hulagu Khan[17]에게 명해 먼저 서인도를 쳐서 정복한 후에 돌아오면서 오인도를 취하게 했는데, 바로 오늘날 러시아가 힌두스탄을 공격했던 루트이다. 명나라 삼보태감三寶太監 정화鄭和[18]는 수군을 데리고 스리랑카Sri Lanka[19]를 치고 그 국왕을 포로로 잡아 귀국하여 조정에 바쳤는데, 바로 오늘날 영국이 병선을 이끌고 남인도로 갔던 루트이다. 전대의 자료를 모두 갖추고 최근의 통상자료까지 다 넣어 상황이 다르면 견강부회하고 상황이 같으면 당연시하여 지시해서 따르게 하고 있으니,[20] 누가 재갈과 채

찍을 들고 있는 것인가? 그래서 서남양에 대한 기록이 실제로는 유럽에 대한 기록으로 되어 버린 것이다. 그런 까닭에 동인도·남인도·중인도는 앞에 서술하고 서인도의 이슬람교[21]·천주교는 뒤에 실었다. 오인도의 연혁 또한 뒤에 덧붙인다.

西南洋五印度國志

—

　　敍曰: 西南洋爲印度海. 惟西·北二印度尙各自爲國, 其中·南·東三印度竝據於西洋. 東印度爲英夷駐防重鎭, 凡用兵各國皆調諸孟加臘. 每卒月餉銀約二十員, 又與我屬國緬甸·廓爾喀隣近, 世仇. 故英夷之偪中國, 與中國之籌制英夷, 其樞紐皆在東印度. 南印度斗出南海, 有佛蘭西·彌利堅·葡萄亞·荷蘭·呂宋各國市埠環列. 而英夷之市埠曰曼達喇薩, 曰孟邁, 皆產鴉片煙, 與孟加臘埒. 各國不得分其利, 恒外睦內猜. 故我之聯絡佛蘭西·彌利堅及購買船砲, 其樞紐皆在澳門與南印度. 中印度爲英夷與俄羅斯相拒之所, 中惟隔一興都哥士大山, 俄羅斯踰山則可攻取溫都斯坦, 英夷設重兵扼守之. 故我之聯絡俄羅斯, 其樞紐在中印度. 不悉東印度之形勢, 則不知用廓夷, 雖有犄角擣批之策而不敢信也. 不知南印度之形勢, 則不知用佛蘭西·彌利堅, 欲行購造兵船之策而未由決也. 不知中印度·北印度之情形, 則不知聯俄羅斯, 方詢俄羅斯國都與英夷國都遠近, 不知其相近者在印度邊境, 而不在國都也. 昔唐太宗貞觀中, 王玄策用吐番之兵以擣印度, 卽廓爾喀攻孟加臘之路. 元太祖兵至北·中二印度而返.

及憲宗命諸王旭烈先攻取西印度, 而後回取五印度, 卽今俄羅斯侵偪溫都斯坦
之路. 明三寶太監鄭和以舟師破錫蘭山, 俘其國王歸獻諸朝, 卽今粤夷兵船赴
南印度之路. 具載往牒, 近徵商舶, 事異鑿空, 形同肘腋, 指示發蹤, 誰端銜策?
志西南洋實所以志西洋也. 故以東·南·中三印度冠其前, 而以西印度之天方教·
天主教附其後. 五印度沿革又附其後.

주석

1 　벵골Bengal: 원문은 '맹가랍孟加臘'이다. 과거 영국령 인도 제국의 벵골주
　였다가, 후에 영국의 벵골 분할령으로 인해 방글라데시(동벵골)와 인도
　서벵골주로 분할되었다.

2 　미얀마Myanmar: 원문은 '면전緬甸'이다.

3 　구르카Gurkha: 원문은 '곽이객廓爾喀'이다.

4 　프랑스France: 원문은 '불란서佛蘭西'이다.

5 　미국United States of America: 원문은 '미리견彌利堅'이다.

6 　포르투갈Portugal: 원문은 '포도아葡萄亞'이다.

7 　네덜란드Netherlands: 원문은 '하란荷蘭'이다.

8 　스페인Spain: 원문은 '여송呂宋'이다.

9 　마드라스Madras: 원문은 '만달라살曼達喇薩'이다. 지금의 인도 남부 타밀나
　두주와 벵골만의 코로만델해안에 위치하는데, 1996년에 첸나이로 이름
　을 바꾸었다. 광서 2년본에는 '만달살라曼達薩喇'로 되어 있으나 악록서
　사본에 따라 고쳐 번역한다.

10 　뭄바이Mumbai: 원문은 '맹매孟邁'이다. 맹매孟買라고도 한다.

11 　러시아Russia: 원문은 '아라사俄羅斯'이다.

12 　힌두쿠시산맥Hindu Kush Mountains: 원문은 '흥도가사대산興都士大山'이다.

13 　힌두스탄Hindustan: 원문은 '온도사탄溫都斯坦'이다.

14 　정관貞觀: 당나라 태종 이세민李世民의 연호(627~649)이다.

15 　왕현책王玄策: 광서 2년본에는 '왕원책王元策'으로 되어 있으나, 피휘避諱
　하여 '현玄'을 '원元'으로 바꾼 것이다. 왕현책은 당나라 사람으로 하남성
　河南省 낙양洛陽 출신이다. 당나라 태종과 고종 시기에 3~4차례 인도 지
　역의 사신으로 다녀왔으며, 중국과 인도의 문화적 교류를 촉진시켰다.

16 　헌종憲宗 몽케칸Möngke Khan: 몽골 제국의 제4대 칸(재위 1251~1259)이다. 칭

기즈칸의 손자이고, 헌종은 묘호이다.

17 홀라구 칸Hulagu Khan: 원문은 '욱렬旭烈'이다. 홀라구 칸(재위 1259~1265)은 아라비아반도와 시리아, 남부 이라크를 제외한 서남아시아를 정복한 일한국의 초대 칸이다.

18 정화鄭和: 정화(1371~1434)는 중국 명나라 때의 장군이자 환관, 무관武官, 제독提督, 전략가, 탐험가, 외교관, 정치가이다. 영락제의 명을 받아 남해에 7차례 대원정을 떠난 것으로 유명하다. 이 이야기는 1409년 제3차 원정에 일어난 일로, 코지코드Kozhikode에 도달하고 돌아오던 중 스리랑카섬의 왕이 정화의 배에 실려 있던 보물을 강탈하기 위해 공격하자, 정화가 반격하여 그 왕과 가족을 포로로 잡아 1411년 7월에 귀국한 사건을 가리킨다.

19 스리랑카Sri Lanka: 원문은 '석란산錫蘭山'이다. 승가라국僧伽羅國, 사자국師子國이라고도 한다.

20 지시해서 따르게 하고 있으니: 원문은 '지시발종指示發蹤'이다. 『사기史記』「고조본기高祖本紀」에 따르면, 발종지시는 매어 놓았던 사냥개를 풀고 짐승이 있는 곳을 가리켜 잡게 한다는 의미로, 어떻게 하라고 방법을 가르쳐 보인다는 뜻이다.

21 이슬람교: 원문은 '천방교天方敎'로, 대식법大食法·대식교大食敎·청진교淸眞敎·회회교回回敎·회교回敎·회회교문回回敎門이라고도 한다.

오인도 총설 상

—

동인도·남인도·중인도는 현재 영국령이고,
서인도·북인도만이 독자적으로 나라를 이루고 있다.

인도는 바로 힌두스탄 힌두스탄은 흔도사탄痕都斯坦, 온도溫都, 현도사단軒都斯丹 이라고도 한다. 으로, 아시아Asia[1]에 속한다. 서남쪽은 땅이 넓고 토양이 비옥해 물산이 풍부하며 여러 나라 가운데 최고이다. 이 나라가 어떻게 개창되었는지에 대한 기록은 자세하지 않다. 살펴보니 『탐험보기探險寶記』에서는 그저 몇 개의 작은 나라가 있다고 한 반면, 『서류고토기西流古土記』에서는 대국으로, 파탈리푸트라Pāṭaliputra[2]가 수도라고 적고 있는데, 주요 국가가 어디인지는 언급하지 않고 있다. 인도가 고불국古佛國인지는 결국 몰랐는데, 아마도 서양인들이 천주교를 신봉하면서 불교 서적을 보지 않았고 최근에는 인도 또한 이슬람교가 오랫동안 지배하면서 불교의 흔적을 없애려고 애썼기 때문이다. 그러나 기록에 따르면 동인도·남인도·중인도의 여러 지역은 여전히 불교를 숭상하고 있고 또한 모두 이슬람교로 개종하지는 않은 것 같은데, 그 이유에 대해서는 상세히 알려져 있지 않다. 포르투갈[3]의 한 공식 기록에서 비로소 이렇게 적기 시작했다.

장마묵壯麻墨[4]이 인도·호라산Khorasan[5]·타타르Tartar[6]를 합쳐 하나의 국가를 세웠으나, 후에 투글루크Tughluq[7]에 의해 멸망당했다. 투글루크는 [제3대 술탄] 피루즈 샤Firuz Shah[8]까지 전해지다 서기 1398년 명나라 건문제建文帝 2년이다. 에 다시 티무르Timur[9]에게 정복당했다. 티무르 제국은 1백여 년간 지속되다가 후에 모두 몽골로 귀속되었다. 여기서 몽골은 사마르칸트Samarkand[10]의 왕을 말한다. 그 뒤를 이은 각 부락은 험한 힌두쿠시를 사이에 두고 사마르칸트 왕에게 굴복하지 않고 각자 나라를 세웠다. 여러 부족 가운데 마라타족Maratha[11]이 가장 강해, 이곳은 남인도의 주요 국가이지, 동인도의 벵골은 아니다. 서북쪽의 빈디아프라데시Vindhya Pradesh[12]·말반Malvan[13]·델리Delhi[14]·아그라Agra[15] 등의 부족에 이르기까지 모두 마라타족의 지배 아래 있었다. 남쪽의 마실리파트남Machilipatnam[16] 부족은 하이데르 알리Hyder Ali[17]에게 점령당했다. 카불Kabul[18] 부족은 아흐마드 샤Ahmad Shah[19]에게 점령당했다. 아흐마드 샤와 마라타족이 교전할 때 각 부족은 서로 공격했고, 영국은 이 틈에 동쪽을 정복하고 윌리엄을 파견해 벵골에 주둔시키고 하족걸賀族乞을 파견해 지곡地谷[20]을 지켰다. 그리하여 마침내 마드라스,[21] 뭄바이 두 곳에 통상항구를 열고 무역했으며, 화물이 넘쳐나자 각 나라의 상선들이 구름처럼 모여들었다. 이 당시 하이데르 알리만은 여전히 강력해서 영국에 굴복하지 않았으며 인도의 시라지 웃다울라Siraj ud-Daulah[22]는 군사들을 통솔해 영국과 싸워 윌리엄의 수하들을 잡아들여 블랙홀이라는 비밀감옥에 가두어 두었다. 영국은 결국 로버트 클라이브Robert Clive[23]를 보내 그 땅을 수복하고 따로 총독을 두었다. 서기 1765년, 건륭 30년이다. 인도는 다시 영국을 배신하여 영국인 전체를 몰살시켰다. 영국 왕은 다시 살의고저薩依姑底를 보내 그 땅을 약탈했다. 이로부터 인도의 땅 가운데 영국령이 된 것은 13개 도시로, 벵골, 뭄바이, 베라르Berar,[24] 아우드

Oudh,[25] 캘리컷Calicut,[26] 마실리파트남, 사타라Satara,[27] 잘나Jalna,[28] 트라방코르Travancore,[29] 코친Cochin,[30] 나그푸르Nagpur,[31] 실론Ceylon[32]이 그것이다. 자체적으로 부락을 구성한 경우도 있는데, 신디아Scindia,[33] 오리사Orissa,[34] 네팔Nepal,[35] 신드Sind,[36] 물탄Multan[37] 등 몇 개의 부락에 불과하다. 이 몇몇 부락은 중인도와 남인도 변경에 위치하며, 영국에 예속되지 않았다. 서인도·북인도의 경우는 이들 부락에 속하지 않는다. 영국에서 그린 인도 지도를 살펴보면 인더스강Indus River[38] 동쪽 해안은 여전히 청색으로 모두가 다 황색 영역의 국가에 포함되지 않는데, 이를 통해 이 몇 개 부락이 영국령이 아님을 증명할 수 있다.

뱅골은 콜카타Kolkata[39]가 주도이고 면적은 사방 22억 312만 리이며, 인구는 6971만 명으로, 바깥쪽에 있는 8만 5700리의 인구는 계산에 넣지 않았다. 영국은 총독[40] 가임나加稔那는 관직명이다. 한 명을 파견해 뱅골에 주둔시키면서 식량·소금·무역·아편·군사·병원 등의 일을 관리했다. 수행원 네 명을 두어 각각 그 일을 나누어 관리했다.

마드라스[41]는 면적이 사방 14만 1923리이고 인구는 1350만 8535명이다. 영국은 총독 한 명을 파견해 마드라스에 주둔시키면서 식량·소금·무역·아편·군사·병원 등의 일을 관리했다.

뭄바이는 면적이 사방 5만 9438리이고 인구는 625만 1546명으로, 바깥쪽 5550리의 인구는 계산에 넣지 않았다. 영국은 총독 한 명을 파견해 뭄바이에 주둔시키면서 식량·소금·무역·아편·군사·병원 등의 일을 관리했다.

규정에 따르면 마드라스·뭄바이 두 곳의 총독은 뱅골의 관할하에 있다. 이 이외에 별도로 비숍Bishop[42] 각 1인과 상관(執連) 총 76인을 두어, 세포이Sepoy[43] 18만 1517명과 영국군 8백 명, 런던London[44] 왕실 군사 2만 명을 통솔했다. 왕실 군사는 군량을 이중으로 받았다.

베라르는 면적이 사방 9만 6천 리이고 인구는 1천만 명이다. 아우드는 면적이 사방 2만 리이고 인구는 3백만 명이다. 사타라는 면적이 사방 1만 4천 리이고, 인구는 150만[45] 명이다. 트라방코르와 코친은 면적이 사방 8천 리이고 인구는 1백만 명이다. 나그푸르는 면적이 사방 28만 3천 리이고, 인구는 1650만 명이다. 실론은 면적이 사방 2만 4660리이고, 인구는 1백만 명이다. 이들 부락은 모두 영국의 관할하에 있으며 각 부락의 수장들은 부락민들이 함께 추대해서 뽑았다.

또한 신디아[46]는 면적이 사방 4만 리이고, 인구는 4백만 명이다. 오리사[47]는 면적이 사방 5만 리이고, 인구는 3백만 명이다. 관할하에 있는 카슈미르Kashmir[48]는 면적이 사방 1만 리이고, 인구는 1백만 명이다. 네팔은 면적이 사방 5만 4천 리이고, 인구는 2백만 명이다. 신드와[49] 물탄은 면적이 사방 2만 2천 리이고, 인구는 1백만 명이다. 이들은 자치 부락으로 영국의 관할하에 있지 않다.

수로는 세 개가 있다. 갠지스강Ganges River[50] 바로 항하恒河이다. 은 히말라야산맥Himalaya Mountains[51]에서 발원하고, 헤라트강Herat River[52]은 아삼Assam[53]에서 발원하는데, 두 강 모두 벵골에 이르러서 바다로 들어간다. 인더스강[54]은 흥도사하興都士河라고도 하며, 티베트Tibet[55]에서 발원해 몇천 리를 거쳐 다다르Dadar[56]에 이르러서 바다로 들어간다. 면화·후추·빈랑·단향檀香·소목蘇木[57]·설탕·인디고indigo[58]·아초牙硝[59]·견絹·사紗·양털·다이아몬드·사금·묘안석貓眼石[60]·벽옥·수정·보석·은·철·유황·비상·양삼洋參·납·야자·코끼리·호랑이·양탄자·버선·비단·강황·두구豆蔲·계피·아편이 난다. 그 가운데 아편이 가장 규모가 큰 무역 물품으로 영국이 그 이익을 독점했다. 처음에는 아편이 아주 드물었으나 최근에는 곳곳에서 아편을 심는데, 그 가운데 말와Malwah[61]산이 최고이다. 매년 6500만滿 1만은 6백 근이다.

을 출항시키는데, 6백 근당 가치가 은 125원員 정도 된다. 이상은 원본의 내용이다. 살펴보건대, 여기서 서술하고 있는 아편은 오로지 말와 한 곳의 아편으로, 전체 통계가 아니다. 말와는 마이와麻爾窪라고도 하는데 자치 부락이며, 영국 관할하에 있지 않다.

五印度總述上

—

東·南·中三印度, 今皆屬英吉利, 惟西·北二印度各自爲國.

印度國, 卽興都斯頓也, 一作痕都斯坦, 一作溫都, 亦有作軒都斯丹者. 地隷阿細亞洲. 西南地廣, 壤沃產豐, 甲於諸國. 其國如何創治, 諸記未詳. 查『探險寶記』僅云爲數小國, 而『西流古土記』又云大國, 以巴利摩剌臘爲國都, 仍未載及主國者爲誰. 竟不知印度爲古佛國, 蓋由西洋人奉天主教, 不覽佛書, 而近日印度又爲回敎久據, 力泯佛敎蹤跡也. 然志中東·南·中三印度諸部落尙奉佛敎, 又似未盡改回敎者, 未詳其故. 大西洋有公記始云: 壯麻墨合印度·可臘山·達達里共爲一國, 後被俄利所滅. 俄利傳至巴旦王, 耶蘇紀歲千三百九十八年, 明建文二年. 又爲底摩阿所滅. 底摩阿傳百餘年, 後悉歸蒙古. 此蒙古謂賽馬爾罕之王. 嗣各部落隔大山之險, 不服蒙古統轄, 各自立主. 各部中又以馬拉他爲最強, 此南印度主國, 非東印度之孟加臘也. 至西北溫大壓山·麻臘耨·特爾希·阿俄臘等部, 均歸馬拉他所轄. 南隅麻疏一部, 爲哈達阿里所據. 加補爾部爲阿密沙所據. 阿密沙與馬拉他交戰時, 各部互相攻擊, 英吉利乘隙征服東隅, 遣賀威廉駐防孟阿臘, 遣賀族乞駐防地谷. 遂於曼達拉薩·孟買兩處開埠貿易, 貨物充牣, 各國

商舟雲集. 是時惟哈達阿里尙強, 不服英吉利, 於是印度之蘇拉札道臘統兵與
英人爭鬪, 收賀威廉部衆, 置之黑獄. 英吉利遂遣律記利付奪復其地, 別置頭
目. 後至千七百六十五年, 乾隆三十年. 復又背叛, 全滅英吉利之人. 英吉利王
復遣薩依姑底奪復疆域. 自此印度地屬於英國者十三部: 曰孟阿臘, 曰曼達臘
薩, 曰孟買, 曰彌那, 曰歐尼, 曰瀝部, 曰麻疏, 曰薩達臘, 曰稔哇, 曰特那灣戈,
曰果眞, 曰那治勃, 曰西倫島. 其各自爲主者: 曰新低, 曰阿魯斯, 曰尼保爾, 曰
新尼, 曰及茅爾旦, 數部而已. 此數部乃中印度·南印度之邊境未盡屬英吉利者.
若西·北二印度, 又不在此數部之內. 觀英夷所繪印度圖, 印度河東岸尙係靑色, 不
盡在所保黃色各國之內, 可證卽此數部也.

孟阿臘以加爾格達爲首部, 計幅員二十二萬零三百十二萬方里, 戶口
六千九百七十一萬名, 外有八萬五千七百方里未計戶口. 英吉利派加稔那一
人, 加稔那, 官名也. 駐箚孟阿臘, 理糧餉·鹽法·貿易·鴉片·兵丁·醫館等事. 隨員
四人, 分理各事.

曼達那薩幅員十四萬一千九百二十三方里, 戶口千三百五十萬
八千八百三十五名. 英吉利派加稔那一人駐箚曼達那薩, 理糧餉·鹽法·貿易·鴉
片·兵丁·醫館等事.

孟買幅員五萬九千四百三十八方里, 戶口六百二十五萬一千五百四十六名,
外有五千五百五十方里未計戶口. 英吉利派加稔那一人駐箚孟買, 理糧餉·鹽
法·貿易·鴉片·兵丁·醫館等事.

定例, 曼達那薩·孟買兩處加溫那仍歸孟阿臘統轄. 此外別設靡宿各一人, 執
連共七十六人, 統設紩跛兵十八萬一千五百一十七名, 英吉利兵八百名, 蘭頓
王家兵二萬名. 曰王家兵者, 雙分口糧也.

彌那幅員九萬六千方里, 戶口一千萬名. 歐尼幅員二萬方里, 戶口三百萬名.
薩達臘幅員一萬四千方里, 戶口百五十萬名. 特臘彎戈·果眞, 幅員八千方里,

戶口一百萬名. 那治勃幅員二十八萬三千方里, 戶口千六百五十萬名. 西倫島幅員二萬四千六百六十方里, 戶口百萬名. 俱英吉利統轄, 而各部頭目則由部民公擧.

尙有新低阿, 幅員四萬方里, 戶口四百萬名. 魯斯幅員五萬方里, 戶口三百萬名. 所屬加斯彌野, 幅員一萬方里, 戶口百萬名. 尼保爾, 幅員五萬三千方里, 戶口二百萬名. 新尼及茅爾旦, 幅員二萬二千方里, 戶口百萬名. 此皆自主之部落, 不屬英國所轄.

河道三. 安治士河, 卽恒河. 發源謙麻那壓山, 希臘特河, 發源阿山, 俱至孟阿臟出海. 新地河, 又名興都士河, 發源西藏, 經歷數千里, 至達岱入海. 產棉花·胡椒·檳榔·檀香·蘇木·糖·洋靛·牙硝·絹·紗·羊毛·鑽石·金沙·貓兒眼石·碧玉·水晶·寶石·銀·鐵·硫黃·砒霜·洋參·鉛·椰子·象·虎·地氈·襪·緞布·薑黃·豆蔻·肉桂·鴉片. 鴉片爲最鉅之貿易, 英吉利獨擅其利. 初時尙稀, 近則徧地皆種, 以麻尼哇所產爲最. 每年出港共六千五百滿, 六百斤爲一滿. 每滿價約百二十五員. 以上原本. 案此所述鴉片, 專指麻尼哇一處, 非全數. 麻尼哇, 一作麻爾洼, 乃自主部落, 非英夷所轄.

주석

1　아시아Asia: 원문은 '아세아주阿細亞洲'로, 아실아阿悉亞, 아세아亞細亞라고
　도 한다.

2　파탈리푸트라Pāṭaliputra: 원문은 '파리마랍랍巴利摩剌臘'으로, 오늘날 파트
　나에 존재했던 고대 인도의 도시이다. 마우리아 제국과 굽타 제국 등
　고대 북인도 제국의 수도였다고 한다.

3　포르투갈: 원문은 '대서양大西洋'이다.

4　장마묵壯麻墨: 가즈니Ghazni 왕조 무함마드Muhammad의 음역으로 추정된다.

5　호라산Khorasan: 원문은 '가랍산可臘山'이다. 가랍산부哥拉散部라고도 하며,
　쿠라산이라고도 하는데, 지금의 이란 북동부에 위치한다.

6　타타르Tartar: 원문은 '달달리達達里'이다.

7　투글루크Tughluq: 원문은 '아리俄利'이다. 역사적 사실에 따르면 델리 술
　탄국의 세 번째 왕조인 투글루크 왕조로 추정된다.

8　피루즈 샤Firuz Shah: 원문은 '파단왕巴旦王'이다. 앞의 내용이 투글루크 왕
　조의 제3대 술탄 때 1399년 티무르 왕조의 침략을 받아 쇠퇴한 것을 말
　하는 듯하므로 역사적 사실에 따라 피루즈 샤로 추정된다.

9　티무르Timur: 원문은 '저마아底摩阿'이다. 티무르(재위 1370~1405)는 서차가
　타이한국의 술탄sultan으로, 1398년, 군대를 이끌고 동쪽 인도를 침략해
　델리를 함락시켰다.

10　사마르칸트Samarkand: 원문은 '새마이한賽馬爾罕'이다. 칭기즈칸 이후 14세
　기에 중앙아시아 전체를 통일하고 화려한 이슬람 문화를 꽃피웠던 티
　무르 제국의 수도이다.

11　마라타족Maratha: 원문은 '마랍타馬拉他'이다. 고대에 인도반도 서남부 연
　안에 살았던 부족으로 농민 병사와 힌두교의 수호자로 유명했다.

12　빈디아프라데시Vindhya Pradesh: 원문은 '온대압산溫大壓山'이다. 빈디아프

라데시는 인도 중심부에 자리 잡고 있으며, 기원전 4~기원전 3세기에
는 마우리아 제국의 통제 아래에 있었고, 기원후 처음 몇 세기 동안 수
많은 왕조에 지배를 받다가 11세기에는 이슬람 세력의 통치 아래 들어
갔고, 16세기에 무굴 제국에 합병되었다. 1760년까지는 마라타 왕국의
통치를 받았으며, 19세기 초부터는 영국이 지배하기 시작했다.

13 말반Malvan: 원문은 '마랍우麻臘耦'로, 마하라수트라 최남단에 위치한다.

14 델리Delhi: 원문은 '특이희特爾希'이다.

15 아그라Agra: 원문은 '아아랍阿俄臘'이다.

16 마실리파트남Machilipatnam: 원문은 '마소麻疏'이다. 마실리파트남은 인도
남부 안드라프라데시주 동부에 있는 도시로 벵골만 연안에 위치한다.

17 하이데르 알리Hyder Ali: 원문은 '합달아리哈達阿里'이다. 하이데르 알리
(1722~1782)는 마이소르의 이슬람 통치자이며 18세기 중엽 남인도에서 일
어난 전쟁에서 활약한 군지휘관을 말한다.

18 카불Kabul: 원문은 '가보이加補爾'이다.

19 아흐마드 샤Ahmad Shah: 원문은 '아밀사阿密沙'이다. 역사적 사실에 따르
면 카불은 페르시아의 나디르 샤Nādir Shāh에게 점령당했는데, 여기서는
잘못 기술된 것으로 보인다.

20 지곡地谷: 광서 2년본에는 이 두 글자가 없는데 악록서사본에 따라 고쳐
번역한다.

21 마드라스: 원문은 '만달랍살曼達拉薩'로, 만달랍살曼達臘薩이라고도 한다.

22 시라지 웃다울라Siraj ud-Daulah: 원문은 '소랍찰도랍蘇拉札道臘'이다.

23 로버트 클라이브Robert Clive: 원문은 '율기리부律記利付'이다. 클라이브
(1725~1774)는 영국 장교로, 1757년에 플라시 전투Battle of Plassey를 지휘하
여 벵골을 점령했다.

24 베라르Berar: 원문은 '미나彌那'이다. 지금의 인도 서부 마하라슈트라주의
동부에 위치한다.

25 아우드Oudh: 원문은 '구니歐尼'이다. 아요디야Ayodhya, 아바드Awadh라고도
하는데, 지금의 인도 북부 우타르프라데시주에 위치한다.

26 캘리컷Calicut: 원문은 '역부灂部'이다. 지금의 인도 남서부 케랄라주 코지 코드이다. 과거 면직물인 캘리코calico의 원산지로 알려진 데서 캘리컷 이란 이름이 유래되었다.

27 사타라Satara: 원문은 '살달랍薩達臘'이다. 지금의 인도 서부 연해 지구에 위치한다.

28 잘나Jalna: 원문은 '임와稔哇'이다. 지금의 인도 서부 마하라슈트라에 위치 한다.

29 트라방코르Travancore: 원문은 '특나만과特那彎戈'이다. 지금의 인도 서남부 에 있는 티루바난타푸람Thiruvananthapuram이다.

30 코친Cochin: 원문은 '과진果眞'으로, 가지柯枝라고도 한다. 지금의 인도 서 해안에 위치한다.

31 나그푸르Nagpur: 원문은 '나치발那治勃'로, 나가불이那哥不爾라고도 한다. 지금의 인도 서부 마하라슈트라에 위치한다.

32 실론Ceylon: 원문은 '서륜도西倫島'로, 석란錫蘭이라고도 한다. 지금의 스리 랑카이다.

33 신디아Scindia: 원문은 '신저新低'이다. 지금의 인도 서부 마하라슈트라에 위치한다.

34 오리사Orissa: 원문은 '아로사阿魯斯'이다. 지금의 인도 동부에 위치한다.

35 네팔Nepal: 원문은 '니보이尼保爾'이다.

36 신드Sind: 원문은 '신니新尼'이다. 지금의 파키스탄에 위치한다.

37 물탄Multan: 원문은 '모이단茅爾旦'이다. 지금의 파키스탄 물탄 지구이다. 광서 2년본에는 '모이단茅爾旦' 앞에 '왈즉曰卽' 자가 더 있는데 악록서사 본에 따라 고쳐 번역한다.

38 인더스강Indus River: 원문은 '인도하印度河'이다.

39 콜카타Kolkata: 원문은 '가이격달加爾格達'이다. 지금의 인도 서뱅골에 위 치한다.

40 총독: 원문은 '가임나加稔那'로, 가온나加溫那라고도 한다.

41 마드라스: 원문은 '만달나살瞞達那薩'이다. 지금의 인도 동쪽에 위치한다.

42 비숍Bishop: 원문은 '미숙靡宿'으로, 주교를 의미한다.

43 세포이Sepoy: 원문은 '서파병毅跛兵'이다. 영국 동인도 회사에서 고용한 인도 병사를 말한다.

44 런던London: 원문은 '란돈蘭頓'이다.

45 150만: 광서 2년본에는 '만萬' 자가 없으나 악록서사본에 따라 고쳐 번역한다.

46 신디아: 원문은 '신저아新低阿'로 되어 있으나, 앞서 나온 신저新低이다. '아阿' 자는 아로사阿魯斯의 '아' 자로, 다음 문장에 나오는 '로사魯斯'에 붙어야 한다.

47 오리사: 원문은 '로사魯斯'로 되어 있으나, 앞서 나온 아로사阿魯斯이다.

48 카슈미르Kashmir: 원문은 '가사미야加斯彌野'이다.

49 와: 원문은 '급及'이다. 광서 2년본에는 '즉卽'으로 되어 있으나, 악록서사본에 따라 고쳐 번역한다.

50 갠지스강Ganges River: 원문은 '안치사하安治士河'이다.

51 히말라야산맥Himalaya Mountains: 원문은 '겸마나압산謙麻那壓山'이다.

52 헤라트강Herat River: 원문은 '희랍특하希臘特河'이다.

53 아삼Assam: 원문은 '아산阿山'으로, 지금의 인도 북동부에 위치한다.

54 인더스강: 원문은 '신지하新地河'이다.

55 티베트Tibet: 원문은 '서장西藏'이다.

56 다다르Dadar: 원문은 '달대達岱'로, 지금의 인도 서쪽 해안에 위치한다.

57 소목蘇木: 소방목蘇枋木·적목赤木·홍자紅紫라고도 한다. 열대지방에서 자라는 식물로 행혈行血·지혈·구어혈驅瘀血·진통·소종消腫에 효능이 있어 약재로 사용된다.

58 인디고indigo: 원문은 '양전洋靛'으로, 쪽빛 물감을 말한다.

59 아초牙硝: 광물로, 장의ˈ연동운동을 도와주고 폐와 위의 열을 내려 주는 효능이 있다.

60 묘안석貓眼石: 원문은 '묘아안석貓兒眼石'이다. 고양이 눈을 연상시키는 보석으로, 스리랑카, 인도에서 많이 난다.

61 말와Malwah: 원문은 '마니왜麻尼哇'이다.

중집

—

원본에는 없으나, 지금 보충한다.

『무역통지貿易通志』에 다음 기록이 있다.

인도는 대서양에서 수만 리 떨어져 있어 예로부터 왕래하지 않았으며 통상은 네덜란드로부터 시작되었다. 만력萬曆 22년(1594)에 네덜란드의 상선이 배를 몰고 인도양의 오인도에 와서 후추를 사들여 돌아가서 큰 이익을 남겼다. 그래서 네덜란드는 인도에 동인도 회사를 세웠는데, [처음에는] 양은洋銀 3만 원에 불과했으나 시간이 오래 지나자 3백만 원으로 늘어났으며, 이 일을 주관하는 이들은 65명의 상인이었다. 명나라 태창泰昌² 연간 때가 불과 20년밖에 되지 않았지만 동인도 회사에서 거두어 들인 은은 이미 1400만 원이 넘었으며 매년 40척의 대형 선박이 드나들었다. 얼마 지나지 않아 [네덜란드는] 인도양의 클라파Kelapa³를 점령하고 총독 정청⁴을 세웠다. 순치順治 4년(1647)에는 프랑스와 함께 그 이익을 나누어 가졌다. 그리하여 네덜란드 동인도 회사는 크게 일어나서 동쪽으로 태국, 일본과 통상했고 또한 대만을 점거해 남양군도에서 패권을 장악했으며, 매년 문무사文武使에 드는 은만도 150만 원이나 되었다. 그 뒤로 대만을 잃긴 했지만, 여전히 태국 동남쪽 땅을 차지하고 앉아서 각 나라와 무역했다. 강희康熙 38년(1699)에 다시 국왕에게 칙서를 내려 공액貢額5은 매년 은 90만 원으로 해 줄 것을 청하고, 매년 상납금으로 은 150만 원을 따로 바쳐 보내겠다고 했다. 동인도 회사는 컴퍼니Company의 다른 명칭이다. 바야흐로 네덜란드가 인도양에 동인도 회사를 세우자, 영국 상인들은 이를 부러워하며 만력 27년(1599)에 영국인을 규합하여 자본을 모으고 또한 국왕에게 [인도에] 회사를 설립할 것이니, 본국에서 인도양으로 가는 개별 상인을 엄금해 줄 것을 청했다. 영국인들은 처음에는 도리어 길이 멀고 험난한 것을 꺼려 겨우 15만 원의 자금을 모아 주었으나, 이듬해는 26만 원으로 늘어났고 거두어들인 이익도 세 배나 되었으며, 또한 도중에 네덜란드와 포르투갈의 상선을 빼앗아 돌아왔다. 이에 영국 동인도 회사는 점차 세력이 강해져 네덜란드 동인도 회사와 지역을 두고 패권을 다투게 되었다. 영국은 승기를 잡고 인도양 해변에 새로운 땅을 개척하고 개항장을 열었다. 그러나 인도인들은 여전히 그들을 무시하고 가볍게 보았는데, 그 당시 상선은 겨우 35척이고 자본금은 35만 원밖에 되지 않았기 때문이다. 영국인들이 누차 동인도 회사의 해산을 요구하자, 영국 국왕은 다른 상인에게 인도의 서쪽 뭄바이에 새 회사를 건립하게 해 두 회사는 서로 배척했다. 강희 40년(1701)에야 비로소 두 동인도 회사를 합쳐 하나로 만드는 동시에 국왕에게 왕실 자금 1천만 원을 빌리고 매년 80만 원의 이자를 냈다. 그 뒤로 다시 5백만 원을 대출하고 이자를 면제받았다. 그리하여 영국의 인도양에서의 동인도 회사는 크게 성공했다. 건륭乾隆6 4년(1739), 동인도의 군사들은 북인도의 침략을 받았고 또한 신하들이 서로 땅을 차지하고 세력을 형성하면서 네덜란드·프랑스 동인도 회사의 군사들과 결탁하여 도움을 받았다. 이에 영국 동인도 회사의 병선들은 이 틈을 타 인도양 남쪽의 땅을 손에 넣었다. 인도 국왕은 네덜란드와 프랑스의 동인도 회사에 도움을 요청해 힘을 합쳐 영국군을 패배시켰다. 건륭 24년(1759) 이후 영국은 다시 군대를 일으켜 전쟁을 했다. 네덜란드와 프랑스의 동인도 회사는 몇 해 동안 전쟁을 치르느라 물자[7]가 많이 들었는데, 매년 세수가 4백만 원 남짓 되어도 수입이 지출을 따라가지 못하고, 본국의 증여[8]도 다 갚지 못했을 뿐만 아니라 도리어 국고 수백만을 빌려 생계를 꾸려 가고 있었다. 그래서 건륭 50년(1785)에 결국 영국에 지고 말았다. 가경嘉慶[9] 16년(1811), 영국은 결국 그들의 동인도 회사 땅을 차지했다. 프랑스는 동인도 회사가 해산하자 남인도에서만 다른 나라들과 함께 무역했고, 동인도·중인도 대부분은 모두 영국의 소유가 되었다. 도광道光[10] 13년(1833)에 영국은 동인도 회사가 무역에서 이익을 내지 못하고 또한 수만금의 공적 자금이 적자가 난다고 하면서 비로소 회사를 해산하였고, 개별 상인들이 독자적으로 무역을 할 수 있게 되자 사람들은 모두 기뻐했다.

『매월통기전每月統紀傳』에 다음 기록이 있다.

명나라 홍치弘治[11] 연간에 포르투갈인들은 열정이 넘쳐 대탐험을 도모해 처음으로 뱃길을 따라 오인도에 도달했다. 유럽 연해의 각 나라가 이 소식을 듣고 모두 배를 타고 뒤따라 그 땅에 오자 포르투갈 관리들은 이를 금하고 함선을 보내 해상을 종횡무진하며 상선을 약탈했다. 이에 각 나라의 상선들은 감히 홀로 다니지 못했기 때문에 각자 천 원, 혹은 만 원, 혹은 3만 원을 내어 공금으로 비축했다. [그 돈으로] 배와 포를 준비하고 하급 군관과 병졸을 모집해서 포르투갈 함선이나 해적을 만나면 싸워 화물을 지켰고, 본국으로 돌아와서는 함선에 싣고 온 화물을 팔아, 투자자가 그 이익을 공유했다. 이로부터 상회를 세우고 동인도 회사라 불렀다. 동인도 회사는 많은 상인이 자본금을 투자해 공동으로 무역하는 것이다. 네덜란드 동인도 회사를 시작으로 처음에는 공은公銀 250만 원을 내어 자와섬Pulau Jawa,[12] 말루쿠제도Kepulauan Maluku[13]로 와서 정향丁香[14]·후추 등의 산물을 구매해 귀국하면 이익이 배나 올랐다. 매년 계속 배를 몰아 인도양으로 오면서 이윤 추구의 길이 크게 열렸는데, 처음에는 부족장에게 땅을 매입해서 새로운 개항장을 열었으나 후에는 전쟁이나 싸움을 통해 그 옆의 땅까지 빼앗았다. 군사도 많아지고 세력도 강해졌다. 두차례 마카오Macau[15]를 공격했다가 패하고 물러나는 바람에 대만의 항구를 점령하고 복건 연해의 거류민들과 무역했다. 개간지가 넓어질수록 물산과 돈이 더욱 늘어났기에 선박들이 해상에 가득했고 성을 쌓고 마을을 세우면서 상인들은 군주로 변했다. 후에 복건 사람 정성공鄭成功[16]에게 공격을 받는데, 이때 네덜란드 동인도 회사의 통역관 하빈何斌[17]이 항로의 깊이를 알고 정성공에게 돛대를 연결해 진격하라고 말했다. 네덜란드가 안평항安平港[18]을 엄호하자 정성공은 녹이문鹿耳門[19]으로 들어갔는데, 물이 3길 남짓 불어났지만 그대로 들어가 대만을 점거하고 네덜란드와 오랫동안 대치하면서 보루와 포대를 포위하고 쉬지 않고 격전을 치렀다. 총독은 강화를 요구한 뒤 배를 타고 네덜란드로 돌아갔다. 강희 2년(1663)에 네덜란드 동인도 회사는 비록 이곳을 잃었지만, 따로 다른 섬을 빼앗아 도시를 세우고 부두를 건립한 뒤 다시 무역을 재개했다. 동서남북에서 매년 본국의 왕에게 은 15만 원을 바치고, 별도로 1백만 원을 헌납해 나라의 은혜에 보답했다. 가경 연간에 네덜란드가 영국과 전쟁을 벌여 토벌하는데, 동인도 회사는 불행하게도 갑자기 배가 침몰하거나 약탈당하는 바람에 영국이 그 틈을 타 새로운 지역을 손에 넣었다. 네덜란드는 동인도 회사가 해산하자 점령지를 모두 본국에 바쳤다. 영국의 동인도 회사는 비로소 네덜란드 동인도 회사와 연합했다. 그러나 사이가 벌어지면 그때마다 자주 싸웠기에 영국의 동인도 회사는 밀착 방어했다. 공유자본 8백만 원을 가지고 오랫동안 싸운 뒤에 오인도에 동인도 회사를 다시 설립했다. 두 곳에 도시를 건설했는데, 동쪽은 마드라스,[20] 서쪽은 뭄바이[21]다. 그 당시 인도의 토관土官들은 뇌물을 탐내고 권력에 빠져 있었기에 사적으로 뇌물을 받고 있었고, 토군土君은 다시 동인도 회사의 이권에 눈을 돌리고 있었기에 결국 영국군을 쫓아내고 그들이 하던 일을 빼앗을 것을 맹세했다. 건륭 17년(1752)에 분발하여 싸웠으나 채 10여 합도 싸우지 못하고 토군은 모두 패배하고 달아났다. 그 뒤로 영국은 특명을 내려 총독에게 오인도의 대부분을 다스릴 권력을 주었다. 이에 원한을 품은 프랑스인들은 돈과 힘을 들여 영국군을 도모하려 했으나, 영국군이 화포를 무릅쓰고 돌격하며 격전을 치러 프랑스군은 결국 패배했다. 그리하여 토군은 영국에 땅을 떼어 주고 강화를 청하며, 감히 강제로 압박하지 못했다. 세 인도가 영국 동인도 회사의 지배하에 놓인 이래로 영국의 관할 지역이 넓어져 영국은 줄곧 무역하지 못하고 오직 나라를 다스리는 데만 힘썼다. 이전부터 갔던 광동에서 상선들이 찻잎을 싣고 왔는데, 도광 14년(1834)부터는 거의 수익이 나지 않았다. 동인도 회사는 비록 해산되었지만, 그 장악력은 여전해 매년 거두어들이는 국고는 은 1500만 원이었다. 그러나 지출도 많아 남는 것이 거의 없었다. 이상의 내용은 원본에는 없어 지금 모두 보충한다.

『해도일지海島逸志』에 다음 기록이 있다.

벵골(明絞勞) 벵골의 음역 가운데 특이한 경우이다. 은 클라파의 서쪽에 위치하고 영토 또한 아주 광대하며, 네덜란드·세르지람Serjiram[22]·영국 사람들이 그 땅에 섞여 살고 있다. 사방의 오랑캐들이 구름처럼 몰려들어 교역하는 장소로 온갖 물건들이 다 구비되어 있고, 돈과 화물이 유통되었다. 토산물로는 나사羅紗[23]·우단羽緞[24]·서지Serge[25]가 있다.

　살펴보건대, 도광 22년(1842) 4월에 정역장군靖逆將軍 혁산奕山[26]이 다음과 같이 상주문을 올렸다. "풍문에 영국 오랑캐의 관할 지역인 벵골[27]은 예로부터 영국 장교들이 흑인 병사와 백인 병사 각각 수백 명을 인솔해 주둔하며 지키고 있습니다. 흑인 병사는 출병할 때 바깥쪽에 배치해 대부분 다치거나 죽어서, 남은 백인 병사로만 진수하기에 충분치 않자 해당 장교는 지난겨울에 토착민과 상인들을 억지로 파견해 병사로 충당했습니다. 그래서 원한을 불러일으켜 사람들이 떼로 일어나 영국 장교를 척살하는 동시에 백인 병사 수백 명을 불태워 죽여 거의 다 없애 버렸습니다. 이어서 또 홍콩에서 알아낸 정보에 따르면 영국 오랑캐들은 앞서 벵골의 부두를 차지하고 아편을 생산해 거두어들인 많은 이익으로 군량을 충당했습니다. 그런데 벵골의 마로귀자嗎恅鬼子가 팔전八顚의 동생을 죽이고 아편과 부두를 탈취해 가는 바람에 군량이 계속 조달되지 않고 있습니다. 또 알아낸 바에 따르면 영국의 동쪽에 아프가니스탄Afghanistan[28]이 있는데 [영국에서] 뱃길로 3개월 걸리는 거리입니다. 영국이 그 땅을 탈취하려다가 아프가니스탄의 속임수에 걸려 올해(도광 22) 정월에 영국 병사 만여 명이 죽임을 당하고 지금까지도 전쟁이 끝나지 않았다고 합니다. 또 전하는 말에 따르면 영국군은 앞서 카불[29]과 전쟁을 치렀습니다. 지금은 또한 히바Khiva[30]와 전쟁 중인데, 구스니Gusny[31]라는 지역을 히바에 빼앗겼습니다. 그래서 영국군은 카불과 히바가 사이좋게 지내는 것을 아주 두려워합니다. 또 수소문한 바에 따르면 카불과 벵골 각처는 총괄해서 인도라고 부릅니다." 생각건대, 카불은 바로 가포이加布爾로 아프가니스탄의 부락이며, 중인도 서쪽 변방에 있다. 다음에 상세히 보인다.

『매월통기전』에 다음 기록이 있다.

뭄바이는 힌두스탄 서남쪽에 위치하며 수장이 있는 도시는 섬에 세워져 있다. 뭄바이섬은 처음에는 포르투갈의 관할지였으나 후에 영국에 양도되었다. 순치 2년(1645) 영국 국왕은 이 섬을 동인도 회사에 주어 다스리게 했다. 당시 이 섬은 아주 황폐하고 조수가 넘쳐흐르는 거대한 침수지였다. 영국인은 주둔한 지 3년이 되도록 기후 풍토에 적응하지 못해 전염병으로 대부분 죽었다. 영국인들이 힘써 제방을 쌓고 산과 들판을 불태우며, 벽돌집을 짓고 도로를 개통하고 이주민을 불러들이면서 인구가 많아졌다. 뭄바이섬은 비록 척박해 1년 동안의 수확물로 한 달을 사용하기에도 부족했지만, 인구는 도리어 16만 명이 넘었으며 모두 무역으로 먹고살았다. 서양의 배 7백여 척은 모두 인도 서북쪽과 페르시아Persia,[32] 아랍Arab[33]과 중국 각처로 갔는데, 약재·면화·마노석瑪瑙石 등의 화물을 싣고 나갔다. 영국 상인 이외에 이슬람인[34]과 페르시아 상인[35]들도 있었다. 이란 사람들은 본래 페르시아의 토착민이다. 막 이슬람교가 일어나 전력을 다해 사방을 정복했을 때 순순히 따르지 않는 경우는 죽임을 당했기 때문에 많은 사람들이 인도로 가서 난을 피해야 했다. 그 사람들은 검소하고 부지런하며 무역에도 뛰어났으며, 오직 달과 태양을 숭배해 해가 뜨고 질 때마다 머리를 땅에 대고 절하며 경배했다. 그러나 풍속에 자선을 베풀기를 좋아하고 즐겨 해 곤궁하거나 위급한 상황에 처하면 도와주었지만, 아쉽게도 타인에게 복음의 진리를 알려 주려고 하지는 않았다. 영국은 뭄바이에서 군함을 건조했는데, 기술자들은 모두 이슬람교도로 손재주가 아주 뛰어났다.

타라와Tarawa[36]는 매년 군량 70만 원을 보냈는데, [타라와는] 옛날에 마라타국[37]에 속했다. 마라타는 본래 큰 권력을 가지고 있었기 때문에 이슬람과의 전투가 끊이지 않았고, 이후 나라가 쇠하면서 패망하자 백성들은 마음대로 난을 일으키고 제후들은 권력을 쥐고 전투에만 힘써, 왕에서부터 서민에 이르기까지 모두 약탈을 일삼았다. 브라만Brahman[38]은 교활하고 약아 사람들을 부추겨 꾀고 협박해서 재산을 가로챘다. [브라만이] 은을 축적해 놓자 왕은 이들을 혁파하고 그들의 의롭지 못한 재물을 빼앗았다. 가경 20년(1815)에 마라타족의 왕은 뭄바이를 공격해 마음대로 불을 지르고 노략질하며 영국군과 싸웠다. 마라타족의 군사들은 패해 달아났고 제후들은 모두 굴복했으며 백성들도 기꺼이 복종했다. 영국이 권력을 잡은 뒤로 비적들은 조용히 지냈고, 왕은 자리에서 물러나 하는 일 없이 봉록을 받으면서 안일하게 지냈다.

칸데시Khandesh[39]는 관할 성으로 다스려진 지 오래되지 않았다. 그 마을은 도적의 소굴로, 농사를 짓지 않아 밭이 황폐하고 오로지 보루와 포대만을 지키며 토착민들은 오직 짐승을 포획해 살기 때문에 아주 사납고, 몸을 사리지 않고 싸워 풍속이 매우 야만적이다. 또한 브라만교를 믿지 않고 사악한 귀신이나 우상을 숭배해 금수에 가깝다.

캄가온Khamgaon[40]은 남북 두 개의 부府로 나뉘어 있고, 모두 영토가 비옥하며 쌀과 설탕 등의 물산이 난다. 아미탑발부亞美塔拔府가 먼저 이슬람 국가가 되었으나 세금을 과도하게 거두고 착취해 백성들이 아주 가난했다. 이후에 멸망했다가 다시 일어났다. 가경 24년(1819)에 지진으로 황폐해졌다. 해랄부該喇府의 토착민들은 브라만 사교를 숭상해서 늘 원수를 죽여 신에게 바치며 속죄했다. 영국이 법률로 이를 엄금했지만, 계속해서 난을 일으켰기에 군대를 동원해 방비해야 했다.

수라트Surat[41]는 인도양[42] 북쪽에 위치한다. 옛날에 해적의 소굴이었기 때문에 동인도 회사에서 일개 함대를 두어 바다를 돌며 해적을 소탕해 지금에서야 안정되었다. 이곳에서는 면화가 나고, 아주 정교하게 천을 짰다. 수라트는 바로 인도이다. 이슬람교가 번창했을 때의 인구는 80만 명 정도 되었으나, 지금은 15만 명으로 줄어들었다. 방생원放生院을 건립해서 각종 짐승을 기르고 있는데, 개·말·새·곤충 등을 막론하고 모두 죽이지 않고 길렀다. 발루치스탄Baluchistan[43]은 육지와 바다로 이루어진 곳으로, 오랜 뒤에 영국의 관할이 되었다.

북방의 여러 부府 가운데 길사라吉斯喇라는 곳이 있는데 거주민이 모두 인도의 토착민이다. 민간에서는 화장을 숭상해 부부의 시신을 함께 태웠는데, 애첩은 앞다투어 불 속으로 뛰어들었다. 권문세가에서는 [남편이 죽으] 딸이 가문을 욕되게 할까 우려해 번번이 죽여 측은지심이라곤 없었다. 또한 브라만 승려 역시 그들을 일깨우려 하지 않고 도리어 어리석은 백성들을 구슬려 딸을 익사시켜 죽이는 죄를 저질렀다. 최근에 영국이 이 폐습을 엄금했다. 이상의 내용은 원본에는 없어 지금 모두 보충한다.

오인도는 동쪽으로는 티베트·미얀마, 서남쪽으로는 바다, 북쪽으로는 타타르[44]를 경계로 하고 있다. 최근에 동인도·남인도·중인도는 모두 영국 관할이 되었고, 자주국은 오직 서인도와 북인도뿐이다.

벵골·뭄바이·마드라스는 모두 해변에 있는 큰 항구이다. 이하의 내용은 원본에도 있다.

벵골은 동인도 부락으로, 동쪽으로는 미얀마, 서쪽으로는 바하르Bahar,[45] 남쪽으로는 바다, 북쪽으로는 티베트·구르카를 경계로 하고 있다. 작은 부락 21개를 관할하고 있다. 민간에서는 힌두교Hinduism[46]를 신봉하는데, 바로 고대의 불교이다. 주도는 콜카타[47]로, 대군이 주둔해 방비하고 있으며 상인들이 빙 둘러 모여 살고 있어 누각, 정원, 거리, 시장이 인도양에서 가장 많다. 아편 회사가 설립되어 있는데, 무릇 파트나Patna[48]·베나레스Benares[49]에서 나는 아편은 모두 회사로 들어가서 회사를 통해 수출 판매되었다.

바하르는 동인도 부락으로, 동쪽으로는 벵골, 서쪽으로는 알라하바드Allahabad,[50] 북쪽으로는 네팔, 남쪽으로는 곤드와나Gondwana[51]를 경계로 하고 있다. 10개의 작은 부락을 관할하고 있으며, 힌두교를 신봉하고 있다. 또한 파트나[52]에서 나는 아편을 흑토黑土 또는 공반公班이라 불렀다.

곤드와나는 동인도 부락으로 동쪽으로는 바하르·벵골, 서쪽으로는 미리아彌里阿, 남쪽으로는 나특란那特蘭, 북쪽으로는 알라하바드를 경계로 하고 있다. 작은 부락 30개를 관할하고 있으며 힌두교를 신봉한다.

알라하바드는 북인도[53] 부락으로, 동쪽으로는 베라르, 남쪽으로는 비자푸르Bijapur,[54] 서쪽으로는 바다, 북쪽으로는 칸데시[55]를 경계로 하고 있다. 작은 부락 9개를 관할하고 있으며, 힌두교를 신봉한다. 『해록海錄』에 따르면 이 땅에 사는 토착민들은 페르시아인[56]으로 피부색이 약간 흰데 바로 오늘날 광동에 와서 무역하는 이슬람 사람들이다. 따뜻한 데서 살면서 사람들은 장사를 배운다. 관할지인 뭄바이는 말와의 아편을 수출하는 항구이다.

카르나티크Carnatic[57]는 남인도 부락으로, 동쪽과 남쪽은 모두 바다를 경계로 하고 있고, 북쪽으로는 말반, 서쪽으로는 트라방코르와 이웃한다. 벵골의 서남쪽에 위치하는데, 육로로는 20일 정도 걸리고 뱃길로 순풍을 타면 5~6일 정도 걸린다. 작은 부락 21개를 관할하고 있으며, 힌두교를 신봉하고 있다. 『해록』에서는 이곳을 마드라스라고 부른다. 이 땅에 사는 토착민들은 사바라Savara[58]족이다. 이곳에서 나는 아편을 금화홍金花紅, 유홍油紅이라고 하는데, 금화홍이 최고이다.

아마다바드Ahmadabad[59]는 남인도 부락으로, 동쪽으로는 바하르, 서쪽으로는 말와, 남쪽으로는 곤드와나, 북쪽으로는 아우드를 경계로 하고 있다. 작은 부락 12개를 관할하고 있으며 힌두교를 신봉한다. 흑토라 불리는 아편이 나는데, 파트나에 비해 품질이 떨어진다.

말와는 남인도 부락으로, 동쪽으로는 알라하바드, 서쪽으로는 캘리컷,[60] 남쪽으로는 칸데시, 북쪽으로는 라지푸타나Rājputāna[61]를 경계로 하고 있다. 작은 부락 12개를 관할하고 있으며, 힌두교를 신봉한다. 아편이 나는데, 중국에서는 이를 '백피白皮'라고 부른다.

캘리컷은 남인도 부락으로, 동쪽으로는 말와, 서쪽으로는 코친,[62] 남쪽으로는 바다, 북쪽으로는 라지푸타나를 경계로 하고 있다. 작은 부락 16개를 관할하고 있으며, 힌두교를 신봉한다.

트라방코르는 남인도 부락으로, 동쪽으로는 카르나티크, 서쪽과 남쪽으로는 바다, 북쪽으로는 코친을 경계로 하고 있다. 작은 부락 2개를 관할하고 있으며, 힌두교를 신봉한다.

코친은 남인도 부락으로, 『해록』에서는 고진固眞이라고 적고 있다. 동쪽으로는 과만도戈彎都, 서쪽으로는 바다, 남쪽으로는 트라방코르, 북쪽으로는 마나마馬那麻를 경계로 하고 있다. 작은 부락 2개를 관할하고 있으며, 힌두교를 신봉한다.

베라르는 남인도 부락이다. 동쪽으로는 곤드와나, 서쪽으로는 알라하바드, 남쪽으로는 하이데라바드Hyderabad,[63] 북쪽으로는 마나摩那를 경계로 하고 있다. 작은 부락 6개를 관할하고 있으며, 힌두교를 신봉한다.

아우드는 남인도 부락이다. 동쪽으로는 바하르, 서쪽으로는 아그라,[64] 남쪽으로는 알라하바드, 북쪽으로는 네팔을 경계로 하고 있다. 작은 부락 6개를 관할하고 있으며 힌두교를 신봉한다.

실론은 카르나티크[65]의 동남쪽에 위치하고 작은 부락 9개를 관할하고 있으며 힌두교를 신봉한다.

비자푸르는 남인도 부락이다. 동쪽으로는 하이데라바드, 남쪽으로는 마실리파트남, 서쪽으로는 바다, 북쪽으로는 알라하바드를 경계로 하고 있다. 작은 부락 15개를 관할하고 있으며, 힌두교를 신봉한다.

마실리파트남은 남인도 부락이다. 동쪽으로는 마나우麻那耦, 남쪽으로는 코임바토르Coimbartore,[66] 서쪽으로는 카나라Kanara,[67] 북쪽으로는 말반을 경계로 하고 있다. 작은 부락 10개를 관할하고 있으며, 힌두교를 신봉한다.

마라타는 남인도 부락이다. 동쪽으로는 코임바토르, 서쪽으로는 바다, 남쪽으로는 코친, 북쪽으로는 카나라를 경계로 하고 있다. 작은 부락 4개를 관할하고 있으며, 힌두교를 신봉한다. 이 땅에서는 아편이 난다.

카슈미르[68]는 중인도 부락이다. 동쪽과 북쪽은 모두 티베트를 경계로 하고 있고, 서쪽과 남쪽은 모두 라호르Lahore[69]를 경계로 하고 있다. 작은 부락 1개를 관할하고 있으며, 힌두교를 신봉한다.

라호르는 중인도 부락이다. 동쪽과 북쪽은 모두 티베트를 경계로 하고 있고 남쪽은 델리, 서쪽은 아이사단牙爾士丹을 경계로 하고 있다. 작은 부락 15개를 관할하고 있으며, 힌두교를 신봉한다.

가르왈Garhwal[70]은 중인도 부락이다. 동쪽으로는 티베트, 서쪽으로는 델리, 남쪽으로는 네팔, 북쪽으로는 티베트를 경계로 하고 있다. 작은 부락 2개를 관할하고 있으며 힌두교를 신봉한다.

델리는 중인도 부락이다. 동쪽으로는 가르왈, 서쪽으로는 라지푸타나, 남쪽으로는 아그라,[71] 북쪽으로는 라호르를 경계로 하고 있다. 작은 부락 10개를 관할하고 있으며, 힌두교를 신봉한다.

라지푸타나는 남인도 부락이다. 동쪽으로는 아그라, 서쪽으로는 물탄, 남쪽으로는 말와, 북쪽으로는 라호르를 경계로 하고 있다. 작은 부락 18개를 관할하고 있으며, 힌두교를 신봉한다.

물탄은 바로 신드로,[72] 남인도 부락이다. 동쪽으로는 라지푸타나, 서쪽으로는 마응사단麻凝土丹, 북쪽으로는 라호르를 경계로 하고 있다. 작은 부락 7개를 관할하고 있으며, 힌두교를 신봉한다.

코친은 남인도 부락이다. 동쪽으로는 캘리컷, 서쪽과 남쪽은 바다, 북쪽은 물탄을 경계로 하고 있다. 작은 부락 4개를 관할하고 있으며, 힌두교를 신봉한다.

아그라는 남인도 부락이다. 동쪽은 아우드, 남쪽은 알라하바드, 서쪽은 라지푸타나, 북쪽은 델리를 경계로 하고 있다. 작은 부락 5개를 관할하고 있으며, 힌두교를 신봉한다.

네팔은 중인도 부락이다. 동쪽으로는 티베트, 서쪽으로는 가르왈, 남쪽으로는 벵골, 북쪽으로는 티베트를 경계로 하고 있다. 작은 부락 4개를 관할하고 있으며, 힌두교를 신봉한다.

오리사[73]는 동인도 부락이다. 동쪽으로는 벵골, 남쪽으로는 바다, 서쪽으로는 특란사가이사特蘭沙加爾司, 북쪽으로는 곤드와나를 경계로 하고 있다. 작은 부락 5개를 관할하고 있으며, 힌두교를 신봉한다.

특란사가이사는 동인도 부락이다. 동쪽으로는 오리사, 서쪽으로는 마나우, 남쪽으로는 바다, 북쪽으로는 곤드와나를 경계로 하고 있다. 작은 부락 12개를 관할하고 있으며, 힌두교를 신봉한다.

하이데라바드[74]는 동인도 부락이다. 동쪽으로는 곤드와나, 서쪽으로는 비자푸르,[75] 남쪽으로는 마나우, 북쪽으로는 베라르를 경계로 하고 있다. 작은 부락 6개를 관할하고 있으며, 힌두교를 신봉한다.

미랍靡臘은 동인도 부락이다. 동쪽으로는 곤드와나, 남쪽으로는 베라르, 서북쪽으로는 칸데시를 경계로 하고 있다. 작은 부락 3개를 관할하고 있으며, 힌두교를 신봉한다.

칸데시는 동인도 부락이다. 동쪽으로는 곤드와나, 남쪽으로는 마랍摩臘, 서쪽으로는 캘리컷, 북쪽으로는 말와를 경계로 하고 있다. 작은 부락 3개를 관할하고 있으며, 힌두교를 신봉한다.

마나우는 남인도 부락이다. 동쪽으로는 특란사가이사, 서쪽으로는 마실리파트남, 남쪽으로는 카르나티크, 북쪽으로는 하이데라바드를 경계로 하고 있다. 작은 부락 5개를 관할하고 있으며, 힌두교를 신봉한다.

카나라는 남인도 부락이다. 동쪽으로는 하이데라바드, 남쪽으로는 마라타, 서쪽으로는 바다, 북쪽으로는 비자푸르를 경계로 하고 있다. 작은 부락 5개를 관할하고 있으며, 힌두교를 신봉한다.

코임바토르는 남인도 부락이다. 동쪽으로는 실론,[76] 서쪽으로는 마라타, 남쪽으로는 카르나티크, 북쪽으로는 마실리파트남을 경계로 하고 있다. 작은 부락 1개를 관할하고 있으며, 힌두교를 신봉한다.

실론은 남인도 부락이다. 동쪽으로는 카르나티크, 서쪽으로는 코임바토르, 남쪽으로는 카르나티크, 북쪽으로는 마나우를 경계로 하고 있다. 작은 부락 1개를 관할하고 있으며, 힌두교를 신봉한다. 원본의 내용은 여기까지이다.

重輯

一

原無, 今補.

『貿易通志』曰: 印度之地, 距大西洋數萬里, 自古不相通, 其通商自荷蘭始. 萬曆二十二年, 荷蘭商船駛至南海五印度, 市胡椒, 返棹大獲利. 於是設公班衙, 僅洋銀三萬圓, 積久增至三百萬員, 主其事者六十五商. 及明泰昌間, 僅二十年, 公班衙所贏銀已千有四百萬員, 每歲大舶四十. 旋據南海葛留巴洲, 建總埠. 順治四年, 遂與佛蘭西國分擅其利. 於是荷蘭公班衙大興, 東通暹羅·日本, 又據臺灣, 雄長南洋諸島間, 每年文武使費銀百五十萬員. 其後雖失臺灣, 仍踞暹羅東南方地, 與各國互市. 康熙三十八年, 再稟求其國王賜敕書, 定歲貢額銀九十萬員, 每歲別獻賮賄儀銀十五萬員. 公班衙卽公司之異名也. 方荷蘭之立公班衙於南洋, 英吉利商慕之, 於萬曆二十七年糾國人合貲本, 且稟求國王設立公司, 嚴禁本國散商之赴南洋者. 其始國人尙憚險遠, 僅合貲十五萬員, 次年增至二十六萬員, 獲利皆三倍, 且途劫荷蘭國·葡萄牙國之商舶以歸. 於是英吉利公司漸興, 與荷蘭公班衙據地爭權. 英吉利乘機於印度海濱開新地立商埠. 其印度國民尙外視而輕忽之, 時商船僅三十五隻, 資本僅三十五萬員. 國人

屢稟求散公司之局, 於是國王令他商於印度西方孟買嶼立新公司, 兩公司相傾軋. 康熙四十年始合兩公司爲一, 竝借國王公帑銀一千萬員, 歲息八十萬員. 其後復貸五百萬員, 免其利息. 於是英吉利南洋公司大盛. 乾隆四年東印度兵爲北印度侵逼, 且臣下自相割據, 結荷蘭·佛蘭西公班衙之兵爲助. 於是英吉利公司兵船乘機取印度海南地. 印度國王求援于荷蘭·佛蘭西, 竝力拒敗英吉利之兵. 乾隆二十四年後, 英吉利復興兵與戰. 荷蘭及佛蘭西連年軍旅, 供億浩繁, 雖歲稅四百餘萬, 入不贍出, 非惟盡逋本國之貢獻, 反借其國帑數百萬, 生計日耗. 至乾隆五十年, 遂敗於英吉利. 嘉慶十六年, 英吉利遂據公班衙之地. 佛蘭西公班衙散局, 惟與各國分市南印度, 其東·中兩印度大半歸英吉利. 道光十三年, 國中會計公司貿易無利, 且虧空公項以巨萬計, 始散公司局, 聽散商自運, 人人皆悅.

『每月統紀傳』曰: 明弘治年間, 葡萄亞人精神湧發, 營大圖艱, 始尋水路到五印度國. 歐羅巴沿海各邦聞知之, 皆乘船踵至其地, 葡萄亞官禁之, 令師艦縱橫洋面, 截劫商船. 各國商船不敢孤行, 故各人出錢或千員, 或萬員, 或三萬員, 積藏公帑. 備船砲, 募弁兵, 遇葡艦海賊, 則決戰保貨, 返國則以所載之貨發賣, 各捐戶公分其利. 由此立商會曰公班衙. 公班衙者, 爲群商捐措資本錢共作貿易也. 荷蘭公班衙爲首, 始出公銀二百五十萬員, 赴牙瓦洲摩鹿群島買丁香·胡椒等貨歸國, 獲益一倍. 年年續駛南海, 利路大開, 始則向土酋買地開新埠, 後則開釁戰鬪而奪其旁地. 兵盛勢強. 兩攻澳門, 敗退, 因據臺灣之港口, 與福建沿海居民貿易. 開墾愈廣, 錢貨益增, 船舶滿海, 築城建邑, 商變爲君. 後有爲福建鄭成功所攻, 時荷蘭公班衙通事何斌知港路深淺, 說成功聯檣竝進. 荷蘭嚴守安平大港, 成功從鹿耳門進, 水漲三丈餘, 入據臺灣, 與荷蘭相持甚久, 圍其堡臺, 鏖戰不息. 鎮守官乞盟, 返棹回國. 康熙二年, 公班衙雖失此地, 別奪

他島, 建城立埠, 復興貿易. 自東自西自南自北, 每年奉本國王銀十五萬員, 別納一百萬員, 以答國恩. 嘉慶年間, 與英吉利國搆兵攻伐, 忽然公班衙不幸, 其船或沈淪, 或被奪, 英總兵乘機取其新地. 荷蘭公司散局, 將所據之地奉歸本國. 英吉利公班衙始與荷蘭相合. 但每開釁隙, 屢次交鋒, 於是公班衙密合防禦. 共本錢八百萬員, 爭鬪良久, 後再立公班衙於五印度國. 建兩城, 東邊曰馬大剌, 西邊曰夢買. 其時彼國土官貪賄慕勢, 私取陋規, 其土君復側目公司之利, 誓逐英軍而奪其業. 乾隆十七年, 奮力攻戰, 交鋒未及十餘合, 土君皆敗散. 自後英吉利特命總理官兼攝五印度國大半之權. 佛蘭西人恨之, 費力費帑, 圖勝英軍, 英兵冒火突鋒鏖戰, 佛蘭西兵終敗. 於是土君割地求和, 不敢強逼. 自三印度國屬英公班衙之後, 所據地廣, 不盡貿易, 惟務治國而已. 向來所赴廣東商船致載茶葉, 自道光十四年不利於市. 公司雖散, 掌握尙存, 每年所收國帑之銀, 共計一千五百萬員. 但使費亦繁, 所餘者無幾. 以上原本無, 皆今補.

『海島逸志』曰: 明絞勞, 卽孟加臘譯音之殊. 在葛留巴之西, 土地亦甚寬大, 和蘭·色仔年·紅毛雜處其地. 四夷雲集交商之所, 百物俱備, 貨賄流通. 土產大呢·羽緞·嗶支.

案: 道光二十二年四月, 靖逆將軍奕山, 奏: 風聞暎逆所屬之孟阿剌地方, 向有英夷兵目帶領黑白夷兵各數百名駐守. 因黑夷出兵在外, 多有傷亡, 僅剩白夷兵, 不敷駐守, 該逆兵目於去冬勒派土夷·商民充當兵役. 因而搆怨, 群起刺殺夷目, 竝將白夷兵數百名焚斃殆盡. 嗣又據香港探報, 英逆前占孟阿喇埠頭, 藉產鴉片厚利得充兵餉. 因被孟阿喇麼恡鬼子將八顚之弟殺死, 奪回鴉片埠, 以至兵餉不繼等語. 又訪聞得英國之東, 另有思田國, 相距約三月水程. 英夷欲奪其地, 被思田國設計誘騙, 於本年正月內殺斃英兵萬餘名, 現在干戈仍未止息等語. 又傳聞逆夷先與喀布

爾打仗. 現在又與治拉拉拔打仗, 有地名古斯尼, 仍被治拉拉拔奪回. 該
逆夷深恐喀布爾與治拉拉拔和好. 又訪聞喀布爾與孟阿喇各處總名印度
等語. 案: 喀布爾, 卽加布爾, 乃阿付顔尼國之部落, 在中印度西境. 詳見於下.

『每月統紀傳』曰: 孟買部, 在痕都斯坦西南方, 其酋部城建於嶼. 其嶼初爲
葡萄亞所屬地, 後讓與英國. 至順治二年間, 英國王以此嶼賜公班衙治理. 當時
嶼甚荒杳, 潮漲水溢, 巨浸地也. 英人駐三年, 水土不服, 染病多死. 英人勉築
隄防, 火烈山澤, 建磚屋, 開衢術, 招徠流寓, 戶口繁滋. 其嶼雖磽瘦, 終年之產
不足一月之用, 卻煙戶十六萬餘, 皆恃貿易爲業. 洋艘七百餘隻, 皆往印度西北
及法耳西·阿拉比及中國各處, 所載出藥材·棉花·瑪瑙石等貨. 除英國商賈外,
有白頭回及法耳西商賈. 白頭人本法耳西國之土民, 當回敎始興, 盡力征服四
方, 不順奉者必遭刑戮, 致令多人往印度避害. 其人皆儉約勤作, 善貿易, 惟崇
拜陰陽, 每當日出日入之際, 叩首敬奉. 然其俗好善施濟, 扶困持危, 惜無人告
以福音之眞道也. 英國在孟買建造戰船, 其匠皆白頭人, 手藝甚巧.

塔喇瓦府, 每年納餉七十萬員, 昔屬瑪哈喇塔國. 其國本有大權勢, 因與回
回戰鬪不息, 而後衰敗, 民遂任意作亂, 諸侯操權, 戰鬪爲務, 自王達於庶民,
俱劫奪爲業. 婆羅門僧狡獪巧捷, 煽惑民人, 恐嚇取財. 旣貯藏銀, 王卽革頂,
奪其不義之利. 嘉慶二十年間, 瑪哈喇塔王攻孟買, 肆焚掠, 與英軍交鋒. 瑪哈
喇塔兵敗走, 諸侯皆服, 百姓甘順. 自從英人操權, 匪徒安分, 其王除位而安享
空祿.

乾底士府, 屬省治不久. 其郡係盜藪, 農廢田荒, 獨守堡臺, 土人只捕野獸,
故甚猛烈, 捐軀而戰, 風俗甚蠻. 且不守婆羅門敎, 乃供奉汚鬼塑偶, 近於禽獸.

君乾, 分作南北兩府, 皆豐腴地, 出米·糖等貨. 亞美塔拔府先爲回回之國, 徵
斂朘削, 百姓盡窮. 後已復興. 惟嘉慶二十四年, 遭地震敗廢. 該喇府之土人崇

婆羅門邪教, 常殺怨敵以獻神贖罪. 英國律例嚴禁, 然作亂不已, 當用軍防範.

蘇喇府, 在大南洋北方. 昔海賊之藪, 故公班衙立一幫師船, 巡海剿賊, 今始安靜. 地產棉花, 織布精工. 府城卽印度國. 當回敎興旺時戶口有八十萬人, 現在減少十五萬口. 建放生院養各禽獸, 不論犬·馬·鳥·蟲諸類, 皆養之不殺. 布羅者府, 陸海地方, 久歸英國掌管.

北方各府, 其名吉斯喇地方, 居民皆印度國之土人. 俗尙火葬, 婦與夫屍同燒, 嬖妾爭先蹈焰. 貴家恐養女辱門, 輒殺之, 無惻隱之心. 而婆羅門僧亦無警醒之言, 反礪磨愚民, 行溺女之罪. 近日英國嚴禁此弊. 以上原本無, 皆今補.

五印度, 東界西藏·緬甸, 西南界海, 北界轄轕里. 近日東·南·中三印度皆屬英吉利, 其自主之國惟西·北二印度耳.

孟阿臘·孟買·曼達那薩, 均濱海大市埠. 以下又原本.

孟阿臘, 東印度部落, 東界緬甸, 西界麻哈, 南界海, 北界西藏·廓爾喀. 領小部落二十一. 俗奉墨那敏敎, 卽古時佛敎也. 首部落曰噶里噶達, 重兵駐防, 商民環處, 樓閣園亭, 街衢廛市, 盛甲南海. 設有鴉片公司, 凡巴達那·默那出產鴉片, 均歸入公司, 由公司發售出口.

麻哈, 東印度部落, 東界孟阿臘, 西界阿臘哈墨, 北界尼保爾, 南界尼路阿那. 領小部落十, 俗奉墨那敏佛敎. 而巴達那出產鴉片, 曰黑土, 又曰公班.

尼路阿那, 東印度部落, 東界麻哈·孟阿臘, 西界彌里阿, 南界那特蘭, 北界阿臘哈墨. 領小部落三十, 俗奉墨那敏佛敎.

阿蘭牙墨, 北印度部落, 東界彌那, 南界靡渣布, 西界海, 北界堪力市. 領小部落九, 俗奉墨那敏佛敎. 『海錄』謂居斯土者爲巴史種類, 顏色稍晢, 卽今來粵貿易之白頭夷也. 家居溫厚, 人習商賈. 所屬孟買, 爲麻爾窪鴉片出口之埠頭.

厘加那特, 南印度部落, 東·南俱界海, 北界麻臘稱, 西界特臘彎戈. 在孟阿臘西少南, 陸行二十餘日, 水路順風五六日. 領小部落二十有一, 俗奉墨那敏佛

敎. 『海錄』謂之曼達喇薩. 居斯土者爲雪那里種類. 出産鴉片, 一曰金花紅, 一曰油紅, 以金花紅爲最.

阿那哈默, 南印度部落, 東界麻哈, 西界麻爾窪, 南界尼路阿那, 北界歐尼. 領小部落十有二, 俗奉墨那敏佛敎. 産鴉片曰黑土, 遜於巴達那.

麻爾窪, 南印度部落, 東界阿臘哈墨, 西界吾治瀝, 南界堪力市, 北界臘赤布達那. 領小部落十有二, 俗奉墨那敏佛敎. 産鴉片, 中國謂之白皮.

吾治瀝, 南印度部落, 東界麻爾窪, 西界刮治, 南界海, 北界臘赤布撻那. 領小部落十有六, 俗奉墨那敏佛敎.

特那彎戈, 南印度部落, 東界厘加那特, 西界海, 南界海, 北界果眞. 領小部落二, 俗奉墨那敏佛敎.

果眞, 南印度部落, 『海錄』作固眞. 東界戈彎都, 西界海, 南界特那彎戈, 北界馬那麻. 領小部落二, 俗奉墨那敏佛敎.

彌那, 南印度部落. 東界尼路阿那, 西界阿蘭牙墨, 南界海里那墨, 北界摩那. 領小部落六, 俗奉墨那敏佛敎.

歐尼, 南印度部落. 東界麻哈, 西界阿尼那, 南界阿那哈默, 北界尼保爾. 領小部落六, 俗奉墨那敏佛敎.

西倫島, 在黎加那特之東南, 領小部落九, 俗奉墨那敏佛敎.

靡渣部, 南印度部落. 東界海里那墨, 南界麻疏, 西界海, 北界阿蘭牙墨. 領小部落十有五, 俗奉墨那敏佛敎.

麻疏, 南印度部落. 東界麻那耦, 南界歌壬麻都, 西界加那臘, 北界麻臘耦. 領小部落十, 俗奉墨那敏佛敎.

馬拉他, 南印度部落. 東界歌壬麻都, 西界海, 南界果眞, 北界加那臘. 領小部落四, 俗奉墨那敏佛敎. 産鴉片.

加士敏耶, 中印度部落. 東·北俱界西藏, 西·南俱界臘和爾. 領小部落一, 俗

奉墨那敏佛敎.

臘和爾, 中印度部落. 東·北俱界西藏, 南界特爾希, 西界牙爾士丹. 領小部落十有五, 俗奉墨那敏佛敎.

俄爾窪, 中印度部落. 東界西藏, 西界特爾希, 南界尼保爾, 北界西藏. 領小部落二, 俗奉墨那敏佛敎.

特爾希, 中印度部落. 東界俄爾窪, 西界臘赤布達那, 南界阿厄臘, 北界臘和爾. 領小部落十, 俗奉墨那敏佛敎.

臘赤布達那, 南印度部落. 東界阿厄臘, 西界茅爾旦, 南界麻爾窪, 北界臘和爾. 領小部落十有八, 俗奉墨那敏佛敎.

茅爾旦, 卽新地, 南印度部落. 東界臘赤布達那, 西界麻凝士丹, 北界臘和爾. 領小部落七, 俗奉墨那敏佛敎.

刮治, 南印度部落. 東界吾治瀝, 西界海, 南界海, 北界茅爾旦. 領小部落四, 俗奉墨那敏佛敎.

阿厄臘, 南印度部落. 東界歐尼, 南界阿臘哈墨, 西界臘赤布達那, 北界特爾希. 領小部落五, 俗奉墨那敏佛敎.

尼保爾, 中印度部落. 東界西藏, 西界俄爾窪, 南界孟阿臘, 北界西藏. 領小部落四, 俗奉墨那敏佛敎.

阿里沙, 東印度部落. 東界孟阿臘, 南界海, 西界特蘭沙加爾司, 北界尼路阿那. 領小部落五, 俗奉墨那敏佛敎.

特蘭沙加爾司, 東印度部落. 東界阿里沙, 西界麻那耦, 南界海, 北界尼路阿那. 領小部落十有二, 俗奉墨那敏佛敎.

海里臘墨, 東印度部落. 東界尼路阿那, 西界靡札布, 南界麻那耦, 北界彌那. 領小部落六, 俗奉墨那敏佛敎.

靡臘, 東印度部落. 東界尼路阿那, 南界彌那, 西北界堪力市. 領小部落三,

俗奉墨那敏佛敎.

堪力市, 東印度部落. 東界尼路阿那, 南界摩臘, 西界吾治瀝, 北界麻爾窪. 領小部落三, 俗奉墨那敏佛敎.

麻那耦, 南印度部落. 東界特蘭沙加爾司, 西界麻疏, 南界里加那特, 北界海里那墨. 領小部落五, 俗奉墨那敏佛敎.

加那臘, 南印度部落. 東界麻疏, 南界馬拉他, 西界海, 北界靡查布. 領小部落五, 俗奉墨那敏佛敎.

歌壬麻都, 南印度部落. 東界西林, 西界馬拉他, 南界里加那特, 北界麻疏. 領小部落一, 俗奉墨那敏佛敎.

西林, 南印度部落. 東界里加那特, 西界歌壬麻都, 南界里加那特, 北界麻那耦. 領小部落一, 俗奉墨那敏佛敎. 原本止此.

주석

1   동인도 회사: 원문은 '공반아公班衙'이다.

2   태창泰昌: 명나라 제14대 황제 광종光宗 주상락朱常洛의 연호(1620)이다.

3   클라파Kelapa: 원문은 '갈류파주葛留巴洲'로, 지금의 인도네시아 자카르타
    를 말한다. 1618년에 네덜란드가 점령한 뒤, 바타비아Batavia로 이름을
    바꿨다가 인도네시아가 독립한 뒤 다시 이름을 자카르타로 정했다.

4   총독 정청: 원문은 '총부總埠'로, 식민지 통치기관을 말한다. 네덜란드 동
    인도 회사는 자카르타에 총독 정청을 두어 본격적인 동아시아 향료무
    역을 독점했다.

5   공액貢額: 공물貢物의 정해진 액수를 말한다.

6   건륭乾隆: 청나라 제6대 황제 고종高宗 애신각라홍력愛新覺羅弘曆의 연호
    (1736~1795)이다.

7   물자: 원문은 '공억供億'이다.

8   증여: 원문은 '공헌貢獻'이다.

9   가경嘉慶: 청나라 제7대 황제 인종仁宗 애신각라옹염愛新覺羅顒琰의 연호
    (1796~1820)이다.

10 도광道光: 청나라의 제8대 황제 선종宣宗 애신각라민녕愛新覺羅旻寧의 연호
    (1821~1850)이다.

11 홍치弘治: 명나라 제9대 황제 효종孝宗 주우당朱祐樘의 연호(1488~1505)이다.

12 자와섬Pulau Jawa: 원문은 '아와주牙瓦洲'이다.

13 말루쿠제도Kepulauan Maluku: 원문은 '마록군도摩鹿群島'이다.

14 정향丁香: 정향의 원산지는 말루쿠제도이며, 주요 산지는 말레이시아군
    도, 아프리카, 인도네시아, 베트남이다. 정향은 정향의 꽃봉오리를 따
    서 말린 것으로, 소화불량, 위장염에 효과가 있다.

15 마카오Macau: 원문은 '오문澳門'으로, 명나라 중엽 이후 해상들이 몰려들

었던 곳이다.

16 정성공鄭成功: 본명은 정삼鄭森으로, 일본명은 후쿠마쓰福松이다. 정성공
(1624~1662)은 자가 명엄明儼으로, 복건 천주 남안南安 사람이다. 1645년 만
주족에게 남경이 함락되자 아버지 정지룡鄭芝龍과 함께 복건성으로 피
신했다. 그는 명나라를 다시 일으키기 위해 군대를 모아 복건성의 해
안 지대에 강한 세력을 구축했다. 아버지 정지룡이 청나라에 회유되어
투항했지만, 정성공은 10개의 무역 회사를 차려 비단과 설탕 등을 무역
하면서 반청 활동에 종사했다. 청조가 정성공 세력을 약화시키기 위해
1656년 해금령을 강화하고 1661년에는 연해의 주민을 강제 이주시키는
천계령을 반포하자 대만에 있던 네덜란드 세력을 몰아내고 새로운 거
점을 확보했는데, 여기서는 그 과정을 적고 있다.

17 하빈何斌: 하빈은 복건 남안 사람으로 하정빈何廷斌이라고도 한다. 명나
라 천계 연간에 정성공의 부친 정지룡을 따라 대만에 왔다. 네덜란드인
이 이미 적감赤嵌을 점거한 뒤라 그는 네덜란드의 정교를 믿고 네덜란드
어를 학습해 통역사가 되었다. 순치 18년(1661) 정월에 정성공에게 투항
했다. 같은 해 3월 23일에 정성공은 대군을 거느리고 대만을 공격했는
데, 이때 하빈이 향도관이 되어 전쟁에 참여했다. 정성공은 대만을 수
복한 뒤에 하빈의 도움 아래 대만의 질서를 안정시켰다.

18 안평항安平港: 바로 안평요새(安平古堡)를 말한다. 안평은 당시 네덜란드 동
인도 회사가 건립되어 있던 질란디아요새Fartzealandia가 위치한 곳으로,
네덜란드는 이곳에 동인도 회사를 세우고 34년 동안 대만을 점거했다.

19 녹이문鹿耳門: 대만 대남臺南 지역에 위치한 해안으로, 수심이 얕고 항로
가 좁다.

20 마드라스: 원문은 '마대랄馬大剌'로, 지금의 인도 동부에 위치한다.

21 뭄바이: 원문은 '몽매夢買'로, 지금의 인도 남서부 마하라슈트라주에 위
치한다.

22 세르지람Serjiram: 원문은 '색자년色仔年'으로, 칼리만탄 중부에 있는 다약
족Dayak 중 하나이다.

23 나사羅紗: 원문은 '대니大呢'로, 양털에 무명이나 인조견 등을 섞어서 짠 두꺼운 혼성 모직물이다.

24 우단羽緞: 벨벳과 비슷한 직물이다. 우단은 벨벳에 비해 촘촘해 주름이 적고, 또한 따뜻해서 여성과 어린이들의 의복으로 이용되며, 휘장과 침대 덮개로도 사용된다.

25 서지Serge: 원문은 '필지嗶吱'이다. 라틴어로 비단을 의미하는 세리카Serica에서 유래했으며, 고급 직물을 가리킨다.

26 혁산奕山: 혁산(1790~1878)은 자가 정헌靜軒, 만주 양람기鑲藍旗 사람이다. 청조 황실의 종친으로 도광제의 조카뻘이다. 시위侍衛로 출발해 이리伊犁 참찬대신參贊大臣·이리장군伊犁將軍 등의 관직을 역임했다.

27 뱅골: 원문은 '맹아랄孟阿剌'로, 맹아라孟阿喇라고도 한다.

28 아프가니스탄Afghanistan: 원문은 '사전국思田國'으로, 아부안니국阿付顏尼國이라고도 한다.

29 카불: 원문은 '객포이喀布爾'로, 지금의 아프가니스탄 카불강 계곡의 서쪽에 위치한다.

30 히바Khiva: 원문은 '치랍랍발治拉拉拔'이다. 호라즘 왕국과 히바 칸국의 수도로, 지금의 우즈베키스탄 호레즘주의 도시이다.

31 구스니Gusny: 원문은 '고사니古斯尼'이다. 지금의 우크라이나 서부 자카르파탸주Zakarpattia에 위치한다.

32 페르시아Persia: 원문은 '법이서法耳西'로, 페르시아, 즉 지금의 이란Iran을 가리킨다.

33 아랍Arab: 원문은 '아랍비阿拉比'이다.

34 이슬람인: 원문은 '백두회白頭回'로, 이슬람교를 믿는 파키스탄·이란·아랍 사람들을 총체적으로 가리킨다.

35 페르시아 상인: 원문은 '법이서상고法耳西商賈'이다.

36 타라와Tarawa: 원문은 '탑라와부塔喇瓦府'이다.

37 마라타국: 원문은 '마합라탑국瑪哈喇塔國'이다. 18세기 인도 아대륙의 상당 지역을 다스렸던 국가로, 지금의 마하라슈트라 일대에 해당한다.

38 브라만Brahman: 원문은 '바라문승婆羅門僧'이다. 인도의 신분 제도인 카스트의 네 신분 중에서 가장 높은 위치인 승려 계급을 말한다.

39 칸데시Khandesh: 원문은 '건저사부乾底士府'이다. 광서 2년본에는 '건저토부乾底土府'로 되어 있으나 악록서사본에 따라 고쳐 번역한다.

40 캄가온Khamgaon: 원문은 '군건君乾'으로, 지금의 인도 마하라슈트라에 위치한다.

41 수라트Surat: 원문은 '소라부蘇喇府'로, 지금의 인도 서북부 구자라트에 위치한다.

42 인도양: 원문은 '대남양大南洋'이다.

43 발루치스탄Baluchistan: 원문은 '포라자부布羅者府'로, 지금의 파키스탄 최서단에 위치한다.

44 타타르: 원문은 '달달리韃韃里'이다.

45 바하르Bahar: 원문은 '마합麻哈'으로, 지금의 인도 비하르Bihar 지역을 가리킨다.

46 힌두교Hinduism: 원문은 '묵나민교墨那敏敎'이다.

47 콜카타: 원문은 '갈리갈달噶里噶達'로, 지금의 인도 서벵골에 위치한다.

48 파트나Patna: 원문은 '파달나巴達那'로, 과거 인도의 중요한 아편 산지였다.

49 베나레스Benares: 원문은 '묵나默那'로, 과거 인도의 중요한 아편 산지였다.

50 알라하바드Allahabad: 원문은 '아랍합묵阿臘哈墨'으로, 아나합묵阿那哈墨, 아란아묵阿蘭牙墨이라고도 한다. 알라하바드는 1583년 무굴 제국의 황제 악바르Akbar가 건설했으며, 지금의 인도 북부 우타르프라데시주에 위치한다.

51 곤드와나Gondwana: 원문은 '니로아나尼路阿那'로, 역사적인 지역이다.

52 파트나: 원문은 '파달나巴達那'이다. 광서 2년본에는 '니달나尼達那'로 되어 있으나 악록서사본에 따라 고쳐 번역한다.

53 북인도: 원문은 '남인도南印度'로 되어 있으나 지리적 위치에 근거해 북인도로 고쳐 번역한다.

54 비자푸르Bijapur: 원문은 '미사포靡渣布'로, 지금의 인도 남부 마이소르에

위치한다.

55 칸데시: 원문은 '감력시堪力市'이다.

56 페르시아인: 원문은 '파사종류巴史種類'이다.

57 카르나티크Carnatic: 원문은 '니가나특厘加那特'이다. 지금의 인도 남서부에 위치한다. 옛 이름은 마이소르로, 1831년부터 마이소르가 공국이 된 1881년까지는 영국 판무관辦務官의 통치를 받았다.

58 사바라Savara: 원문은 '설나리雪那里'이다. 지금의 인도 동부에 거주하는 종족이다.

59 아마다바드Ahmadabad: 원문은 '아나합묵阿那哈墨'으로 되어 있으나 지리적 위치에 따라 고쳐 번역한다.

60 캘리컷: 원문은 '오치력吾治瀝'이다.

61 라지푸타나Rājputāna: 원문은 '랍적포달나臘赤布達那'이다. 이곳은 라지푸트 계급이 다스린 공국이 있던 역사적 지역으로, 오늘날 인도 라자스탄주의 대부분을 이룬다.

62 코친: 원문은 '괄치刮治'이다.

63 하이데라바드Hyderabad: 원문은 '해리나묵海里那墨'으로, 지금의 인도 중남부 텔랑가나주의 주도이다.

64 아그라: 원문은 '아니나阿尼那'로, 지금의 인도 북부 우타르프라데시주에 위치한다.

65 카르나티크: 원문은 '여가나특黎加那特'이다.

66 코임바토르Coimbatore: 원문은 '가임마도歌壬麻都'로, 지금의 인도 남부 타밀나두주에 위치한다.

67 카나라Kanara: 원문은 '가나랍加那臘'으로, 지금의 인도 남서부 해안에 위치한다.

68 카슈미르: 원문은 '가사민야加士敏耶'로, 인도와 중국, 파키스탄의 경계에 위치한다.

69 라호르Lahore: 원문은 '랍화이臘和爾'로, 지금의 파키스탄에 위치한다.

70 가르왈Garwal: 원문은 '아이와俄爾窪'로, 지금의 인도 북부 우타라칸드주

에 위치한다.

71 아그라: 원문은 '아액랍阿厄臘'이다.

72 물탄은 바로 신드로: 원문은 '모이단, 즉신지茅爾旦, 卽新地'이다. 앞에서
위원은 물탄과 신드를 별개 지역으로 보고 있는데, 여기에서는 물탄과
신드를 같은 지역으로 보고 있다.

73 오리사: 원문은 '아리사阿里沙'로, 지금의 인도 동부에 위치한다.

74 하이데라바드: 원문은 '해리랍묵海里臘墨'으로, 해리나묵海里那墨이라고도
한다. 지금의 파키스탄 신드주에 위치한다.

75 비자푸르: 원문은 '미찰포靡札布'로, 미사이靡査爾, 미사포靡渣布라고도
한다.

76 실론: 원문은 '서림西林'으로, 석란錫蘭이라고도 한다. 지금의 스리랑카
이다.

오인도 보집

—

원본에는 없으나, 지금 보충한다.
여기에서는 전적으로 청조에 해당하는 최근의 상황만을 다룬다.
역대 연혁은 다음 권에 별도로 있어 이곳에 포함시키지 않는다.

『고종어제문집高宗御製文集』「오천축설五天竺說」에 다음 기록이 있다.

곤륜산맥[1]은 천하의 중심에 위치해 세계의 많은 나라가 에워싸고 있다. 곤륜산맥의 동쪽에서는 우리 중국이 가장 크고, 곤륜산맥의 서남쪽에서는 오인도가 가장 크다. 곤륜산맥의 서쪽에서는 러시아[2]가 가장 크다. 지금 회강回疆[3]이 힌두스탄과 인접하고 있는데, 그 나라가 바로 인도의 옛 땅이다. 우리 중국의 힘으로 오인도국과 왕래하고자 하면 무슨 어려움이 있겠는가? 그러나 저들을 불러들이지 않는 것은 저들이 우리의 덕을 흠모해서 감화되어 오지 않기 때문에 하지 않을 따름이다.

또한 『고종어제시집高宗御製詩集』「제대서천초서보길상옥인서題大西天草書普吉祥玉印序」에 다음 기록이 있다.

신두Sindhu[4]는 우창Ü-Tsang[5]에서 아주 멀며, 여정은 상세하게 알 수 없지만 바로 고대의 오인도이다. 전해 오는 말에 따르면 오인도에는 부처의 유적이 남아 있다고 하는데, 지금의 오인도는 불교가 쇠하고 외래 종교가 도리어 성하며, 민간에서는 이곳을 대서천大西天이라 부른다. 예컨대 이슬람교도가 세운 힌두스탄은 인도 가운데 하나일 따름이다. 이곳에서 얻은 옥도장 두 개는 서체가 인도의 것과 비슷해서 시위侍衛 파충巴忠에게 가지고 가서 창캬 후툭투lCang-skya Khutukhtu[6]에게 물어보게 했다. 그의 말에 따르면 이것은 대서천의 초서인데, 하나는 살이와薩爾瓦로, 중국어로는 '보普'의 뜻이고, 다른 하나는 망갈납목莽噶拉穆으로, 중국어로는 '길상吉祥'의 뜻이다. 연초에 이 옥도장을 얻었으니, 실로 만백성이 복을 받을 징조이다.

『해국문견록海國聞見錄』에 다음 기록이 있다.

인도양은 남서쪽 6시 방향에 위치한다. 살펴보건대, 여기서는 서남양이 인도양이라는 일반 개념을 따르고 있는데 이것은 현재의 기록과 맞지 않는다. 플라카와 태국에서 서쪽을 돌아 산을 따라가면 백두국에 도착하는데 이곳 사람들은 서역인의 외모에 수염이 말려 있고 귀고리를 하고 있다. 서양포西洋布를 입고 있는데 옷깃이 크고 소매는 좁았으며, 허리에는 띠를 묶고 머리에는 흰 천을 두르기 때문에 백두白頭라고 부른다. 그곳에는 두 개의 나라가 있는데, 동쪽에 있는 나라는 소백두小白頭이고 국명은 무굴 제국Mughal Empire[7]으로, 바로 힌두스탄이다. 서쪽에 있는 나라는 포사包社 대백두大白頭 페르시아[8]를 말한다. 이다. 두 나라는 북쪽으로 갈단噶丹과 접해 있고, 갈단의 북쪽[9] 살펴보건대, 갈단은 준가르부로, 파미르고원[10] 동쪽에 위치하고 인도양·페르시아 등과는 접해 있지 않기 때문에 사마르칸트가 되어야 맞고, 사마르칸트는 파미르고원 서쪽에 위치한다. 여기서는 이 두 곳을 혼동해서 같은 나라로 보았다. 에 시베리아Siberia[11]가 이웃하고 있다. 시베리아의 서쪽에는 러시아가 있다. 살펴보건대, 시베리아는 바로 실필리아悉畢厘阿로, 러시아의 동쪽 변방이다. 시베리아는 중국의 신강·할하부Khalkha·흑룡강黑龍江과 모두 접해 있다. 원지도에서 러시아와 시베리아를 두 나라로 잘못 분석하고 있어서 독자의 의심을 불러일으켰다. 이에 지금 원문을 이 곳에 덧붙여 바로잡는다.

소백두의 동쪽에는 민아국民呀國이 있다. 민아국은 바로 벵골이다. 소백두의 북쪽과 대백두는 모두 사마르칸트와 접해 있고, 서북쪽은 카스피해Caspian Sea[12]에 이르며, 서쪽에는 동터키Eatern Turkey,[13] 서남쪽으로는 아랍,[14] 바로 이슬람 국가인 메카Mecca[15]와 아덴Aden[16]이다. 남쪽은 바다에 접해 있다.

터키는 동서 두 나라로 나뉘는데, 모두 이슬람 국가이다. 동터키 히바[17] 회국이다. 는 바다와 통하지 않으며 동쪽으로는 대백두, 동북쪽으로는 카스피해가 있으며, 북쪽으로는 조지아Georgia[18] 바로 남터키[19]이다. 와, 서쪽으로는 서터키 바로 유대[20]로, 지금은 모두 메카에 통합되었다. 와 접해 있으며, 남쪽으로는 아랍 이슬람교 종주국이다. 과 접해 있다.

카스피해는 많은 나라가 둘러싸고 있는데, 동북쪽에는 시베리아, 바로 카자흐스탄Kazakhstan[21]이다. 서북쪽에는 러시아, 동쪽에는 사마르칸트, 사마르칸트는 명대의 국명이다. 지금은 우즈베키스탄Uzbekistan[22]·부하라한국[23]·아프가니스탄[24] 등의 국가가 되었다. 서쪽에는 조지아, 남터키이다. 서남쪽에는 동터키, 바로 히바 회국이다. 남쪽에는 페르시아 대백두가 있다. 안쪽은 물이 고여 큰 호수를 이루고 있어서 배가 다닐 수 없으며, 오직 페르시아를 통해서만 물이 바다로 나가기 때문에 '카스피해(裏海)'가 되었다.

조지아 역시 바다와 통하지 않는다. 동쪽은 카스피해, 서쪽은 사해 Dead Sea,[25] 북쪽으로는 러시아와 이어져 있고, 남쪽으로는 동·서터키와 인접해 있다. 여자들은 용모가 빼어나고 모발은 붉고 향기가 났다. 조지아는 옛날 서녀국西女國[26]의 땅이다. 복식은 백두국과 같았으며, 페르시아에 공물을 바쳤다.

사해는 바로 흑해黑海로, 수원水源이 땅에서 나온다. 북쪽으로는 러시아, 남서쪽으로는 터키, 동쪽으로는 조지아, 서쪽으로는 민년신珉年呻 바로 북터키이다. 이 사방에서 둘러싸고 있어 대해와 통하지 않기 때문에 '사해'가 되었다. 또한 서터키와 북터키 두 나라만이 인도양과 통하지 않고 지중해Mediterranean Sea[27]의 동북쪽에 임해 있다. 지중해는 대서양大西洋을 통해 들어가기 때문에 지중해는 「대서양기大西洋記」에 실려 있다.

아랍 바로 아덴과 메카로, 이슬람교 종주국이다. 은 동쪽으로는 페르시아 대백두, 북쪽으로는 동·서터키, 서북쪽으로는 대서양의 지중해에 임해 있고, 서쪽으로는 아프리카[28]와 접해 있다. 육지의 한쪽이 서쪽에서부터 서남쪽에 이르기까지 아프리카와 바다 하나를 사이에 두고 있으며 남쪽은 대양과 접해 있다. 아랍은 터키의 지배를 받았기에 남녀를 터키의 노예로 바쳤다. 지금의 메카의 메디나와 아덴 역시 페르시아의 신하국이다.

『만국지리전도집萬國地理全圖集』에 다음 기록이 있다.

오인도국은 힌두스탄[29]이라고도 불리는데, 북위 6도 30분에서 35도, 동경 65도에서 95도에 위치한다. 동쪽·서쪽·남쪽으로는 바다를 둘러싸고 있고, 북쪽으로는 티베트에 이르며, 동북쪽으로는 아삼과 이어져 있고, 서북쪽으로는 카불[30]과 접해 있다. 이 나라는 예로부터 이름이 났고, 옥·금·향·구슬 등이 나서 만국에서 모여들어 시장을 형성했다. 면적은 사방 384만 리이고, 인구는 1억 3400만 명이다. 북쪽의 각지에 있는 산은 하늘을 찌를 만큼 높고, 사면에는 눈이 쌓여 있으며, 티베트와 경계를 이루고 있다. 이 나라는 중간중간 산봉우리로 연결되어 있다. 북쪽에서부터 남쪽의 2부 능선까지, 북쪽의 높은 산은 높이가 2500길(약 7700m)에 이르고 서쪽만은 높이가 3백 길 정도 된다. 갠지스강[31]은 성스러운 강으로, 북쪽 산의 빙하에서 흘러나와 인도로 들어가서 동남쪽 벵골 해역으로 유입되니, 바로 동갠지스강이다. 인더스강은 티베트에서 흘러나와 오인도의 서북쪽에 이르러 아라비아해Arabian Sea[32]로 유입되니, 바로 서갠지스강이다. 또한 동북쪽에 브라마푸트라강Brahmaputra River[33]이 있는데, 운남에서 아삼 경계로 유입되고 벵골 해역으로 유입되니 바로 이라와디강 Irrawaddy River[34]이다. 서쪽에는 또한 나르마다강Narmada River[35]·탑티강Tapti River[36] 등이 있고, 남쪽에는 고다바리강Godavari River[37]·크리슈나강Krishna River[38]·코베리강Cauvery River[39] 등이 있다. 산 안쪽과 강을 따라 금강석[40]·루비[41]·석류주石榴珠·눈황옥嫩黃玉·금색옥金色玉·산호·청벽靑碧·마노瑪瑙가 난다. 이 나라는 아주 부유하며 오직 서북쪽 사막만이 유목 지대이다. 인도에서는 면화가 아주 많이 나는데, 매년 면화 18만 9700섬, 인디고 11만 섬을 수출하고 단향·소목·후추·과일 등도 수출된다. 5대 귀족 가운데 군왕은 모두 코끼리를 타고 황금 안장을 만들었는데, 번쩍번쩍 빛이 나고 아름다웠다. 이 나라의 송골매는 아주 괴이하게 생겼고 무수리는 높이 나는데, 악취가 나는 시신을 먹고 높은 산까지 날아간다. 산에는 금은이 적은 반면, 돌처럼 생긴 철이 난다. 북쪽에서는 초석이 많이 난다. 가장 해로운 아편 역시 이 나라에서 산출된다.

또 다음 기록이 있다.

예로부터 오인도는 명성이 자자했고, 중국에서 멀지 않았기 때문에 여러 차례 스님들이 그 종교를 유포해 중국에서 고집스럽게 보살을 받들어 모시게 했다. 주周나라 열왕烈王[42]·현왕顯王[43] 연간에 서쪽의 알렉산드로스 대왕Alexander the Great[44]이 군사를 거느리고 왔는데, 가는 곳마다 대적할 자가 없었기에 인도의 각 나라를 공격해 탈취했지만 얼마 지나지 않아 물러났다. 그 뒤로 동로마의 각 나라와는 거의 왕래가 없었다. 다만 상인들이 물건을 지고 서쪽으로 갔는데, 내지에 들어가지는 못했고 또한 풍속을 살피지도 못했기 때문에 황당하고 괴이한 이야기로 사람들의 이목을 끌 뿐이었다. 송나라 때 이슬람교도가 북쪽에서부터 인도를 침범해 참된 주인인 상제(알라신)를 홀로 숭배하면서부터 보살을 받들지 않았고, 힘껏 공격해 사당을 부수고 불상을 파괴하며 전 국토를 소탕하고 토착민들을 강제로 복종시켰다. 원나라가 막 쇠락하기 시작할 때 몽골군이 국경을 침범해 그곳을 소탕하고 나라의 기반을 닦아 주변국을 강제로 복속시켰다. 집을 단위로 인구를 계산하면 모두 8천만 명 정도 된다. 명나라 홍치 8년(1495)에 갑자기 포르투갈 선박이 수만 리 밖에서 인도 서쪽으로 와 즉시 항구를 열고 땅을 일구어 아주 활발하게 무역했다. 강제로 연해의 여러 해구를 점거하여 성을 쌓고 도시를 건설하는 동시에, 총독을 세우고 왕을 대신해 이민족을 다스렸다. 이를 질투한 네덜란드 역시 병선을 타고 와서 포르투갈과 싸워 모두 이겼다. 이때 영국의 상인들은 인도로 와서 토군에게 청해 건물을 세우고 또한 포대를 쌓았다. 또한 동인도 회사에 총독을 두어 권력을 장악하게 했다. 건륭 20년(1755)에 벵골의 태수 시라지 웃다울라가 싸움을 걸고 영국인을 붙잡아 옥에 가둔 뒤 아주 심하게 학대했다. 영국 관리는 토착민을 공격하며 많은 뇌물을 사용해 벵골의 장수에게 간계를 써서 투항케 해 태수의 군은 즉시 사방으로 흩어졌고, 영국 관리는 권력을 되찾았다. 그리하여 토군은 모두 원한을 품고 남북에서 연합하기로 약속하고 양쪽에서 힘써 싸웠지만 결국에는 패해서 달아났다. 다만 영국 관리가 도리에 맞게 정치를 했기 때문에 토착민들은 그를 받들고 감히 배반하지 않았다.

영국이 지금 차지하고 있는 땅으로 북쪽에는 벵골이 있는데, 벵골은 면적이 사방 98만 4천 리이고, 인구는 5700만 명으로, 그 크기가 운남성의 3배 반 정도 된다. 마라타[45]는 면적이 사방 46만 2천 리이고, 인구는 1500만 명이다. 뭄바이[46]는 면적이 사방 21만 1천 리이고, 인구는 1천만 명이다. 영국의 관할하에 있는 인구는 모두 8300만 명이다. 별도로 일부 왕국이 영국령이 되었는데, 이들 나라의 총면적은 사방 84만 9천 리이고, 인구는 1500만 명이다. 영국에 굴복하지 않은 모든 자주국은 그 면적이 사방 56만 1천 리이고, 인구는 1100만 명이다.

또 다음 기록이 있다.

인도인은 몸이 약한데, 팔다리와 전신이 모두 그러하며 얼굴색은 검고 표정은 온화하다. 여자들은 예쁘지 않으며 코를 뚫어 코걸이를 한다. 날씨가 아주 더운데도 남자들만 위량圍涼을 걸치고 가끔씩 화려한 스카프를 어깨와 가슴에 두르며, 여자들은 옷으로 전신을 가린다. 음식은 싱겁게 먹는다. 서민들은 각각 품계를 나누는데, 품계가 높은 사람은 '브라만'[47]이라 불렸으며 국가의 사제이다. 또한 군사 관련 품계가 있는데, 바로 크샤트리아Kshatriya[48]로, 어려서부터 병서를 읽고 무예를 익혔다. 장인들 역시 하나의 품계를 이루어 아들이 부친의 직업을 승계했는데, 그렇지 않을 경우 부모는 아들을 버리고 친지들도 그를 멀리해 들판에서 굶어 죽는다. 자신들의 생각을 고집하며 교화되지 않은 채 전철을 밟고 악습을 되풀이하며 수많은 보살과 신상을 숭배해 행사가 끊이지 않았다. 브라만의 권력이 가장 세, 백성들을 시켜 갓난아이를 물에 던져 간혹 악어의 먹이로 주기도 했다. 장차 브라만이 죽으면 과부는 그 무덤에 땔감을 쌓아 놓고 스스로 분신했다. 영국 관리들은 그 폐단을 금지하고 어길 경우 벌을 주었다. 인도인은 겉으로는 절개를 굽히고 권력을 따르지만, 속으로는 중상모략하고 거짓말을 하면서 사람을 속인다. 현재 통상무역의 길을 개척하고 매년 은 2400만 냥의 화물을 수입하고, 은 3500만 냥 정도의 물품을 수출한다.

또 다음 기록이 있다.

인도의 각 나라는 영국에 공물을 바치는데, 그중 니잠Nizam[49]은 인도의 내지에 위치한다. 면적은 사방 28만 8천 리이고, 인구는 1천만[50] 명이다. 그 땅의 산봉우리는 높지 않으며 날씨가 덥고 물산이 풍부하다. 국왕은 호전적이어서 병사를 모집해 이웃 나라와 분쟁을 일으켰다. 그래서 형제는 흩어지고 사방에서 적들이 동시에 일어났다. 영국인이 돕고서야 비로소 멸망을 피할 수 있었다. 왕은 비적들과 왕래하고 측근으로 총애했다. 이에 영국은 대신을 파견해 도성에 머물게 하면서 그 나라를 다스리기 시작했고, 모든 군사는 영국 장군에게 소속되어 있어 영국 장군이 이들을 다스리고 탄압했다. 도성은 아주 크고 인구는 20만 명이다. 백성들은 황음무도하며 왕은 늘 궁에 숨어 지내며 외출하지 않았다.

나그푸르[51]는 면적이 사방 21만 리이고 인구는 347만 명이다. 옛날의 왕들은 이웃 나라를 약탈해 살아 종종 영국의 속국을 침범했기 때문에 영국은 이 왕을 처벌하고 따로 대신을 파견해 국사를 처리하게 했다.

우다이푸르Udaipur[52]는 면적이 사방 6만 리이고, 인구는 3백만 명이다. 논과 밭이 기름지고 강물로 농사에 필요한 물을 댄다. 강건하고 호전적인 토착민이 늘 분쟁을 일으키자, 최근에 영국 관리들을 불러들여 국사를 처리하게 했다. 왕은 아주 부자라 창고에 재물이 넘쳐났으며, 영국 대신이 국정을 대신 다스리기 때문에 백성들은 즐겁게 일한다.

바도다라Vadodara[53]는 도적의 나라이다. 본토가 무너진 뒤 양국(나그푸르와 우다이푸르)에 복수하려 했으나, 적국의 공격을 받고 또한 싸울 방법이 없자 이에 영국의 관리를 끌어들이고 복종했다.

마이소르Mysore[54]는 인도의 남쪽에 위치하고 면적은 사방 8만 1천 리이다. 옛날에는 농사가 아주 흥했지만, 왕이 호전적이어서 영국 관리들은 몇 해 동안 죽음을 무릅쓰고 싸워 그 땅을 모두 손에 넣었다. 이 이외에도 중국의 제후국과 같은 소국이나 열국이 있었는데, 영국이 그 땅의 주인이 되자 모두 수시로 공물을 바치면서 영국 대신을 찾아뵈니, 영국 대신은 마치 정사를 처리하는 재상 같았다.

인도의 자주국으로 구르카가 있는데, 남쪽·동쪽·서쪽이 모두 인도와 접해 있고, 북쪽은 티베트와 접해 있다. 도처에 높은 산과 계곡이 있다. 이 땅에서는 보리·옥수수·면화·사탕수수·콩·단삼丹參·육두구가 난다. 면적은 사방 15만 9천 리이고, 인구는 2백만 명이다. 티베트 사람들처럼 불교를 숭상하고 라마를 믿는다. 산에 사는 사람들은 몸은 왜소하지만 힘이 세다. 건륭 연간에 티베트를 침략하고 사당을 약탈하다가 청나라 군대에 섬멸되었다. 이어 가경 21년(1816)에 영국과 분쟁을 일으켰으나 전쟁에 패한 뒤 강화했다. 그 수도는 카트만두Kathmandu[55]이다.

시크 왕국[56]은 티베트 서남쪽에 위치하고 면적은 사방 15만 리이며, 인구는 3백만 명이다. 논과 밭에 모래가 많지만, 농부는 힘써 경작하고, 사람들은 오로지 상제 한 분만을 모시면서 보살은 숭배하지 않는다. 이슬람교도와 온 힘을 다해 싸워 새로운 나라를 세웠다. 도광 연간에 뛰어난 지도자 란지트 싱Ranjit Singh[57]이 정권을 잡은 이래로 백전백승했으며, 유럽 국가의 장군에게 청해 군사를 훈련시키고 무예를 익히며 병법에 정통했기 때문에 이웃 국가들이 그를 두려워했다. 도광 19년(1839), 그가 죽은 뒤에 자손들이 섭정했으나, 아첨꾼이 조정에 있고, 권력을 잡은 간신들이 사욕을 도모하는 등 나라가 옛날 같지 않게 되었다. 그 수도는 라호르[58]이다.

신디아[59]는 면적이 사방 12만 리이고, 인구는 4백만 명이다. 나라는 비록 광대하지만, 제후가 많아 각자 자체적으로 다스렸고, 즐겨 약탈하고 공격했으나, 온 힘을 다해 싸운 영국군에 패배해 물러났다. 기회를 기다리면서 다시 정벌할 날만 기다렸다. 이 땅에서는 아편이 났는데, 매년 2만여 상자를 실어 날라 사방에 팔았다. 그 수도는 괄리오르Gwalior[60]인데, 고적이 많다.

카불(甲布國)은 남쪽으로는 영국의 속국과 접해 있고, 북쪽으로는 신강까지 이어져 있으며, 동쪽으로는 후위後衛, 서쪽으로는 페르시아[61]까지 이어져 있다. 영토는 광대하지만, 인구는 많지 않다. 부락의 수장들은 각자의 지역을 다스렸으며 대부분 이슬람교도이다. 용맹하고 호전적이며 기마와 궁술로 먹고산다. 내지는 사막으로, 광풍이 사방에서 일어나고 길이 험해 인마가 다니기 힘들기 때문에 적이 공격하기 어렵다. 하물며 산은 깊고 길은 좁으며 길목이 좁아 가기 어렵다. 도광 19년(1839)에 러시아가 몰래 첩자를 보내 이일 저일 간섭하다가 사달을 일으켰다. 영국이 군대를 일으켜 카불을 향해 진격하면서 산 넘고 물 건너 갖은 고생을 다해가며 결국 적을 치고 왕을 몰아내어 그 나라를 지켰다. 카불의 왕은 지금 영국에 공물을 바친다. 살펴보건대, 갑포甲布는 일명 하부간河付干이라고도 하는데, 바로 아프가니스탄이다.

영국은 인도에서의 권력이 강해지자 비로소 상인들과 조합을 결성해 동인도 회사를 세우고, 무역상들은 인도의 해구에 도착해 상관商館[62]을 세우고 장사를 했다. 토군이 갖은 명목으로 압박을 가하자 영국은 이에 대비해서 군법을 조련해 차례대로 제압해 나가 백전백승했다. 비록 본국이 인도에서 몇만 리나 떨어져 있지만 멀리서도 다스릴 수 있었다. 양성하고 있는 기병·보병·포수 등 각 군사를 모두 합치면 30만 명이고, 그 가운데 1할만 영국인이다. 항상 그리스도교를 포교하며 사람들에게 보살을 버리고 참된 주인인 하느님을 숭배할 것을 권했다. 또한 백성들이 기쁜 마음으로 구세주 예수를 받들기 때문에 하느님께서 그 영토를 넓혀 주시고 그 나라를 세워 줬다고 인도했다.

五印度補輯

—

原無, 今補. 此專取本朝近日情形. 其歷代沿革, 別見後卷, 不入此內.

『高宗御製文集』「五天竺說」曰: 昆侖居大地之中, 天下萬國環之. 昆侖以東, 我大淸國最大, 昆侖以西南, 五天竺國最大. 昆侖以西, 鄂羅斯國最大. 今回疆與痕都斯坦相接, 其國卽印度故境. 以中國之力, 欲通五天竺國何難? 但出於招致, 非彼之慕德向化而來, 故不爲耳.

又『御製詩集』「題大西天草書普吉祥玉印序」曰: 痕都去衛藏甚遠, 道里莫得而詳, 卽古五印度也. 相傳彼處有佛遺跡, 而今彼處佛敎乃式微, 外道轉盛, 俗稱爲大西天. 若回人之痕都斯坦, 蓋印度之一耳. 茲得玉印二方, 體近天竺, 因令侍衛巴忠持詢章嘉胡士克圖. 據稱是大西天草書, 一曰薩爾瓦, 漢語普也, 一曰莾噶拉穆, 漢語吉祥也. 首歲得此, 實爲兆庶錫福之徵.

『海國聞見錄』: 小西洋居於丙午丁未方. 按: 此沿俗稱西南洋爲小西洋, 與今志例不合. 從麻剌甲‧暹羅繞西, 沿山而至於白頭番國, 人卽西域之狀, 捲鬚環

耳. 衣西洋布, 大領小袖, 纏腰, 頭裹白布, 故以白頭呼之. 國有二, 東爲小白頭,

國名莫臥爾, 卽痕都斯坦. 西爲包社大白頭, 卽伯爾西亞. 二國北接噶爾丹國, 而

噶爾丹之北 案: 噶爾丹乃準部, 在蔥嶺東, 與小西洋·包社等國不相接, 當作賽馬爾丹

罕, 在蔥嶺西. 此誤混爲一國. 隣細密里亞國. 細密里亞國之西, 爲俄羅斯國. 案:

細密里亞卽悉畢厘阿, 乃俄羅斯東藩. 與中國新疆·喀部·黑龍江連界者皆是也. 原

圖誤析俄羅斯與細密里亞爲二國, 故滋閱者之疑. 今仍原文, 而附訂於此.

小白頭東隣民呀國. 卽孟呀臘. 小白頭北與大白頭皆聯賽馬爾丹, 西北枕裏

海, 西隣東多爾其, 西南隣阿黎米亞, 卽天方·阿丹回國. 南臨大海.

多爾其分東西二國, 皆回回. 東多爾其 機窪回國. 國不通海, 東隣大白頭, 東

北傍裏海, 北接惹鹿惹亞, 卽南都魯機. 西隣西多爾其, 卽如德亞, 今竝入天方回

國. 南接阿黎米亞. 回教祖國.

裏海者, 諸國環而繞之, 東北細密里亞, 卽哈薩克. 西北俄羅斯, 東賽馬爾丹,

賽馬爾丹者, 明代國名也. 今則爲敖罕·布哈爾·愛烏罕等國. 西惹鹿惹亞, 南都魯

機. 西南東多爾其, 卽機注回國. 南包社大白頭. 內瀦大泊, 不通海棹, 其水惟從

包社出海, 故爲'裏海'.

惹鹿惹亞一國亦不通海. 東傍裏海, 西傍死海, 北聯俄羅斯, 南接東·西多爾

其. 女子姿色美而毛髮紅, 氣味臭, 卽古之西女國故地. 衣著同白頭, 貢於包社.

死海者卽黑海, 源從地中. 北俄羅斯, 南西多爾其, 東惹鹿惹亞, 西珉年呷,

卽北都魯機. 四面環繞, 不通大海, 故爲死海. 而西多爾其·珉年呷二國, 不通小

西洋之海, 而濱於中海之東北. 中海, 從大西洋之海而入, 語附「大西洋記」.

阿黎米亞, 卽阿丹·天方, 回回祖國. 東隣包社大白頭, 北接東·西多爾其, 西北

濱於大西洋之中海, 西聯烏鬼國. 陸地一隅, 自西至西南, 與烏鬼之地隔對一

海, 南臨大洋. 國爲多爾其所屬, 貢男女於多爾其爲奴婢. 今天方之默德那·阿丹

國, 亦臣服於包社也.

『萬國地理全圖集』曰: 五印度國, 亦稱忻都士坦, 北極出地自六度三十分至三十五度, 偏東自六十五度至九十五度. 東·西·南三方環海, 北至西藏, 東北連亞三, 西北接加布. 此邦自古有名, 產玉·金·香·珠, 萬國會聚赴市. 廣袤方圓三百八十四萬方里, 居民萬三千四百萬丁. 北方各地高山挿天, 四面積雪, 與西藏交界. 其國中間山峰相接. 自北至南半之二分, 北至高之山二千五百丈, 西方惟有三百丈而已. 安額爲聖河, 自北山流出其雪穴, 闖入印度地方, 東南流入旁葛剌海隅, 卽東恒河也. 印度河由西藏出, 至五印度西北疆入印度海, 卽西恒河也. 又東北方有巴馬埔他江, 自雲南流入亞三境, 入旁葛剌海隅, 卽大金沙江也. 西尙有逆埔他·答地等河, 南有峨他惟利·吉那·加惟利等江. 山內及沿河出鋼鑽·紅寶石·石榴珠·嫩黃玉·金色玉·珊瑚·靑碧·瑪瑙. 其國豐盛, 惟西北沙漠乃遊牧之地. 印度所出棉花最盛, 每年運出十八萬九千七百石, 靑黛一十萬石, 檀香·蘇木·胡椒·水果各項. 其五爵, 君王皆騎象, 造金鞍, 美麗光彩. 其鷹甚怪, 鷙則高飛, 呑臭屍骸, 飛及高山. 山內金銀不多, 但有鐵如石. 其北方出硝甚多. 而最惡之鴉片, 亦此國所出.

又曰: 自古以來, 五印度國大有聲名, 因離中國不遠, 數次梵僧流布其教, 令中華固執奉事菩薩. 周烈·顯等王年間, 西國有希臘王, 率其軍士, 所向無敵, 攻取印度各國, 旋卽退敗. 嗣後與大秦各國總無交通. 惟其商賈負物西往, 但不進內地, 又不探風俗, 故述怪誕, 以招人耳目. 宋朝年間, 回回旋自北侵國, 自崇獨一眞主上帝, 不奉事菩薩, 竝力攻擊, 拆其廟, 壞其像, 掃蕩全地, 強其士民服其權轄. 及元朝始衰之年, 有蒙古兵犯界, 剿滅地方, 開基創業, 四方強服. 其居民算各戶, 共計八千萬丁. 忽於明洪治八年, 葡萄牙船隻不遠數萬里來到印度西邊, 卽時開港墾地, 貿易豐盛. 強據沿海多口, 築城建邑, 竝立總帥, 代王理藩. 荷蘭妒之, 亦來兵船, 與葡接戰, 百攻百勝. 是時英商來國, 請土君建

館, 亦築砲臺. 又有公班衙總官操權. 乾隆二十年, 旁葛剌總帥肇釁, 執英人付囚獄, 暴虐之甚. 英官力擊土人, 厚施賄賂, 敎其將帥奸計投降, 土軍卽時四散, 而英官操權. 於是其土君皆怨結, 約合軍南北, 兩邊力戰而究敗走. 惟英官施政行義, 故其土民仰之, 不敢背亂.

英國現今所據之地, 北有旁葛剌省, 方圓九十八萬四千方里, 居民五千七百萬丁, 其廣大雲南省三倍半. 馬塔剌省, 方圓四十六萬二千方里, 居民一千五百萬丁. 網買, 方圓二十一萬一千方里, 居民一千萬丁. 所屬權轄居民共計八千三百萬丁. 別有列國歸英轄, 方圓八十四萬九千方里, 居民一千五百萬丁. 所有自主之國, 不服英者, 方圓五十六萬一千方里, 居民一千一百萬丁.

又曰: 印度人身體懦弱, 四肢百體相稱, 面黑容溫. 其女不美, 穿鼻掛環. 天氣甚熱, 男惟著圍涼, 時將花帕包肩胸, 女則渾身加衣. 所食淡薄. 庶民各分品等, 上品者稱曰巴閔, 爲國之儒. 又有戰品, 乃兵弁之類, 自幼讀兵書·習武藝. 各匠自爲一品, 子接父業, 否則父母棄之, 親友疏之, 餒斃溝洫. 固執己見, 不向敎化, 仍蹈前轍陷習惡, 所拜之菩薩·神像千萬, 節期相接無已. 其僧大有權勢, 敎其愚民將嬰兒投河, 或飼鱷魚. 如有僧將死, 寡婦於其墓堆薪自焚. 英官禁其弊而罰之. 印度之行, 外屈節從權, 內巧獪詭謀, 說謊騙人. 現開通商之路, 每年所運之貨, 共計銀二千四百萬兩, 所運出之物, 銀三千五百萬兩.

又曰: 印度各國貢於英吉利者, 一曰尼散國, 在印度內地. 廣袤方圓二十八萬八千方里, 居民一千萬丁. 其地山峰不高, 天暑物阜. 國王好戰, 募兵與隣國結釁. 兄弟離散, 四方仇敵竝起. 英人助之, 始免亡失. 王交接匪類, 近習嬖幸. 英國始派大臣駐都理國, 所有軍士, 皆歸英國將弁督率彈壓. 都城最大, 居民二十萬丁. 國衆淫邪無度, 王常避宮不出.

一曰納不邦者, 廣袤方圓二十一萬方里, 居民三百四十七萬丁. 古王以剽掠鄰邦爲生, 往往犯英藩屬, 是以伐其王, 別遣大臣代辦國事.

一曰澳地, 廣袤方圓六萬方里, 居民三百萬丁. 田地甚豐, 江河灌漑. 土民健強好鬪, 恒結釁隙, 近招英官辦事. 其王甚富, 府庫充滿, 賴英大臣代理國政, 故百姓樂業.

一曰巴羅他, 乃賊魁之國. 本地暨破報兩國, 因隣敵逼迫, 竝無攻戰之法, 故招英官而服其權.

一曰買素, 在印度南方, 廣袤方圓八萬一千方里. 古時農務甚興, 但王好戰, 連年英官效死力戰, 全取其地. 而此外別有列國小邦, 如中國之諸侯, 皆以英爲其地主, 隨時進貢, 而拜其大臣, 如辦政之宰相.

印度自主各國, 一曰廓爾喀國, 南·東·西三方皆連印度, 北連西藏. 遍地高山穿谷. 産大麥·玉麥·棉花·甘蔗·豆·丹參·肉豆蔲. 土地廣袤方圓一十五萬九千方里, 居民二百萬丁. 如西藏土人崇佛敎, 信喇嘛. 山內民人身矮力大. 乾隆年間侵西藏, 劫廟宇, 被天軍追剿. 嗣嘉慶二十一年, 與英結釁隙, 戰敗議和. 其都稱爲甲曼士.

一曰悉國, 在西藏西南, 形勢廣袤方圓一十五萬方里, 民人三百萬丁. 田地沙多, 農夫力耕, 居民獨拜上帝一位, 不崇菩薩. 力戰回回敎門, 自創立新國. 道光年間明君操權, 百攻百勝, 請西洋國將軍率兵, 講求武藝, 精熟韜略, 故此隣國畏之. 道光十九年沒, 宗孫攝政, 讒佞在朝, 權奸營私, 國不如舊. 其都稱爲剌合.

一曰新地亞, 地廣袤方圓一十二萬方里, 居民四百萬丁. 國雖廣大, 然諸侯甚多, 各係自主, 好擄掠攻擊, 爲英軍力戰擊退. 只待機會, 再可征伐. 土產鴉片, 每年運出二萬餘箱, 銷賣四方. 其都稱曰鳥忽, 多有古蹟.

一曰甲布國, 南連英藩屬國, 北至新疆, 東接後衛, 西及白西國. 其地廣大,

但居民不多. 部落土酋, 各據其邦, 大半爲回回敎門. 勇猛好戰, 以騎射爲業. 地內沙漠, 狂風四起, 道路崎嶇, 人馬難行, 故敵難攻擊. 況山洞路窄, 隘口難通. 道光十九年, 峨羅斯國私差奸人兜攬事情, 遍滋事端. 英國興師, 望甲而進, 跋涉勞頓不勝, 卒擊其敵, 逐其王, 而防範其國. 其王今貢於英. 案: 甲布一名河付干, 卽愛烏罕國.

英吉利在印度國權力勢重, 始係商賈結夥爲公班衙, 其貿易人等, 到印度沿海各口, 建立商館買賣. 因土君力索磨難, 必須防範, 是以操演軍法, 逐一過人, 百擊百勝. 雖本國距印度幾萬里, 能遙制之也. 所養騎·步·砲手各等兵共計三十萬, 其中僅十分之一爲英人. 恒布眞敎, 勸人棄菩薩而崇拜眞主上帝. 又引導各民悅服救世主耶穌, 故上帝增廣其土地而豎其國家矣.

주석

1 　곤륜산맥: 원문은 '곤륜崑崙'이다.

2 　러시아: 원문은 '악라사국鄂羅斯國'이다.

3 　회강回疆: 청나라 때의 신강 천산남로天山南路를 지칭한다.

4 　신두Sindhu: 원문은 '흔도痕都'로, 지금의 인도, 파키스탄, 벵골 등을 포함
　　한다.

5 　우창Ü-Tsang: 원문은 '위장衛藏'으로, 티베트의 중부를 뜻한다. 티베트는
　　북부를 뜻하는 암도Amdo와 남부를 뜻하는 캄Kham, 그리고 우창으로 이
　　루어져 있다.

6 　창캬 후툭투Lcang-skya Khutukhtu: 원문은 '장가호사극도章嘉胡土克圖'이다.
　　청조가 책봉한 4대 활불活佛, 즉 달라이 라마Dalai Lama, 판첸 라마Panchen
　　Lama, 젭춘담바 후툭투Jebtsundamba Khutughtu, 창캬 후툭투 중 하나이다. 활
　　불환생活佛還生은 티베트 불교의 독특한 문화 현상으로, 중국 역대 정부
　　가 티베트 불교의 질서를 유지하고, 변방을 안정시키기 위하여 인정한
　　일종의 조치이다. 청나라 때 달라이 라마, 판첸 라마, 젭춘담바 후툭투,
　　창캬 후툭투 등의 환생 체계가 그것이다. 이들 활불환생 체계는 예외
　　없이 청조의 통제와 지휘를 받았다.

7 　무굴 제국Mughal Empire: 원문은 '막와이莫臥爾'이다.

8 　페르시아: 원문은 '백이서아伯爾西亞'로, 지금의 이란을 말한다.

9 　갈단의 북쪽: 원문은 '갈이단지북噶爾丹之北'이다. 광서 2년본에는 '갈이
　　단噶爾丹' 다음에 '위爲' 한 글자가 더 있으나 악록서사본에 따라 고쳐 번
　　역한다.

10 　파미르고원: 원문은 '총령蔥嶺'이다.

11 　시베리아Siberia: 원문은 '세밀리아국細密里亞國'으로, 실필리아悉畢厘阿라고
　　도 한다.

12 카스피해Caspian Sea: 원문은 '리해裏海'이다.

13 동터키Eatern Turkey: 원문은 '동다이기東多爾其'이다.

14 아랍: 원문은 '아려미아阿黎米亞'이다.

15 메카Mecca: 원문은 '천방天方'이다. 본래는 메카를 가리키나 뒤에는 아랍
을 지칭하게 되었다.

16 아덴Aden: 원문은 '아단阿丹'으로, 지금의 예멘 공화국 내에 위치한다.

17 히바: 원문은 '기와機洼'이다.

18 조지아Georgia: 원문은 '야록야아惹鹿惹亞'로, 지금의 흑해 연안에 위치
한다.

19 남터키: 원문은 '남도로기南都魯機'이다.

20 유대: 원문은 '여덕아如德亞'로, 지아地亞라고도 한다.

21 카자흐스탄Kazakhstan: 원문은 '합살극哈薩克'이다.

22 우즈베키스탄Uzbekistan: 원문은 '오한敖罕'이다.

23 부하라한국: 원문은 '포합이布哈爾'로, 중앙아시아에 있었던 나라 중의
하나이다.

24 아프가니스탄: 원문은 '애오한愛烏罕'이다.

25 사해Dead Sea: 원문은 '사해死海'이다. 이스라엘과 요르단에 걸쳐 있는 염
호鹽湖이다.

26 서녀국西女國: 인도 전설에 따르면 인도 서해에 있다고 한다. 고대 중국
과 외국 문헌에 모두 기록되어 있다.

27 지중해Mediterranean Sea: 원문은 '중해中海'이다.

28 아프리카: 원문은 '오귀국烏鬼國'이다.

29 힌두스탄: 원문은 '흔도사탄忻都士坦'으로, 인도의 빈디아산맥 이북 지역
을 가리킨다.

30 카불: 원문은 '가포加布'로, 지금의 아프가니스탄 수도이다.

31 갠지스강: 원문은 '안액安額'으로, 항하恒河라고도 한다.

32 아라비아해Arabian Sea: 원문은 '인도해印度海'이다. 일반적으로는 인도양
을 가리키나 여기서는 위치상 아라비아해로 번역한다.

33 브라마푸트라강Brahmaputra River: 원문은 '파마포타강巴馬埔他江'으로, 중앙
아시아와 남아시아를 흐르는 큰 강이다.

34 이라와디강Irrawaddy River: 원문은 '대금사강大金沙江'으로, 미얀마 중앙을
흐르는 강이다.

35 나르마다강Narmada River: 원문은 '역포타逆埔他'이다. 납파달하納巴達河라고
도 하며, 인도 중부를 흐르는 강이다.

36 탑티강Tapti River: 원문은 '답지答地'로, 인도 중부를 흐르는 강이다.

37 고다바리강Godavari River: 원문은 '아타유리峨他惟利'로, 인도 중동부를 흐
르는 강이다.

38 크리슈나강Krishna River: 원문은 '길나吉那'로, 기사납하基斯納河라고도 한
다. 인도 남부를 흐르는 강이다.

39 코베리강Cauvery River: 원문은 '가유리加惟利'로, 인도 남부 지역에 있는 신
성한 강이다.

40 금강석: 원문은 '강찬鋼鑽'이다.

41 루비: 원문은 '홍보석紅寶石'이다.

42 주周나라 열왕烈王: 주나라의 제34대 왕 희희姬喜를 가리킨다.

43 현왕顯王: 주나라의 제35대 왕 희편姬扁을 가리킨다.

44 알렉산드로스대왕Alexander the Great: 원문은 '희랍왕希臘王'이다.

45 마라타: 원문은 '마탑랄성馬塔剌省'이다.

46 뭄바이: 원문은 '망매網買'이다.

47 브라만: 원문은 '파민巴閩'이다.

48 크샤트리아Kshatriya: 원문은 '병변兵弁'이다.

49 니잠Nizam: 원문은 '니산국尼散國'으로, 니상국尼桑國이라고도 한다. 지금
의 인도 데칸Deccan 지구이다.

50 1천만: 원문은 '일천만一千萬'이다. 광서 2년본에는 '일천一千'으로 되어
있으나 악록서사본에 따라 고쳐 번역한다.

51 나그푸르: 원문은 '납불방자納不邦者'로, 지금의 인도 서부 마하라슈트라
주 북서부에 위치한다.

52 우다이푸르Udaipur: 원문은 '오지澳地'로, 지금의 인도 라자스탄주에 위치한다.

53 바도다라Vadodara: 원문은 '파라타巴羅他'로, 지금의 인도 중서부에 위치한다.

54 마이소르Mysore: 원문은 '매소買素'로, 지금의 인도 남부 카르나티크주에 위치한다.

55 카트만두Kathmandu: 원문은 '갑만사甲蠻土'로, 지금의 네팔 수도이다.

56 시크 왕국: 원문은 '실국悉國'으로, 19세기 인도 펀자브 지방에서 시크교도들이 세웠던 국가이며 영국의 침략으로 붕괴되었다.

57 란지트 싱Ranjit Singh: 란지트 싱(1780~1839)은 시크 공동체 지도자의 아들로 태어나 13살 때 아버지가 죽자 그 자리를 물려받았다. 두 번의 정략결혼을 통해 독보적 지도자로 성장한 그는 20살 때인 1799에 라호르를 점령하면서 세력을 키워 시크 왕국을 건설했다. 세 차례의 마라타 전쟁에도 영국에 굴복하지 않은 왕국으로서 독립을 지켰다. 1839년에 그가 60세의 나이로 숨지자 시크 왕국은 파벌들의 골육상잔으로 몰락했다.

58 라호르: 원문은 '랄합剌合'으로, 지금의 파키스탄 북동부에 있는 펀자브주의 주도이다.

59 신디아: 원문은 '신지아新地亞'로, 신적아新的亞라고도 한다.

60 괄리오르Gwalior: 원문은 '조홀鳥忽'이다.

61 페르시아: 원문은 '백서국白西國'이다.

62 상관商館: 19세기 유럽 각 나라의 상인들이 세계 중요 항구에 거주하고 무역을 위해 세웠던 장소로, 광주 13행과 같은 것이다.

海國圖志
卷二十

해국도지
권20

一

소양邵陽 위원魏源 중집

본권에서는 오인도의 지리, 역사, 풍속, 외모, 언어, 문화적 특색 및 중국을 비롯한 서양 국가들과의 대외관계를 기술하고 있다. 아울러 오인도 토군 번속국과 인도 각 토군국의 지리, 물산, 종교, 정치적 상황, 서양 열강과의 관계에 대해서도 상세하게 서술하고 있다. 특히 오인도와 관련하여 『지구도설地球圖說』, 『지리비고地理備考』, 『외국사략外國史略』, 『영환지략瀛環志略』에 나타난 내용을 인용, 소개하는 동시에 이들 기록에 대한 위원 자신의 독창적인 견해와 비평을 제시하고 있다.

오인도 총설 하

—

『지구도설地球圖說』에 다음 기록이 있다.

천축국은 동쪽으로 잉와국Innwa[1]·티베트Tibet[2]·벵골만Bay of Bengal[3]을 경계로 한다. 남쪽으로는 인도양과 벵골만을 경계로 한다. 서쪽으로는 아라비아해Arabian Sea[4]와 발루치스탄Baluchistan[5]·아프가니스탄Afghanistan[6]을 경계로 한다. 북쪽은 티베트를 경계로 한다. 나라의 인구는 대략 1억 4천만 명 정도이다. 수도는 콜카타Kolkata[7]로, 거주민은 65만 명이다. 절반 이상이 불교를 믿으며 거의 절반 정도는 이슬람교를 믿는다. 지금은 미국[8]인과 영국인이 이 나라에서 기독교를 전파하고 있다. 사람들은 총명하며 양털로 천을 잘 짠다. 체격이 왜소하고 얼굴은 검은데, 웃음 띤 얼굴에 표정이 온화하다. 남방은 상당히 더워서 얼음과 눈을 볼 수 없다. 동쪽·남쪽·북쪽 세 곳에는 모두 높은 산이 있고, 중간 지대는 평평하다. 유독 북쪽의 산이 훨씬 높으며, 산 위에는 눈이 쌓여 있다. 나라는 벵골, 마라타Maratha,[9] 뭄바이Mumbai,[10] 세 지역으로 나뉜다. 현재 영국 관할지에 속하기 때문에 영국 관리가 사람들을 각각 4개의 직업에 귀속시켰다. 첫 번째는 브라만Brahman,[11] 두 번째는 크샤트리아Kshatriya,[12] 세 번째는 바이샤 Vaisya,[13] 네 번째는 수드라Sudra[14]로 각기 자신의 직업을 대대로 전하고 계급적 질서를 무너뜨리지 않았으며 각 계급 간의 결혼을 허락하지 않았다. 한 번이라도 그 계급을 벗어나게 되면, 부모는 그를 미워하고 많은 사람은 그를 저버렸으며 친지와 친구들도 그를 멀리했다. 3개의 큰 강으로 갠지스강Ganges River,[15] 인더스강Indus River,[16] 브라마푸트라강Brahmaputra River[17]이 있다. 갠지스강은 브라만들이 백성들을 기만하여 성스러운 강이라 하면서 갓난아기를 던져 넣어 악어의 먹이로 줄 수 있으면 신이 보호해 준다고 했다. 대브라만[18]이 수레를 타고 오는 행렬과 마주치게 되면, 무릇 [그 수레가] 지나갈 때 백성들은 앞다투어 자식과 함께 수레바퀴 아래로 몸을 던졌다. 남자가 혹 병사하면 그 아내와 남편의 시신을 함께 불태웠으니, 실로 가슴 아픈 일이다!

벵골의 성은 베나레스Benares[19]로, 성안에 5, 6층의 고층 건물이 있다. 브라만들은 [이곳에 대해] 옛날에 보살이 직접 창조한 곳이라고 하여 멋대로 성역이라고 부르며 사람들이 이곳에 와서 향을 피우면 지옥의 고통을 면할 수 있다고 말한다. 강 일대에서는 그 강에 들어가 씻으면 죄악이 모두 사라질 수 있다고 하여 사람들에게 이익을 취했다. 나라 안에는 상당히 큰 보리수가 있는데, 그 가지가 땅까지 드리워서 그 가지에서 다시 뿌리가 나고 끊임없이 길게 뻗어 나갔다. 그래서 한 나무의 뿌리와 줄기가 약 2리까지 뻗어 나가, 그 아래에 3천~4천 명을 수용할 수 있다. 나라 서쪽에는 광야와 사막이 있으며, 산물은 전혀 없지만, 짐승은 많이 번식하고 있다. 또한 고아Goa[20]라는 성이 있는데, 지금은 포르투갈인이 관할하는 곳으로, 원주민들에게 천주교를 믿도록 강요하며 따르지 않으면 매질을 하고 심지어 불에 태워 죽이기까지 했으니, 어찌 이리도 잔인한가! 크고 작은 학교[21]에서 문학과 예술을 가르쳤으며, 도처에 학교가 있어서 그 수를 다 셀 수 없을 정도이다. 이 땅에서는 오곡·백설탕·후추·과일·단향·소목·인디고·면화·아편·금강석·루비·석류주石榴珠·눈황옥嫩黃玉·금색옥金色玉·산호·마노·철·초석·코끼리·호랑이·표범·곰·사슴·물소·매·무수리·온갖 큰 새가 나며 또한 상당히 독성이 강한 큰 뱀 등이 있다. 게다가 남쪽에 실론Ceylon[22]이라는 섬이 하나 있는데, 지금은 영국과 함께 관할하며 선교사들도 역시 이곳에서 전도하고 있다. 이 섬의 토산품은 천축국과 다르지 않지만, 특히 계피·향료·코끼리 원주민은 코끼리를 소나 말처럼 사용한다. 가 있으며, 산에는 보석과 옥이 많고 해변에는 진주가 많다. 커피의 경우 근래에 또한 많이 재배하고 있다.

『지리비고地理備考』에 다음 기록이 있다.

인도는 천축이라고도 하며, 아시아대륙 남쪽에 위치한다. 북위 7도에서 36도에 이르며, 동경 65도에서 93도에 이른다. 동쪽으로는 잉와국과 벵골만[23]에 닿으며, 서쪽으로는 아프가니스탄[24]과 오만만Gulf of Oman[25]에 이르고, 남쪽으로는 인도양에 임하며, 북쪽으로는 티베트와 이웃한다. 인도국의 길이는 7500리이며 너비는 5500리이고, 땅의 면적은 사방 166만 리에 달한다. 인구는 1억 3400만여 명이다. 본국의 지세는 동·남·북, 세 곳에는 연이은 산등성이와 잇닿은 산봉우리가 끊이지 않고 구불구불 이어져 있다. 중앙에는 평원이 평평하고 광활하며, 풍경이 그윽하다. 호수와 강이 상당히 많고, 땅이 비옥하다. 긴 강은 9개가 있는데, 갠지스강,[26] 인더스강, 브라마푸트라강,[27] 마하나디강Mahanadi River,[28] 고다바리강Godavari River,[29] 크리슈나강Krishna River,[30] 코베리강Cauvery River,[31] 나르마다강Narmada River,[32] 탑티강Tapti River[33]이다. 큰 호수는 4개가 있는데, 칠리카호Chilika Lake,[34] 뱀버나드호Vembanad Lake,[35] 니긴호Nigeen Lake,[36] 달호Dal Lake[37]이다. 토양이 비옥해서 무엇이든 잘 자라고 크게 번식한다. 이 땅에서는 금·은·구리·철·주석·납·진주·수정·뇌사磁砂[38]·금강석·화석花石·아편·면화·인디고·목재·향료 등이 난다. 기후는 상당히 덥지만, 바닷바람이 시원하다. 남방에는 높은 산과 가파른 산봉우리가 남북으로 구불구불 길게 이어져 있고, 겨울과 여름이 서로 달라서 추위와 더위의 차가 크다. 매일 12시가 되면 풍향이 두 번 바뀐다. 자시에서 오시까지는 바람이 바다 쪽으로 불어서 상당히 덥고, 오시에서 자시까지는 바람이 해안으로 불어와서 다시 시원해진다. 나라의 제도와 관직이 달라서 어떤 곳은 왕이라고 하고 어떤 곳은 부족장이라고 하며 직접 관리를 두기도 하고 다른 나라의 총독이 함께 다스리기도 한다. 신봉하는 종교는 브라만교,[39] 시크교,[40] 이슬람교, 천주교, 불교로, 각 종교가 다양하며 추구하는 바가 다르다. 기술과 솜씨가 뛰어나고, 장인과 점포가 즐비하여 각지에서 상인들이 몰려들었다. 역사 기록에 의하면 인도국의 연원은 오래되었고 [이어져 내려온] 시대가 아득하며 예수 탄생 전에는 모두 불교를 믿었는데, 예수 탄생 후에는 1천 년간 이슬람 왕이 북방에 자리 잡기 시작하면서 이슬람교가 창시되었다고 한다. 명나라 효종孝宗 홍치 10년(1497)에 포르투갈 사람이 항해하며 물길을 찾아 나섰다가 마침내 그 땅에 도착했다. 네덜란드·영국·프랑스, 3국이 차례대로 잇달아 이르렀다. 점령한 지역에서는 유독 영국인들이 많이 거주했다. 나라 전체는 대략 세 지역으로 나뉘는데, 한 지역은 다른 나라의 관할지이고, 다른 한 지역은 다른 나라의 관할지가 아니었으며, 나머지 한 지역은 영국에 공물을 바쳤다. 이로부터 천주교가 크게 일어났다.

한 지역은 내지에 4개의 나라를 세웠는데, 신디아Scindia,[41] 시크Sikh,[42] 신드Sind,[43] 네팔Nepal[44]이다.

신디아국은 인도 중앙에 위치하며, 동서남북 사방은 모두 영국이 함께 다스린다. 영토의 영역이 서로 연결되어 있지 않고 다른 나라 강역 안에 들쭉날쭉 위치해 있다. 합산해 보면 면적은 사방 약 4만 1300여 리에 달하며, 인구는 4백만 명이다. 전체 나라는 세 지역으로 나뉜다. 하나는 아그라Agra[45]로, 중심지가 괄리오르Gwalior[46]이며 수도이다. 평원에 세워졌고, 건물이 크고 훌륭하며, 인구가 많고 온갖 물건이 다 모여 있다. 하나는 칸데시Khandesh[47]이고, 다른 하나는 말와Malwah[48]이다.

시크국은 인도 서북쪽에 위치하며, 중앙은 수틀레지강Sutlej River[49]을 분기점으로 하여 강 왼쪽은 영국이 함께 다스리는데 [이에 대해서는] 뒤에서 따로 서술한다. 강 오른쪽은 동쪽으로는 티베트, 서쪽으로는 발루치스탄[50]·아프가니스탄 두 나라, 남쪽으로는 신드국, 북쪽으로는 티베트·아프가니스탄 두 나라와 이웃한다. 길이는 약 2500리이고 너비는 1천 리이며, 면적은 사방 약 18만 550리에 달하고 인구는 8백만 명이다. 옛날에는 여러 군주가 각각 한 지역을 차지해서 다스렸고, 피차 동맹을 체결했으며 서로 간섭하지 않았다. 지금은 한 군주가 도맡아 다스리며 왕위를 세습한다. 나라 전체는 12개의 지역으로 나뉜다. 펀자브Punjab[51]는 중심지가 라호르Lahore[52]이며 이 나라 수도로, 라비강Ravi River[53] 강가에 세워졌다. 옛날에는 번화했지만 지금은 적막하다. 교역은 여전히 성행하며 기술과 솜씨도 뛰어나다. [이 외에] 코히스탄Kohistan,[54] 카슈미르Kashmir,[55] 착자著者, 암리차르Amritsar,[56] 페샤와르Peshawar,[57] 자이푸르Jaipur,[58] 물탄Multan,[59] 레이아Leiah,[60] 데라이스마일칸Dera Ismail Khan,[61] 데라가지칸Dera Ghazi Khan,[62] 바하왈푸르Bahawalpur[63]가 있다.

신드국은 인도 서쪽에 위치한다. 동쪽으로는 아지메르Ajmer[64]·쿠치Kutch[65] 두 지역과, 서쪽으로는 발루치스탄국, 남쪽으로는 쿠치와 오만만, 북쪽으로는 발루치스탄·시크 두 나라와 이웃한다. 길이는 약 1천여 리이며 너비는 약 5백 리이고, 면적은 사방 5만 5550리에 달하며 인구는 1백만 명이다. 나라를 다스림에 있어 왕위는 대대로 세습되었다. 중심지는 하이데라바드Hyderabad[66]로, 이 나라의 수도이다. 통상이 활발한 지역으로 다두Dadu,[67] 카라치Karachi,[68] 급이포이給伊布耳, 나르가나Nargana,[69] 노사랄奴沙辣이 있다.

네팔은 인도 북쪽에 위치한다. 동쪽은 부탄Bhutan,[70] 서쪽은 델리Delhi,[71] 남쪽은 아우드Oudh[72]·바하르Bahar,[73] 북쪽은 티베트와 이웃한다. 길이는 1600리이며, 너비는 4백 리이다. 면적은 대략 사방 5만 5560리이고, 인구는 250만 명이다. 왕위는 대대로 세습된다. 나라 전체는 9개의 지역으로 구분하는데, 한 곳은 네팔로 중심지가 카트만두Kathmandu[74]이며, 바로 이 나라 수도이다. 또 염사한念四汗, 염이한念二汗, 먹쿠완푸르Makwanpur,[75] 기랍덕사幾拉德斯가 있는데, 이 중 염사한과 염이한은 나누어 다스려서 중심지가 하나가 아니다. 그리고 간다키Gandaki,[76] 자낙푸르Janakpur,[77] 사프다리Saptari,[78] 아룬Arun[79]이 있다.

다른 지역은 내지에 12개의 나라를 세웠는데, 아우드, 데칸Deccan,[80] 나그푸르Nagpur,[81] 홀카르Holkar,[82] 마이소르Mysore,[83] 주나가드Junagadh,[84] 라자스탄Rajasthan,[85] 시르힌드Sirhind,[86] 분델칸드Bundelkhand,[87] 보팔Bhopal,[88] 사타라Satara,[89] 트라방코르Travancore[90]이다.

아우드국은 인도 북쪽에 위치한다. 동쪽으로는 바하르,[91] 서쪽으로는 델리·아그라, 남쪽으로는 알라하바드Allahabad,[92] 북쪽으로는 네팔과 이웃한다. 길이는 약 9백 리이며, 너비는 약 350리이다. 면적은 사방 2만

3330리이며, 인구는 3백만여 명이다. 나라를 다스림에 있어 왕위는 대대로 세습된다. 중심지는 러크나우Lucknow[93]로, 바로 이 나라의 수도이며, 굼티강Gumti River[94] 기슭에 세워졌다. 통상이 활발한 지역으로 페샤와르Peshawar, 카이라바드Khyrabad,[95] 바라이치Baraitch,[96] 단다Danda[97]가 있다.

데칸국은 니잠Nizam이라고도 하며, 인도 남쪽에 위치한다. 동쪽은 나그푸르국, 서쪽은 사타라국, 남쪽으로는 카르나티크Carnatic,[98] 북쪽으로는 말와[99]와 이웃한다. 길이는 약 3750리이며, 너비는 약 3300리이다. 나라를 다스리는 데 있어 왕위는 대대로 세습된다. 나라 전체는 5개의 지역으로 나뉘는데, 하이데라바드는 바로 이 나라의 수도이다. 그리고 비다르Bidar,[100] 베라르Berar,[101] 아마드나가르Ahmadnagar,[102] 비자푸르Bijapur[103]가 있다.

나그푸르국은 인도 서남쪽에 위치한다. 동쪽은 오리사Orissa,[104] 서쪽은 니잠, 남쪽은 시르카르스Circars,[105] 북쪽은 알라하바드[106]와 이웃한다. 이 나라는 길이가 약 1500리에 너비는 약 1천 리이고, 면적은 사방 8만 리에 달하며 인구는 247만 명이다. 왕위는 대대로 세습된다. 중심지는 역시 나그푸르로, 이 나라의 수도이다. 통상이 활발한 지역으로 패가이霸架爾, 낭덕각郞德各, 찬드푸르Chandpur,[107] 납등포이拉登布爾, 마합파馬合罷, 라이푸르Raipur,[108] 쿠타크Cuttack,[109] 와르하Wardha[110]가 있다.

홀카르국은 인도 서쪽에 위치한다. 동쪽으로는 신디아국, 서쪽으로는 구자라트Gujarat,[111] 남쪽으로는 칸데시,[112] 북쪽으로는 라자스탄국과 이웃한다. 면적은 약 사방 1만 5천 리에 달하며, 인구는 120만 명이다. 왕위는 대대로 세습된다. 중심지 역시 홀카르로, 이 나라의 수도이다.

마이소르국은 인도 남쪽에 위치한다. 동·남쪽 두 곳은 카르나티크, 서쪽은 카나라Kanara,[113] 북쪽은 비자푸르[114]와 이웃한다. 길이는 약 750리에 너비는 약 6백 리에 달하고, 면적은 약 사방 4만 5천 리이며, 인구는 227만 명이다. 왕위는 대대로 세습된다. 중심지 역시 마이소르로, 이 나라의 수도이다. 통상이 활발한 지역으로 벵갈루루Bengaluru,[115] 카다파Kadapa,[116] 치트라두르가Chitradurga,[117] 살렘Salem,[118] 카르나타카Karnataka[119]가 있다.

수나가드국은 카티아와르Kathiawar[120]라고도 하며, 인도 서쪽에 위치한다. 동쪽으로는 아우랑가바드Aurangabad,[121] 서·남·북쪽 세 곳은 모두 오만 만[122]과 이웃한다. 길이는 약 550리, 너비는 약 4백여 리에 달하며, 면적은 약 사방 2만 3500리에 달하고 인구는 2백만 명이다. 왕위는 대대로 세습된다. 중심지는 바도다라Vadodara[123]로, 이 나라의 수도이다.

라자스탄국은 인도 서북쪽에 위치한다. 동쪽으로는 아그라, 서쪽으로는 아프가니스탄, 남쪽으로는 구자라트,[124] 북쪽으로는 시크국과 이웃한다. 길이는 약 1260리에 너비는 약 720리이고, 면적은 사방 약 9만 리에 달하며 인구는 3백여만 명이다. 제후의 지위는 세습되고, 각각 지역을 나누어 다스린다. 나라 전체는 9개의 지역으로 나뉜다. 자이푸르,[125] 코타Kota,[126] 분디Bundi,[127] 우다이푸르Udaipur,[128] 조드푸르Jodhpur,[129] 통크Tonk[130]가 있다. 자이살메르Jaisalmer[131]가 있는데, 그 안에 여러 부족장의 부락이 있다. 또 비카네르Bikaner[132]와 팔리Pali[133]는 그 안에 여러 부족장이 다스리는 부락이 있다.

시르힌드국은 바로 수틀레지강 왼쪽 시크국에 속한다. 인도 북쪽에 위치하며, 동쪽으로는 델리, 서·북쪽으로는 시크국, 남쪽으로는 라자스탄국과 이웃한다. 길이는 약 8백여 리, 너비는 약 4백 리이고, 면적은 사방 약 3만여 리에 달한다. 통치는 부족장들이 각각 부락을 나누어 다스린다. 중심지로는 파티알라Patiala,[134] 다람살라Dharamshala,[135] 루디아나Ludhiana,[136] 암발라Ambala[137]이 있다.

분델칸드는 인도 중앙에 위치한다. 동쪽으로는 아우드, 서쪽으로는 신디아, 남쪽으로는 알라하바드, 북쪽으로는 델리와 이웃한다. 길이는 약 6백 리, 너비는 약 5백여 리이며, 면적은 사방 약 3만 리에 달한다. 부족장들이 각각 부락을 나누어 다스린다. 중심지로는 차타르푸르Chatarpur,[138] 모某, 푸나Poona[139]가 있다.

보팔국[140]은 인도 중앙에 위치한다. 동·남쪽으로는 알라하바드,[141] 서·북쪽으로는 신디아국과 이웃한다. 길이와 너비는 각각 약 3백 리에 달하며, 면적은 사방 약 9천 리에 달한다. 통치는 왕이 직접 다스린다. 중심지 역시 보팔로, 이 나라의 수도이다.

사타라국은 인도 서쪽에 위치한다. 주위 사방이 모두 영국의 속지이다. 비자푸르[142]는 빠진 글자가 있는 것 같다.[143] 길이는 약 5백 리, 너비는 약 4백 리에 달하며, 면적은 사방 약 1만여 리이다. 왕이 직접 다스린다. 중심지 역시 사타라로, 이 나라의 수도이다. 통상이 활발한 지역으로 마하발레슈와르Mahabaleshwar,[144] 미라지Miraj,[145] 판다르푸르Pandharpur,[146] 합달니슴達尼가 있다.

트라방코르국은 인도 남쪽에 위치한다. 동·북쪽은 카르나티크, 서·남쪽은 바다와 이웃한다. 길이는 약 5백여 리에 너비는 약 2백여 리에 달하며, 면적은 사방 약 1만 리에 달한다. 왕이 직접 다스린다. 중심지는 트리반드룸Trivandrum[147]으로, 이 나라의 수도이다. 통상이 활발한 지역으로 트라방코르, 푸텐키라Puthenchira,[148] 퀼론Quilon,[149] 알라푸자Alappuzha[150]가 있다.

『지리비고』에 다음 기록이 있다.

이곳의 땅은 실제로 영국에 속해 있는 것이 많으며, 왕이 독자적으로 다스리는 지역은 실론섬[151]이다. 동인도 회사가 아울러 다스리는 땅은 바로 인도의 벵골 등 19개 지역으로, 아삼Assam[152]·아라칸Arakan[153]·모타마 Mottama[154]·다웨이Dawei[155]·슬랏Selat[156]·믈라카Melaka[157] 등이다. 네 명의 총독이 각각 관할해 다스렸는데, 벵골, 아그라, 마드라스Madras,[158] 뭄바이[159]에 주둔한다.

실론섬은 인도 남쪽에 위치한다. 북위 5도 50분에서 9도 52분에 이르며, 동경 77도 30분에서 79도에 이른다. 길이는 약 1천 리에 너비는 약 4백 리에 달하며, 인구는 150만 명이다. 땅이 비옥하여 곡식과 과일이 풍성하다. 땅에서는 쌀·담배·생사·마·야자·빈랑·후추·계피·면화·목재·금석 등이 난다. 짐승이 가득하고 어패류가 풍부하다. 땅이 적도 가까이에 있어서, 더운 날이 많고 추운 날은 적다. 교역이 왕성하여, 상선이 끊임없이 이어진다. 중심지는 콜롬보Colombo[160]로, 왕이 파병한 총독 1인이 주둔한다.

벵골은 동쪽으로는 잉와국, 서쪽으로는 알라하바드[161]·바하르[162] 두 지역, 남쪽으로는 인도양, 북쪽으로는 부탄국과 이웃한다. 길이와 너비는 모두 약 1250리에 달하며, 면적은 사방 15만 6250리에 달하고 인구는 2530만 명이다. 땅의 지세와 토산품은 이미 「인도국지」에 상세히 기록했다. 교역이 흥성하여, 각지에서 몰려들었다. 18개의 부를 총괄하여 다스리며, 중심지는 콜카타[163]로, 대도시이다. 후글리강Hooghly River[164] 왼쪽에 세워졌는데, 지세가 평평하고 늪으로 가로막혀 있으며, 건물이 웅장하고 아름답다.

바하르는 동쪽으로 벵골, 서쪽으로 아우드·알라하바드, 남쪽으로 곤드와나Gondwana,[165] 북쪽으로 네팔과 이웃한다. 길이는 1천 리에 너비는 750리이고 인구는 1천여만 명이다. 6개의 부를 총괄하여 다스리고, 중심지는 파트나Patna[166]로, 대도시이다.

오리사[167]는 동쪽으로 벵골만, 서쪽으로 곤드와나, 남쪽으로 고다바리 강,[168] 북쪽으로 벵골과 이웃한다. 길이와 너비는 모두 약 3백 리에 달한다. 6개의 부를 총괄하여 다스리고, 중심지는 쿠타크[169]로, 대도시이다.

곤드와나는 동쪽으로 오리사, 서쪽으로 베라르·칸데시 두 지역, 남쪽으로 하이데라바드[170]·북부 시르카르스Northern Circars[171] 두 지역, 북쪽으로 말와·알라하바드 두 지역과 이웃한다. 길이는 2천 리에 너비는 1800리이고, 면적은 사방 15만 4400리이며 인구는 3백만 명이다. 영국이 함께 다스리는 곳은 동·북쪽 두 지역뿐이다. 중심지는 왜파이포倭巴爾布이다.

이상 네 지역은 모두 벵골 주둔 총독이 관할하는 곳이다.

아그라는 동쪽으로 아우드·알라하바드, 서쪽으로 아지메르, 남쪽으로 말와, 북쪽으로 델리와 이웃한다. 길이는 9백 리, 너비는 6백 리, 인구는 6백만 명이다. 5개의 부를 총괄하여 다스린다. 중심지 역시 아그라로, 대도시이다.

알라하바드는 동쪽은 바하르[172]·벵골, 서쪽은 말와·아그라, 남쪽은 곤드와나, 북쪽은 아그라·아우드와 이웃한다. 길이는 970리, 너비는 430리, 인구는 70만 명이다. 6개의 부를 총괄하여 다스린다. 중심지 역시 알라하바드로, 대도시이다.

델리는 동쪽은 아우드, 서쪽은 아지메르, 남쪽은 아그라, 북쪽은 가르왈Garhwal[173]과 이웃한다. 길이와 너비는 모두 약 5백 리에 달하며, 인구는 8백만 명이다. 6개의 부를 총괄하여 다스린다. 중심지 역시 델리로, 대도시이다.

가르왈은 동쪽으로는 네팔, 서쪽으로는 라호르, 남쪽으로는 델리, 북쪽으로는 티베트와 이웃한다. 길이는 약 1천 리, 너비는 약 8백 리에 달하며, 인구는 50만 명이다. 3개의 부를 총괄하여 다스린다. 중심지는 스리나가르Srinagar¹⁷⁴로, 대도시이다.

아지메르는 동쪽으로 아그라, 서쪽으로 아프가니스탄, 남쪽으로는 구자라트, 북쪽으로는 라호르와 이웃한다. 길이는 1260리, 너비는 720리, 인구는 3백만 명이다. 이 지역은 오직 중심지인 아지메르만 영국이 함께 관할한다.

이상 다섯 지역은 모두 동쪽 아그라 주둔 총독이 관할하는 곳이다. 생각건대, 카슈미르¹⁷⁵는 오직 수도만 영국령으로, 북인도가 모두 영국의 관할지는 아니다.

카르나티크는 동·남쪽으로 벵골만, 서쪽으로 트라방코르와 마이소르, 북쪽으로 비자푸르¹⁷⁶와 이웃한다. 길이는 2천 리에 너비는 약 3백 리이다. 10개의 부를 총괄하여 다스린다. 중심지는 마드라스¹⁷⁷로, 대도시이다.

코임바토르Coimbatore¹⁷⁸는 동쪽으로 카르나티크, 서쪽으로 말라바르Malabar,¹⁷⁹ 남쪽으로는 딘디굴Dindigul,¹⁸⁰ 북쪽으로는 가적산加的山과 이웃한다. 길이는 약 5백 리에 너비는 3백 리이고, 인구는 60만 명이다. 2개의 부를 총괄하여 다스린다. 중심지 역시 코임바토르로, 대도시이다.

말라바르는 동쪽으로 코임바토르, 서쪽으로 바다, 남쪽으로 트라방코르국, 북쪽으로 카나라와 이웃한다. 길이는 7백 리에 너비는 2백 리로, 인구는 90만 명이다. 1개의 부를 총괄하여 다스린다. 중심지는 다가리고도多加里古都이다.

카나라는 동쪽으로 마이소르국, 서쪽으로 대해, 남쪽으로 말라바르, 북쪽으로 비자푸르와 이웃한다. 길이는 7백 리에 너비는 약 2천 리에 달하며, 인구는 39만 명이다. 5개의 부를 총괄하여 다스린다. 중심지는 망갈로르Mangalore¹⁸¹로, 대도시이다.

발라가트Balaghaut[182]는 동쪽으로 카르나티크, 서쪽으로 카나라, 남쪽으로 살렘,[183] 북쪽으로 하이데라바드와 이웃한다. 길이는 1천 리에 너비는 8백 리이고, 인구는 2백만 명이다. 2개의 부를 총괄하여 다스린다. 중심지는 베라르[184]로, 대도시이다.

북부 시르카르스는 동남쪽으로 벵골만, 서북쪽으로 오리사[185]와 이웃한다. 길이는 1250리에 너비는 약 2백 리이며, 인구는 550만 명이다. 5개의 부를 총괄하여 다스린다. 중심지는 군투르Guntur[186]로, 대도시이다.

이상 다섯 지역은 모두 남쪽 마드라스 주둔 총독이 관할하는 곳이다.

아우랑가바드Aurangabad[187]는 동쪽으로 데칸국 동쪽의 비다르,[188] 서쪽으로 오만만, 남쪽으로 비자푸르, 북쪽으로 칸데시와 이웃한다. 길이는 약 6백 리에 너비는 약 550리에 달한다. 10개의 부를 총괄하여 다스린다. 중심지는 뭄바이로, 대도시이다.

비자푸르는 동쪽은 하이데라바드, 서쪽은 아라비아해,[189] 남쪽은 마이소르국·카나라, 북쪽은 아우랑가바드와 이웃한다. 길이는 1300리에 너비는 750리로, 인구는 7백만 명이다. 5개의 부를 총괄하여 다스린다. 중심지 역시 비자푸르로, 대도시이다.

칸데시는 동쪽은 베라르, 서쪽은 구자라트, 남쪽은 아우랑가바드, 북쪽은 말와와 이웃한다. 길이는 650리에 너비는 약 5백 리이다. 3개의 부를 총괄하여 다스린다. 중심지는 잘나Jalna[190]로, 대도시이다.

구자라트는 동·서·남쪽은 바다, 북쪽은 아지메르와 이웃한다. 길이는 1400리에 너비는 650리이다. 면적은 사방 약 4만 4천 리에 이르고, 인구는 216만 명이다. 4개의 부를 총괄하여 다스린다. 중심지는 수라트Surat[191]로, 대도시이다.

이상 네 개 지역은 모두 뭄바이 주둔 총독이 관할하는 곳이다.

『지리비고』에 다음 기록이 있다.

이곳의 땅은 포르투갈이 겸병하는 곳으로 고아[192]라고 하며, 소서양小西洋이라고도 한다. 인도 서쪽에 위치하며, 북위 14도 54분에서 15도 53분에 이르고, 동경 71도 30분에서 72도 5분에 이른다. 동·남쪽은 카나라에 이르고, 서쪽은 오만만을 향하며, 북쪽은 비자푸르를 경계로 한다. 길이는 250리에 너비는 120리이고, 면적은 사방 약 1500리에 이르며, 인구는 31만여 명이다. 이 땅에는 19개의 섬이 있으며, 산과 구릉이 첩첩이 이어져 있고 앞뒤로 끊임없이 에워싸고 있다. 땅이 비옥하여 곡식과 과일이 풍성하다. 땅에서는 소금·마·면화·두구·후추·야자·빈랑 등이 난다. 짐승과 초목도 상당히 많다. 기후가 매우 덥고, 여름에는 태풍이 자주 발생한다. 기술과 솜씨가 평범해서, 교역은 부진한 편이다. 이땅은 세 지역으로 나뉜다. 하나는 고아로, 중심지는 판짐Panjim[193]이며 총독 관서가 설치되어 있다. 하나는 살세트Salcete[194]로, 중심지는 마르가오Margao[195]이다. 하나는 바데즈Bardez[196]로, 중심지는 마푸사Mapusa[197]이다. 이외에 또한 새로 개척한 땅이 있는데, 10개의 지역으로 나눈다. 바로 반다Banda,[198] 카나코나Canacona,[199] 비콜림Bicholim,[200] 사타라,[201] 페르넘Pernem,[202] 아사덕랍가阿斯德拉加, 파려巴黎, 영파이파개英巴爾巴開, 순달랍아적順達拉瓦的, 카콜렘Kakolem[203]이다.

다만Daman[204]은 인도국 구자라트[205] 안에 위치하며, 그 땅이 아주 작아 길이와 너비가 수십 리에 불과하고, 인구는 약 1만 5천 명이다. 예전에는 교역이 활발했지만, 지금은 상당히 쇠퇴한 상황이다.

디우Diu[206]는 인도국 안에 위치한다. 땅이 협소하고 인구가 적으며, 해구가 깊고 넓어서 정박하기에 편리하다.

『지리비고』에 다음 기록이 있다.

인도국에서 프랑스가 다스리는 곳은 5개 지역으로 나뉜다. 퐁디셰리 Pondicherry[207]는 카르나티크 안에 위치하며, 북위 11도 55분이고 동경 77도 31분이며 인구는 4만 명이다. 땅에서는 쌀·설탕·인디고·아편·약재 등이 난다. 총독 관서가 설치되어 있다. 카리칼Karikal[208] 역시 카르나티크 안에 위치하며, 북위 10도 55분, 동경 77도 28분이고, 인구는 1만 5천 명이다. 땅에서는 면화가 난다. 야남Yanam[209]은 북부 시르카르스 안에 위치하며, 북위 16도 55분, 동경 79도 50분이고, 인구는 1만 8천 명이다. 땅에서는 목재가 난다. 찬다나가르Chandannagar[210]는 벵골에 위치하며, 북위 22도 55분, 동경 86도 9분이고, 인구는 1만 5천 명이다. 땅에서는 아편이 난다. 마에Mahé[211]는 말라바르 안에 위치하며, 북위 11도 42분, 동경 73도 16분이고, 인구는 1만 명이다. 땅에서는 후추가 난다.

『지리비고』에 다음 기록이 있다.

인도국 안에서 덴마크[212]가 다스리는 곳은 모두 [두 지역이다.] 세람푸르Serampur[213]는 벵골 안, 후글리강 오른쪽에 위치한다. 북위 22도 45분, 동경 86도 6분이며, 인구는 1만 3천 명이다. 총독 관서가 설치되어 있다. 트랑케바르Tranquebar[214]는 카르나티크 안에 위치하며, 북위 11도 15분, 동경 77도 34분이고, 인구는 1만 2천 명이다.

『외국사략外國史略』에 다음 기록이 있다.

오인도는 아시아의 열대 지역이다. 북위 7도에서 35도에 이르고 동경 67도에서 97도에 이르며, 전체 면적은 사방 41만 6천 리이다. 동인도 해변은 1200리이며, 남쪽에서 북쪽에 이르는 일대는 6230리이다. 가장 넓은 지역은 약 6천 리 정도이다. 접경지대에 대해 논하자면, 북쪽으로는 히말라야로 불리는 설산과 접하고 티베트와 맞닿으며 인도양에 이른다. 동쪽으로는 벵골만에 이르며 미얀마와 맞닿는다. 서쪽으로는 아라비아 해 서북쪽에 이르고 아프가니스탄[215]·발루치스탄[216] 등과 인접하며, 인더스강으로 그 강역을 구분한다. 북방의 산은 높이 솟아 260길에 달하며, 사시사철 눈이 쌓여서 높이 솟은 바위를 볼 수 없다. 여기에서 강의 흐름을 따라 아래로 내려가면, 언덕과 계곡이 많고 일 년 내내 꽃이 피며 수목이 울창하다. 그러나 장기瘴氣로 인한 풍토병이 많이 발생하여 거주하는 사람이 없으며, 여름이 되면 짐승들도 살아갈 수가 없다. 여기에서 남쪽으로 가면, 점차 넓고 평평해지면서 강의 지류가 세 줄기로 나뉘는데, 브라마푸트라강,[217] 갠지스강,[218] 인더스강이다. 이 강물은 모두 티베트에서 온 것이다. 동서 양쪽 기슭은 모두 산이 연이어 있고 밀림으로, 이른바 카니아쿠마리Kanyakumari[219]라는 남방의 해변까지 이어진다. 인도 서북쪽에는 광야가 있으며, 면적이 5만 리로 여름에도 초목이 자라지 않고 먼지가 하늘을 뒤덮는다. 오직 깊은 계곡에 우물을 파서 물을 마시며, 수박이 나는데 갈증을 해소시켜 준다. 서북쪽 해변은 지대가 상당히 낮으며, 쿠치[220]와 캄베이Cambay,[221] 두 항구가 있다. 안에는 염호가 있어 모든 물이 유입되는데, 이른바 카스피해Caspian Sea[222]이다. 인도 남쪽에는 실론섬이 있고, 섬 사이에는 마나항[223]이 있는데 수심이 얕다. 대개 실론섬은 팔크Palk해협[224]과 떨어져 있으며, 항구가 많지 않아 선박이 오지 않는다. 인더스강은 티베트에서 발원하는데, 처음에는 서북쪽으로 흐르다가 나중에 서남쪽으로 방향을 바꿔 오인도 땅으로 들어와서 모든 물이 모여든다. 한 곳에 이르러 다섯 줄기의 강물이 들어오는데, 오인도라 이름 붙여진 것은 아마도 이 때문일 것이다. 신디아[225]에도 해구가 있지만, 수심이 얕아 큰 배는 들어올 수 없다. 갠지스강이 흘러나오는 지역은 인도 북쪽 경계로, 그 땅의 높이가 해면에서 9백 길이나 된다. 갠지스강은 남쪽으로 흘러 인도국으로 들어갔다가 다시 대부분 지류가 나뉘어 벵골만으로 들어가는데, 인도 사람들이 성스러운 강으로 칭송하는 것이 바로 이 강이다. 대대로 전해 내려오는 말에 의하면, 이 강에서 목욕하면 즉시 모든 큰 죄악을 씻어 낼 수 있다고 한다. 그래서 먼 곳으로부터 와서 강가에 빠져 죽는 자들이 적지 않다. 벵골에는 석안石岸이 있는데, 남쪽 지역의 강에 위치한다. 이 땅에서는 사금·금강석·홍옥·청옥·남옥 등이 나고, 팔크해협에서는 진주가 난다. 북방에서는 쌀·아편·면화·인디고·설탕이 난다. 남방에서는 후추·단향·각종 향목·천연 수지·야자·계피·각종 목재가 난다. 짐승으로는 코끼리·코뿔소·표범·호랑이·낙타·야생 당나귀·사슴이 있는데, 소는 꽤 드물어서 소를 보면 백성들은 신으로 받들었다. 날짐승은 깃털은 아주 아름다우나, 울지는 못했다. 곤충은 바닷가 모래처럼 그 수가 많은데 흰개미는 사나우며, 또한 푸른 뱀이 많다.

인도국은 예로부터 유명했는데, 그곳에서 나는 보물이 셀 수 없을 정도여서 사람들은 모두 낙원으로 여겼다. 그래서 무릇 타국의 가장 아름다운 지역을 말할 때 오인도 같다고 칭송했다. 예로부터 동양·서양 각 나라와 왕래가 없었기에 책에 기록된 것을 살펴보면 오직 기이한 불보살의 신명함을 서술한 것들뿐이다. 백성들은 각각 계급을 나누었고 각기 계율을 지켰으며 어기면 반드시 축출했다. 오직 제1계급인 브라만의 명령을 따라야 했고, 대국의 통치자는 모두 이 계급에서 나왔다. 주나라 난왕赧王[226] 연간에 그리스 왕이 오인도를 침략한 이후로 곧 홍해紅海를 경유하여 무역이 [이루어졌으며] 얼마 후 불교 승려들이 사방을 두루 다니면서 불교를 전파하며 마침내 중국에 이르렀고, 중국 백성들 역시 이 종교를 성대하게 받들었다. 일본·태국·미얀마 각 나라도 불상을 설치하고 사원을 세웠다. 한나라 때 비로소 중국과 왕래했다. 예수 사후 수십 년 동안 선교사들 역시 이 나라에 와서 복음의 이치를 전하며 성당을 세웠는데, 지금까지도 여전히 남아 있다. 후에 오인도 각 나라는 여러 해 동안 분쟁의 씨앗이 생겨 서로 전쟁을 했다. 송나라 정강靖康²²⁷ 연간에 이르러, 이슬람족이 페르시아Persia²²⁸를 경유해 오인도를 공격해서 그 지역을 차지하고 대국을 세웠는데, 이 나라는 부강했고 점차 세력이 커졌다. 그래서 서역 아프가니스탄의 유목 부락이 모두 그 부유함을 탐하여 공격해서 정벌했다. 비로소 원나라 초에 나라를 세우고 그 땅을 다투어 점거하여 불보살상을 파괴하고 백성들에게 이슬람교를 믿도록 강요하여 따르지 않으면 참수했기 때문에 오래도록 혼란이 가시지 않았다. 명나라 건문建文²²⁹ 원년(1399), 서역의 몽골 사마르칸트²³⁰ 왕 티무르²³¹가 인도국을 강제로 복속하여 무굴 제국²³²의 기초를 다져 오인도 대부분을 다스리자, 각 나라는 두려움에 떨었다. 명나라 세종世宗 가정嘉靖²³³ 8년(1529)에 무굴 제국의 왕²³⁴이 인도의 권력을 모두 장악하고 법도를 세운 지 15년이 흘렀다. 그 나라는 면적이 사방 7만여 리에 이르며, 거주민은 4백만 명이고, 해마다 세금으로 거두어들이는 은량이 2억 2400만 냥으로 각 나라에서는 모두 탄복했다. 당시 포르투갈인이 명나라 무종武宗 정덕正德²³⁵ 7년(1512)에 처음으로 오인도 바다 서쪽에서 무역했다. 후에 그 해구를 차지하여 고아²³⁶로 부르고, 다시 다른 해구에 부두를 개설했다. 네덜란드인 역시 가정 연간에 이 나라에 이르러 배를 건조하여 포르투갈이 차지한 실론섬을 빼앗아 항구를 열어 통상했지만, 무굴 제국의 유지諭늡는 반드시 받들어야 했다. 후에 영국·프랑스·덴마크, 3국 역시 기회를 틈타 가서 토지를 임대해 통상했는데, 모두 편벽한 곳이라 시장을 확대하지 못했으며, 당시 무굴 제국 왕의 권위가 막중해서 사람들은 두려워했다. 그 후, 여러 자식이 권력 쟁탈전을 벌이고 내란까지 발생하자 각 부족장은 이 틈을 타 그 땅에서 스스로 왕을 칭했고, 마침내 나라가 사분오열되었다.

영국은 만력 26년(1598)에 인도에서 동인도 회사[237]를 창립하여 각 나라와 무역을 했으나, 이익은 상당히 적었다. 만력 38년(1610)에 또 인도 서북쪽 수라트[238] 지방에 부두를 개설했다. 순치 10년(1653)에는 비로소 마드라스[239]에서 무역을 했다. 강희 2년(1663)에 포르투갈이 뭄바이[240]를 영국에 양도했는데, 이곳은 인도 서쪽에 위치한다. 수년 후, 무굴 제국의 왕[241]이 분쟁을 일으켜 상인 중에 살해당하는 자들이 있었다. 강희 38년(1699) 이후로 영국과 프랑스 사이에 분쟁이 생겨 곧 인도의 포대에서 서로 공격했는데, 처음에는 영국이 패했지만 나중에는 프랑스가 패했다. 주변국들도 모두 전쟁에 참여해 영국을 돕기도 하고 프랑스를 따르기도 하여 누차 전쟁을 벌였는데, 유럽 공사公使가 나서서 양국의 화친을 논의했다. 건륭 20년(1755)에 프랑스 관리가 무굴 제국에서 벵골에 주둔하는 총독을 현혹시켜 관할지의 영국 상인 우두머리들을 모두 감금해서 대부분 죽여 버렸다. 영국인은 원한을 갚고자 국력을 다 쏟아부을 정도의 군대를 파견하여 갠지스강으로 몰고 들어와 그곳 토군과 연맹해서 직접 무굴 제국의 잔인한 왕을 축출했다. 프랑스는 이 틈을 타 다시 네덜란드 군함을 거느리고 내하內河로 들어가서 영국인과 대적했다. 영국인 중에 로버트 클라이브Robert Clive[242]라는 재간 있는 자가 무리를 모아 논의하여 무굴 제국 토군과 배수진을 쳐서 전투를 벌여 마침내 전승[243]을 거두었다. 그래서 동인도의 각 군장君長이 모두 그 땅을 벵골에 양도하여 영국의 번속지가 되었다. 남방의 땅은 구입하거나 강화를 통해 얻어 냈다. 영국은 총독을 파견하여 그 전 지역을 대신 다스리게 했고, 또한 젊고 총명한 이들을 뽑아 교육을 시킨 후에 정무를 맡겼다. 뇌물수수를 우려해서 후한 월급을 주어 청렴을 유지하게 했다.

건륭 60년(1795)에 무굴 제국의 한 토군이 영국인과 교전을 벌였는데, 프랑스를 불러들여 도움을 받았다. 영국군은 전력을 다해 공격과 수비를 했고, 가경 4년(1799)에 이르러 토군 부자가 모두 항복하여 그 땅의 대부분이 영국에 귀속되었다. 가경 10년(1805)에는 인도에 주둔하는 프랑스 병사를 다 쫓아내고 그 지역을 차지했다. 또한 남방에서 네덜란드가 점유한 자와[244] 등의 섬을 차지했다. 이때 영국인은 이 땅에서 여전히 인도와 대치[245] 상태였는데, 얼마 뒤에 무굴 제국이 점차 쇠퇴하자 그 밖의 지역이 모두 배반해 자립했기 때문에 영국인은 그 수도로 들어갔다. 무굴 제국의 군주 악바르 2세Akbar II[246]는 도리어 영국 관리를 믿고 그를 지원했다. 그는 처음에는 재산이 산처럼 쌓여 있었지만 결국은 궁핍해졌으니, 이로써 대국도 존속할 수 없음을 알겠도다!

가경 16년(1811)에 오인도에 있는 각 토군이 모두 복종했다. 오직 나가족Nagas[247]만이 변경을 넘어와서 소요를 일으켰기에 영국인이 그들을 토벌했다. 서북쪽에 신생 교파가 있었는데, 우두머리는 시크교도Sikh[248]로 상당히 용맹하여 토군들이 벌벌 떨며 영국인에게 보호를 요청하고 공물을 바쳤다. 미얀마 왕 역시 영국인과 교전하여 병사와 장교를 죽이고 벵골 땅에 들어와 영국 번속을 공격했는데, 여러 해 동안 전쟁이 그치지 않았다. 후에 영국군이 미얀마를 격파하여 수도로 들어가니, 미얀마 왕이 강화를 청하고 북쪽 지역과 남쪽 해구를 양도하고 또한 전쟁 비용을 배상했다. 이로 인해 각 나라 모두 영국의 강성함을 두려워했고, 오인도국은 이로써 잠시나마 안정을 찾았다. 수백 년을 지나오면서 동맹을 맺은 토군이 배반을 하면 반드시 그 지위를 삭탈했다. 이로써 농부는 밭에서 힘써 일하고, 장인은 점포에서 부지런히 일하며, 상인은 두루 장삿길에 나섰지만, 모두 영국의 지배를 받았다.

[그러다] 갑자기 러시아[249] 사신이 카불[250] 군주와 동맹을 맺고, 페르시아와 연합하여 헤라트Herat[251]를 공격했다. 도광 18년(1838)에 영국군은 카불의 땅을 함락하고 다시 이전 왕을 세웠다. 도광 21년(1841)에 카불인이 또 역심을 품자, 영국인은 병력을 모집해서 카불을 공격하고 이전 왕의 왕위를 회복시켰다. 이때 시크 지역의 군주가 다시 병력을 모집하여 영국의 경계를 침범했다. 영국군은 곧 그들을 섬멸하고 달립 싱Dalip Singh[252]을 이 나라 왕으로 세웠으며, 카슈미르 땅 역시 영국에 귀속되었다. 이로부터 오인도는 모두 평화로웠다.

오인도인은 종교에 완고한 편이라 불교·브라만교·이슬람교를 막론하고 모두 한마음으로 확고하게 믿었다. 백성들은 대부분 검은 자줏빛이나, 얼굴이 흰 사람도 있고 완전히 검은 사람도 있다. 체격은 좋으나 민첩하지 않다. 머리는 길고 검으며, 몸은 대부분 말랐고, 얼굴은 동글납작하며 이마는 넓고 높다. 여자는 미인이 많다. 남녀는 흰 천으로 몸을 둘렀으며, 깨끗한 것을 좋아하여 자주 씻었고, 항상 머리에 천을 두른 이들은 바로 터번을 두른 이슬람교도였다. 백성들은 더위를 꺼려서 옷을 적게 입었으며, 손·발·귀·코를 금은 장식으로 꾸미는 것을 좋아했고, 신을 신지 않고 항상 맨발로 다녔다.

종교적으로 옛날부터 4개의 신분으로 나뉘었는데, 바로 브라만 등이 그것이다. 브라만은 크샤트리아[253]·바이샤[254]·수드라[255]를 다스렸고, 각각 신분과 등급을 나누어 대대로 본업을 이었으며, 서로 결혼할 수 없었다. 일단 신분을 벗어나게 되면, 곧 본원을 망각했다고 여겨 사람 축에도 들 수 없었다. 이로써 상층 신분은 대대로 귀했고, 하층 신분은 대대로 천했다. 브라만은 상층 신분으로 가문을 상당히 중시했다. 브라만 중에 약삭빠르고 교활한 자는 경전과 술수를 구실 삼아 부당한 이익을 얻어 잇속을 채웠다. 이 외에 각 나라의 종족과 본토인들이 또한 서로 뒤섞여 있었다. 유럽인 중에서 유독[256] 포르투갈인이 가장 많았는데, 약 60만 정도 되며 모두 천주교를 믿었고, 본토인과는 아직 왕래하지 않았다. 영국인의 후예도 이곳에 있는데, 문관과 무관, 병사는 6만 명이고 공업과 상업 등에 [종사하는] 이들은 4만 명이다. 아랍인 역시 이곳에 와서 군인이 되어 출세했다. 여러 인종이 뒤섞여 있었으며, 합산해 보면 약 2억 명으로, 대부분 영국의 관할하에 속해 있었다. 본토 말은 산스크리트어로, 저술된 서책과 시집은 오직 브라만들만 암송할 수 있었다. 백성들이 사용하는 본토 말은 30여 종인데, 지금은 대부분 영어를 배워서 각종 예술에 관련된 책을 번역하여 일상생활에 활용했다. 성안에 학교를 크게 열어 널리 학생들을 가르쳤다. 브라만교를 숭상하는 자는 10분의 9로, 특히 기이한 것은 수년 전에 이 종교에서는 과부는 반드시 남편의 시신과 함께 자신을 불태웠으며, 불보살상에 앞다투어 가서 예불하느라 수레바퀴에 깔려 죽는 이가 부지기수였다. 이는 정말 잔혹한 브라만교로, 사람들이 미혹되어 깨닫지 못하니, 심히 슬프도다!

이슬람교도들은 약 1500만 명이고, 기독교를 믿는 자들 역시 몇십만 명에 달한다. 또한 북인도국과 실론섬 등에서는 모두 붓다의 불교를 굳게 믿는다.

영국은 인도 땅의 대부분을 차지하여 네 지역으로 나누었다. 동북쪽은 벵골로, 면적이 사방 1만 248리에 인구는 6694만 2천 명이다. 중앙은 아그라로, 면적이 사방 4196리에 인구는 2214만 6700명이다. 동남쪽은 마드라스로, 면적은 사방 6700리에 인구는 6487만 6천 명이다. 서쪽은 뭄바이로, 면적은 사방 3065리에 인구는 688만 7천 명이다. 북쪽으로는 구르카Gurkha[257]와 이웃하고, 남쪽으로는 인도양에 접하며, 동쪽으로는 아삼[258]·미얀마 등의 땅에 이르고, 서쪽으로는 바하르[259]에 이른다. 위도[260]는 21도에서 27도에 걸쳐 있다. 땅은 평평하고 비옥하며, 갠지스강이 동남쪽으로 흐르는 곳에 있다. 해변에는 웅덩이와 못이 있다. 전 지역을 스물네 부분으로 나누었을 때, 세 부분은 강과 호수, 네 부분은 황무지, 한 부분은 마을, 세 부분은 목장, 아홉 부분은 농지, 네 부분은 아직 개간되지 않은 땅이다. 도처가 강이라 논밭에 물을 댈 수 있다. 강물이 때때로 불어나 농지를 망치기도 하고, 여름에 가뭄이 들면 또한 강물이 쉽게 마르며, 조금이라도 비가 내리면 강물이 갑자기 불어나기도 한다. 강이 수시로 변화하여 뽕나무밭이 푸른 바다가 되고 언덕이 계곡이 되듯 변화무쌍하며, 강물이 가득 차기도 하고 마르기도 했다. 봄여름 사이에는 여러 달 동안 계속 천둥이 치며 비가 내리고 견디기 어려울 정도로 무더웠다. 가을에는 비가 없고 이슬이 많이 내리며 날씨가 꽤 춥다. 북쪽은 설산에 가까워서 추위가 상당히 심하다. 중앙은 지세가 낮고 습하며 평지는 모두 물이라 집집마다 작은 배를 타고 왕래한다. 마을이 넓으며, 모두 높은 언덕에 집을 짓고 거주하는데 인구가 상당히 많다.

뱅골에서는 쌀과 곡식이 나는데, 여름에는 벼가, 겨울에는 보리가 나고, 아울러 콩·조·기장·생강이 생산되며, 아편·인디고·담배·설탕·기름도 나는데, 인도에서는 가장 비옥한 땅으로 꼽힌다. 밭에서는 1년에 두 차례 수확하는데 한 번은 곡식을, 한 번은 채소를 수확한다. 그러나 백성들이 경작을 잘하지 못하고, 또한 대부분 가난하여 농기구를 갖추지도 못했다. 남자는 몸 가꾸기를 좋아하고, 여자는 손톱에 붉은색 물들이기를 좋아한다. 평민들은 또한 소송을 즐겨 한다. 보병이 전체의 4분의 3이다. 상당히 신실하게 브라만교를 신봉한다. 생사가 나며 비단을 잘 짜고, 고운 주름이 들어간 견직물을 짜기도 한다. 또한 초석·뇌사가 나며, 각종 약재도 난다. 부자는 점포를 열어 금은보화를 돈으로 바꿔 주기도 하고, 돈을 빌려주어 이익을 취하기도 했다. 사람들은 멀리 나가는 것을 좋아하지 않는다.

벵골은 서쪽으로 바하르와 접하는데, 이곳 역시 벵골 지역에 속하며 구르카[261]의 남쪽에 위치한다. 위도는 22도에서 26도에 이른다. 아편·면화·곡식·설탕·인디고·기름·빈랑·장미수가 난다.

벵골의 남쪽은 오리사[262]이다. 이 땅은 바다에 인접하며 아직 개간되지 않아 대부분 숲이 빽빽하고 무성하다. 산에 사는 사람들은 종족 우두머리의 명을 따르고, 다른 사람에게는 복종하지 않는다. 그들의 성품은 거칠며, 땅은 척박하고 강에는 독충과 악어가 많다.

벵골의 대도시로 콜카타[263]가 있는데, 후글리강[264] 강가에 위치하며 갠지스강의 지류이다. 북위 22도 33분에 동경 88도 28분이다. 벵골의 큰 항구로, 인도를 통치하는 총독이 주둔하며 각 문관과 무관, 상인들도 모두 이곳에 거주한다. 땅이 광활하며, 성과 해자가 높으면서 견고하고, 사방에 큰 포대를 설치했다. 다양한 종족이 뒤섞여 있고 각 나라에서 모여드는 대도시로, 배와 수레가 몰려들어 매년 수출하는 화물 가격이 약 3600만 냥이나 된다. 군사는 파랍파리巴拉破利 포대에 주둔했는데, 네덜란드가 관할하는 파리성破利城과 멀지 않다. 콜카타는 전에는 덴마크에 속했으며, 또한 아름다운 도시이다. 인구는 1만 3천 명으로, 그 안에는 이슬람교도가 많으며 주름진 가사袈裟 천을 만든다. 무르시다바드 Murshidabad[265]는 강가에 위치하며, 가옥은 3만 채에 인구는 16만 5천 명이고, 대부분 부유하다. 파트나[266]는 인구가 30만 명이고, 양귀비를 재배한다. 원주민은 대부분 이슬람교도로 성격이 아주 거만하다. 쿠타크[267]는 그 성이 웅장하고 가옥이 아름다우며 거주민들은 대부분 장수한다. 이 땅에서 멀지 않은 곳에 자리한 자즈푸르Jajpur[268]에는 불교 사원이 있어서 인도 각지에서 매년 예불하러 몰려드는 이들이 약 10만 명에 달하는데, 길에서 죽는 이들도 적지 않다. 그러나 이로 인해 브라만들은 더욱 부유해졌다.

벵골의 동쪽에 위치한 아삼[269]은 운남과 접경지역으로 마찬가지로 벵골에 속한다. 길이는 1200리에 너비는 6백 리에서 120리에 이르기까지 일정치 않고, 땅은 평평하며 브라마푸트라강[270] 지류의 하류이다. 광물이 많이 나고 강가에는 사금이 있으며, 산에서는 석탄이 생산되고 쌀과 곡식이 난다. 밭은 아직 개간되지 않은 것이 거의 대부분이다. 장기로 인한 풍토병이 많이 발생한다. 거주민은 중국에서 이주해 온 자들로, 가옥을 짓고 성을 쌓았으며 옛 건물이 근래까지 남아 있었는데, 후에 미얀마가 모조리 없애 버리는 바람에 이 지역은 다시 흥성하기 어렵게 되었다. 인구는 약 30만 명으로, 불교를 신봉한다. 산에 사는 사람들은 특히 소박하고 정직하여 다른 사람을 속이지 않는다. 거주민은 대부분 라오스[271]족으로 분수를 지키고 본업에 힘쓰며, 영국인의 보호를 받고 있다.

벵골만의 동쪽은 아라칸[272]으로, 면적이 사방 1800리이고 동쪽으로 미얀마에 접하며 높은 산을 경계로 한다. 내지에 넓은 계곡과 시내가 많아, 비가 오면 물이 불어 넘쳐서 도처가 호수와 연못이 된다. 땅이 상당히 비옥하여 과일나무를 키우기에는 적당하나, 장기로 인한 풍토병이 많이 발생한다. 이방인들은 이곳 풍토에 적응하지 못한다. 항구 곳곳은 정박 가능하며 물고기가 많다. 숲에는 코끼리·호랑이가 많다. 인구는 21만 6천 명이다. 중심지는 아라칸으로, 옛날에는 대단히 번창했다. 또한 차우퓨

Kyaukpyu[273]라는 항구도시가 있는데, 역시 통상을 하는 곳이다.

아삼의 남쪽에도 여러 지역이 있는데, 초목이 무성하고 인적이 드물다. 그러나 거주민들은 건장하고 용감하여 쓸 만하다. 이 땅은 동인도·미얀마의 접경지대로, 마니푸르Manipur[274]·갑치가특甲治加特·베라르[275]·카티하르Katihar[276]의 각 부족장이 다스렸으며, 사람들은 거칠고 온순하지 않은데, 모두 영국인의 관할이 되었다.

마라타[277]는 벵골의 서북쪽에 위치하며, 면적은 사방 4187리이고 인구는 20만 명이다. 여러 강의 하류로, 서남쪽으로 갈수록 산이 더 높다. 푸네에서는 금강석이 나며, 서쪽에는 목장이 많고 높은 산과 이어져 있으며, 날씨는 강소·절강 지역과 차이가 없다. 거주민들은 건장하고 맹수가 많다. 동쪽으로는 벵골과 접하며, 서쪽·남쪽으로는 뭄바이 여러 부족장의 땅에 이르고, 북쪽은 설산·시크의 땅에 이르며, 북위 25도에서 28도에 위치한다. 내지 하천의 수심이 상당히 얕아서 밭에 물을 대기에 부족하다. 면화·인디고·설탕이 많이 나며, 거주민은 거친 베를 짜는데, 단지 사용하기에 족할 뿐이다. 이 땅은 예전에 무굴 제국의 수도여서 아직도 고적이 많고, 거주민은 대부분 이슬람교도로 이곳은 인도의 성지이다. 대도시는 알라하바드로, 갠지스강·야무나강Yamuna River[278]이 합류하는 지점에 위치하며 인구는 6만여 명이다. 인도인들은 이곳에서 집회를 열고 분향한다. 성은 무굴 제국 때 지은 것으로 상당히 견고하며 대군국大軍局이 있다. 또 베나레스[279]가 있는데, 역시 오인도의 성지이다. 사방에서 구름처럼 모여들어 불상에 예불하며 브라만들도 대부분 벌떼처럼 몰려든다. 시가지는 상당히 좁고 인구는 2만여 명이다. 매년 먼 곳에서 와서 부처에게 예를 행하는 자가 10만 이상으로, 그들은 앞다투어 갠지스강으로 달려가 몸을 씻는다. 이슬람교도는 5분의 1로, 원주민과 교류하지 않고 성안에 거주하지 않는다.

마라타는 인구가 9만 6천 명으로, 예전에는 큰 도시였으나 지금은 점차 쇠락하고 있다. 안에는 궁전과 고적이 많고, 매우 웅장하고 아름다운 옛날 왕후의 능이 있으며, 널리 통상을 했다. 또 델리²⁸⁰는 무굴 제국의 옛 수도이다. 인구는 15만 명으로, 옛 국왕의 후예가 이곳에 거주하는데, 영국인이 주는 녹봉에 의존해서 생활한다.

바레일리Bareilly²⁸¹는 인구가 7만 명으로, 이슬람교도가 3분의 1이다. 속지는 고마운古摩雲으로, 티베트와 멀지 않다. 숲이 깊숙하며 겨울에는 상당히 춥다. 산물이 풍부하고 인구는 많지 않으며 농경지가 적다. 이전에는 브라만이 이 지역을 재차 차지하고 티베트와 교류했다. 구르카국 군주가 가경 19년(1814)에 이 땅을 차지했으나, 후에 영국인에게 양도했다. 영국 귀족은 대부분 별장을 지어 매년 인도에서 이곳으로 와서 피서를 했다. 주둔지는 심라Shimla²⁸²로, 인도 총독이 임시로 거처하며 피서를 하는 곳이다. 또한 산에 올라 곰·호랑이 사냥을 하다가 여름이 지나면 다시 인도의 평평한 땅으로 돌아간다.

나르마다²⁸³는 나르마다강²⁸⁴ 양쪽 기슭에 위치한다. 거주민은 아직 개화되지 않았고 오직 숲에서 벌목하여 목재를 만들어, 은화는 사용하지 않고 소금과 설탕만으로 교역한다. 평지와 계곡 안에 또한 인도인이 살고 있지만, 땅은 아직 개간되지 않았다. 접경지대인 간다바Gandava²⁸⁵에는 간혹 개화된 원주민이 있지만, 중국의 묘족 오랑캐와 다를 바 없다.

마드라스²⁸⁶는 인도 남쪽에 위치하며, 면적은 사방 6700리에 인구는 1487만 명이다. 해변은 소금밭처럼 부드러운 모래층이 펼쳐져 있고, 날씨는 더운 날이 길며, 비가 오면 도처에 물이 불어나고 가물면 들판에 풀한 포기조차 없다. 남방에는 높은 산과 깊은 숲이 있으며, 아래로 계곡물이 모여들어 온 땅에 물을 댈 수 있다. 산꼭대기에는 얼음이 얼지만, 골짜기는 더워서 참을 수 없을 정도이다. 해변에서는 야자·면화가 나고, 내지에서는 쌀·사탕수수·참깨가 난다. 서쪽의 땅은 매우 낮으며 후추·육두구·쌀이 나고, 계곡에서는 사금이 많이 난다. 중심지는 마드라스로 이름이 같으며, 가옥은 2만 7천 칸에 인구는 42만 명이다. 비록 해구에 인접해 있지만 정박할 곳이 없어 배가 해안에 이르기가 어렵다. 각 포대 안에서 문관은 낮에 업무를 보고 저녁이 되면 장원莊園의 방갈로로 가서 아늑한 밤을 보낸다. 원주민이 거주하는 곳은 '흑성黑城'이라 하며, 그 수가 상당히 많다. 벵갈루루[287]는 내지의 고원에 위치하며, 영국군이 주둔한다. 스리랑가파트나Srirangapatna[288]는 높고 견고하며 인구가 3만 명으로, 영국군이 이전에 애써 점령한 곳이다. 군파가륜君巴歌倫은 인구가 3만 명이며, 커다란 연못이 있는데 그곳에서 목욕하면 모든 죄를 씻을 수 있다고 하여 각지에서 신도들이 구름처럼 몰려들어 죄를 깨끗이 사할 수 있기를 기도한다. 이곳은 또한 갠지스강의 지류이다.

트리치노폴리Trichinopoly[289]는 인구가 8만 명으로, 토군이 주둔하는 도시이다. 사방이 풍요로우며, 대부분 기독교를 신봉한다. 망갈로르 Mangalore[290] 해구는 서쪽에 위치하며, 인구는 3만 명이다. 캘리컷Calicut[291] 해구는 인구수가 망갈로르와 같으며, 포르투갈인이 처음 인도에 왔을 때 바로 이 항구에 도착했다. 서쪽에는 상당히 깊숙하게 들어간 만이 있고, 동쪽에는 정박할 만한 만이 없다.

뭄바이는 면적이 사방 3665리이고, 인구는 688만 7천 명이다. 이곳의 속지는 한두 곳이 아니다. 산이 많고 땅이 척박하여 오곡이 충분하지 않고, 다만 면화만 생산되며 매년 생산량의 4분의 1은 중국으로 수출한다. 또한 단향 등의 물품이 난다. 거주민은 대부분 이슬람교도이다. 중심지는 뭄바이로, 북위 18도 56분에 동경 72도 57분이다. 예전에 포르투갈이 이 섬을 영국인에게 양도했고, [영국은] 곧 도시를 건설했다. 처음에는 이곳의 기후와 풍토에 적응하지 못했지만, 지금은 이미 기후에 익숙해졌다. 인구는 23만 명에, 가옥은 2만 786칸이다. 거주민 가운데는 무슬림이 많은데, 기개가 있고 널리 구제하고 베푸는 것을 좋아했으며, 주로 교역에 힘썼다. 사람들은 모두 19개의 언어를 구사할 수 있었으며, 특히 중국인과 교역하기를 즐겨 했다. 또한 아라비아Arabia[292]·페르시아[293] 등의 나라와도 무역했다. 영국의 조선소가 있어서 상당히 큰 전함과 상선을 만들 수 있다. 수라트[294] 역시 바닷가에 위치하며, 인구는 60만 명으로 대부분 인도 브라만교를 신봉하는데, 어리석은 사람들은 가축을 신성한 존재로 여겨 정성을 다해 공양하기도 한다. 옛날에 이곳은 통상을 하던 부두였지만, 해구의 조수와 급류가 세차서 배가 해안 가까이 갈 수 없다. 푸네는 내지의 성으로, 인구는 7만 명이며 큰 학교가 있다. 이밖에도 많은 도시가 있다.

五印度總述下

一

『地球圖說』: 天竺國, 東界阿瓦國·西藏國·竝旁葛剌海. 南界印度洋竝旁葛剌海. 西界亞拉比亞海竝皮路直坦國·亞加業坦國. 北界西藏國. 其百姓約有十四千萬之數. 都城地名甲谷他, 城內民六十五萬. 大半釋教, 小半回回教. 現有花旗國竝英吉利國人在是國傳耶穌敎. 人民聰明, 能織羊毛布匹. 體弱面黑, 含笑溫和. 南方最熱, 不見冰雪. 東·南北三方俱有高山, 中央平坦. 惟北方之山更高, 上有積雪. 國內分列三部, 曰旁葛剌, 曰馬搭剌, 曰網買. 現屬英國管轄, 故英官長敎其庶民各歸四業. 一僧, 二兵, 三商, 四役, 各傳其業, 無相奪倫, 不許互相姻好. 一出其類, 父母惡之, 衆民棄之, 親友疏之. 有三大江, 曰沿絶斯江, 印度江, 布蘭布塔江. 其沿絶斯江, 僧人愚其國人, 以爲聖江, 能投赤子以飼鱷魚, 則神佛護佑. 遇大偶像乘車而來, 凡所過境, 民爭以子及身投於輪下. 男或病亡, 則其婦與其夫之屍一齊焚化, 誠可傷矣!

旁葛剌之城, 名比拿力, 內有高樓五六層. 僧言古昔菩薩親手創造, 妄稱聖域, 人能至此燒香, 卽免地獄之苦. 有河一帶, 能入河洗滌, 則罪惡俱淨, 以此

取人之利. 國內有極大之榕樹, 其枝倒垂於地, 則枝復生根, 綿延不絕. 故一樹根株遠約二里, 其下可容三四千人. 國西有曠野沙漠, 物產全無, 禽獸繁殖. 又一城名俄亞, 現係葡萄牙國人管轄, 逼合土人入天主之敎, 不從則鞭責, 甚至火焚, 何其忍也! 大小書院學習文藝, 處處皆有, 不計其數. 土產五穀·白糖·胡椒·果品·檀香·蘇木·靑黛·棉花·鴉片·金鋼鑽·紅寶石·石榴株·嫩黃玉·金色玉·珊瑚·瑪瑙·鐵·硝·象·虎·豹·熊·鹿·水牛·鷹鶿, 各大鳥, 又有最毒之大蛇等物. 再南有一島, 名錫蘭洲, 現與英吉利管轄, 耶穌門徒亦在此傳敎. 是洲土產與天竺國無異, 但另有桂皮·香料·象, 土人用之如牛馬. 山內多寶玉, 海濱多珍珠. 至于架非, 近亦栽種不少.

『地理備考』曰: 印度國, 又名天竺, 在亞細亞州之南. 北極出地七度起至三十六度止, 經線自東六十五度起至九十三度止. 東至阿瓦國曁榜加剌海灣, 西連阿付干國曁科曼海灣, 南枕印度海, 北界西藏. 長七千五百里, 寬五千五百里, 地面積方約一百六十六萬里. 烟戶一垓三京四兆餘口. 本國地勢, 東·南·北三方, 重岡疊嶺, 迤邐延袤. 中央平原坦闊, 風景幽雅. 湖河甚多, 地方沃潤. 河之長者有九, 一名安日, 一名印度, 一名巴剌迷尼, 一名瑪合奴的, 一名哥達威黎, 一名基斯德那, 一名加威利, 一名內爾布達, 一名達布的. 湖之大者有四, 一名幾爾架, 一名郭拉伊爾, 一名林, 一名達爾. 田土膏腴, 生殖蕃衍. 土產金·銀·銅·鐵·錫·鉛·珍珠·水晶·磠砂·鑽石·花石·鴉片·棉花·藍靛·木料·香料等物. 地氣酷熱, 海風淸涼. 南方高山峻嶺, 南北綿亘迤邐, 冬夏互異, 冷熱懸殊. 每十二時, 風色兩轉. 由子至午, 風向海去, 則酷熱異常, 由午至子, 風向岸來, 則淸涼復生. 國制名位不一, 或爲王, 或爲酋, 或自設官長, 或他國兵帥兼轄. 所奉之敎, 或巴拉馬, 或那內克, 或回回, 或天主, 或釋, 各敎紛紛, 趣向不一. 技藝精巧, 工肆林立, 五方輻輳. 史書紀載, 淵源久遠, 年歲迢遞, 耶穌未誕之前,

全奉釋教, 耶穌降生之後, 一千年間, 回王肇居北偏, 始創回敎. 明孝宗宏治十

年, 布路亞國人, 航海訪護水路, 遂至其地. 而賀蘭·英吉利·佛蘭西三國, 次第

接踵而至. 所得境土, 惟英吉利國人居多. 通國之地, 約分爲三, 一屬於別國管

轄, 一不屬於別國管轄, 一進貢於英吉利國. 自是天主敎大興.

其一分, 內建四國, 一名新的亞, 一名塞哥, 一名信地, 一名尼巴爾.

其新的亞國, 在印度之中, 東西南北四至, 皆英國兼攝之地. 土地版圖不相

聯絡, 錯落別國疆域之中. 統計地面積方約有四萬一千三百餘里, 烟戶四百萬

口. 通國分爲三方. 一名亞加拉, 首城瓜利爾, 乃國都也. 建於平原之中, 屋宇

峻麗, 人烟稠密, 百貨騈集. 一名干德宜至, 一名馬盧襪.

其塞哥國, 在印度西北, 中爲薩德勒至河分歧, 在河左者爲英國兼攝, 別序

于後. 在河右者, 東界西藏, 西界北羅吉斯丹·阿付干二國, 南界信地國, 北界西

藏·阿付干二國. 長約二千五百里, 寬約一千里, 地面積方約十八萬零五百五十

里, 烟戶八百萬口. 昔則列君分據, 各霸一方, 彼此結盟, 不相統屬. 今則一君

統攝, 世襲王位. 通國分爲十二部. 一名本若, 首部曰勞爾, 乃本國都也, 建于

拉維河岸. 昔繁華, 今蕭條. 貿易仍盛, 技藝猶巧. 一名固宜斯丹, 一名加支迷

爾, 一名着者, 一名亞薩勒, 一名北朝威爾, 一名幾爾加布, 一名木爾丹, 一名

勒亞, 一名德拉義斯馬伊汗, 一名德拉合西汗, 一名巴合瓦爾布.

其信地國, 在印度之西. 東界亞日迷爾·加支二部, 西界北羅吉斯丹國, 南界

加支部曁科曼海灣, 北界北羅言斯丹·塞哥二國. 長約一千餘里, 寬約五百里,

地面積方約五萬五千五百五十里, 烟戶一百萬口. 至于朝綱, 王位歷代相傳. 首

域名海德拉巴, 乃本國都也. 其通商衝繁之地, 一名達大, 一名哥拉齊, 一名給

伊布耳, 一名拉爾加納, 一名奴沙辣.

其尼巴爾國, 在印度之北. 東界布丹國, 西界德列部, 南界烏德國曁巴阿爾

部, 北界西藏. 長一千六百里, 寬四百里. 地面積方約五萬五千五百六十里, 烟

戶二百五十萬口. 王位歷代相傳. 通國分爲九邑, 一名尼巴爾, 首城曰加德滿都, 乃國都也. 一名念四汗, 一名念二汗, 一名馬各王在爾, 一名幾拉德斯, 其中各汗分據, 首城非一. 一名加當, 一名札言布爾, 一名薩巴帶, 一名麼隆.

其一分, 內建十二國, 一名烏德, 一名德干, 一名那哥布爾, 一名曷爾加耳, 一名賣索耳, 一名日瓜爾, 一名剌日布德, 一名西林德, 一名邦德爾干, 一名波保爾, 一名薩達拉, 一名達拉王哥爾.

其烏德國, 在印度之北. 東界巴阿爾, 西界德列曁亞加拉, 南界亞拉合巴爾德, 北界呢巴爾國. 長約九百里, 寬約三百五十里. 地面積方約二萬三千三百三十里, 烟戶三百萬餘口. 朝綱王位歷代相傳. 首城名盧各腦, 乃本國都也, 建于高翁的河岸. 其通商衝繁之地, 一名非薩巴爾, 一名幾拉巴, 一名巴來支, 一名丹達.

其德干國, 又名尼桑, 在印度之南. 東界那哥布爾國, 西界薩達拉國, 南界加爾那德部, 北界馬爾襪部. 長約三千七百五十里, 寬約三千三百里. 至于朝綱, 王位歷代相傳. 通國分爲五部, 一名海德拉巴, 乃本國都也. 一名比德爾, 一名北拉爾, 一名亞瓦郞加巴, 一名北乍布爾.

其那哥布爾國, 在印度西南. 東界阿利薩部, 西界尼桑國, 南界西爾加部, 北界亞拉把部. 國境長約一千五百里, 寬約一千里, 地面積方約八萬里, 烟戶二百四十七萬口. 王位歷代相傳. 首城亦名那哥布爾, 乃本國都也. 其通商衝繁之地, 一名霸架爾, 一名郞德各, 一名昭布爾, 一名拉登布爾, 一名馬合罷, 一名列布爾, 一名古達, 一名威拉合爾.

其曷爾加耳國, 在印度之西. 東界新的亞國, 西界古薩拉的部, 南界干的是部, 北界剌日布德國. 地面積方約一萬五千里, 烟戶一百二十萬口. 王位歷代相傳. 首郡亦名曷爾加耳, 乃本國都也.

其賣索爾國, 在印度之南. 東·南二方界加爾那德部, 西界加那剌部, 北界

貝查布爾部. 長約七百五十里, 寬約六百里, 地面積方約四萬五千里, 烟戶
二百二十七萬口. 王位歷代相傳. 首郡亦名賣索爾, 乃國都也. 其通商衝繁之
地, 一名邦加羅爾, 一名幾那巴登, 一名幾德拉克, 一名賽拉, 一名哥剌爾.

其日瓜爾國, 又名古宜加瓦爾, 在印度之西. 東界亞美大巴府, 西·南·北三方
皆界㾒曼海灣. 長約五百五十里, 寬約四百餘里, 地面積方約二萬三千五百里,
煙戶二百萬口. 王位歷代相傳. 首郡名巴羅達, 乃本國都也.

其剌日布德國, 在印度西北. 東界亞哥拉部, 西界阿付干國, 南界古斯拉德
部, 北界塞哥國. 長約一千二百六十里, 寬約七百二十里, 地面積方約九萬里,
煙戶三百餘萬口. 侯位相傳, 各分部落. 通國分爲九部. 一名日宜布爾, 一名哥
達, 一名奔的, 一名柯代布爾, 一名入德布爾, 一名當克. 一名日薩迷耳, 內有
諸酋分部. 一名比加尼爾, 一名巴的, 內有諸酋分部.

其西林德國, 卽薩德勒至河左之塞哥國也. 在印度之北, 東界德列部, 西北
界塞哥國, 南界剌日布德國. 長約八百餘里, 寬約四百里, 地面積方約三萬餘
里. 至于朝綱, 諸酋統轄, 各分部落. 首郡一名巴的亞拉, 一名達內薩爾, 一名
拉的亞納, 一名翁巴拉.

其邦德爾干國, 在印度之中. 東界烏德國, 西界新的亞國, 南界亞拉合巴部,
北界德列部. 長約六百里, 寬約五百餘里, 地面積方約三萬里. 諸酋統轄, 各分
部落. 首郡一名札德爾布, 一名某, 一名布那.

其波保爾國, 在印度之中. 東南界亞拉合巴部, 西北界新的亞國. 長寬皆約
三百里, 地面積方約九千里. 至于朝綱, 王位臨御. 首郡亦名波保爾, 乃本國都也.

其薩達拉國, 在印度之西. 周圍四方皆英國屬地. 北惹布爾部包括. <small>疑有脫
字.</small> 長約五百里, 寬約四百里, 地面積方約一萬餘里. 王位臨御. 首郡亦名薩達
拉, 乃國都也. 其通商衝繁之地, 一名馬合比里昔爾, 一名美黎至, 一名般德爾
布, 一名合達尼.

其達拉王哥爾國, 在印度之南. 東·北界加爾那德部, 西·南界海. 長約五百餘里, 寬約二百餘里, 地面積方約一萬里. 王位臨御. 首郡名的里灣德棱, 乃本國都也. 其通商衝繁之地, 一名達拉王哥爾, 一名波爾架, 一名固蘭, 一名安任加.

『地理備考』曰: 本州之地隷英吉利者實多, 有國君專管之地, 卽錫蘭海島. 有印度公司兼管之地, 卽印度之榜加剌等十九部, 曁亞桑·阿剌干·馬爾達般·達威新埠·息辣·馬拉加各等處. 分四兵帥管攝, 一在榜加剌駐箚, 一在亞加剌駐箚, 一在馬達拉斯駐箚, 一在孟買駐箚.

錫蘭海島, 在印度之南. 緯度自北五度五十分起至九度五十二分止, 緯度自東七十七度三十分起至七十九度止. 長約一千里, 寬約四百里, 烟戶一兆五億口. 田土肥饒, 穀果豐登. 土產稻·煙·絲·麻·椰子·檳榔·胡椒·桂皮·棉花·木料·金石之類. 禽獸充牣, 鱗介紛繁. 地近赤道, 暑多寒少. 貿易昌盛, 商舟絡繹. 首郡名哥倫波, 有國君所派總兵一員駐箚.

榜加剌部, 東界阿瓦國, 西界阿拉合巴曁巴合爾二部, 南界印度海, 北界布丹國. 長寬皆約一千二百五十里, 地面積方十五萬六千二百五十里, 烟戶二京五兆三億口. 地勢土產, 已詳印度國志. 貿易興隆, 五方輻輳. 總領十八府, 首府名加爾古達, 乃都會也. 建于烏給黎河之左, 地勢平坦, 澤隰間隔, 屋宇峻麗.

巴合爾部, 東界榜加剌部, 西界烏德國曁阿拉合巴部, 南界岡都亞那部, 北界尼巴爾國. 長一千里, 寬七百五十里, 烟戶一京餘口. 總領六府, 首府名巴達那, 乃都會也.

科黎薩部, 東界榜加剌海灣, 西界岡都亞那部, 南界哥達威利河, 北界榜加剌部. 長寬皆約三百里. 總領六府, 首府名古達克, 乃都會也.

岡都亞那部, 東界科黎薩部, 西界北拉爾·根的土二部, 南界義德拉巴·北西爾加耳二部, 北界馬爾襪·阿拉合巴二部. 長二千里, 寬一千八百里, 地面積方十五

萬四千四百里, 烟戶三兆口. 爲英國兼攝者, 只東北二方. 首府名倭巴爾布.

以上四部, 皆屬駐榜加剌之兵帥管轄.

亞加拉部, 東界烏德國曁阿拉合巴部, 西界亞日迷爾部, 南界馬爾襪部, 北界德列部. 長九百里, 寬六百里, 烟戶六兆口. 總領五府. 首府亦名亞加拉, 乃都會也.

阿拉合巴部, 東界卑合爾·榜加剌二部, 西界馬爾襪·亞加拉二部, 南界岡都亞那部, 北界亞加拉部曁烏德國. 長九百七十里, 寬四百三十里, 烟戶七億口. 總領六府. 首府亦名阿拉合巴, 乃都會也.

德列部, 東界烏德國, 西界亞日迷爾部, 南界亞加拉部, 北界古爾瓦勒部. 長寬皆約五百里, 烟戶八兆口. 總領六府. 首府亦名德列, 乃都會也.

古爾瓦勒部, 東界尼巴爾國, 西界勞爾府, 南界德列部, 北界西藏. 長約一千里, 寬約八百里, 烟戶五億口. 總領三府. 首府名西里那都, 乃都會也.

亞日迷爾部, 東界亞加拉部, 西界阿付干國, 南界古塞拉德部, 北界勞爾府. 長一千二百六十里, 寬七百二十里, 烟戶三兆口. 此部惟首府亞日迷爾爲英國兼攝.

以上五部, 皆屬駐東方亞加拉之兵帥管轄. 案: 克什彌爾惟首郡屬英, 則北印度未全爲英夷有也.

加爾那的部, 東·南界榜加剌海灣, 西界達拉王哥爾曁賣索爾二國, 北界北日布爾部. 長二千里, 寬約三百里. 總領十府. 首府名馬達拉斯大, 乃都會也.

哥英巴都爾部, 東界加爾那的部, 西界馬拉巴爾部, 南界丁的古爾府, 北界加的山. 長約五百里, 寬三百里, 烟戶六億口. 總領二府. 首府亦名哥英巴都爾, 乃都會也.

馬拉巴爾部, 東界哥英巴都爾部, 西界海, 南界達拉王哥爾國, 北界加那拉部. 長七百里, 寬二百里, 烟戶九億口. 總領一府. 首府多加里古都.

加那拉部, 東界賣索爾國, 西界大海, 南界馬拉巴爾部, 北界北日布爾部. 長七百里, 寬約二千里, 烟戶三億九萬口. 總領五府. 首府名蒙加羅爾, 乃都會也.

巴拉加部, 東界加爾那的部, 西界加那拉部, 南界薩靈部, 北界義德拉巴部. 長一千里, 寬八百里, 烟戶二兆口. 總領二府. 首府名北拉利, 乃都會也.

北西爾加部, 東南界榜加剌海灣, 西北界窩黎薩部. 長一千二百五十里, 寬約二百里, 烟戶五兆五億口. 總領五府. 首府名干都爾, 乃都會也.

以上五部, 皆屬駐南方馬達拉斯大之兵帥管轄.

科隆加巴部, 東界德干國之東比德爾府, 西界科曼海灣, 南界北日布爾部, 北界根的土部. 長約六百里, 寬約五百五十里. 總領十府. 首府名孟買, 乃都會也.

北日布爾部, 東界義德拉巴部, 西界印度海, 南界賣索爾國暨加那拉部, 北界科隆加巴部. 長一千三百里, 寬七百五十里, 烟戶七兆口. 總領五府. 首府亦名北日布爾, 乃都會也.

根的土部, 東界北拉爾部, 西界古塞拉德部, 南界科隆加巴部, 北界馬爾襪部. 長六百五十里, 寬約五百里. 總領三府. 首府名高爾那, 乃都會也.

古塞拉德部, 東·西·南界海, 北界亞日迷爾部. 長一千四百里, 寬六百五十里. 地面積方約四萬四千里, 烟戶二兆一億六萬口. 總領四府. 首府名蘇拉的, 乃都會也.

以上四部, 皆屬駐孟買之兵帥管轄.

『地理備考』曰: 本州之地, 爲葡萄亞兼攝者曰科襪, 又名小西洋. 在印度之西, 緯度自北十四度五十四分起, 至十五度五十三分止, 經度自東七十一度三十分起, 至七十二度五分止. 東·南至加那拉部, 西枕痾曼海灣, 北界北日布爾部. 長二百五十里, 寬一百二十里, 地面積方約一千五百里, 烟戶三億一萬餘口. 內有一十九島, 岡陵疊起, 絡繹回環. 田土肥饒, 穀果茂盛. 土產鹽·麻·絲

花·豆蔻·胡椒·椰子·檳榔等物. 禽獸草木, 靡弗蕃衍. 地氣炎熱, 夏多颶風. 技藝平常, 貿易清淡. 其地分爲三部. 一名痾襪, 首府邦靖, 設有總管衙門. 一名薩爾塞的, 首府馬爾岡. 一名巴爾德斯, 首府馬布薩. 此外又有新疆之地, 內分十部. 一名奔達, 一名加那哥納, 一名比吉靈, 一名薩達利, 一名北爾審, 一名阿斯德拉加, 一名巴黎, 一名英巴爾巴開, 一名順達拉瓦的, 一名加哥剌.

達蒙, 在印度國古塞拉的部內, 其地甚小, 長寬不過數十里, 烟戶約一萬五千口. 在昔貿易興隆, 今甚淩替.

的玉, 在印度國內. 地方狹窄, 人烟稀疏, 海口深闊, 泊舟便利.

『地理備考』曰: 佛蘭西國兼攝之地, 皆在印度國內, 分爲五府. 一名奔的支黎府, 在加爾那的部內, 于北極出地十一度五十五分, 經線自東七十七度三十一分, 烟戶四萬口. 土產米·糖·藍靛·鴉片·藥材等物. 設有總管衙門. 一名加黎架爾府, 亦在加爾那的部內, 于北極出地十度五十五分, 經線自東七十七度二十八分, 烟戶一萬五千口. 土產縣花. 一牙那安府, 在北西爾加耳部內, 其北極出地十六度五十五分, 經線偏東七十九度五十分, 烟戶一萬八千口. 土產木料. 一名商德爾那哥府, 在榜加剌部內, 其北極出地二十二度五十五分, 經線偏東八十六度九分, 烟戶一萬五千口. 土產鴉片. 一名馬黑府, 在馬拉巴爾部內, 其北極出地十一度四十二分, 經線偏東七十三度十六分, 烟戶一萬口. 土產胡椒.

『地理備考』曰: 大尼國兼攝之地, 俱在印度國內. 一名西棱布爾府, 在榜加剌部內, 烏給黎河之右. 其北極出地二十二度四十五分, 經線偏東八十六度六分, 烟戶一萬三千口. 設有總管衙門. 一名達郎給巴爾府, 在加爾那的部內, 其北極出地十一度十五分, 經線偏東七十七度三十四分, 烟戶一萬二千口.

『外國史略』曰: 五印度國爲亞悉亞熱帶地. 北極出地自七度至三十五度, 偏東自六十七度至九十七度, 廣袤方圓四十一萬六千里. 其東印度海邊一千二百里, 自南至北一帶六千二百三十里. 最闊之地約六千里. 若論其交界, 北連雪山, 稱曰希馬拉雅山, 與西藏交界, 及大印度海. 東及旁甲拉海隅, 與緬甸交界. 西及印度海西北, 與押安·比路治等交界, 則以印度江畫其疆也. 北方之山高聳二百六十丈, 四時積雪, 不見巉岩. 由此河流直下, 岸谷蕃昌, 終年花開, 樹木蕃盛. 然多瘴癘, 無居人, 入夏則禽獸俱不得生. 自此南向, 漸有廣坦, 當河之支流, 分爲三條, 曰布蘭補答, 曰恒額, 曰印度. 其水皆來自西藏. 東西兩岸, 皆山連山, 皆密林, 延及南方海濱, 所謂哥摩林也. 印度西北有曠野, 廣袤方圓五萬里, 夏無草木, 飛塵蔽空. 惟於深谷內掘井以飮, 產水瓜止渴. 西北海邊甚低, 有二海港, 一曰屈治, 一曰干拜. 內有鹹澤, 衆水所入, 所謂裏海也. 印度之南, 有錫蘭島, 島間有馬那爾海港, 其水淺. 大抵錫蘭島之間, 與巴勒海相隔, 無多港支, 海舶不至. 其印度河自西藏涌出, 初西北流, 後轉西南, 入五印度地, 衆水之所滙也. 至一處, 有五支河入之, 五印度之所以名者, 或亦以此. 在新締地亦有海口, 其水淺, 大船不能入. 恒額河所流出之地, 在印度之北界, 其地高於海面者九百丈. 南流入印度國, 又多分支, 入旁甲拉海隅, 卽印度人所稱聖江者是也. 流傳謂能浴此河內, 卽洗滌諸大罪過. 故自遠來溺死河邊者不少. 榜甲拉有石岸, 在南地之河. 產金沙·金剛石·紅靑藍等玉, 巴勒海產珍珠. 其北方產米·鴉片·緜花·靑靛·糖. 南方產胡椒·檀香·各項香木·樹膏·椰子·桂皮·各項材木. 獸有象·兕·豹·虎·駱駝·野驢·鹿, 惟牛最鮮, 有則民稱爲神. 禽翎羽甚美, 但無能鳴者. 昆蟲多如海沙, 而白蟻最狠, 又多靑蛇.

印度國自古有名, 所出寶物不可勝數, 人皆視爲樂土. 故凡稱他國最美之區, 則曰猶五印度云. 自古與東洋·西洋各國無往來, 其書冊所錄, 惟述佛菩薩神明之異. 衆民各分品類, 各守戒律, 有犯必逐. 惟聽第一品婆羅門輩之命, 其

君大國者, 皆出此族. 周赧王年間有希臘國王者侵五印度, 自後遂由紅海通商貿易, 旣而佛敎之僧, 遍往四方傳其敎, 竟至中國, 中國百姓亦盛奉此敎. 卽日本·暹羅·緬甸各國, 皆設其像而建其廟. 至漢時始與中國交接. 自耶穌升天後數十年, 其門徒亦至此國傳福音之理, 所立聖會, 至今尙存. 後五印度各國多年肇釁, 互相爭戰. 及宋靖康年間, 有回回族由白西爾亞伐五印度, 據其地創立大國, 富强浸盛. 於是西域押安之遊牧部落, 皆貪其富而攻伐之. 始於元初創國時爭據其地, 壞佛菩薩像, 强百姓入敎門, 不從則斬, 亂久不息. 明建文元年, 西域蒙古撒馬爾罕王諦母爾, 强服印度國, 創立大蒙古號, 管理五印度大半, 各國皆震慄. 及明世宗嘉靖八年, 蒙古王全操印度之權, 建立法度, 歷十五年. 其國廣袤方圓至七萬餘里, 居民四百萬名, 歲收餉銀二萬二千四百萬, 各國皆景仰焉. 時葡萄亞人於明武宗正德七年初到五印度海西邊通貿易. 後占其海口, 稱曰峩亞, 復於他海口開埠. 而荷蘭人亦於嘉靖年間至此國, 造船奪葡萄國所據之錫蘭島, 開港通市, 然必奉大蒙古之諭. 後英吉利·佛蘭西·大尼三國亦乘機往租地通商, 皆在偏隅, 未開廣市, 於時大蒙古之君威權重大, 人皆畏之. 其後衆子爭權, 內亂竝起, 各部酋皆乘間自王其地, 遂四分五裂.

英吉利國於萬曆二十六年在印度創立公班衙, 與各國貿易, 得利甚微. 萬曆三十八年, 又在印度西北蘇拉地方開埠. 順治十年始於馬答拉貿易. 康熙二年, 葡萄牙國以網買島讓英國, 正在印度之西. 數年後, 大蒙古王肇釁, 商人有見殺者. 康熙三十八年後, 英吉利與佛蘭西肇釁, 卽在印度之砲臺互相攻擊, 前則英失, 後則佛奔. 於是隣國皆動干戈, 或助英, 或從佛, 屢有戰爭, 歐羅巴公使出爲兩國議平. 乾隆二十年, 佛國官蠱惑蒙古所駐榜甲拉之兵帥, 將所轄之英商弁, 盡行禁錮, 斃其大半. 英人欲雪此仇, 調傾國之師, 駛入恒額河, 與其土酋盟, 自逐其蒙古酷主. 佛蘭西乘隙復率荷蘭師船入內河, 力拒英人. 英人中有才能者曰加里威, 集衆聚議, 與其蒙古土君背城一戰, 竟獲全勝. 於是東印度各君

長, 皆以其地讓給旁甲拉, 以爲英人之藩屬. 其南方地, 或買或和得之. 於是英國調兵帥代理其全地, 又擇其年少聰明者使之學而後執政. 恐其受賄賂, 則給厚俸以養其廉.

乾隆六十年間, 有蒙古土酋與英人交鋒, 招佛蘭西助之. 英軍盡力攻守, 至嘉慶四年, 土酋父子悉降, 其地大半歸英. 嘉慶十年, 盡驅佛蘭西駐印度之兵, 以據其地. 又在南方占荷蘭國所據之牙瓦等島也. 時英人在此地尙與印度爲對峙, 旣而大蒙古國漸微, 其外部盡背叛自立, 於是英人入其都. 其蒙古王曰得希者, 反賴英官賙濟之. 其初財積如山, 竟成窮乏, 此以知大國之不可恃也!

嘉慶十六年, 各土君在五印度者皆服. 惟有耶加之族類越境侵擾, 英人討之. 西北有新起教門, 其首領係西刻人, 甚勇猛, 土君惴惴求英人保護而納貢焉. 緬甸王亦與英人爭鋒, 且殺其兵將, 入旁甲拉地, 攻英藩屬, 連年不解. 後英軍擊敗緬甸, 入其都, 緬王求和, 讓北方竝南海口, 且償其兵費. 於是各國皆畏英兵之強, 五印度國賴以少安. 歷數百年, 或同盟之土君有叛者, 必除其位. 是以農力於田, 匠勤於肆, 商則遍出於其途, 皆歸英權轄.

忽峨羅斯國使與甲布君盟, 合白西國攻擊黑臘城. 道光十八年, 英軍克甲布地, 復立其舊主. 二十一年, 甲布人又生異心, 英人募兵侵甲布, 仍復前王之位. 此時西刻地之主復募兵侵英境. 英軍旋剿滅, 以峨拉昇王此國, 於是加治彌耳地亦歸英國. 自是五印度皆安堵矣.

五印度人固執教門, 不論佛敎·婆羅門·回回, 皆一心堅守. 民多紫黑色, 有面白者, 有正黑者. 身體高大, 行不能速. 髮長而黎, 身多瘦, 貌圓扁, 額大而高. 女多美. 男女以白布繞身, 好潔勤洗, 常以布纏頭, 卽纏頭回回也. 百姓畏熱少衣, 好以金銀器飾手·足·耳·鼻, 常赤足, 不用履.

其教門古分四品, 卽婆羅門等是也. 僧長領軍士·商匠·農工, 各分品類等級, 世守其業, 不得互相婚姻. 一出其品類, 卽謂忘本原, 不得比於人數. 是以上品

世貴, 下品世賤. 婆羅門爲上品, 門第最重. 婆羅門之巧獪者, 藉經術以漁利濟私. 此外尙有各國族類與本土人相雜. 歐羅巴中惟葡萄亞人甚多, 計約六十萬, 皆執天主教, 與土人未通往來. 英人苗裔在此者, 文武兵丁六萬, 工商等人四萬. 亞拉人亦有來此充兵立業. 各類參雜, 統計約二十萬萬口, 大半服英國權轄. 土音係梵語, 所撰書冊詩本, 惟僧能講. 其民土音有三十餘種, 今則多習英語, 譯各藝術之書, 以資日用. 城內大開書院, 廣教學士. 崇婆羅門佛教者居十之九, 尤異者, 數年前, 教門之寡婦必同夫屍自焚, 爭赴禮佛菩薩之像, 致車輪壓斃者不勝數. 此眞婆羅酷虐之門, 迷惑不悟, 大可哀哉!

其回回教之人, 約千五百萬口, 崇耶穌教者亦幾十萬人. 又北印度國·錫蘭島等處, 皆確守釋迦之教.

英國據印度地大半, 分四部. 東北方曰榜甲拉部, 方圓萬有二百四十八里, 居民六千六百九十四萬二千口. 中央曰亞加拉部, 廣袤方圓四千一百九十六里, 居民二千二百一十四萬六千七百口. 東南曰馬答拉部, 廣袤方圓六千七百里, 居民六千四百八十七萬六千口. 西方曰網買部, 方圓三千六十五里, 居民六百八十八萬七千口. 北界廓爾加地, 南界同名之海隅, 東至亞散·緬甸等地, 西至巴哈部, 緯度自二十一度至二十七度. 平坦豐盛, 恒額河東南流之所在也. 海邊有潴澤. 二十四分之中, 三分河湖, 四分荒蕪, 一分鄉城, 三分牧場, 九分田, 四分未墾之地. 徧地皆支江, 可以灌漑. 其水時漲壞田, 夏旱又易淺涸, 稍雨則水驟長. 江河遷變無常, 滄桑陵谷, 盈涸時有. 春夏之交, 雷雨連月, 不勝蒸熱. 秋則無雨, 零露瀼瀼, 天氣苦冷. 北方則近雪山, 寒凍更甚. 中央地勢卑濕, 平地皆水, 家家以小舟通來往. 鄉村廣大, 皆築高皐以居, 生齒浩繁.

榜甲拉爲米穀所出, 夏禾多麥, 兼產豆·粟·黍·薑, 竝出鴉片·靑黛·煙·糖·油, 在印度首推沃饒之地. 田歲收二次, 一穀一菜. 但民不善耕, 且多貧, 不能具農器. 男美體段, 女好染指甲作赤色. 平民亦喜爭訟. 當步兵者四分之三. 奉婆羅

門敎甚謹. 出蠶絲, 善造紬緞, 織纈紗布. 亦出硝·磁砂, 竝各藥材. 富者開肆, 兌換金寶, 貸銀取利. 不好遠出.

榜甲拉西連巴哈, 亦屬此部, 在廓耳加之南. 緯度自二十二度至二十六度. 出鴉片·緜花·穀·餹·黛靑·油·檳榔·玫瑰花露.

榜甲拉之南, 曰阿勒撒部. 地瀕海, 未開墾, 多山林密箐. 山民聽本宗長領, 不服他人. 其性蠻, 其地磽, 江中多毒蟲·鱷魚.

榜甲拉之都會, 曰甲谷他城, 在胡義利河邊, 恒額河之支流也. 北極出地二十二度三十三分, 偏東八十八度二十八分. 爲榜甲拉之大海口, 統印度大兵帥所駐, 各文武官商皆居於此. 地甚遼闊, 城池高固, 四方置大砲臺. 居民甚雜, 乃各國所集之大市, 舟車輻輳, 每年運出貨價約三千六百萬兩. 其軍士則屯於巴拉破利砲臺, 距荷蘭破利城不遠. 其城前屬大尼國, 亦美邑也. 居民萬三千口, 內多回回人, 造絺綌裟布. 母耳士他城, 城在河邊, 屋宇三萬間, 居民十六萬五千口, 多富饒. 巴那城, 居民三十萬, 種罌粟. 其土人大半回回, 性多傲. 半古答, 城壯屋美, 民多長壽. 距此地不遠, 曰若尼宇城, 有佛菩薩廟, 印度四方之人, 每歲來禮拜者, 約十萬人, 道斃死者不少. 而僧則愈富足.

東連榜甲拉之亞山地, 在雲南交界, 亦屬榜甲拉. 長一千二百里, 闊自六百里及百二十里不等, 地平坦, 巴馬布他河支流之下遊也. 多礦, 沿河有金沙, 山內產石炭, 出米穀. 田未開墾者十之八九. 多瘴癘. 居民由中國遷來者, 建屋築城, 其古蹟至今尚存, 後被緬甸掃蕩, 而其地難以復興. 居民約三十萬, 崇佛敎. 山民尤樸實, 與人無詐騙. 其居民大半老掌之族, 守分務業, 藉英國人爲保護.

榜甲拉海隅之東, 爲亞拉干地, 廣袤方圓千八百里, 東連緬甸, 以高山爲界. 內多廣谷支溪, 遇雨漲溢, 遍地成湖澤. 土極豐腴, 宜果木而多瘴. 異方人不服水土. 海口處處可泊, 其魚繁. 林內多象·虎. 居民二十一萬六千名. 會城曰亞拉干, 古極興旺. 今又有海口之邑, 曰脚地, 亦通商之處.

亞山之南尙有各地, 草木叢茂, 人蹟罕到. 然居民健勇可用. 此地當東印度·緬甸之交界, 乃母尼補·甲治加特·比拉·可西亞各土酋所轄, 其民野性不馴, 統歸英人羈縻.

亞甲部, 在榜甲拉西北, 廣袤方圓四千一百八十七里, 居民二十萬. 當諸河下游, 西南其山漸高. 布那出金剛石, 西方多牧場, 與高山相連, 天氣與江浙無異. 居民健壯, 産物多猛獸. 東連榜甲拉, 西南抵網買列酋境, 北及雪山·西刻之地, 北極出自二十五及二十八度. 內河甚淺, 未足灌漑. 盛出者縣花·靑黛·白鹺, 居民織粗布, 僅足用. 此地昔爲大蒙古之都, 尙有古蹟, 居民多回回, 是爲印度之聖城. 其都會曰亞拉哈巴城, 在恒額河·閭那河會滙之處, 居民六萬餘口. 印度人在此集會燒香. 城爲蒙古所造, 甚堅固, 有大軍局. 又有比那勒城, 亦五印度之聖城. 四方雲集以拜佛像, 婆羅門僧多若蜂聚. 其街甚狹, 居民二十餘萬. 每年自遠方來敬佛者不下十萬, 爭向恒額河浴身. 回回五分之一, 與土民分黨, 不居城內.

亞甲, 居民九萬六千, 昔係大城, 今漸衰矣. 內多宮殿古蹟, 有昔時王后之陵, 最壯麗, 廣通商. 又德希城, 大蒙古之故都也. 居民十五萬, 舊國王苗裔在此, 賴英人之祿以度生.

巴勒里城, 居民七萬, 回回居三分之一. 屬地曰古摩雲, 與西藏不遠. 山林深邃, 冬甚冷. 物産茂盛, 居民不多, 田亦褊少. 前婆羅門僧再據此地, 與西藏通. 廓爾加國君於嘉慶十九年據之, 後讓地於英人. 英國貴人多建別墅, 每歲從印度來此, 作銷夏之會. 所駐之地曰新拉, 乃印度統帥行館納涼之所. 且登山以獵熊·虎, 夏後仍還印度平坦之地.

尼布他地, 在尼布他河之兩岸. 其民未向化, 惟伐林木爲材料, 不用銀錢, 只以鹽·鹺交易. 其平地及谷內亦有印度人, 但地未開墾. 所交界之雲他瓦地, 間有向化之土人, 與中國苗蠻無異.

馬他拉部, 在印度南, 廣袤方圓六千七百里, 居民千四百八十七萬. 海邊有輕沙如鹽鹵, 天氣長熱, 雨則全地皆漲, 旱則野無青草. 南方高山深林, 下滙溪澗, 可灌全地. 山頂結冰, 而谷中暑燠難堪. 海邊出椰子‧緜花, 內地產米稻‧甘蔗‧芝麻. 西邊地最低, 出胡椒‧肉豆蔲‧米, 山溪內多產金沙. 其會城同名馬答拉, 計屋二萬七千間, 居民四十二萬. 雖瀕海口, 而無泊處, 船難到岸. 各砲臺內, 文官日間務事, 晚則歸莊園水榭, 以度良夜. 其土民所住稱黑城, 爲數甚繁. 旁牙羅利城, 在內地高原, 英軍屯駐焉. 西令牙巴城, 高而堅固, 居民三萬, 英軍前此力攻克者也. 君巴歌倫, 居民三萬, 有大池, 云浴之者可滌諸罪, 各信土雲集, 以祈清潔. 亦恒額河所分滙也.

特治那破里城, 居民八萬, 乃土君所駐之都. 四方豐盛, 多奉耶穌敎. 曼牙羅利海口, 在西方, 居民三萬. 加里屈海口, 居民數同, 葡萄牙人初到印度時, 卽抵此港. 在西邊爲海灣最深入之地, 東邊無灣可泊.

網買部, 廣袤方圓三千六百六十五里, 居民六百八十八萬七千. 屬此部者非一處. 山多而地磽, 五穀不足, 惟產緜花, 每年四分之一運進中國. 又出檀香等貨. 居民多回回. 會城與部同名, 北極出地十八度五十六分, 偏東七十二度五十七分. 昔葡萄亞國以此島讓英人, 遂建城邑. 初不服水土, 今已天氣淸爽. 居民二十三萬, 住屋二萬七百八十六間. 中多白頭回人, 有豪氣, 博濟好施, 專務通商. 其民皆能講十九種語音, 尤樂與中國人交易. 亦與亞拉‧白西等國貿易. 英國船廠在焉, 能造最大戰艦商船. 蘇拉城亦在海隅, 居民六十萬口, 大半崇印度婆羅門之敎, 其愚人或以獸牲爲聖畜, 養之誠謹. 古時此處爲通商之埠, 但海口潮溜甚急, 船難近岸. 布那乃內地之城, 居民七萬, 有大書館焉. 此外城邑尙多.

주석

1   잉와국Innwa: 원문은 '아와국阿瓦國'이다.

2   티베트Tibet: 원문은 '서장국西藏國'이다.

3   벵골만Bay of Bengal: 원문은 '방갈랄해旁葛剌海'이다.

4   아라비아해Arabian Sea: 원문은 '아랍비아해亞拉比亞海'이다.

5   발루치스탄Baluchistan: 원문은 '피로직탄국皮路直坦國'이다.

6   아프가니스탄Afghanistan: 원문은 '아가업탄국亞加業坦國'이다.

7   콜카타Kolkata: 원문은 '갑곡타甲谷他'로, 지금의 인도 서벵골주의 주도
    이다.

8   미국: 원문은 '화기국花旗國'이다.

9   마라타Maratha: 원문은 '마탑랄馬搭剌'이다.

10 뭄바이Mumbai: 원문은 '망매網買'로, 지금의 인도 서부에 위치한다.

11 브라만Brahman: 원문은 '승僧'이다.

12 크샤트리아Kshatriya: 원문은 '병兵'이다.

13 바이샤Vaisya: 원문은 '상商'이다.

14 수드라Sudra: 원문은 '역役'이다.

15 갠지스강Ganges River: 원문은 '연절사강沿絶斯江'이다.

16 인더스강Indus River: 원문은 '인도강印度江'이다.

17 브라마푸트라강Brahmaputra River: 원문은 '포란포탑강布蘭布塔江'이다.

18 대브라만: 원문은 '대우상大偶像'이다.

19 베나레스Benares: 원문은 '비나력比拿力'으로, 힌두교의 성지이다. 지금의
    인도 바라나시Varanasi이다.

20 고아Goa: 원문은 '아아俄亞'로, 지금의 인도 서부 연안에 위치한다.

21 학교: 원문은 '서원書院'이다.

22 실론Ceylon: 원문은 '석란주錫蘭洲'이다.

23 벵골만: 원문은 '방가랄해만榜加剌海灣'이다.

24 아프가니스탄: 원문은 '아부간국阿付干國'이다.

25 오만만Gulf of Oman: 원문은 '과만해만科曼海灣'이다.

26 갠지스강: 원문은 '안일安日'이다.

27 브라마푸트라강: 원문은 '파랄미니巴剌迷尼'이다.

28 마하나디강Mahanadi River: 원문은 '마합노적瑪合奴的'이다.

29 고다바리강Godavari River: 원문은 '가달위려哥達威黎'이다.

30 크리슈나강Krishna River: 원문은 '기사덕나基斯德那'이다.

31 코베리강Cauvery River: 원문은 '가위리加威利'이다.

32 나르마다강Narmada River: 원문은 '내이포달內爾布達'로, 납파달하納巴達河라
    고도 한다.

33 탑티강Tapti River: 원문은 '달포적達布的'이다.

34 칠리카호Chilika Lake: 원문은 '기이가幾爾架'이다. 지금의 인도 최대 담수호
    이다.

35 벰버나드호Vembanad Lake: 원문은 '곽랍이이郭拉伊爾'이다. 지금의 인도 케
    랄라주Kerala에 위치하는 벰버나드호로 추정된다.

36 니긴호Nigeen Lake: 원문은 '임林'이다.

37 달호Dal Lake: 원문은 '달이達爾'이다.

38 뇌사磠砂: 광물로, 천연의 염화암모늄을 말한다.

39 브라만교: 원문은 '파랍마巴拉馬'이다.

40 시크교: 원문은 '나내극那內克'으로, 시크교의 창시자인 구루 나나크Nānak
    의 음역이다.

41 신디아Scindia: 원문은 '신적아新的亞'이다.

42 시크Sikh: 원문은 '색가塞哥'이다.

43 신드Sind: 원문은 '신지信地'로, 지금의 파키스탄에 위치한다.

44 네팔Nepal: 원문은 '니파이尼巴爾'이다.

45 아그라Agra: 원문은 '아가랍亞加拉'으로, 아가랍亞哥拉, 아가랄亞加剌이라고
    도 한다. 지금의 인도 우타르프라데시주에 위치한다.

46 괄리오르Gwalior: 원문은 '과리이瓜利爾'로, 지금의 인도 마디아프라데시 주에 위치한다.

47 칸데시Khandesh: 원문은 '간덕의지干德宜至'이다. 광서 2년본에는 '간干'이 '우于'로 되어 있으나, 악록서사본에 따라 고쳐 번역한다.

48 말와Malwah: 원문은 '마로말馬盧襪'로, 지금의 인도 마디아프라데시주 남 서쪽 일대에 위치한다.

49 수틀레지강Sutlej River: 원문은 '살덕륵지하薩德勒至河'이다. 광서 2년본에는 '살薩'이 '융隆'으로 되어 있으나, 악록서사본에 따라 고쳐 번역한다.

50 발루치스탄: 원문은 '북라길사단北羅吉斯丹'이다.

51 펀자브Punjab: 원문은 '본약本若'으로, 지금의 파키스탄 북동부에 위치 한다.

52 라호르Lahore: 원문은 '로이勞爾'로, 지금의 파키스탄 펀자브주의 주도 이다.

53 라비강Ravi River: 원문은 '랍유하拉維河'로, 펀자브 평원을 지나는 강이다.

54 코히스탄Kohistan: 원문은 '고의사단固宜斯丹'으로, 지금의 아프가니스탄에 위치한다.

55 카슈미르Kashmir: 원문은 '가지미이加支迷爾'로, 가치미이加治彌爾라고도 한다.

56 암리차르Amritsar: 원문은 '아살륵亞薩勒'이다. 지금의 인도 북서부 펀자브 주 북부에 위치한다.

57 페샤와르Peshawar: 원문은 '북조위이北朝威爾'로, 비살파이非薩巴爾라고도 한다. 지금의 파키스탄 북서부에 위치한다.

58 자이푸르Jaipur: 원문은 '기이가포幾爾加布'이다.

59 물탄Multan: 원문은 '목이단木爾丹'으로, 지금의 파키스탄 펀자브주에 위 치한다.

60 레이아Leiah: 원문은 '륵아勒亞'로, 지금의 파키스탄에 위치한다.

61 데라이스마일칸Dera Ismail Khan: 원문은 '덕랍의사마이한德拉義斯馬伊汗'으 로, 지금의 파키스탄에 위치한다.

62 데라가지칸Dera Ghazi Khan: 원문은 '덕랍합서한德拉合西汗'으로, 지금의 파
   키스탄에 위치한다.

63 바하왈푸르Bahawalpur: 원문은 '파합와이포巴合瓦爾布'로, 지금의 파키스탄
   편자브주에 위치한다.

64 아지메르Ajmer: 원문은 '아일미이亞日迷爾'로, 지금의 인도 라자스탄주에
   위치한다.

65 쿠치Kutch: 원문은 '가지加支'로, 지금의 인도 서부 구자라트주에 위치한다.

66 하이데라바드Hyderabad: 원문은 '해덕랍파海德拉巴'로, 지금의 파키스탄 신
   드주에 위치한다.

67 다두Dadu: 원문은 '달대達大'로, 지금의 파키스탄 신드주에 위치한다.

68 카라치Karachi: 원문은 '가랍제哥拉齊'로, 지금의 파키스탄 신드주의 주도
   이다.

69 나르가나Nargana: 원문은 '납이가납拉爾加納'이다.

70 부탄Bhutan: 원문은 '포단국布丹國'이다.

71 델리Delhi: 원문은 '덕렬부德列部'이다.

72 아우드Oudh: 원문은 '오덕국烏德國'이다.

73 바하르Bahar: 원문은 '파아이부巴阿爾部'이다. 광서 2년본에는 '파巴' 자가
   없으나 지리적 사실에 따라 고쳐 번역한다. 지금의 인도 비하르Bihar 지
   역이다.

74 카트만두Kathmandu: 원문은 '가덕만도加德滿都'이다.

75 먹쿠완푸르Makwanpur: 원문은 '마각왕재이馬各王在爾'로, 지금의 네팔에 위
   치한다.

76 간다키Gandaki: 원문은 '가당加當'이다. 지금의 네팔에 위치한다.

77 자낙푸르Janakpur: 원문은 '찰언포이札言布爾'이다.

78 사프다리Saptari: 원문은 '살파대薩巴帶'로, 지금의 네팔 남동부에 위치한다.

79 아룬Arun: 원문은 '마륭麼隆'으로, 지금의 아루나찰프라데시주Arunachal
   Pradesh로 추정된다.

80 데칸Deccan: 원문은 '덕간德干'이다.

81 나그푸르Nagpur: 원문은 '나가포이那哥布爾'로, 지금의 인도 마하라슈트라
   주Maharashtra에 위치한다.

82 홀카르Holkar: 원문은 '갈이가이曷爾加耳'이다.

83 마이소르Mysore: 원문은 '매색이賣索耳'이다.

84 주나가드Junagadh: 원문은 '일과이日瓜爾'이다.

85 라자스탄Rajasthan: 원문은 '랄일포덕剌日布德'이다.

86 시르힌드Sirhind: 원문은 '서림덕西林德'이다.

87 분델칸드Bundelkhand: 원문은 '방덕이간邦德爾干'으로, 지금의 인도 마디아
   프라데시주에 위치한다.

88 보팔Bhopal: 원문은 '파보이波保爾'이다.

89 사타라Satara: 원문은 '살달랍薩達拉'이다.

90 트라방코르Travancore: 원문은 '달랍왕가이達拉王哥爾'로, 18세기 초부터
   20세기 중반까지 지금의 인도 서남부 케랄라주Kerala에 존재했던 나라
   이다.

91 바하르: 원문은 '파아이巴阿爾'이다.

92 알라하바드Allahabad: 원문은 '아랍합파이덕亞拉合巴爾德'으로, 지금의 인도
   우타르프라데시주에 위치한다.

93 러크나우Lucknow: 원문은 '로각뇌盧各腦'로, 지금의 인도 우타르프라데시
   주의 주도이다.

94 굼티강Gumti River: 원문은 '고옹적하高翁的河'로, 갠지스강의 지류이다.

95 카이라바드Khyrabad: 원문은 '기랍파幾拉巴'로, 지금의 인도 우타르프라데
   시주에 위치한다.

96 바라이치Baraitch: 원문은 '파래지巴來支'로, 지금의 인도 우타르프라데시
   주에 속한다.

97 단다Danda: 원문은 '단달丹達'이다.

98 카르나티크Carnatic: 원문은 '가이나덕부加爾那德部'로, 지금의 인도 남부에
   위치한다.

99 말와: 원문은 '마이말부馬爾襪部'이다.

100 비다르Bidar: 원문은 '비덕이比德爾'이다.

101 베라르Berar: 원문은 '북랍이北拉爾'이다.

102 아마드나가르Ahmadnagar: 원문은 '아와랑가파亞瓦郎加巴'이다.

103 비자푸르Bijapur: 원문은 '북사포이北乍布爾'로, 지금의 인도 카르나타카주에 위치한다.

104 오리사Orissa: 원문은 '아리살부阿利薩部'로, 인도 동부에 위치한다.

105 시르카르스Circars: 원문은 '서이가부西爾加部'이다.

106 알라하바드: 원문은 '아랍파부亞拉把部'이다.

107 찬드푸르Chandpur: 원문은 '소포이昭布爾'로, 지금의 방글라데시 남동부에 위치한다.

108 라이푸르Raipur: 원문은 '렬포이列布爾'이다.

109 쿠타크Cuttack: 원문은 '고달古達'이다.

110 와르하Wardha: 원문은 '위랍합이威拉合爾'로, 지금의 인도 마하라슈트라주에 위치한다.

111 구자라트Gujarat: 원문은 '고살랍적부古薩拉的部'이다.

112 칸데시: 원문은 '간적시부干的是部'이다.

113 카나라Kanara: 원문은 '가나랄부加那剌部'이다.

114 비자푸르: 원문은 '패사포이부貝查布爾部'이다.

115 벵갈루루Bengaluru: 원문은 '방가라이邦加羅爾'이다.

116 카다파Kadapa: 원문은 '기나파등幾那巴登'이다. 지금의 인도 남동부 안드라프라데시주에 위치한 카다파로 추정되는데, 과거 마이소르 왕국의 지배를 받았다.

117 치트라두르가Chitradurga: 원문은 '기덕랍극幾德拉克'으로, 기덕이덕랍극幾德爾德拉克이라고도 한다. 지금의 인도 카르나타카주에 위치한다.

118 살렘Salem: 원문은 '새랍賽拉'이다.

119 카르나타카Karnataka: 원문은 '가랄이哥剌爾'로, 지금의 인도 남서부에 위치한다.

120 카티아와르Kathiawar: 원문은 '고의가와이古宜加瓦爾'이다.

121 아우랑가바드Aurangabad: 원문은 '아미대파부亞美大巴府'로, 지금의 인도 마하라슈트라주에 위치한다.

122 오만만: 원문은 '아만해만痾曼海灣'이다.

123 바도다라Vadodara: 원문은 '파라달巴羅達'로, 파라타巴羅他라고도 한다. 지금의 인도 중서부에 위치한다.

124 구자라트: 원문은 '고사랍덕부古斯拉德部'로, 고새랍덕古塞拉德이라고도 한다. 지금의 인도 북서부에 위치한다.

125 자이푸르: 원문은 '일의포이日宜布爾'이다.

126 코타Kota: 원문은 '가달哥達'로, 지금의 인도 라자스탄주에 위치한다.

127 분디Bundi: 원문은 '분적奔的'으로, 지금의 인도 라자스탄주에 위치한다.

128 우다이푸르Udaipur: 원문은 '가대포이柯代布爾'로, 지금의 인도 라자스탄주에 위치한다.

129 조드푸르Jodhpur: 원문은 '입덕포이入德布爾'로, 지금의 인도 라자스탄주에 위치한다.

130 통크Tonk: 원문은 '당극當克'으로, 지금의 인도 라자스탄주에 위치한다.

131 자이살메르Jaisalmer: 원문은 '일살미이日薩迷耳'로, 지금의 인도 라자스탄주에 위치한다.

132 비카네르Bikaner: 원문은 '비가니이比加尼爾'로, 지금의 인도 라자스탄주에 위치한다.

133 팔리Pali: 원문은 '파적巴的'으로, 지금의 인도 라자스탄주에 위치한다.

134 파티알라Patiala: 원문은 '파적아랍巴的亞拉'으로, 지금의 인도 펀자브주에 위치한다.

135 다람살라Dharamshala: 원문은 '달내살이達內薩爾'이다. 지금의 인도 히마찰프라데시주에 위치한다.

136 루디아나Ludhiana: 원문은 '랍적아납拉的亞納'으로, 지금의 인도 펀자브주에 위치한다.

137 암발라Ambala: 원문은 '옹파랍翁巴拉'으로, 지금의 인도 하리아나주에 위치한다.

138 차타르푸르Chatarpur: 원문은 '찰덕이포札德爾布'이다.

139 푸나Poona: 원문은 '포나布那'로, 지금의 인도 마하라슈트라주에 위치한 푸네Pune이다.

140 보팔국: 원문은 '파보이국波保爾國'이다.

141 알라하바드: 원문은 '아랍합파부亞拉合巴部'이다.

142 비자푸르: 원문은 '북야포이부北惹布爾部'이다.

143 빠진 글자가 있는 것 같다: 원문은 '의유탈자疑有脫字'이다. 광서 2년본에는 없으나 악록서사본에 따라 고쳐 번역한다.

144 마하발레슈와르Mahabaleshwar: 원문은 '마합비리석이馬合比里昔爾'로, 지금의 인도 마하라슈트라주에 위치한다.

145 미라지Miraj: 원문은 '미려지美黎至'로, 지금의 인도 마하라슈트라주에 위치한다.

146 판다르푸르Pandharpur: 원문은 '반덕이포般德爾布'로, 지금의 인도 마하라슈트라주에 위치한다.

147 트리반드룸Trivandrum: 원문은 '적리만덕룽的里灣德棱'으로, 지금의 인도 케랄라주의 주도이다.

148 푸텐키라Puthenchira: 원문은 '파이가波爾架'로, 지금의 인도 케랄라주에 위치한다.

149 퀼론Quilon: 원문은 '고란固蘭'으로, 지금의 인도 케랄라주에 위치한다.

150 알라푸자Alappuzha: 원문은 '안임가安任加'로, 지금의 인도 케랄라주에 위치하는 알라푸자로 추정된다.

151 실론섬: 원문은 '석란해도錫蘭海島'이다.

152 아삼Assam: 원문은 '아상국亞桑國'으로, 지금의 인도 북동부에 위치한다.

153 아라칸Arakan: 원문은 '아랄간阿剌干'으로, 지금의 미얀마 서부에 위치한다.

154 모타마Mottama: 원문은 '마이달반馬爾達般'으로, 지금의 미얀마 몬주Mon에 위치한다.

155 다웨이Dawei: 원문은 '달위신부達威新埠'로, 지금의 미얀마 남동부에 위치

한다.

156 슬랏Selat: 원문은 '식랄息辣'로, 해협이란 뜻이며, 지금의 싱가포르이다.

157 믈라카Melaka: 원문은 '마랍가각馬拉加咯'이다.

158 마드라스Madras: 원문은 '마달랍사馬達拉斯'이다.

159 뭄바이: 원문은 '맹매孟買'이다.

160 콜롬보Colombo: 원문은 '가륜파哥倫波'로, 지금의 스리랑카 수도이다.

161 알라하바드: 원문은 '아랍합파阿拉合巴'이다.

162 바하르: 원문은 '파합이巴合爾'이다.

163 콜카타: 원문은 '가이고달加爾古達'로, 지금의 인도 서벵골주의 주도이다.

164 후글리강Hooghly River: 원문은 '오급려하烏給黎河'이다.

165 곤드와나Gondwana: 원문은 '강도아나부岡都亞那部'이다.

166 파트나Patna: 원문은 '파달나巴達那'이다.

167 오리사: 원문은 '과려살부科黎薩部'이다.

168 고다바리강: 원문은 '가달위리하哥達威利河'이다.

169 쿠타크: 원문은 '고달극古達克'이다.

170 하이데라바드: 원문은 '의덕랍파義德拉巴'이다.

171 북부 시르카르스Northern Circars: 원문은 '북서이가이北西爾加耳'로, 지금의
    인도 북부 시르카르스 지역이다.

172 바하르: 원문은 '비합이卑合爾'이다.

173 가르왈Garhwal: 원문은 '고이와륵부古爾瓦勒部'이다. 히말라야의 중심에 위
    치하며 네팔 서쪽 국경에서 인도 중북부에 이르는 지역이다.

174 스리나가르Srinagar: 원문은 '서리나도西里那都'로, 지금의 인도 북부 인도
    령 잠무카슈미르주에 위치한다.

175 카슈미르: 원문은 '극십미이克什彌爾'이다.

176 비자푸르: 원문은 '북일포이부北日布爾部'이다.

177 마드라스: 원문은 '마달랍사대馬達拉斯大'이다.

178 코임바토르Coimbatore: 원문은 '가영파도이부哥英巴都爾部'이다.

179 말라바르Malabar: 원문은 '마랍파이부馬拉巴爾部'이다.

180 딘디굴Dindigul: 원문은 '정적고이부丁的古爾府'이다.

181 망갈로르Mangalore: 원문은 '몽가라이蒙加羅爾'이다.

182 발라가트Balaghaut: 원문은 '파랍가부巴拉加部'이다.

183 살렘: 원문은 '살령부薩靈部'이다.

184 베라르: 원문은 '북랍리北拉利'이다.

185 오리사: 원문은 '와려살부窩黎薩部'이다.

186 군투르Guntur: 원문은 '간도이干都爾'로, 지금의 인도 안드라프라데시주에
위치한다.

187 아우랑가바드Aurangabad: 원문은 '과륭가파부科隆加巴部'로, 아륭가파疴隆加
巴라고도 한다.

188 비다르: 원문은 '비덕이부比德爾府'이다.

189 아라비아해: 원문은 '인도해印度海'이다.

190 잘나Jalna: 원문은 '고이나高爾那'이다.

191 수라트Surat: 원문은 '소랍적蘇拉的'이다.

192 고아: 원문은 '과말科襪'로, 아말疴襪이라고도 한다.

193 판짐Panjim: 원문은 '방정邦靖'으로, 지금의 인도 고아주의 주도인 파나지
Panaji이다.

194 살세트Salcete: 원문은 '살이새적薩爾塞的'으로, 지금의 인도 고아주에 위치
한다.

195 마르가오Margao: 원문은 '마이강馬爾岡'으로, 지금의 인도 고아주에 위치
한다.

196 바데즈Bardez: 원문은 '파이덕사巴爾德斯'이다.

197 마푸사Mapusa: 원문은 '마포살馬布薩'이다. 지금의 인도 고아주에 위치한다.

198 반다Banda: 원문은 '분달奔達'이다.

199 카나코나Canacona: 원문은 '가나가납加那哥納'이다.

200 비콜림Bicholim: 원문은 '비길령比吉靈'이다.

201 사타라: 원문은 '살달리薩達利'이다.

202 페르넘Pernem: 원문은 '북이령北爾寧'이다.

203 카콜렘Kakolem: 원문은 '가가랄加哥剌'이다.

204 다만Daman: 원문은 '달몽達蒙'이다.

205 구자라트: 원문은 '고색랍적부古塞拉的部'이다.

206 디우Diu: 원문은 '적옥的玉'이다.

207 퐁디셰리Pondicherry: 원문은 '분적지려부奔的支黎府'로, 지금의 인도 동부에 위치한다.

208 카리칼Karikal: 원문은 '가려가이부加黎架爾府'이다.

209 야남Yanam: 원문은 '아나안부牙那安府'이다.

210 찬다나가르Chandannagar: 원문은 '상덕이나가부商德爾那哥府'이다.

211 마에Mahé: 원문은 '마흑부馬黑府'로, 지금의 인도 서쪽 해안에 위치한다.

212 덴마크: 원문은 '대니국大尼國'이다.

213 세람푸르Serampur: 원문은 '서릉포이부西棱布爾府'이다.

214 트랑케바르Tranquebar: 원문은 '달랑급파이부達郎給巴爾府'로, 지금의 인도 타랑감바디Tharangambadi이다.

215 아프가니스탄: 원문은 '압안押安'이다.

216 발루치스탄: 원문은 '비로치比路治'이다.

217 브라마푸트라강: 원문은 '포란보답布蘭補答'이다.

218 갠지스강: 원문은 '항액恒額'이다.

219 카니아쿠마리Kanyakumari: 원문은 '가마림哥摩林'으로, 지금의 인도 타밀나두주에 위치한다.

220 쿠치: 원문은 '굴치屈治'이다.

221 캄베이Cambay: 원문은 '간배干拜'이다.

222 카스피해Caspian Sea: 원문은 '리해裏海'이다.

223 마나항: 원문은 '마나이해항馬那爾海港'이다.

224 팔크Palk해협: 원문은 '파륵해巴勒海'이다.

225 신디아: 원문은 '신체지新締地'이다.

226 난왕赧王: 주나라 제37대 왕(재위 기원전 314~기원전 256)으로, 성은 희姬, 이름은 연延이다.

227 정강靖康: 북송 제9대 황제 흠종欽宗 조환趙桓의 연호(1126~1127)이다.

228 페르시아Persia: 원문은 '백서이아白西爾亞'이다.

229 건문建文: 명나라 제2대 황제 건문제建文帝 주윤문朱允炆의 연호(1399~1402)이다.

230 사마르칸트: 원문은 '새마이한賽馬爾罕'이다.

231 티무르: 원문은 '체모이諦母爾'이다. 티무르는 사마르칸트의 왕으로 일찍이 군대를 이끌고 인도를 침략했다.

232 무굴 제국: 원문은 '대몽고호大蒙古號'이다.

233 가정嘉靖: 명나라 제11대 황제 세종 주후총朱厚熜의 연호(1522~1566)이다.

234 무굴제국의 왕: 원문은 '몽고왕蒙古王'으로, 무굴제국의 창건자 자히르 알딘 무함마드 바부르Zahīr al-Dīn Muḥammad Bābur(재위 1526~1530)를 말한다. 그는 안디잔 출신으로, 1504년 아프가니스탄의 카불에서 왕국을 세우는 데 성공했다. 그곳에서 그는 군대를 모아 1526년까지 인근 지역을 정복하고, 16세기 초반에 무굴 제국을 건국했다.

235 정덕正德: 명나라 제10대 황제 무종 주후조朱厚照의 연호(1506~1521)이다.

236 고아: 원문은 '아아峨亞'이다.

237 동인도 회사: 원문은 '공반아公班衙'이다.

238 수라트: 원문은 '소랍蘇拉'이다.

239 마드라스: 원문은 '마답랍馬答拉'이다.

240 뭄바이: 원문은 '망매網買'로, 맹매孟買라고도 한다.

241 무굴 제국의 왕: 원문은 '대몽고왕大蒙古王'으로, 여기에서는 무굴 제국의 제6대 군주 아우랑제브Aurangzeb(재위 1658~1707)를 가리킨다. 그는 부왕의 병을 계기로 제위 계승을 둘러싼 형제간의 분쟁에서 승리했다.

242 로버트 클라이브Robert Clive: 원문은 '가리위加里威'이다. 클라이브(1725~1774)는 영국 장교로, 1757년에 플라시 전투Battle of Plassey를 지휘하여 벵골을 점령했다.

243 전승: 원문은 '전승全勝'이다. 광서 2년본에는 '전성全盛'으로 되어 있으나, 악록서사본에 따라 고쳐 번역한다.

244 자와: 원문은 '아와牙瓦'이다.

245 대치: 원문은 '대치對峙'이다. 광서 2년본에는 '대대對待'로 되어 있으나, 악록서사본에 따라 고쳐 번역한다.

246 악바르 2세Akbar II: 원문은 '득희得希'로, 파디샤Padishah의 음역이다. 파디샤는 무굴 제국의 제19대 황제 악바르 2세(재위 1806~1837)의 별호이다.

247 나가족Nagas: 원문은 '야가지족耶加之族'으로, 지금의 인도 동북부 나갈랜드주Nagaland에 거주하던 민족을 가리키는 것으로 추정된다.

248 시크교도Sikh: 원문은 '서각인西刻人'이다.

249 러시아: 원문은 '아라사국峨羅斯國'이다.

250 카불: 원문은 '갑포甲布'이다.

251 헤라트Herat: 원문은 '흑랍성黑臘城'이다.

252 달립 싱Dalip Singh: 원문은 '아랍승峨拉昇'이다. 란지트 싱의 막내 아들로 시크 왕국의 마지막 왕이다.

253 크샤트리아: 원문은 '군사軍士'이다.

254 바이샤: 원문은 '상장商匠'이다.

255 수드라: 원문은 '농공農工'이다.

256 유독: 원문은 '유惟'이다. 광서 2년본에는 '유維'로 되어 있으나, 악록서사본에 따라 고쳐 번역한다.

257 구르카Gurkha: 원문은 '곽이가廓爾加'이다.

258 아삼: 원문은 '아산亞散'이다.

259 바하르: 원문은 '파합巴哈'이다.

260 위도: 원문은 '위緯'이다. 광서 2년본에는 '경經'으로 되어 있으나, 악록서사본에 따라 고쳐 번역한다. 이하 동일하다.

261 구르카: 원문은 '곽이가廓耳加'이다.

262 오리사: 원문은 '아륵살부阿勒撒部'이다.

263 콜카타: 원문은 '갑곡타성甲谷他城'이다.

264 후글리강: 원문은 '호의리하胡義利河'이다.

265 무르시다바드Murshidabad: 원문은 '모이사타성母耳士他城'이다.

266 파트나: 원문은 '파나성巴那城'이다.

267 쿠타크: 원문은 '반고답ㅏ古畓'이다.

268 자즈푸르Jajpur: 원문은 '약니우성若尼宇城'이다. 지금의 인도 동북부 오디 샤주에 위치한다.

269 아삼: 원문은 '아산亞山'이다.

270 브라마푸트라강: 원문은 '파마포타하巴馬布他河'이다.

271 라오스: 원문은 '노장老撾'이다.

272 아라칸: 원문은 '아랍간亞拉干'이다.

273 차우퓨Kyaukpyu: 원문은 '각지脚地'이다. 지금의 미얀마 서부 라카인주에 위치한다.

274 마니푸르Manipur: 원문은 '모니보母尼補'이다.

275 베라르: 원문은 '비랍比拉'이다.

276 카티하르Katihar: 원문은 '가서아可西亞'이다.

277 마라타: 원문은 '아갑부亞甲部'이다.

278 야무나강Yamuna River: 원문은 '윤나하閏那河'이다.

279 베나레스: 원문은 '비나륵성比那勒城'으로, 지금의 인도 우타르프라데시주에 위치한 바라나시이다.

280 델리: 원문은 '덕희성德希城'이다.

281 바레일리Bareilly: 원문은 '파륵리성巴勒里城'으로, 지금의 인도 우타르프라데시주에 위치한다.

282 심라Shimla: 원문은 '신랍新拉'으로, 지금의 인도 북부에 위치한다. 영국령 인도 제국의 여름 휴양지로 사용되었다.

283 나르마다: 원문은 '니포타尼布他'로, 지금의 인도 구자라트주에 위치한다.

284 나르마다강: 원문은 '니포타하尼布他河'로, 광서 2년본에는 '타他'가 '지地'로 되어 있으나, 악록서사본에 따라 고쳐 번역한다.

285 간다바Gandava: 원문은 '운타와雲他瓦'로, 지금의 파키스탄에 위치한다.

286 마드라스: 원문은 '마타랍부馬他拉部'이다.

287 벵갈루루: 원문은 '방아라리성旁牙羅利城'이다.

288 스리랑가파트나Srirangapatna: 원문은 '서령아파성西令牙巴城'이다.

289 트리치노폴리Trichinopoly: 원문은 '특치나파리성特治那破里城'이다.

290 망갈로르Mangalore: 원문은 '만아라리曼牙羅利'이다.

291 캘리컷Calicut: 원문은 '가리굴加里屈'이다. 지금의 인도 케랄라주에 위치
    하는 코지코드Kozhikode를 가리킨다.

292 아라비아Arabia: 원문은 '아랍亞拉'이다.

293 페르시아: 원문은 '백서白西'이다.

294 수라트: 원문은 '소랍성蘇拉城'이다.

오인도 토군 번속국

—

 이 외에 또한 토군의 나라가 있는데, 영국에서 관리를 파견하지는 않았지만, 영국의 번속에 속하는 것으로, 지금 따로 서술한다.

 내지에 하이데라바드[1]가 있는데, 면적이 사방 1만 5백 리로, 지대가 높고 평평하다. 좋은 보리가 생산되지만, 나라의 관리가 농민들을 착취하여 백성들은 상당히 가난하다. 또한 거의 통상을 하지 않으며, 세비歲費와 군비가 약 7백만 냥에 달하고, 땅 대부분은 귀족들이 차지한다. 토군이 예전에 영국과 대적하여 약 8천 병력을 모집했는데, 이는 가경 연간의 일이다. 그러나 토군이 지혜와 능력이 부족한 데다 신하 또한 간악하여 오로지 이익만을 탐했기 때문에 영국인은 항상 협상하여 이 나라를 빼앗으려고 했다. 도성의 인구는 8만 명으로, 성안에는 비적과 악당들이 많아서 비록 1만 2천 명의 영국군이 이곳에 주둔하지만, 여전히 늘 불안한 상황이다. 부근에 있는 아잔타Ajanta[2]는 예전에 일찍이 진귀한 옥이 산출되어 보고寶庫로 불렸는데, 지금은 이미 옥이 고갈되었다. 또한 아우랑가바드[3]는 인구가 6만 명으로, 예전에는 번성했으나 지금은 쇠락했다. 땅에서는 산물이 많이 나지만, 먹고살 정도이다. 전대 황후의 능 중에 오직 이곳에 있는 것이 가장 웅장하고 아름답다.

이 지역과 인접한 곳은 나그푸르[4]로, 면적이 사방 약 6천 리이고, 콩·담배·보리·조·쌀이 많이 난다. 이곳의 토군은 큰 권력은 없지만, 항상 천 명의 기병을 [배치해] 스스로를 지켰다. 도성의 인구는 8만 명이며, 땅이 상당히 넓고 가옥은 흙집이다. 이 성 부근에는 영국인의 포대가 있다.

사타라[5] 등 지역의 토군은 마라타족으로, 말타기와 노략질을 즐겨 한다. 영국인이 권력을 잡은 후, 모두 순순히 복종했다. 높은 산이 없어 백성들은 수렵을 즐긴다. 옛 성은 넓고 크지만, 인구는 적다. 안에 성지가 있어서 먼 곳에서 사람들이 구름처럼 몰려들어 분향하고 예불을 드리는 데 천 리를 마다치 않고 찾아온다.

트라방코르[6] 지역은 남쪽 해변에 위치하며, 산수가 매우 아름답고 과일나무가 유달리 진귀하다. 예전에 해구가 네덜란드에 점령되자 거주하던 1만 명은 대부분 다른 곳으로 이주했다. 내지의 마이소르[7]는 예전에는 토군이 다스렸으나 근래에 영국에 귀속되었다. 또한 넓고 큰 지역이지만, 거주민이 누차 괴로움과 핍박을 당해 그다지 풍요롭지는 않다.

시킴Sikkim[8] 지역은 티베트 옆에 위치하며, 협소한 땅이다. 날씨가 상당히 춥고, 부족장이 다스린다.

아우드[9]는 벵골의 북쪽에 위치하며, 땅에서의 수확은 풍성하지만, 거주민은 매우 가난한데, 오직 토군의 국고만을 항상 채우기 때문이다. 수도는 러크나우[10]로 인구는 50만 명이며, 영국 주둔군이 이곳에 있어서 항상 고관이 파견되어 와서 정무를 처리한다.

알라하바드[11]는 서북쪽에 위치하며, 절반은 영국 관할에 속하고 절반은 각 부족장이 관할한다. 이 땅에서는 산물이 없다.

포피성布陂城은 작지만 견고하여, 영국인이 일찍이 두 차례 공격했을 때는 무너뜨리지 못했는데, 세 번째에 마침내 함락시켰다.

보팔[12]은 산지로, 나르마다강[13] 강가에 위치한다. 백성들은 부지런히 일하지 않고, 오직 무예를 중요하게 여긴다.

타네Thane[14]는 작은 땅으로, 영국인이 세운 곳이며, 마라타 부족들 사이에 위치한다.

하산[15]은 마라타족으로, 옛날에는 넓고도 컸으며 누차 인도 각 지역에서 소요를 일으켰다. 영국인이 그 사납고 고집스러운 종족을 제압하여 민심이 안정되었다.

바도다라[16]는 넓은 땅으로, 서북쪽 캄베이만[17]에 위치한다. 사람들은 노략질로 살아갔는데, 영국인이 막강한 군대를 파견하여 정복했다. 도광 24년(1844)에 다시 항거했으나 재차 공격받아 패배했다. 대부분 인도국의 성지로, 거주민들이 분향하는 곳이다. 지금 이미 태반이 영국에 귀속되었다.

쿠치[18]는 서북쪽 끝에 위치하며, 바다 쪽으로 쑥 튀어나온 형세로 항상 지진을 우려한다. 근처에 화산이 있어 땅이 척박하여 그다지 산물이 나지 않는다. 거주민은 약 35만 명 정도로, 백성들은 대부분 야만스럽지만, 오직 뱃사람들은 죽음을 두려워하지 않는다. 중심지는 위성威城으로, 거주민이 3만 명이고 영국군이 주둔한다.

라지푸타나Rājputāna[19] 역시 여러 토군의 땅으로, 거주민들은 용기와 지모가 있어서 위험이 닥쳐도 두려워하지 않는다. 인도 여러 나라의 병사 중 오직 이곳이 무예가 뛰어나고 용맹하다고 일컬어진다.

신드[20]는 인더스강 강가에 위치하며, 울창한 숲이 많아 토군들이 수렵

하는 곳이다. 도광 23년(1843)에 모두 영국인에게 멸망당했다. 땅은 비옥하고, 온전히 인더스강을 이용해 물을 댄다. 일단 심한 가뭄이 들면 오곡은 자라지 않는다. 수도는 하이데라바드로, 인구가 2만 명이며 흙으로 만든 집에서 산다. 견고한 성으로 답타答他가 있는데, 이 성은 평원에 위치한다. 토군들이 약탈한 돈과 재물 수천만 냥을 이 성에 감추었는데, 지금은 이미 다 사라져 버렸다.

시크는 후장後藏[21] 남쪽에 위치하며, 가경 연간에 란지트 싱Ranjit Singh[22]이 세운 나라이다. 이 왕의 조상은 일찍이 힌두교와 이슬람교를 취해 하나로 만들고, 우주 만물의 주재자를 온 세상의 왕으로 삼아서 신불을 모두 없애고 스스로 하나의 종교를 만들었다. 란지트 싱에 이르러 병력을 모집하여 카불[23] 사람들을 공격해 정벌하고, 카슈미르 등의 땅을 빼앗았다. 게다가 서양의 무관을 초청하여 군사를 훈련시켜 주변국들이 두려워했다. 도광 19년(1839)에 란지트 싱이 죽자 전쟁이 일제히 일어났고, 그 자손들은 영국의 속지를 침략해서 제멋대로 약탈을 자행했다. 도광 22년(1842)에 다시 영국의 속지를 침범하여 영국인이 무방비한 틈을 타서 한 차례 전쟁을 벌여 승리했는데, 이때 영국인 사상자가 상당히 많았다. 영국 군대가 10개월 정도 격전을 치르다가 비로소 시크 군대를 격파하고 곧장 수도로 들어가자, 시크는 땅을 할양하고 동맹을 청했다. 시크는 길이가 760리에 너비는 130리로, 인구는 4백만 명이다. 이 땅에서는 소금이 많이 나는데 약재로 쓸 수 있으며, 매년 약 8백만 섬의 소금을 캐낸다. 남쪽 지역은 소금기가 많아서 산물이 나지 않지만, 북쪽 지역은 산물이 풍성하다. 관리의 핍박으로 백성들은 매우 빈곤한데, 나라에서는 오직 무력으로 전쟁할 생각만 한다. 후장과 경계를 접하며 산봉우리가 많고 도처에 강이 흐르는데, 이곳은 바로 인도의 다섯 강이 갈라지는 곳이다.

수도는 라호르[24]로, 인구는 8만 명이다. 내지에 이슬람 사원이 있는데, 이 나라 왕은 항상 이곳에 와서 편히 쉬다 갔다. 또한 암리차르Amritsar[25]가 있는데, 이곳은 왕의 창고가 있는 곳이다. 물탄[26]은 비단을 제조하는 곳으로, 인구는 4만 5천 명이다. 이곳에 카슈미르라는 골짜기가 있는데, 그 높이가 해면에서 580길이나 되고 에워싸고 있는 산봉우리 중에 가장 높은 것은 1700길에 달한다. 겨울에 내린 눈이 여름에도 녹지 않고 물산은 남북에서 가장 풍성한데, 이 나라 왕이 백성들을 가혹하게 대했기 때문에 땅은 비옥했지만 번창할 수 없었다. 이전에 인구는 80만 명이었는데, 지금은 단지 20만 명에 불과하다. 예전에 무굴 제국의 왕이 여름이 되면 이곳에 와서 피서를 즐겼기 때문에, 카슈미르국의 명승지가 되었다. 사람들은 대부분 상인으로, 후장·티베트와 여러 해 무역을 했다. 중심지 역시 카슈미르이며, 인구는 4만 명이다.

각 나라의 통치 방법이 서로 달랐는데, 오직 영국이 다스리는 곳만 풍요로웠다. 벵골의 물품은 모두 그 가격이 은 70억 원이고, 각종 세금으로 거두어들이는 은은 1900만 원이다. 마라타의 물품은 모두 그 가격이 은 35억 원이고, 매년 각종 세금으로 거두어들이는 은은 7억 원이다. 마드라스의 물품은 그 가격이 은 14억 원이고, 각종 세금으로 거두어들이는 은은 모두 2억 3600만 원이다. 뭄바이의 물품은 그 가격이 은 1억 5백만 원이고, 각종 세금으로 거두어들이는 은은 1억 7500만 원이다.[27] 무역이 크게 흥성하자 백성들이 스스로 생계를 꾸려 나가도록 두고 가혹하게 단속하지 않으니, 백성들은 기꺼이 온 힘을 다해 무역이 왕성해졌다. 사람들은 모두 저축하며 각자 상황에 만족하면서 즐겁게 일했다. 인도는 땅은 풍부했지만, 관개를 잘하지 못해서 한 번 심한 가뭄이 들면 벼와 보리가 자라지 않았다. 오곡·콩·채소 외에 도처에 인디고를 심었는데, 경작지의 너비가 약 50여만 경 정도이다. 또한 호사湖絲[28]가 생산되며 양귀비를 심었는데, 매년 생산되는 아편이 약 4만 상자이다. 벵골에서 생산되는 오곡은 매년 그 가격이 은 3300만 냥, 수수는 9백만 냥, 콩은 1600만 냥, 씨앗은 1400만 냥, 설탕·담배·면화 등의 물품은 2700여만 냥으로, 모두 9773만 냥이다. 오인도 각 나라에서 나는 물산을 합하면 총 4억 냥이다. 백성들은 제조한 물건을 귀하게 여겨 외국에 내다 팔지 않았다. 고운 베·비단 중에 훌륭한 것만 오직 서양에서 매년 구매해 갔다. 이 외에 카슈미르인이 직조한 탑박포搭膊布 역시 외국으로 반출할 수 없었다. 인도인은 광산을 개발할 줄 몰랐기 때문에 철·구리·금·옥은 반드시 외국에서 들어왔다. 도광 17년(1837)에 수입한 물품은 3460여만 냥[29]이고, 수출한 물품은 5380여만 냥이다. 지금은 강을 파서 물품을 운반하며, 은행을 세워 무역이 편리해졌다. 백성들이 어리석어 영국인은 이곳에 학교를 세워서 교육시켰으며, 이에 인도인은 모두 하느님을 섬긴다.

오인도의 각 속지에서는 큰일이 생기면 반드시 본국 동인도 회사에 문의하고 이어 영국과 공동으로 회의를 하여 의원議員을 다시 세워 회동해서 일을 처리한다. 마드라스·뭄바이 두 지역에서는 각각 장교를 파견하여 의원과 함께 상의하여 처리하고 총독의 명을 따른다. 오직 영국인만이 큰일을 맡을 수 있었고, 본토인은 단지 하급직을 맡을 뿐이었다. 토지세를 징수할 때는 향신을 내세워 토지세를 총괄한다.

국고 수지 내역은 다음과 같다. 벵골 지역 수입 은 8170만 원, 경비 7062만 5900원, 군비 11만 6천 원, 마드라스 지역 수입 은 3012만 4천 원, 경비 2422만 6천 원, 군비 7만 원, 뭄바이 수입 은 1400만 원, 경비 1973만 2천 원, 군비 4만 원. 벵골·뭄바이 두 지역에 해군 함대·화륜선을 파견해 경비했으며, 대형 화륜선은 20척이고, 따로 철선鐵船·소화륜선을 건조했다. 오인도의 이 세 지역을 지키는 자들은 대부분 본토인이다.

서양 각 나라가 차지한 오인도 지역은 다음과 같다. 포르투갈 속지는 고아로, 서남쪽에 위치하며 해변의 항구가 아름다운 도시이다. 이 지역에는 산이 많고 대로가 없으며, 밭은 대부분 경작할 수 있다. 인구는 50만 명으로, 그중 3분의 2가 천주교를 신봉한다. 다만[30] 역시 항구로, 예전에는 중국과 통상했다. 살미撒米는 인구가 10만 명이다.

프랑스가 차지한 동남쪽의 편벽한 지역은 인구가 21만 명이다. 중심지는 퐁디셰리[31]이다. 해변에 인디고·사탕수수·뽕나무를 심으며, 또한 학교를 열어 백성들을 교육시킨다.

五印度土君藩屬國

一

此外尙有土君之國, 雖未設英官而係爲英國藩屬者, 今別敍於左.

內地有希答巴地, 廣袤方圓一萬零五百里, 地高坦. 出好麥, 因其國官吏朘削其農, 故民甚貧乏. 又罕通商, 歲費重餉約七百萬兩, 地大半爲爵士所據. 其土君昔與英對敵, 募兵約八千丁, 此嘉慶年間之事. 但君旣無智能, 其臣又奸宄, 惟利是圖, 故英人時時計議, 欲取其國焉. 其都城居民八萬口, 內多匪惡, 雖有一萬二千之英兵屯此, 尙時時反側不安. 其附近之峨干他邑, 昔曾出珍玉, 號爲寶庫, 茲已盡矣. 又有壜龍牙巴, 居民六萬, 昔盛今衰. 土雖豐產, 僅足食用. 前代后妃之陵, 惟在此者最壯麗.

其毗連此部者, 爲納布里, 廣袤方圓約六千里, 多出豆·烟·麥·粟·米. 其土君無大權, 常以千騎自衛. 其都城居民八萬, 地頗廣, 屋則土寮. 附近此城有英人砲臺.

薩他拉等部土君, 係馬拉他種類, 好騎, 好虜掠. 自英人攝權後, 悉順服. 地無高山, 其民好獵. 古城廣大, 居民罕少. 中有聖城, 遠方雲集, 焚香禮佛, 不遠

千里.

答文可利部在南方海邊, 山水極佳, 果木尤可珍. 海口古時被荷蘭所據, 居民一萬, 大半遷徙別處. 內地之米所地, 昔有土君, 近歸英國. 亦廣大之邦, 但居民屢遭困迫, 不足以獲其益.

西金地在西藏旁, 褊地也. 天氣甚冷, 土酋轄之.

烏地在榜甲拉之北, 土雖豐產, 居民甚貧, 惟土君之帑常充. 都城曰鹿那, 居民五十萬, 英國屯兵在此, 時遣大官涖辦政務.

本得君地在西北, 半歸英權轄, 半爲各土酋所管. 其土無所出.

布陂城小而固, 英人嘗再攻不破, 三次乃陷.

破巴係山地, 在匿補他河邊. 民不勤作, 惟以武藝爲重.

突鹿小地, 英人所立, 在馬拉他族類之中間.

哈甲係馬拉他種類, 古時廣大, 屢擾印度各界. 英人降其桀驁, 而民以靖.

巴羅他廣地, 在西北干拜海隅. 民以劫盜爲生, 英人調重兵征服. 道光二十四年復抗拒, 再擊敗之. 多印度國之聖蹟, 居民焚香處也. 此際歸英國者已大半.

古治在西北之極, 形勢斗出, 常懼地震. 逼近火山, 故其地磽, 不甚產物. 民多野心, 約三十五萬, 惟水手不憚死. 會城曰威城, 居民三萬丁, 英軍屯駐焉.

拉補坦亦列君之地, 居民有膽略, 遇險不懼. 印度列國之兵, 惟此稱武勇.

新蒂地, 在印度河邊, 多叢林, 列君射獵處也. 道光二十三年, 悉爲英人所滅. 地豐沃, 全賴印度河灌溉. 一遇亢旱, 五穀遂不登. 其都曰希答巴, 居民二萬, 屋則土寮. 城之固者曰答他, 城在平原. 列土君藏所劫奪之財帛, 約數千萬兩, 今已罄矣.

西刻地, 在後藏南, 嘉慶年間, 倫亞升王所立國也. 此君之祖曾取印度及回教二者參合爲一, 以宇宙萬物之主宰爲萬土之王, 盡絕神佛, 自爲一教. 至倫

亞升王, 募兵攻伐甲布居民, 奪加治彌耳等地. 且招西國之武官, 操練兵法, 隣
國畏之. 於道光十九年, 倫斃, 干戈竝起, 其子孫越英藩屬境, 大肆擄掠. 道光
二十二年, 復侵英藩屬地, 乘英人不備, 一戰而勝, 英人死者甚多. 英軍士力拒
旬月, 始破西刻之軍, 直入其國都, 於是割地請盟焉. 其地長七百六十里, 闊
百三十里, 居民四百萬. 地多鹽, 可爲藥材, 每年所掘約八百萬石. 南地多鹵,
不產物, 北方豐盛. 因官吏勒迫, 民甚貧乏, 惟專意於武戰. 與後藏交界, 多山
嶺, 遍地江流, 乃印度五支江所派也. 其都曰拉合, 居民八萬. 內有回回廟, 其
君常至此縱樂. 又有雲勒悉城, 王所藏庫處. 莫但城, 乃製造絲緞之處, 居民
四萬五千. 所屬之谷曰加治彌耳, 高於海面五百八十丈, 所環之峰, 最高者約
千七百丈. 冬夏積雪不消, 物產甚多, 甲於南北, 奈國主酷待其民, 故地雖腴,
無能興焉. 前時居民八十萬, 今僅二十萬而已. 昔大蒙古之君, 夏時於此納凉,
爲加治彌耳國之名勝地. 居民多爲商, 與後藏·西藏多年貿易. 其都會同名, 居
民四萬.

　各國民經營不一, 惟英國所營者爲富庶. 旁甲拉貨物, 共價銀七十萬萬圓,
衆務事所收銀一千九百萬. 亞甲貨物, 共價銀三十五萬萬圓, 每年衆務事所收
者七萬萬圓. 馬答拉銀十四萬萬圓, 衆務事所收者共二萬三千六百萬圓. 網買
部貨物, 價值銀萬五百萬圓, 衆務事所收者萬七千五百萬圓. 貿易甚大, 任百
姓自作生計, 無苛政管束, 故民甘出力, 宜其旺相也. 人皆善積, 各安分樂業.
印度地豐盛, 但不善灌漑, 一旱亢則無禾麥. 除五穀·豆·菉外, 遍地種靑黛, 約
五十餘萬頃. 亦產湖絲, 種罌粟, 每年出鴉片約四萬箱. 榜甲拉所出者五穀, 每
年價值銀三千三百萬兩, 蜀黍九百萬兩, 豆千六百萬兩, 種子千四百萬兩, 白
餹·烟·緜花等貨二千七百餘萬兩, 共九千七百七十三萬兩. 合五印度各國所陳
田產, 統計四萬萬兩. 百姓以製造物件爲重, 不出運賣外國. 其細布綢緞之美
者, 惟西洋每歲買之. 外有加治彌耳人織造搭膊布, 悉不得運出外國. 印度人不

知掘礦, 故鐵·銅·金·玉, 必由外國入. 道光十七年, 運入之貨三千四百六十餘萬兩, 運出者五千三百八十有餘萬兩. 現掘河以運貨, 立銀局以便貿易. 百姓向愚蠢, 英人于此設學館敎民, 於是印度人皆事天主.

五印度各屬地, 有大事必問本國公班衙, 乃與英國公同會議, 復立議士, 會同斟酌. 在馬答利·網買兩部, 各調兵帥, 共同議士商辦, 聽大帥之命. 惟英人能務大事, 其土人只任下職而已. 若征田賦, 亦立鄕紳總理錢粮.

國費出入: 榜甲拉部入八千一百七十萬圓, 經費銀七千六十二萬五千九百圓, 所調之軍十一萬六千. 馬答拉入銀三千一十二萬四千圓, 經費二千四百二十二萬六千圓, 軍士七萬. 網買收銀千四百萬圓, 經費千九百七十三萬二千圓, 軍士四萬. 在旁·網兩部調水師戰艦·火輪船防範, 其火輪大船二十隻, 另建鐵船·小火輪船. 其守五印度三營者, 大半土人.

西洋各國所據五印度地. 葡萄牙屬地曰峨亞, 在西南方, 海邊港口嘉邑也. 地多山, 無通路, 其田大半能耕. 居民五十萬, 崇天主敎三分之二. 地門亦海口, 昔與中國通商. 撒米居民十萬.

佛蘭西所據東南之偏地, 居民二十一萬. 其都曰本得識理. 海邊種靑黛·甘蔗·桑, 亦開學院以敎其民焉.

주석

1 하이데라바드: 원문은 '희답파希答巴'이다. 지금의 인도 중남부 텔랑가나
주의 주도이다.

2 아잔타Ajanta: 원문은 '아간타읍峨干他邑'이다.

3 아우랑가바드: 원문은 '오룡아파墺龍牙巴'이다.

4 나그푸르: 원문은 '납포리納布里'이다.

5 사타라: 원문은 '살타랍薩他拉'이다.

6 트라방코르: 원문은 '답문가리부答文可利部'이다.

7 마이소르: 원문은 '미소지米所地'이다.

8 시킴Sikkim: 원문은 '서금西金'이다.

9 아우드: 원문은 '오지烏地'이다.

10 러크나우: 원문은 '록나鹿那'이다.

11 알라하바드: 원문은 '본득군지本得君地'이다.

12 보팔: 원문은 '파파破巴'이다.

13 나르마다강: 원문은 '닉보타하匿補他河'로, 납파달하納巴達河라고도 한다.

14 타네Thane: 원문은 '돌록突鹿'이다.

15 하산: 원문은 '합갑哈甲'이다.

16 바도다라: 원문은 '파라타巴羅他'로, 지금의 인도 중서부에 위치한다.

17 캄베이만: 원문은 '간배해우干拜海隅'이다.

18 쿠치: 원문은 '고치古治'이다.

19 라지푸타나Rājputāna: 원문은 '랍보탄拉補坦'이다.

20 신드: 원문은 '신체지新蒂地'이다.

21 후장後藏: 지금의 티베트 시가체Shigatse 지구를 가리킨다.

22 란지트 싱Ranjit Singh: 원문은 '륜아승왕倫亞升王'이다.

23 카불: 원문은 '갑포甲布'이다.

24 라호르: 원문은 '랍합拉合'이다.

25 암리차르Amritsar: 원문은 '운륵실성雲勒悉城'이다. 지금의 인도 펀자브주에 위치한다.

26 물탄: 원문은 '막단성莫但城'이다.

27 뭄바이의 물품은 … 은은 1억 7500만원이다: 뭄바이의 경우 물품 가격보다 징수한 세금의 양이 더 많은데, 이는 수치상의 오류가 있는 듯하다.

28 호사湖絲: 절강성 호주湖州에서 나는 잠사이다.

29 3460여만 냥: 원문은 '삼천사백육십여만량三千四百六十餘萬兩'이다. 광서 2년본에는 만萬 자가 없으나 문맥에 따라 고쳐 번역한다.

30 다만: 원문은 '지문地門'이다.

31 퐁디셰리: 원문은 '본득식리本得識理'이다.

인도 각 토군국

—

신디아[1] 부근의 아갑亞甲은 바로 마라타[2]이다. 면적은 사방 4700리이고, 인구는 4백만여 명이다. 매년 지출하는 군비는 약 420만 냥이다. 주도는 괄리오르[3]로, 인구는 5만 명이다. 괄리오르성Gwalior Fort[4] 또한 견고하며, 보병이 1만 4천 명에, 기병이 1만 명이고, 대포가 250문으로 자주 영국과 싸웠다.

네팔[5]은 구르카라고도 하며, 인도 북쪽 지역이다. 티베트와 경계를 접하고, 산봉우리가 하늘 높이 솟아 있다. 사람들은 오로지 불교를 믿으며, 대부분 라마승으로 오직 경을 외우고 조용한 것을 좋아하며 부모를 부양하지 않는다. 한 여자는 여러 남자와 결혼한다. 산속에 사는 사람들은 상당히 용맹하다. 일찍이 중국에 조공을 바쳤다. 가경 17년(1812)에 영국령 인도 지역을 공격하여 영국인과 전쟁을 벌여 비로소 땅을 할양하고 강화를 논의했다. 이때 영국인은 여전히 그 수도인 카트만두[6]에 주둔했는데, 그곳 인구는 2만 4천 명이다. 사람들은 서로 원수가 되어 싸웠으며, 산속에는 각각 부족장이 있어서 직접 다스리며 그 나라 왕의 명을 따르지 않았다. 철·납·구리 등이 난다. 대부분 인도인이고, 또한 이슬람족도 이곳에 거주한다. 구르카족은 북방에서 온 왜소한 사람들로, 이 땅의 종족을 공격하여 정복했다. 언어는 같지 않고, 종교가 서로 다르며, 지금도 여전히 이곳을 차지하고 있다.

부탄과 네팔은 모두 티베트에 인접한 작은 땅이다. 산 위에 눈과 얼음이 항상 쌓여 있고, 풍토병이 심하다. 평지에서는 채소·과일·보리가 난다. 사람들은 관개용수를 잘하며, 원숭이를 신성한 동물로 받든다. 생김새가 중국인과 같고, 몸이 튼튼해서 힘든 일도 잘하며 부처님을 믿고 스님을 공경하여 사원을 많이 지었다. 환생한 라마[8]를 활불活佛이라고 칭하는 풍속은 티베트와 같다. 벵골과 통상을 하며, 수도는 트라시강 Trashigang[9]이다. 이 두 나라는 모두 아직까지 구세주 예수의 기독교를 믿지 않는다.

『영환지략瀛環志略』에 다음 기록이 있다.

내가 일찍이 미국인이 편찬한 지도를 보았는데, 오인도는 모두 20여 국으로 이루어져 있다. 동인도에는 벵골·바하르[10]·네팔·오리사,[11] 북인도에는 카슈미르·라호르[12]·가르왈[13]·아우드[14]·델리,[15] 중인도에는 아그라[16]·알라하바드[17]·곤드와나[18]·말와,[19] 남인도에는 칸데시[20]·베라르[21]·하이데라바드[22]·마드라스[23]·카르나티크[24]·뭄바이, 서인도에는 라지푸타나[25]·물탄[26]이 위치해 있다. 미국인 데이비드 아빌David Abeel[27]에 의하면, 이들은 오인도 옛 부락의 명칭으로, 영국이 인도를 점령한 이후로 어떤 곳은 땅을 나누고 어떤 곳은 이름을 바꿔 이 지도와는 다르다고 했다. 후에 영국인이 편찬한 「오인도도五印度圖」를 보니, 미국 지도와 완전히 달랐고 지명의 번다함과 간략함 역시 차이를 보였다. 땅이 이미 영국에 속한 이상, 마땅히 영국 지도의 주장을 취하여 참고자료로 활용해야 한다.

시크 실국悉國, 또는 서곽西刻이라고도 한다. 는 북인도의 대국으로, 서역에서는 카슈미르 가치미이加治彌爾, 또는 가지미이加支迷爾, 협씨미리리夾氏米理里라고도 한다. 라고 부르는데, 이는 시크 내 다른 지역의 명칭이다. 이 나라는 예로부터 이 지역을 국명으로 삼았기에 『신당서』에서는 개실밀個失密이라 했고, 또한 가경미라迦湮彌羅라고도 했으며, 『송사』에서는 가경미륵迦湮彌勒이라 했고, 원나라 사람들은 걸석미이乞石迷耳라고 했는데, 모두 카슈미르의 음역이다. 이는 네팔[28]을 구르카로 칭하고, 코칸트Kokand[29]를 안디잔Andijan[30]으로 칭하는 것과 같다. 동북쪽은 설산이 에워싸고 있으며, 후장과는 서쪽 변경이 인접해 있고, 서북쪽 모퉁이는 서역의 부하라Bukhara[31]와 접하며, 서쪽으로는 아프가니스탄·발루치스탄[32]을 경계로 하고, 서남쪽으로는 신드를 경계로 한다. 동서는 약 1천 리이고, 남북은 약 2500리에 달한다. 이 땅은 기후가 따뜻하고 산수가 수려하며, 비록 사막은 많지만, 토지가 매우 비옥하여 아주 부지런히 농사를 짓는다. 인구는 약 3백만 명이다. 상인들은 멀리까지 잘 다녀서 서역·회강回疆·후장 등 곳곳을 돌아다닌다. 옛날에 나라를 좌우 지역으로 나누어 수틀레지강[33]을 경계로 했는데, 강 왼쪽의 시르힌드[34] 지역은 이미 영국에 항복하여 속국이 되었고, 나머지 여러 지역은 모두 강 오른쪽에 위치하며 각각 부족장이 있어서 서로 간섭하지 않았다. 건륭 말에 라호르[35] 곧 랄합剌合이다. 의 란지트 싱[36]이 강 오른쪽의 여러 지역을 아울러 병합하여 하나로 만들었고, 또 인더스강을 건너 아프가니스탄의 여러 성을 빼앗았다. 그 뒤를 이은 왕은 특히 기백이 있고 용맹하여 유럽인을 장군으로 삼아 전승하며 여러 지역을 공격해 빼앗았기에 사방에서 두려워하여 복종했다. 도광 19년(1839)에 왕이 죽자, 종손宗孫이 뒤를 이었는데 간신들을 신임하여 권력이 그들의 수중에 떨어지는 바람에 나라가 갑자기 쇠락했다. 이에 앞서 영국이 벵골을 공격하여 멸망시키고, 승리를 틈타 여러 지역을 위협해 항복시켰는데, 시크는 두 세대에 걸쳐 현명한 군주가 나와 나라를 부강하게 만들어 영국인은 전쟁을 그치고 우호 관계를 맺었으며 더 이상 시크를 넘보지 않았다. 우매한 왕이 제위에 있어 시크를 틈탈 기회가 생기자 마침내 여러 해 동안 대대적으로 깊이 침투하여 영토의 절반 이상을 침략해 빼앗았다. 어떤 지역을 잃었는지에 대해서는 아직까지 상세하지 않다.

시크는 9개의 지역으로 나뉘었다. 중심지는 펀자브로, 도성을 라비강 기슭에 세웠다. 라호르 랄합이라고도 하며, 미국 지도에는 륵회勒懷로 되어 있다. 는 무역이 번성하여 나라 전체에서 가장 큰 도시이다. 코히스탄은 중심지가 납덕여이拉德如爾이다. 카슈미르는 중심지 역시 카슈미르이다. 착저 着這는 중심지가 아톡Attock[37]이다. 그리고 암리차르, 페샤와르, 자이푸르, 물탄,[38] 레이아,[39] 데라이스마일칸,[40] 데라가지칸,[41] 바하왈푸르[42]가 있다. 이들 각 지역의 중심지는 지역 이름과 같다. 도광 20년, 광동에서 번역되어 나온 영국 신문에 영국 군대가 아프가니스탄을 공격하고 러시아와 부하라[43]가 손을 잡고서 아프가니스탄을 취하려 한다는 말이 있었는데, 그 의도는 북인도를 차지하려는 데 있는 것이다. 도광 26년, 소문에 따르면 영국인이 북인도에서 군대를 지휘하여 후장과 인접한 서각의 가치미이를 얻어 후장으로 가서 통상하려 한다는 말이 있었다. 서각은 시크이고, 가치미이는 카슈미르이다. 서양인이 제작한 지도에 의하면, 카슈미르는 시크 최북단에 위치하는데, 영국인이 마침내 땅을 차지하여 이곳에 이른다면 이미 시크의 배후를 친 격으로, 잃어버린 땅이 이미 많을 뿐만 아니라 아침 이슬처럼 위태로운 지경에 처하는 것이다. 영국이 인도에 건설한 항구는 벵골이 가장 번창했고, 뭄바이가 그다음이며, 마드라스가 그다음이다. 영국 본국의 상선과 유럽 여러 나라의 배가 매년 수천수백 척이 왕래하는데, 세은稅銀으로 매년 1천여만 냥을 징수했다. 군대를 지나치게 많이 양성해서 여기에 지출하는 비용을 제하면 남는 것은 거의 없었다.

중국의 천은 예전에는 모두 마로 짰는데, 원나라 태조의 인도 원정 이후 목화씨 목화는 처음에는 길패吉貝라고 불렀다. 를 얻어 중국 땅에 널리 전해져서 지금까지 그 옷이 구주九州를 뒤덮으며, 그 공이 뽕나무와 마를 뛰어넘고, 그 이익은 널리 퍼졌다. 이어 아편의 해독 역시 인도에서 나왔으니, 오인도의 모든 지역에서는 아편이 생산되는데, 가장 많이 나오는 곳은 마라타이다. 사천 남쪽(川南)·운남 서쪽(滇西)은 그 지역이 인도에 가까워서 양귀비를 재배하는 자들이 있다. 아편은 두 종류로 나뉘는데, 둥근 것은 대토大土로, 그 가격이 비싸며 벵골·마드라스에 집하한다. 조각은 소토小土로, 가격이 저렴하며 뭄바이에 집하한다. 오인도의 물산은 유독 면화·아편이 가장 많은데, 요 몇 해 사이 마침내 아편이 중심이 되어 매년 수출량이 수만여 상자에 달한다. 우주의 덧없고 불길한 기운이 유독 불국토에 번지고 있으니, 어찌 이리도 괴이한가!

회강의 야르칸드Yarkand[44] 등에는 항상 카슈미르·힌두스탄Hindustan[45] 사람들이 왕래하며 무역을 한다. 『서역문견록西域聞見錄』에 의하면, 두 지역은 모두 이슬람 대국으로 야르칸드에서 남쪽으로 60여 일 정도 가면 카슈미르에 이르고, 다시 40여 일 정도 가면 힌두스탄에 이른다고 한다. 지금 고찰해 보건대, 카슈미르는 바로 시크로, 북인도의 대국이다. 힌두스탄은 곧 오인도의 총칭이다. 부락이 매우 많아서 서역에서는 분별할 수 없었기 때문에 카슈미르 외에는 힌두스탄으로 대강 불렀을 뿐이다. 또한 양광·복건의 물산은 왕왕 힌두스탄을 거쳐 회강에 팔렸다고 하니, 이는 이상할 것이 없다. 힌두스탄의 벵골·뭄바이는 모두 영국의 큰 항구로,

복건·광동의 물건이 산처럼 쌓여 있다. 두 곳에서 회강에 이르기까지는 모두 상인들이 통행하는 익숙한 길이니, 화물을 다른 곳으로 운송하는 것도 참으로 편리하다.[46]

살펴보건대, 회강의 야르칸드에서 출발해 남쪽으로 볼로Bolor[47]를 지나면 후장에 도달할 수 있다. 다시 후장에서 출발해 구르카를 지나면 인도에 도달할 수 있다. 영국이 과연 인도를 경유해 회강에 물건을 팔았다면, 회강 이북의 히말라야·파미르고원[48] 및 야르칸드 남쪽의 고비사막[49]이 모두 육로에 속한다는 것을 채 몰랐을 텐데 어떤 방법으로 올 수 있었단 말인가? 설마하니 인더스강을 역류하여 거슬러 올라왔단 말인가? 그렇다면 인도는 결국 히말라야 남쪽에 위치한다는 것이다. 낙타를 이용해 물건을 운반했다면, 혹여 갠지스강[50]에서 출발해 서쪽으로 북쪽으로 거슬러 나아가 회강에 도달했단 말인가? 그러나 이것은 고찰할 수 없다.

印度各土君之國

—

新地亞附近之亞甲, 卽所稱馬臘地也. 廣袤方圓四千七百里, 居民四百萬有餘口. 每年所出之餉, 約四百二十萬兩. 其都爲吳亞未鹿, 居民五萬口. 鳥音之城亦堅固, 步兵萬四千, 騎兵一萬, 有大砲二百五十門, 常與英抗.

尼報里國, 亦曰廓爾加, 印度之北地也. 與西藏交界, 山峰挿天. 居民專務佛敎, 多拉麻僧, 惟念經好靜, 不養父母. 一女配數男. 山內之民甚勇猛. 曾入貢中國. 嘉慶十七年, 攻及英界, 英人攻戰, 始讓地議和. 此時英人尙駐其都, 所稱甲曼土, 居民二萬四千. 其民互仇戰鬪, 山內各有酋長, 自專其地, 不聽其王之命. 產鐵·鉛·銅等. 多印度人, 亦有回回族居住此地. 其廓爾加族, 卽由北方所來之矮人, 攻服此地種類. 語音不同, 敎門互異, 今尙占據.

布但地與尼報里, 皆西藏所連之微地. 山上雪冰恒積, 多烟瘴. 平地出蔬菜·果·麥. 居民善灌漑, 敬其老猿爲仙獸. 百姓面貌似中國, 而剛健習勞, 信佛敬僧, 多修寺院. 其轉世剌麻號爲活佛, 與西藏同俗. 亦與旁甲拉通商, 其都曰他西蘇屯城. 此兩國均未信救主耶穌之敎.

『瀛環志略』曰: 余嘗見米利堅人所刊地圖, 五印度共二十餘國. 在東者曰孟加拉·曰麥哈爾·曰尼泊爾·曰阿力色, 在北者曰克什米爾·曰勒懷·曰威聊·曰烏訥·曰聶離, 在中者曰阿爾各拉·阿拉哈板特·曰工窪納·曰馬爾窪, 在南者曰甘勒士·曰彌勒爾·曰海特爾拉蠻·曰麻打拉薩·曰噶納的·曰孟買, 在西者曰爾勒士布他拉·曰阿布爾爾信. 據米人雅裨理云, 此係五印度舊部落之名, 自英吉利據印度後, 有分析有改革, 與此圖不同. 後見英人所刊「五印度圖」, 與米利堅圖全不同, 地名繁簡亦異. 地既屬英, 當就英圖立說, 以資考核.

塞哥, 一作悉國, 又作西刻. 北印度大國, 西域稱爲克什米爾, 一作加治彌爾, 又作加支迷爾, 又作夾氏米理里. 乃其別部之名. 其國自古以此部爲國名, 『新唐書』謂之個失密, 又謂之迦涇彌羅, 『宋史』謂之迦涇彌勒, 元人謂之乞石迷耳, 皆克什米爾之轉音也. 猶尼泊爾之稱廓爾喀, 浩罕之稱安集延也. 東北雪山環抱, 與後藏西徼毗連, 西北隅接西域之札布, 西界阿富汗·俾路芝, 西南界信地. 東西約千里, 南北約二千五百里. 其地時序和平, 山水明秀, 沙磧雖多而田土極沃, 農功甚勤. 戶口約三百萬. 商賈善於行遠, 西域·回疆·後藏, 處處有之. 國舊分左右部, 以薩德勒至河爲界, 河左之西林德部已降英吉利爲屬國, 餘諸部皆在河右, 各有酋長, 不相統屬. 乾隆末, 勞爾 即刺合. 酋長林日星兼竝河右諸部爲一, 又逾印度河, 割阿富汗數城. 繼立之王尤雄武, 以歐羅巴人爲將, 戰勝攻取, 四隣畏服. 道光十九年, 王卒, 宗孫嗣立, 信任讒佞, 大柄旁落, 國勢頓衰. 先是英吉利攻滅孟加拉, 乘勝脅降諸部, 值塞哥兩世得賢主, 國治兵強, 故英人止戈修好, 未嘗措意. 至是昏庸在位, 間隙可乘, 遂連年大擧深入, 侵割其疆土過半. 其所失爲何部, 尙未得其詳也.

國分九部. 首曰本若, 都城建於拉維河岸. 曰勞爾, 一作刺合, 米圖作勒懷. 貿易繁盛, 爲通國大都會. 曰固宜斯丹, 首城名拉德如爾. 曰克什米爾, 首城同名. 曰着這, 首城名亞德各. 曰亞薩勒, 曰北朝威爾, 曰幾爾加得不耳, 曰木耳

丹, 曰勒亞, 曰德勒義斯馬伊爾汗, 曰德拉合西汗, 曰巴合瓦爾不耳. 首城皆同名. 道光二十年, 粤東譯出英人新聞紙, 有英軍攻阿付顏尼, 峨羅斯約木哈臘欲取阿付顏尼之說, 意在爭北印度也. 二十六年, 傳聞英人用兵於北印度, 有取得西刻之加治彌爾, 與後藏接壤, 欲赴藏通市之說. 西刻卽塞哥, 加治彌爾卽克什米爾. 據西人所刻地圖, 克什米爾在塞哥極北界, 英人果割地至此, 則已拊塞哥之背, 不止喪地實多, 抑且危如朝露矣. 英吉利印度埠頭, 孟加拉最盛, 孟買次之, 麻打拉薩又次之. 英吉利本國商船與歐羅巴諸國之船, 每歲往來以數千百計, 其稅銀每歲得千餘萬. 養兵太多, 支銷之外, 所餘亦無幾.

中國之布, 從前皆以麻織, 自元太祖征印度, 乃得緜花之種, 棉花初稱吉貝. 流傳中土, 至今衣被九州, 功駕桑麻之上, 其利溥矣. 乃鴉片之毒, 亦出於此, 五印度諸部皆產此物, 而最多者爲馬剌他. 川南·滇西, 地近印度, 故有栽種鶯粟者. 鴉片分兩種, 成團者爲大土, 其價昂, 聚於孟加拉·麻打拉薩. 成片者爲小土, 其價廉, 聚於孟買. 五印度貨物, 惟緜花·鴉片最多, 近年竟以鴉片爲主, 每歲出運數萬餘箱. 宇宙浮孼之氣乃獨鍾於佛國, 何其怪也!

回疆葉爾羌等城, 時有克什米爾·溫都斯坦兩處之人往來貿易. 『西域聞見錄』謂兩部皆回部大國, 由葉爾羌南行六十餘程至克什米爾, 又四十餘程至溫都斯坦. 以今考之, 克什米爾卽塞哥, 爲北印度大國. 溫都斯坦則五印度總名. 部落旣多, 西域不能辨識, 自克什米爾之外, 槪稱爲溫都斯坦耳. 又云兩廣·福建之物, 往往由溫都斯坦販至回疆, 此無足怪. 溫都斯坦之孟加拉·孟買皆英吉利大埠頭, 閩·粤之貨山積. 由兩處至回疆, 皆商買通行之熟路, 轉運固甚便矣.

案: 由回疆之葉爾羌南越博羅, 可達後藏. 由後藏越廓爾喀, 可達印度. 英夷果由印度轉販回疆, 未知此以北大雪山·蔥嶺以及葉爾羌南之大戈壁, 皆屬陸路, 何由得至? 豈溯印度河逆流而上與? 然究在雪山南也. 若用駝馬轉運, 或由岡噶江逆折而西而北, 以達回疆與? 然不可考矣.

주석

1 신디아: 원문은 '신지아新地亞'이다.

2 마라타: 원문은 '마랍지馬臘地'이다.

3 괄리오르: 원문은 '오아미록吳亞未鹿'으로, 조홀鳥忽이라고도 한다.

4 괄리오르성Gwalior Fort: 원문은 '조음지성鳥音之城'이다.

5 네팔: 원문은 '니보리국尼報里國'이다.

6 카트만두: 원문은 '갑만토甲曼土'이다. 광서 2년본에는 '토土'가 '사士'로 되어 있으나 악록서사본에 따라 고쳐 번역한다.

7 부탄: 원문은 '포단지布但地'이다.

8 라마: 원문은 '랄마剌麻'이다.

9 트라시강Trashigang: 원문은 '타서소둔성他西蘇屯城'이다. 지금의 부탄 동부에 위치한다.

10 바하르: 원문은 '맥합이麥哈爾'이다.

11 오리사: 원문은 '아력색阿力色'이다. 광서 2년본에는 '색色'이 '읍邑'으로 되어 있으나 악록서사본에 따라 고쳐 번역한다.

12 라호르: 원문은 '륵회勒懷'이다.

13 가르왈: 원문은 '위료威聊'이다.

14 아우드: 원문은 '오눌烏訥'이다. 광서 2년본에는 '오납烏納'으로 되어 있으나 악록서사본에 따라 고쳐 번역한다.

15 델리: 원문은 '섭리聶離'이다.

16 아그라: 원문은 '아이각랍阿爾各拉'이다.

17 알라하바드: 원문은 '아랍합관특阿拉哈板特'이다.

18 곤드와나: 원문은 '공와납工窪納'이다.

19 말와: 원문은 '마이와馬爾窪'이다.

20 칸데시: 원문은 '감륵사甘勒士'이다.

21 베라르: 원문은 '미륵이彌勒爾'이다.

22 하이데라바드: 원문은 '해특이랍만海特爾拉蠻'이다.

23 마드라스: 원문은 '마타랍살麻打拉薩'이다. 광서 2년본에는 '마타살麻打薩'
　　로 되어 있으나 악록서사본에 따라 고쳐 번역한다.

24 카르나티크: 원문은 '갈납적噶納的'이다.

25 라지푸타나: 원문은 '이륵사포타랍爾勒士布他拉'이다.

26 물탄: 원문은 '아포이신阿布爾信'이다.

27 데이비드 아빌David Abeel: 원문은 '아비리雅裨理'이다. 데이비드 아빌
　　(1804~1846)은 미국인 선교사이다.

28 네팔: 원문은 '니박이尼泊爾'이다.

29 코칸트Kokand: 원문은 '호한浩罕'으로, 코칸트한국을 가리킨다. 우즈베크
　　인이 중앙아시아에 세운 우즈베키스탄 3대 칸국 중 하나이다. 수도는
　　코칸트로, 이 도시는 서투르키스탄에서는 비교적 새로운 도시이며, 유
　　명하게 된 것은 코칸트한국의 수도가 되면서부터이다.

30 안디잔Andijan: 원문은 '안집연安集延'이다. 지금 안디잔은 우즈베키스탄
　　공화국 제4의 도시이고, 안디잔주의 주도이다. 고대에는 실크로드의
　　요충지로, 카슈가르와 코칸트 중간에 있었다.

31 부하라Bukhara: 원문은 '찰포札布'로, 포합이布哈爾라고도 한다.

32 발루치스탄: 원문은 '비로지俾路芝'이다.

33 수틀레지강: 원문은 '살덕륵지하薩德勒至河'이다. 광서 2년본에는 '융덕근
　　지하隆德勤至河'로 되어 있으나 악록서사본에 따라 고쳐 번역한다.

34 시르힌드: 원문은 '서림덕西林德'이다.

35 라호르: 원문은 '로이勞爾'이다.

36 란지트 싱: 원문은 '림일성林日星'이다.

37 아톡Attock: 원문은 '아덕각亞德咯'이다.

38 물탄: 원문은 '목이단木耳丹'이다.

39 레이아: 원문은 '륵아勒亞'이다.

40 데라이스마일칸: 원문은 '덕륵의사마이이한德勒義斯馬伊爾汗'이다.

41 데라가지칸: 원문은 '덕랍합서한德拉合西汗'으로, 지금의 파키스탄 펀자브주에 위치한다.

42 바하왈푸르: 원문은 '파합와이불이巴合瓦爾不耳'로, 지금의 파키스탄 펀자브주에 위치한다.

43 부하라: 원문은 '목합랍木哈臘'이다.

44 야르칸드Yarkand: 원문은 '섭이강葉爾羌'이다.

45 힌두스탄Hindustan: 원문은 '온도사탄溫都斯坦'이다.

46 내가 일찍이 미국인이 … 참으로 편리하다: 여기에 나오는 안은 모두 서계여의 안이다.

47 볼로Bolor: 원문은 '박라博羅'로, 지금의 파키스탄 북단 및 카슈미르 서북부에 위치한다.

48 파미르고원: 원문은 '총령蔥嶺'이다.

49 고비사막: 원문은 '대과벽大戈壁'이다.

50 갠지스강: 원문은 '강갈강岡噶江'이다.

海國圖志
卷二十一

해국도지
권21

一

소양邵陽 위원魏源 중집

본권에서는 중인도와 동인도의 여러 나라에 대해 살펴보고 있다. 중인도에서는 힌두스
탄·아그라·델리의 지리, 역사, 풍속, 경제, 문화적 특색을 서술하고 있고 동인도에서는
미얀마·벵골의 지리, 역사, 풍속, 문화적 특색을 서술하면서 아울러 중국을 비롯한 서
양 국가들과의 대외 관계를 기술하고 있다. 『서역문견록西域聞見錄』, 『만국지리전도집萬
國地理全圖集』, 『해록海錄』, 『서장기西藏記』 등의 기록을 인용, 소개하는 동시에 이들 기록
에 대한 위원 자신의 독창적인 견해와 비평을 함께 싣고 있다.

중인도 각 나라

—

『서역문견록西域聞見錄』에 다음 기록이 있다.

힌두스탄Hindustan[1]은 서역 이슬람국 중의 큰 나라이다. 야르칸드 Yarkand[2] 서남쪽에서 말을 타고 60여 일 가면 카슈미르Kashmir[3]에 도착한다. 카슈미르에서 서남쪽으로 다시 40여 일 가면 힌두스탄에 도착한다. 뱃길로도 통할 수 있어 두 곳에서 무역하는 사람들은 대부분 배로 물건을 나르며 왕래가 끊이지 않는다. 왕은 칸(汗)이라고 칭한다. 도성은 웅장하여 둘레가 60여 리나 되고, 370여 개나 되는 크고 작은 이슬람 도시들을 관할한다. 사람들은 눈이 깊고 코가 높으며, 수염이 많고 눈동자는 흑백이 선명해 유리처럼 빛나며, 얼굴은 검고 입술은 푸르다. 언어는 새들이 재잘대는 것과 비슷해 무슬림들도 알아듣지 못했다. 의복은 앞섶을 열고 머리에는 꽃무늬 천을 둘렀다. 토지는 비옥하지만, 매우 무더워 풍토병이 심했다. 머리와 얼굴에 혹이 있는 사람도 있는데, 혹은 잡아당기면 길어졌다가 놓으면 줄어들었다. 코끼리로 밭을 경작하기에 수레를

몰아 멀리까지 가서 모두 코끼리를 구해 왔다. 소나 말은 있지만, 낙타·
양·노새·나귀는 없어 유목하는 일을 알지 못했다. 찰벼·메벼·과일·채소
가 무성히 잘 자란다. 빈랑·광랑桄榔·종려棕櫚·귤·유자나무가 곳곳에 숲
을 이루고 겨울에도 시들지 않았다. 사람들은 기예를 익혀 금칠이나 조
각을 했는데, 기술이 정교하여 그들이 만든 옥그릇은 매미 날개처럼 얇
았고 머리카락처럼 얇은 무늬가 있었다. 금은으로 금사와 은사를 만들었
고, 비단과 모직물을 짜서 서역 각 나라와 각 이슬람 도시에 두루 판매했
다. 거주하는 토굴은 깊이가 여러 길로, 옆에 토굴을 파서 방을 만들었는
데, 방 또한 매우 정교했고 금과 옥으로 장식했다. 여태껏 지상에는 건물
과 정원을 지은 적이 없었고, 그 도시는 마치 텅 비어서 사람이 살지 않
는 것 같았다. 성곽 밖에는 큰 연못이 하나 있는데 산수가 수려하고 꽃과
나무가 울창해 사람들이 가족을 데리고 나와 배를 타고 수십 일이나 몇
개월씩 시간을 보내며 그 안에서 놀았다. 맛 좋은 술도 많고 연회도 좋아
하여 늘 수백 금을 썼으며 연못에서 술을 잔뜩 싣고 뱃놀이를 했다. 무릇
그 나라의 공적·사적 업무 및 모든 농업·공업·상업·노동·교역은 모두 야
간에 행해지다가 해가 뜨면 끝냈다. 나라는 부유했고 풍속은 사치스러웠
다. 그 나라에는 또한 옥산이 있는데, 유독 백금白金이 적어 그 가격이 황
금보다 비쌌다. 가장 귀한 것은 중국 자기로, 간혹 중국 자기를 들고 그
나라에 가는 경우, 다투어 백옥 그릇과 교역하는데, 오직 중국 자기를 잃
어버릴까 걱정했다. 대황大黃은 특히 귀한 보물로 수십 배의 황금과 바
꿨는데, 아마도 그 지역의 모든 질병과 종기는 대황을 먹으면 즉시 나았
기 때문이다. 귀한 손님이 오거나 대연회가 열릴 때면 모두 차 대신 대황
을 대접했다. 그곳 사람은 오랫동안 대황을 복용하지 않으면 반드시 죽
었기 때문에 가난한 무슬림이라도 반드시 반량半兩 크기의 대황 주머니

를 가슴 앞에 차고 혀로 핥거나 코로 냄새를 맡았다. 그 지역의 강과 하천은 모두 바다로 통했다. 당시에 복건福建과 광동廣東에서 이곳에 와 정박한 자들은 대부분 대황으로 이익을 보려는 경우였다. 양광兩廣, 복건의 물품은 그곳 사람들이 종종 소유하기도 하고 야르칸드에 다시 팔아 중국에 들어오기도 했다. 카슈가르Kashigar[4]의 무슬림이 구매한 장융漳絨[5] 자락 위에 천순天順이라는 상호명이 있는데, 복건의 물건이 틀림없다.

그 나라의 서쪽 구석에는 거대한 호수[6]가 있는데 둘레가 수천 리에 달한다. 거대한 호수에는 둘레가 천 리가 넘는 산이 있는데, 많은 봉우리가 우뚝 솟아 구름 속으로 들어간 듯해서 어떤 사람은 세상에서 제일 높은 산이라고 한다. 그 산의 명칭은 견각리마담달라사牽各里麻膽達喇斯[7]이다. 산에는 사자가 살아서 가을 달이 휘영청 밝을 때면 새끼를 업고 산속을 오가는데, 머리가 크고 털이 구불대며, 꼬리는 빗자루 같고 몸은 호랑이 가죽처럼 누런 몸에 검은 무늬가 있으며, 길이는 6~7길이었다. 때때로 산 정상에 올라 달을 쳐다보면서 침을 흘리고 포효하며 뛰어오르는데, 달을 삼킬 듯이 맹렬했다. 8~9리 또는 10여 리를 내달리다가 산골짜기에 떨어져 죽는 경우도 있었다. 그 나라에서 사자를 기르는 집은 부유한 집이다. 매년 가을이 되면 칸은 사람을 시켜 사자를 잡아 오게 해서 쇠로 항아리만 한 크기의 기둥을 만들어 빽빽하게 배치하고 층층이 주위를 둘러 우리 안에 사자를 키우며 소를 먹이로 주었다. 때때로 사자가 천둥 치듯 울어대면 온성이 진동했고 사람과 가축은 불안해했다.

춘원씨椿園氏[8]가 말한다.

건륭乾隆 40년(1775)에 힌두스탄의 칼란다르Qalandar[9]가 회강回疆에 왔는데, 내가 그를 만나 보니 그는 검은 얼굴에 푸른 입술을 하고 눈동자가 유리 같았다. 듣자 하니 그는 그곳에서 그나마 피부가 흰 편에 속한다고 했다. 또 말한다. 그 나라의 서남쪽 수만 리에 흑인과 백인이 사는데, 백인은 눈처럼 희고 흑인은 칠흑처럼 검으며, 나라는 바다 한가운데에 있다. 설마하니 이들이 광동에서 말하는 흑귀黑鬼, 백귀白鬼인가? 칼란다르가 그 지역의 일을 매우 상세히 말해 주었는데 내가 이전에 들었던 것과 별반 차이가 없었다. 견각리마담탑랍사산牽各里麻膽搭拉斯山은 상당히 높이 솟아 있어 신령스러운 자취가 가장 두드러지니, 아마도 옛사람들이 말한 태양이 감싼 봉우리가 아닐까? 살펴보니 산은 비록 상당히 높지만 해와 달이 뜨고 지는지 알 수 없고, 사방이 모두 물이어서 배를 타고는 갈 수 있으니 또한 이른바 약수弱水[10]는 아닌 듯하다. 살펴보건대, 온도溫都는 흔도痕都, 흥도興都라고도 하며 바로 인도 신두Sindhu[11]의 음역이다. 「곤여도坤輿圖」와 「직방도職方圖」에는 모두 막와이국莫臥爾國[12]으로 되어 있는데, 중인도인 것 같다. 서북쪽에 있는 거대한 호수는 바로 카스피해Caspian Sea이다. 카스피해에 있는 높은 산은 수미산須彌山[13]인 듯하지만, 견문이 적어 밝힐 수가 없다. 그 지역은 무덥고 풍토병이 많으며 비가 많이 내리는 것이 복건·광동과 비슷하다. 기후와 풍토는 좋지 않지만, 산에는 보물이 있고 땅에는 초목이 잘 자라는 까닭에 인구가 많고 부유하다. 아쉽게도 통역관[14]의 통역으로는 그 말을 다 이해할 수 없고 남아 있는 자료를 살펴보아도 겨우 반만 참고할 수 있었을 뿐이다.

『만국지리전도집萬國地理全圖集』에 다음 기록이 있다.

아그라Agra[15]는 고대 중인도의 중심 도시로, 몽골족 출신의 인도 왕[16]이 다스리던 도시이다. 궁전과 관아는 휘황찬란하다. 그 땅은 북위 27도 11분, 동경 77도 53분에 위치한다. 평평한 곳에 탑을 건설했는데, 둘레는 90리에 달한다. 모든 거주민은 대부분 이슬람교를 신봉하고 보살을 숭배하지 않으며, 사당 안에서는 우상도 없고 향불도 없이 단지 경을 외며 머리를 조아릴 뿐이다. 무슬림은 수백만 명으로, 오인도 각 지역에 거주한다. 옛날에 몽골군이 침범했을 때 원주민들에게 억지로 불상을 내다버리게 하고 그렇게 하지 않으면 주살했기 때문에, 인도에서는 대부분이슬람교를 신봉하여 지금까지 이어졌다. 이곳과 가까운 도시에는 옛 왕의 무덤이 있는데, 층층이 쌓인 탑처럼 높고 둘레는 몇십 길이며 화려하게 잘 정비되어 있다. 포대는 사방이 험하고 견고하다. 당시 이웃 나라들은 모두 편안하여 조금의 분쟁도 없었기 때문에 무역이 흥성했다. 도광道光 13년(1837)에 이곳을 주도로 삼았다.

또한 델리Delhi[17]는 옛 이슬람 왕국의 수도이다. 명나라 가정嘉靖 5년(1526)에 몽골국의 칸이 기회를 틈타 침략하고 제국을 건설해서 235년간오인도의 여러 나라가 입공했으나, 후에 간신들이 붕당을 만들고 변란이벌떼처럼 일어났다. 건륭 25년(1760)에는 왕이 나약하고 무능하여 영국에게 투항해 봉록을 받고 델리에서 편히 살았다. 그러나 전쟁이 끊이지 않아 왕이 적국의 포로가 되자, 영국 관리가 역적을 정벌하고 나라를 안정시켰으며 널리 이슬람에 위엄을 떨쳤다. 왕은 당시 궁전에 머물렀으나권력 없이 헛된 영화만 누릴 뿐이었으며, 영국의 봉록을 받고 종실을 지킬 수 있다는 것에 만족할 뿐이었다. 그 도시는 넓고 크며, 궁전은 웅장하고 백성은 각각 영국에게 복종하며 대대로 태평하게 지냈다.

中印度各國

『西域聞見錄』: 溫都斯坦, 亦西域回國之大者也. 葉爾羌西南, 馬行六十餘日, 至克食米爾. 克食米爾復西南行四十餘日, 至溫都斯坦. 水亦可通, 兩地貿易之人多資舟楫, 往來不絶. 稱其王曰汗. 其都城雄壯, 周圍六十餘里, 轄大小回城三百七十餘. 其人深目高鼻多鬚, 目睛黑白, 光如琉璃, 面黑唇青. 言語類鳥鳴, 回子亦不能辨. 衣敞前襟, 頭纏花布. 厥土黑墳, 地極溽暑, 瘴癘爲害. 人有頭面生贅疣, 引之而長, 放之而縮者. 地以象耕, 服車致遠, 皆取給於象. 有牛馬, 無駝羊騾驢, 不解遊牧之事. 粳糯·秔稻及瓜果·蔬菜, 靡不繁植. 檳榔·桄榔·棕櫚·橘·柚, 在在成林, 冬不凋葉. 人習技巧, 金漆雕鏤, 制作精奇, 所製玉器, 薄如蟬翼, 文成如髮. 抽金銀爲絲, 織綢緞氍布, 遍貨於西域各國及各回城. 所居穴地深數丈, 旁掘土洞爲室, 室亦絶精, 飾以金玉. 從無地土起屋竝園亭之事, 其城村似曠邈無人煙處也. 郭外大澤一, 山水秀麗, 花木蔚然, 居人多攜眷乘舟, 累月經旬, 遊於其內. 多美釀, 尙宴會, 必費數百金, 亦多載酒泛舟於澤中者. 凡其地之公私事務及一切農工商旅操作交易, 皆於夜間爲之, 日出則伏.

國旣富庶, 風俗奢靡. 其地亦有玉山, 獨少白金, 價過黃金也. 最貴中國磁器, 或有攜至其國者, 爭以白玉盤椀爲交易而去, 惟恐失之. 而大黃尤爲至寶, 以黃金數十倍兌換, 蓋其地之一切疾病瘡瘍, 得大黃卽愈, 百不失一. 貴客來及大筵宴, 皆以大黃代茶. 人若經年不服大黃則必死, 故雖貧苦小回, 亦必有一半兩大黃囊胸前, 舌舐而鼻嗅之. 其地之江河皆通海洋. 時有閩·廣海航到彼停泊, 多有以大黃漁利者. 兩廣·福建之物, 往往有之, 或重販至葉爾羌, 轉入中國矣. 哈什噶爾回子買得漳絨一端, 上有天順字號, 固閩貨也.

其國西隅有巨澤, 圍數千里. 澤中有山, 圍踰千里, 萬峰聳峙, 高入雲天, 或曰人間第一高山也. 名曰牽各里麻膽達喇斯. 山中產獅子, 于秋月皎潔, 輒負雛于山中往來, 頭大而毛虯, 尾形如帚, 黃質黑章如虎皮, 長六七丈. 時登山絶頂, 望月垂涎, 咆哮跳擲, 猛飛吞月. 有飛去八九里十餘里而墜死山谷中者. 其國人以豢養獅子爲上戶. 每當秋月, 其汗使人取獅, 以金鐵作柱, 大如甕, 密布層遮圍, 畜之於其中, 飼以牛. 時而吼如雷霆, 滿城震動, 人畜不甯.

椿園氏曰: 乾隆四十年, 有溫都斯坦之海門達爾遊至回疆, 予晤其人, 面黑脣靑, 睛如琉璃. 據云彼乃其地之白晳者耳. 又云: 其國之西南數萬里, 有黑白之人, 白者如雪, 黑者如漆, 國在大海之中. 得毋卽東粤之所謂黑鬼·白鬼者歟? 因細談其地之事甚詳, 與予向所聞無異. 而牽各里麻膽搭拉斯之山, 高聳至極, 靈蹟最著, 其卽古人所謂日繞之峯歟? 顧山雖至高, 無出沒日月之理, 四圍皆水, 舟楫可通, 亦無所謂弱水焉. 案溫都一作痕都, 一作興都, 卽印度·身毒之轉音也. 『坤輿圖』·『職方圖』皆作莫臥爾國, 蓋中印度也. 其西北大澤, 卽所謂裏海也. 裏海中高山, 而疑爲須彌, 陋不足辨. 其地暑而多瘴多雨類閩·廣. 水土惡劣之鄉, 而山有寶, 地生毛, 故人繁而殷富. 惜乎象胥通言, 不能盡解其說, 所得考核存據者, 亦僅參半焉爾.

『萬國地理全圖集』曰: 亞加者, 古時中印度之省會, 係蒙古印度王之都. 殿宇官衙, 光曜燦輝. 形勢在北極出地二十七度十一分, 偏東七十七度五十三分. 有塔建在平坦, 周視九十里. 所有居民, 大半崇回回敎, 竝不崇拜菩薩, 其廟內無偶像, 竝無燒香, 惟念經叩頭而已. 回回敎門之人數百萬, 在五印度各處居住. 昔蒙古軍侵國, 強令土人棄絶佛像, 否則誅死, 故此印度多奉其敎, 至今不絶. 其近城有古王之墓, 高如疊塔, 一周幾十丈, 煥然齊整. 其砲臺四面險固. 此際隣國咸甯, 毫無戰釁, 故生意復興. 道光十三年以此地爲省會.

又亞北得希者, 古回回王之京. 明嘉靖五年, 蒙古汗乘機侵奪, 創立大國, 歷二百三十五年, 令五印度列國進貢, 乃佞臣結黨, 變詐蜂出. 乾隆二十五年, 王懦無能, 投降英人, 蒙其俸祿, 安居本都. 但戰鬪不息, 爲敵國侵擄, 于是英官征逆靖國, 宣威回回. 王現時駐宮, 無權, 惟享虛榮, 受英俸祿, 足以養宗室而已. 其都廣大, 其殿遼闊, 其民各服英權, 歷年泰平.

주석

1 힌두스탄Hindustan: 원문은 '온도사탄溫都斯坦'으로, 인도의 빈디아산맥 Vindhya Range 이북 지역을 가리킨다.

2 야르칸드Yarkand: 원문은 '섭이강葉爾羌'이다. 야르칸드국은 카슈가르국 이라고도 부르며, 1514년에 카슈가르와 야르칸드를 중심으로 지금의 중국 신강 위구르 자치구(동투르키스탄)에 세워져 1705년까지 존재했던 위 구르족의 마지막 왕조이다.

3 카슈미르Kashmir: 원문은 '극식미이克食米爾'이다.

4 카슈가르Kashigar: 원문은 '합십갈이哈什噶爾'이다.

5 장융漳絨: 복건성 장주漳州 지역에서 나는 비단이다. 강소성 단양시丹陽市 의 특산물로 유명하나 장주에서 유래되었기 때문에 이 이름이 붙여졌다.

6 거대한 호수: 원문은 '거택巨澤'으로, 카스피해로 추정된다.

7 견각리마담달라사牽各里麻膽達喇斯: 위원의 주장에 따르면 견각리마담달 라사는 카스피해에 위치한다고 한다. 이를 통해 보면 이 산은 이란 엘 부르즈산맥El burz Mountains에 속한 다마반드산Qolleh-Ye Damāvand으로 추정 된다.

8 춘원씨椿園氏: 『서역문견록』의 작가인 만주족 정람기正藍旗 사람 칠십 일七十一의 호이다. 칠십일은 성이 니마사尼瑪查이고 호가 춘원椿園이다. 『서역문견록』은 그가 쿠차Kucha(신강 위구르 자치구에 속하는 현)에서 판사辦事 로 재임할 당시에 지은 책이다.

9 칼란다르Qalandar: 원문은 '해문달이海門達爾'로, 해란달이海蘭達爾라고도 한다. 중앙아시아 이슬람교 수피파의 고행자에 대한 칭호이다.

10 약수弱水: 중국 서부에 있다는 전설의 강으로, 기러기 깃털도 가라앉는 다고 한다.

11 신두Sindhu: 고대 천축국으로, 지금의 인도, 파키스탄, 방글라데시 등을

포함한다.

12 막와이국莫臥爾國: 무굴 제국Mughal Empire이다.

13 수미산須彌山: 불교에서 말하는 상상의 산으로, 불교 우주론에 따르면 세상의 중심에 위치한 거대한 산이라고 한다. 고대 인도인들은 사면이 바다로 둘러싸인 수미산을 중심으로 전 세계가 네 개의 대륙과 아홉 개의 산으로 이루어져 있다고 생각했다.

14 통역관: 원문은 '상서象胥'로, 고대에 사방에서 오는 사신을 접대하며 통역을 맡아 하던 관리를 말한다.

15 아그라Agra: 원문은 '아가亞加'로, 지금의 인도 북부 우타르프라데시주에 위치한다.

16 몽골족 출신의 인도 왕: 원문은 '몽고인도왕蒙古印度王'으로, 무굴 제국의 초대 황제 자히르 알딘 무함마드 바부르Zahīr al-Dīn Muḥammad Bābur(재위 1526~1530)를 말한다.

17 델리Delhi: 원문은 '아북득희亞北得希'이다.

동인도 각 나라

—

『해록海錄』에 다음 기록이 있다.

미얀마Myanmar[1]는 태국 팡응아Phang Nga[2] 서북쪽에 위치하며 영토는 태국보다 훨씬 크다. 팡응아에서 육로로 4~5일 가서 뱃길로 순풍을 타고 이틀 정도 가면 다웨이Dawei[3]에 도착하는데, 다웨이는 미얀마에 속한 지역으로 광주 사람들이 이곳에서 장사한다. 또 북쪽으로 1백 리 남짓 가면 메익Myeik[4]에 도착한다. 또 서북쪽으로 2백 리 남짓 가면 양곤Yangon[5]에 도착한다. 또 서쪽으로 2백 리 남짓 가면 바고Bago[6]에 도착한다. 이곳은 모두 미얀마에 속한다. 수도는 잉와Innwa[7]이다. 바고에서 내하內河 내하하는 갠지스강(恒河)으로 이라와디강Irrawaddy River[8] 해구로 모인다. 로 들어가 뱃길로 약 40일 가면 도착한다. 수도에는 성곽과 궁전이 있고 바고에는 공명성孔明城이 있으며 성 주위는 모두 성가퀴인데 구멍 수가 세 개 또는 다섯 개로 뒤섞여 있어 그 수를 알기 어렵다. 전하는 말에 따르면 이는 제갈량諸葛亮[9]이 남만을 정벌할 때 세운 것으로, 성으로 들어온 자는 종종 길을 잃고 출구를 찾지 못했다고 한다. 북쪽은 운남雲南·미얀마와 경계를 접하고 있어 운남 사람들이 대부분 여기에서 무역한다. 의복과 음식은 대략 태국과 같으며 순박하고 후덕하여 유독 태고의 모습을 지니고 있다. 사람들은 대부분 판잣집에 살고 밤에도 문을 잠그지 않으며, 도적도 없고 분쟁도 없다. 국법이 상당히 관대하여 죄를 지으면 벌을 줄 뿐이고, 중죄를 지으면 가두었다가 열흘이면 석방하여 죽이고 때리는 형벌이 없으니, 정말로 남양南洋의 낙원이다. 남녀 모두 몽치 모양으로 상투를 틀며 혼인 풍습은 대략 중국과 같다. 죽으면 산에 장사 지내고 봉분을 만들지도 나무를 심지도 않는다. 토산품으로는 옥·보석·은·제비집·상어 지느러미·무소뿔·니유泥油[10]·자경紫景·아다兒茶[11]가 있다. 보석은 푸른색을 귀하게 여기는데 구하기 어렵기 때문이다. 니유는 흙에서 나오며 등불을 붙일 수 있다. 자경 또한 흙에서 나오며 인주를 대신할 수 있다. 안남安南에서 이곳으로 올 때, 남양 여러 나라의 연해에는 모두 도마뱀처럼 생긴 악어가 있어 사람을 잡아먹는다. 원주민 중에 악어에게 잡아먹힌 사람이 있으면 승려를 모셔다 주문을 외고 낚시를 바다에 던지는데, 사람을 잡아먹은 악어는 미끼를 삼키고 올라오지만 다른 악어들은 올라오지 않는다. 바고에서 서북쪽으로 가는 연해 수천 리는 첩첩산중으로, 사람이 살지 않고 기이한 짐승들이 출몰하며 울부짖는다. 깎아지를 듯 높은 절벽 사이에는 여태껏 본 적이 없는 고목과 기이한 화초가 많으며, 배로 약 15일을 타고 가면 더 이상 보이지 않는데, 이 역시 해외의 기이한 장관이다.

치타공Chittagong[12]은 미얀마 타웅지Taunggyi[13] 북쪽에 위치하며 수십 년 동안 영국이 새로 개간한 지역이나, 아직까지 상인이 간 적이 없어 풍속과 토산품이 잘 알려져 있지 않다. 생각건대, 이곳은 인도의 동쪽 경계 지역으로 옛 코친국Cochin[14]이다.

또 다음 기록이 있다.

뱅골Bengal[15] 바로 맹가랍孟加臘이다. 은 영국 관할지로 둘레가 수천 리이며, 서남쪽 여러 나라에서 큰 도시 중 하나이다. 치타공 바다의 서쪽 해안에 위치하며 치타공에서 바다를 건너 동남풍을 타고 약 이틀 밤낮을 가면 도착할 수 있다. 육로로는 처음에 해안을 따라 북쪽으로 가다가 곶에 도착하면 서쪽으로 방향을 돌린 후 또 남쪽으로 가면 도착할 수 있는데, 비교적 시간이 많이 걸리기 때문에 왕래할 때는 모두 바닷길을 이용한다. 그 항구는 후글리Hooghly[16]로, 항구 밖의 연해 1천여 리는 바닷물이 혼탁하여 수심을 측정할 수 없어서 외국 선박이 이곳에 올 때는 급히 들어올 수 없다. 반드시 먼저 대포를 쏘아 원주민에게 알리고 영국에 요청한 후 뱃길에 익숙한 자가 작은 배로 외국 선박에 도착해 인도한 후에야 들어올 수 있다. 원주민 또한 반드시 해수의 깊이를 미리 재어 포泡로 표시했다. 포란 큰 나무를 몇 자로 잘라 감람橄欖 형태로 만든 후 그 안을 비우고 밧줄에 매달아 쇠를 떨어뜨리면 뱃길을 따라 구불구불 수면 위로 떠오르는데, 이를 표식으로 삼았으며 원주민들은 이것을 포라고 불렀다. 매번 멀리 보아 꺾어지는 곳에 포 하나씩을 설치했다. 그래도 외지인들은 좀처럼 알 수 없었으니, 이곳은 천연의 험지이다. 항구에는 포대가 있으며 내항內港으로 들어가 이틀쯤 가면 교아포대交牙砲臺에 도착하고 또 3~4일 가면 콜카타Kolkata[17]에 이르는데, 뱅골을 진수하는 영국 관군이 이곳을 다스린다. 콜카타에는 작은 성이 있으며 성안은 오직 관군만이 주둔하고 상인과 주민은 성 밖에 빙 둘러 살았다. 영국 관리와 부자 상인의 가족들은 모두 가든 리치Garden Reach[18]에 살았다. 가든 리치는 성 밖에 있는 땅이며, 누각이 연이어 있고 원림이 비단처럼 배열되어 있는 나라의 최고 지역으로, 이곳에 사는 영국인은 1만여 명이었다.

또한 세포이Sepoy[19]가 5만~6만 명이 있는데, 바로 뱅골[20]의 원주민이다. 우두머리는 3명으로 가장 높은 자가 저스티스Justice,[21] 그다음이 주리Jury,[22] 또 그다음이 주어러Juror[23]로, 모두 왕의 명령을 받고 몇 년마다 교체한다. 나라에 큰 정사(大政)·큰 송사(大訟)·큰 옥사(大獄)가 있으면 반드시 이 3명의 회의를 거쳐 처리하고, 작은 일은 하급 관리가 처리하게 했다. 문무를 총괄하고 재정을 관리하는 1명을 로드Lord[24]라 부르며 역시 몇 년마다 교체한다. 로드가 출입할 때의 의장儀仗은 3명의 우두머리보다 더 성대하여 앞에 기병 6명, 뒤에 4명, 좌우 각 1명씩을 둔다. 이들은 모두 붉은 옷을 입으며 좌우에 있는 2명의 장신구도 모두 로드와 같았는데, 오직 로드의 의복 흉배에 팔괘가 교차되어 수놓은 것이 다를 뿐이다. 무릇 옥사와 송사[25]가 있을 때는 위아래 사람 할 것 없이 모두 푸른 옷을 입는데, 오직 3명의 우두머리만이 두 어깨에 흰 모직물을 덧대고 머리에는 흰 모자를 쓴다. 우두머리들은 윗자리에 앉고 객장客長 열 명은 옆에 앉는다. 객장은 객상客商의 윗사람이다. 추국할 때는 매번 반드시 객장 열 명을 모셔 옆에 앉히고 사람들과 함께한다. 옥사는 반드시 모두 옳다고 한 후에야 그 죄를 정하며 한 명이라도 옳다고 하지 않으면 다시 추국해서 두세 번 반복되더라도 번거롭게 여기지 않는다. 그러나 사치스럽고 이익을 탐하여 뇌물이 공공연하게 행해져서 없는 일도 그럴듯하게 꾸미니, 돈이 없는 이는 변론조차 할 수 없다.

그곳 원주민은 세 종족이 있는데, 뱅골족Bengalis,[26] 후글리족Hugli,[27] 브라만족Brahmans[28]이다. 뱅골족이 비교적 많으며 브라만족이 특히 부유하다. 뱅골족은 소를 먹고 돼지를 먹지 않으며, 후글리족은 돼지를 먹고 소를 먹지 않고, 브라만족은 모두 먹지 않는다. 부자들은 의식주가 자못 영국과 비슷해 화려한 것을 숭상하고, 가난한 자들은 평소에 모두 벌거벗고 있으며 좁은 폭의 천으로 허리를 둘러 하체를 가렸는데, 남녀 모두 그러했고 이를 수만水幔이라 불렀다. 말레이족 역시 대부분 이와 같았다. 경사가 있으면 좁은 소매에 땅에 끌릴 정도의 긴 옷을 입었으며, 2자 되는 흰 천으로 머리를 감싸고 기름을 몸에 두루 발랐다. 가옥에는 모두 소똥을 발랐다. 교역할 때는 무늬 있는 소라 껍데기를 패화貝貨로 썼다. 아내를 맞이할 경우에는 모두 민며느리를 들였고, 남편이 죽으면 머리를 깎고 살았으며, 서로 다른 종족끼리는 혼인하지 않았다. 남자는 가슴에 몇몇 작은 표식을 하고 이마에는 문신을 새겼으며, 여자는 모두 코를 뚫어 고리를 달았다. 브라만족은 죽으면 땅에 장사를 지냈고, 나머지 종족들은 모두 물에 던졌다. 벵골족 중에는 종종 화장도 했는데, 특히 부부 금실이 돈독하면 남편이 죽어 화장할 때 부인이 불 속으로 뛰어 들어가 같이 죽는 경우도 있었다.

이곳에서 서쪽으로 갈수록 기후가 점차 추워져 이곳에 사는 중국인들은 겹옷을 입으니, 동남양 여러 국가가 사시사철 모두 홑옷을 입는 것과는 다르다. 토산품으로는 아편·화약·우황·설탕·면화·해삼·대모·가자訶子[29]·단향이 있다. 아편은 두 종류가 있는데, 하나는 공반公班으로 색이 검고 최상품이며, 하나는 파제고라巴第古喇로 색이 붉고 차상품이다. 중국인들은 이것들을 오토烏土라고 불렀으며, 벵골에 속한 마을인 파트나Patna[30]에서 생산되었다. 마드라스Madras[31]에서 나는 아편도 두 종류가 있는데, 하나는 금화홍金花紅으로 상품上品이고, 또 하나는 유홍油紅으로 차상품이다. 마라타Maratha[32]와 잔지라Janjira[33]에서 나는 아편은 붉고, 뭄바이Mumbai[34]와 카티아와르Kathiawar[35]에서 나는 아편은 흰데, 최근 중국에 가장 많이 들어온다. 그 나무는 양귀비 같고 잎은 인디고indigo 같으며 열매는 가지 같은데, 뿌리마다 2~3개의 열매를 맺는다. 열매가 익으면 밤에 칼로 그

껍질에 얇게 상처를 내 액체가 흘러나오게 하고 새벽에 액체를 모아 어느 정도 물속에 담근 후에 꺼내어 물건에 담아 둔다. 다시 말린 나뭇잎을 가져와 가루를 만든 후 그 안에 섞는데, 잎 가루를 얼마나 넣는지에 따라 그 색깔이 정해지며 잎 가루 반을 넣어 반반인 반죽을 만든 후 둥글게 뭉쳐 잎으로 싼다. 열매에서 액체를 다 얻으면 그 뿌리를 뽑아 버리고 다음 해에 다시 심는다. 살펴보건대, 명하라明呀喇는 『해국문견록海國聞見錄』에서는 민하呣呀라고 하고 어떤 사람은 맹아랍孟阿拉이라고도 하며 또 맹가랍孟加臘이라고도 하는데, 사실은 모두 같은 지역이다.

『해국문견록』에 다음 기록이 있다.

소백두국小白頭國[36]은 동쪽으로 민하국呣呀國 명하라라고도 하는데, 바로 지금의 벵골이다. 과 이웃한다. 민하국 사람들은 피부는 검지만 모두 흰 옷을 입고 있는데, 이것이 백두국白頭國과 비슷하다. 영국[37]·네덜란드·프랑스 사람들이 이곳에 모여 무역했다. 민하국은 천축국이다. 민하의 동남쪽은 멀리 태국과, 남쪽은 바다와 접해 있다. 민하국의 북쪽은 달라이 라마의 티베트 및 사마르칸트의 속지와 접해 있다.

『월상회술粵商回述』에 다음 기록이 있다.

벵골의 땅은 농사짓기에 적합해 만물이 잘 자라며, 일 년 내내 남풍이 불고 여름과 겨울이 없다. 양은洋銀 1원은 이곳에서 동전 1백 문文에 해당하고 백미 1되는 이곳에서 동전 1문에 해당한다. 이곳의 아편은 사계절 내내 심고 거두어서 사방으로 널리 유통되었기에 각 나라 사람들이 모두 이곳에서 아편을 샀다. 공반토公班土[38]는 1건당 은 1원이고 백피토白皮土[39]는 1포당 은 6전이었다. 국왕이 징수하는 세금은 매 건당 약 은 2원이고 중국으로 운반된 아편은 매 마碼당 원가가 4원 남짓하였다. 이전에는 8~9원에 팔 수 있었는데, 듣자 하니 작년부터 중국에서의 아편 금지령이 엄격해져 이곳 사람들의 판매가 매우 어려워졌고 가격도 매우 싸져 아편 선박마다 벌어들인 은량은 왕복 운반비를 낼 정도밖에 안 된다고 했다. 아편으로 얻는 이익이 별로 없자 각 나라 사람들은 모두 아편으로 생활을 도모하길 바라지 않았다. 올해 여름에 이곳에서 출발할 때 영국 국왕이 중국의 금지령 때문에 아편 제조를 정지하라는 명령을 내렸다는 말을 들었다.

『만국지리전도집』에 다음 기록이 있다.

뱅골은 동인도이다. 해구까지 하천이 두루 흘러 땅이 비옥하고 산물이 산처럼 풍부해 설탕·초석硝石·면화·아편·전병靛餅·호사胡絲·오곡 등이 난다. 중심 도시는 콜카타[40]로, 갠지스강Ganges River[41] 강변에 있고 북위 22도 23분, 동경 88도 28분에 위치하며 세계 무역의 중심지이다. 강희康熙 7년(1668)에 영국 상인이 처음 시관市館을 짓고 작은 포대를 만들었으나 건물은 단지 70칸뿐이었다. 건륭 17년(1752)에 토군土君이 그 건물을 멋대로 허물고 그곳 사람들을 가두자 당시 영국 관리는 원수를 갚기 위해 군대를 일으켜 잔학한 토군을 몰아내고 결국 그 지역을 관할했다. 도시는 넓고 컸으며 건물은 궁궐 같았다. 거리는 곧고 넓었으며 양옆의 높은 건물은 눈처럼 희고 안에는 학교·문원文院 등 문예를 담당하는 관서가 있었으며, 남녀 모두 공부하고 배우며 교화에 힘썼다.

인도 전체를 관할하는 총독은 콜카타에 주둔하며 영국 병사 3만 명과 원주민 병사 23만 명을 관리했다. 문관은 모두 어렸을 때 영국에서 와서 원주민의 말을 배워 아래에서부터 발탁된 자들로, 녹봉이 매우 많았고 지방의 여러 일을 처리했다. 건설된 포대는 사방이 넓고 커서 적군이 점거하기 어려웠고, 깊은 해자와 높은 성채가 철옹성[42]으로 사방이 험하고 견고했다. 수로로 내지의 각 마을과 통할 수 있었는데, 물이 얕고 유속이 빠를 경우에는 화륜선으로 수로의 배를 끌었기 때문에 바람이나 조수의 방향은 상관하지 않고 위아래로 끊임없이 다녔다. 성안에는 재물과 비단이 셀 수 없을 정도로 많아 다른 도시나 중국 내지의 거상들이 모두 구름같이 콜카타[43]로 몰려와서 물건을 거래한다.

콜카타 동쪽의 다카Dacca[44]는 인구가 2만 명이며 사람들이 방직공장을 지어 가늘고 촘촘한 천을 짠다. 옛날에는 총독이 주둔하던 중심 도시였으나 지금은 단지 허물어진 성벽만이 남아 있을 뿐이다.

콜카타 서쪽의 파트나[45]는 인구가 밀집해 있으며 초석을 만들고 양귀비·인디고를 심으며 밭에는 장미·도미醯醿를 심어 꽃잎에서 액을 추출했다. 사람들은 향기 맡는 것을 좋아해서 항상 요리나 몸을 씻을 때 꽃잎 추출액을 사용했다.

콜카타 서남쪽의 베나레스Benares[46]는 인도의 유명한 종교 성지로 땅의 중심이라는 뜻이다. 거리는 매우 좁고 기와로 된 건물은 높이가 5~6층이다. 그림자가 끊이지 않을 정도로 많은 사람이 분주하게 다니고, 인구는 60만 명이다. 인도 사람이 말하길 보살이 이 도시를 성지로 조성했기 때문에 불교를 믿는 사람들이 이곳에 와서 향을 사르고 부처에게 절하면 지옥으로 가는 죄를 면할 수 있다고 한다. 또 말하기를 강에서 목욕한 자는 모든 죄가 한꺼번에 씻겨 나가 곧바로 천당에 갈 수 있다고 한다. 이곳이 바로 인도 불교에서 말하는 갠지스강이다. 동인도의 동쪽은 미얀마이고 북인도의 동쪽은 구르카Gurkha[47]와 시크Sikh[48] 등의 나라인데 이 몇몇 나라는 모두 티베트와 가까워 중국에 조공했다. 근자에 시크와 구르카[49]

역시 인도에 주둔한 영국군이 공격해 정복했기에 동인도 벵골도 이미 티베트와 무역하고 있다. 다만 북인도는 러시아[50]의 유목 부락과 경계를 접하고 있어 지금까지도 전쟁이 끊이지 않으니 아마도 러시아 또한 인도 아편에 대한 이익을 탐해서일 것이다.

위원魏源의 『서장후기西藏後記』에 다음 기록이 있다.

운남 사람 사범師範[51]이 말하길 중국에서 인도로 가는 데는 또한 두 가지 길이 있다. 한 가지 길은 운남 등월주騰越州[52] 남쪽에서 출발해 미얀마에서 서쪽으로 방향을 바꿔 동인도에 이르면 무릇 3500리이고, 다시 중인도에 도착하는 데는 또 1600리로 모두 5100리가 된다. 다른 한 가지 길은 운남 여강麗江[53] 서쪽에서 티베트로 들어가 중인도 북쪽 경계에 이르면 2천 리이고, 다시 1200리를 가면 중인도에 도착하는데, 3200리 거리이니 남쪽 길보다 1900리 짧다. 지리적 위치로 살펴보면 운남의 등월주는 인도와 동남쪽으로 대칭된 위치이고 그 사이를 붉은 머리칼의 야만족이 가로막고 있다. 이에 한 가지 길은 길을 돌아 남쪽으로 1700리 가서 미얀마에 도착한 후에 서쪽으로 방향을 바꿔 동인도에 이르고, 또 서북쪽으로 가서 중인도 단나국檀那國[54]에 도착하는데, 그 거리가 3800리이다. 다른 한 가지 길은 길을 돌아 서쪽으로 티베트에 들어간 후에 남쪽으로 방향을 바꿔 단나국에 이르니 모두 3200리이다. 만약 야만족의 땅을 지나 곧장 서쪽으로 갈 수 있다면 미얀마나 티베트를 경유하지 않고 등월주에서 인도로 갈 수 있으니 1800~1900[55]리 거리에 불과하다. 야만족이 만약 영토로 편입되었다면 인도와는 국경을 접하였으리라. 이전 한나라 무제武帝 때는 서남쪽 오랑캐를 평정하여 양주梁州에서 박트리아Bactria[56]로 가려고 했으니 위대하구나!

『서장기西藏記』[57]에 다음 기록이 있다.

후장後藏[58] 새이塞爾에서 서남쪽으로 18일 여정을 가면 종리宗里에 이르고, 또 8일 가면 백목융白木戎[59] 부락에 도착하는데, 그곳은 북쪽으로는 후장, 서쪽으로는 구르카와 접하며, 남쪽으로는 소서천小西天의 북쪽 경계와 접한다. 소서천에서[60] 남쪽으로 열흘을 가면 그 나라의 수도인 포이아布爾牙[61] 부락에 이르고, 바다에서 배를 타고 15일 가면 대서천大西天에 도착한다. 소서천은 동인도이고 대서천은 중인도이다.

또 다음 기록이 있다.

후장 타쉬룬포Tashi Lhunpo[62] 서남쪽은 부탄Bhutan[63]과 구르카 등의 지역과 이웃하는데, 구르카는 바로 찬보贊晋[64]가 구르카 왕의 딸을 취한 곳이고, 부탄은 인도로 가는 길이다. 또 다른 길은 아리Ngari에서 서남쪽으로 2천여 리 가서 무굴 제국[65]으로 들어가면 바로 중인도이다. 중장中藏과 전장前藏[66] 동남쪽은 바로 살윈강Salween River을 경계로 하고 살윈강 남쪽은 학유야인猺貐野人[67]이 산다. 티베트에서는 죽을죄를 지면 강을 건너게 내몰아 학유야인에게 죽임을 당하게 한다. 이상은 『서장기』에 보인다.

그렇기 때문에 살윈강 남쪽에서 학유야인의 서쪽 경계를 지나면 바로 부탄이며 동천축과 가깝다. 살윈강의 오랑캐는 옹정 연간부터 중국에 복종하여 해마다 등월주에 가죽을 조공했으니, 다스릴 수 없는 지역이 아니며 인도와 중국도 접할 수 없는 경계가 아니다. 다만 동인도는 지금 남중국해의 벵골 지역으로, 오랫동안 영국의 지배를 받아 오로지 아편만을 생산해서 중국에 해악을 끼쳤다. 진실로 등월주의 용사 1만 명을 모집하여 살윈강을 건너 서남쪽으로 멀리 쫓아가서 그들의 배후를 치고 끊어진 지역을 통하게 해 이웃 땅으로 삼는다면, 진정 서쪽 오랑캐를 제압하는 쾌거를 이룰 수 있을 것이다. 어떤 사람이 말하길 이라와디강은 티베트에서 미얀마를 거쳐 바다로 들어가는데, 그곳이 바로 동인도의 경계로 강폭이 큰 강보다 넓어 티베트에서 배를 타고 물줄기를 따라 세차게 내려오면 육로보다 두 배나 빠르다고 한다. 그러나 뱃사공의 편리함은 있지만 또한 미얀마의 방해도 있으니 이익과 손해가 마찬가지이다.

또한 『건륭정곽이객기乾隆征廓爾喀記』에 다음 기록이 있다.

사천과 운남의 서쪽은 오사장烏斯藏[68]이고, 오사장의 서남쪽은 구르카이며, 구르카의 서남쪽은 오인도이다. 인도는 옛 불국으로, 파미르고원Pamir Plat 서남쪽에 위치하여 바다와 접하고 있고 오사장과는 상당히 멀다. 혹자는 오사장이 바로 옛 불국이라고도 하나 사실이 아니다. 사천 타전로打箭爐[69]에서 서쪽으로 20여 역참을 가면 전장에, 42 역참을 가면 중장에 이르고, 다시 12 역참을 가면 후장에, 다시 12 역참을 가면 제롱濟隴에 이르며, 또 30 역참을 가면 석숙보石宿堡에 이르는데, 석숙보는 후장의 가장 변경 지역으로, 다리를 건너 서쪽으로 가면 바로 구르카이다.

구르카는 본래 박타푸르Bhaktapur[70]로, 이전에는 랄릿푸르Lalitpur[71]·카트만두[72]·박타푸르로 나뉘었는데, 옹정 9년(1731)에 각각 금박 표문을 올린 후 특산품을 조공했다. 후에 세 지역은 하나로 합병되어 결국 후장과 이웃이 되었다. 옛날부터 중국과 교류가 없다가 중국과 전쟁을 벌였으니, 건륭 55년(1790)에 티베트를 침범한 것이 그 시작이다. 당초, 후장의 판첸 라마[73]가 건륭 46년(1781)에 입조하여 건륭제의 칠순을 축하하자 중외에 베푼 은덕이 바다와 산처럼 높고 넓었다. 판첸 라마가 북경에서 죽자 선물은 모두 형인 중바 후툭투Drunpa Khutukhtu[74]가 차지한 채 각 사원과 탕구트Tangut[75] 병사들에게도 나누어 주지 않았고, 또한 그의 동생 샤마르파Shamarpa[76]도 홍교紅敎[77]라고 배척하며 은혜를 베풀지 않았다. 이에 샤마르파는 분노해서 구르카에 호소하여 중바 후툭투가 상세商稅를 증액하기 위해 소금에 흙을 섞었다는 구실을 만들어 군대를 일으켜 변경을 침범했다. 탕구트 병사들이 막을 수 없자 청 조정에서는 적을 물리칠 시위侍衛 파충巴忠과 장군 악휘鄂輝[78]·성덕成德[79] 등을 보내 다시 중재하고[80] 회유하게 해서, 은밀히 티베트 켄포Khenpo[81] 등에게 사사로이 세폐歲幣 1만 5천 금을 주고서 군사를 멈추고 전쟁을 중지하게 했다. 그리고는 급히 적이 항복을 청한다는 거짓 상주문을 올리고 구르카 군주에게 조공하고 국왕으로 책봉받게 했다. 구르카는 이미 중국 내지를 능멸했고 이듬해 티베트가 세폐에 대한 약속을 다시 어기자 이에 책임을 지라는 구실로 재차 군대를 일으켜 깊이 침공했다. 후장 타쉬룬포의 서남쪽은 왼쪽으로 곡다강공曲多江鞏이 있으며, 오른쪽으로는 팽착령彭錯嶺이 있어 절벽이 가파르고 산이 연이어 있는 천연의 요새인데, 구르카의 보병 수천 명이 니얼람Nyalam[82]으로 들어왔다. 당시 티베트와 중국 관병은 두 길로 나누어 하나는 곡다강공에 포진해 그 앞길을 막고, 하나는 팽착령을 둘러싸서 그 뒷길을 차단하자, 구르카는 깊이 들어온 데다 고립무원의 상태가 되어 싸워 보지도 못하고 무너졌다. 주장대신駐藏大臣 보태保泰[83]는 적이 온다는 소식을 듣고 판첸 라마를 전장으로 보내고 아울러 다시 달라이 라마[84]와 판첸 라마를 서녕西寗으로 보내길 요청하면서 티베트를 적에게 내어 주려고 했다. 타쉬룬포 사원[85]은 배산임수로 지형이 험준하여 수천 명의 라마가 지원군을 기다리며 성에 올라 지킬 수 있었다. 그러나 중바 후툭투가 선물을 가지고 먼저 달아났고 대라마, 제중濟仲, 찰창札蒼 등도 다시 팔덴 라모Palden Lhamo[86]의 예언을 구실로 삼아 전쟁을 하지 않으니 무리가 결국 무너졌다. 적은 타쉬룬포를 크게 노략질했고, 전체 티베트가 크게

흔들리자 두[87] 대라마는 상소를 보내 위급함을 알렸다. 시위 파충은 건
륭제를 호위하러 열하熱河[88]에 갔다가 변란이 일어났다는 소식을 듣고 죄
가 두려워 스스로 호수에 빠져 죽었다. 당시 악휘는 사천총독, 성덕은 사
천장군이었는데, 모든 죄를 파충에게 돌리면서 파충이 탕구트어를 할 줄
알아 사사로운 의견은 모두 그가 혼자서 꾸민 일로 두 사람은 알지 못한
다고 했다. 이에 명령을 받고 티베트로 적을 소탕하러 가면서 또한 일정
에 따라 천천히 진격하니, 건륭제는 두 사람을 믿을 수 없다고 여겨 가용
공嘉勇公 복강안福康安[89]을 장군으로 초용공超勇公 해란찰海蘭察[90]을 참찬參贊
으로 삼아 솔론Solon[91] 만주군과 훈련된 원주민 병사를 데리고 토벌에 나
서게 했다. 군량미의 경우 티베트 동쪽은 사천총독四川總督 손사의孫士毅[92]
가, 티베트 서쪽은 주장대신 화림和琳[93]이, 제롱주 변방은 전 사천총독 혜
령惠齡[94]이 맡았다. 적군은 화친의 대가를 탐하여 절반은 약탈해서 제 나
라로 돌아갔고, 절반은 둔전에 머물면서 가지 않자, 악휘와 성덕 등은 결
국 적을 물리쳐 이전의 일을 바로잡으려 한다고 상주했다. 그러나 건륭
제는 호되게 질책하며 허락하지 않았다.

　다음 해 2월에 복강안과 해란찰은 청해靑海에서 후장으로 왔고, 4월에
둔전에 있던 적군을 잇달아 이겨 티베트 땅을 모두 수복했으며, 6월에 대
대적으로 깊이 들어갔다. 적이 퇴로를 둘러싸고 습격할까 두려워 영대대
신領隊大臣[95] 성덕 및 대삼보岱森保[96]와 총병總兵 제신보諸神保[97]에게 각각 좌
우 길로 나와 적의 세력을 분산시키게 하고 대군大軍은 가운데 길로 나오
면서, 해란찰은 세 부대를 거느려 선봉에 서고 복강안은 두 부대를 거느
리고 뒤를 따랐다. 적군은 목고랍산木古拉山에 자리 잡았는데, 그곳은 물
과 절벽으로 막힌 험한 요새였다. 복강안은 호군총령護軍統領 태비영아台
斐英阿[98]를 적군과 대치하게 하고 대군은 따로 샛길로 가게 했는데, 해란

찰은 산 뒤를 돌아서 적의 진영으로 나가고 복강안은 샛길에서 합류하
여 적의 진영을 공격해 목책과 석벽 수십 개를 무너뜨리고 옹야아雍野雅
까지 추격했다. 성덕과 제신보 또한 철삭교鐵索橋를 건너 회리저會利底까
지 진격했다. 구르카는 온 나라가 두려움에 떨면서 사신을 군대로 보내
항복을 청했으나, 복강안과 해란찰은 엄하게 물리쳤다. 7월에 다시 진격
하여 6전 6승을 거둬 적군 4천 명을 죽이고 적의 영토에 7백여 리나 들어
가 수도 카트만두[99]에 인접했다. 카트만두는 강과 산으로 가로막힌 곳이
어서 적은 10개의 진영을 산에 세우고 굳게 지켰는데, 강은 깊고 산은 험
준했으며 산 뒤는 바로 수도 카트만두였다. 복강안은 다리를 넘어 공격
하고자 했으나 해란찰이 역부족이라고 하자 복강안 혼자 군대를 이끌고
다리를 건너 공격했지만, 결국 불리하게 되어 해란찰에게 도움을 요청해
적을 물리쳤다. 당시에 구르카의 남쪽은 인도와 이웃하고 있었으며 인도
는 오랫동안 영국의 속국이어서 구르카와는 원수지간이었다. 영국은 구
르카가 중국의 공격을 받고 있다는 소식을 듣고 또한 출병하여 구르카의
변경을 쳤다. 구르카는 양쪽에서 강대한 적을 만나자 두렵고 계책도 없
는 데다가 중국 군대가 이 소식을 듣고 떨쳐 일어날까 두려워 다시 사신
을 군영으로 보내 공손한 말로 애걸했다. 복강안과 해란찰은 적의 영토
가 험난하고 8월이 지나면 눈이 산을 덮어 군대에 익숙하지 않기 때문에
구르카의 투항을 허락했다. 구르카는 이전에 약탈했던 티베트의 보물과
탑정塔頂·금책金冊·도장 등을 모두 반환하고 피랍했던 단진반주이丹津班珠
爾[100] 등을 돌려보냈다. 아울러 샤마르파[101]의 시신을 바치고 코끼리·말·악
공樂工을 조공하면서 영원히 약속을 지키겠다고 했다.

군대가 돌아오자 건륭제는 본래 일이 평정되면 하려던 대로 그 땅을
토사土司들에게 나누어 주고 복강안에게는 군왕의 작위를 내렸다. 이에

구르카가 이미 투항했다는 소식을 듣고 그 요청을 허락한 뒤 원주민 병사 3천 명과 한족과 몽골족 병사 1천 명을 남겨 티베트를 지키게 하니, 이는 관병官兵이 티베트에 처음 주둔한 일이다. 후장에서 구르카로 가는 길에는 예로부터 주요 도로가 있는데, 적군이 삼엄하게 지키고 있어서 중국 군대는 샛길을 찾아 들어갔다. 깎아지른 듯한 절벽 길은 왼쪽이 절벽이고 오른쪽은 급류라 말 한 마리도 지나기 어려워 복강안과 해란찰도 걸어서 갔기 때문에 조공을 받은 코끼리는 결코 지나갈 수 없었다. 우랄산맥Ural Mountains[102] 위아래 120리 길은 반드시 하루 안에 힘을 다해 넘어야지, 조금이라도 어두워지면 길을 찾을 수 없었다. 게다가 동굴 같은 설성雪城은 깊이가 수십 길이라 그곳을 왕래하는 사람은 말을 해서는 안 되며 만약 말을 하게 되면 집채만 한 눈이 쏟아져 압사해서 죽었다. 구르카가 티베트를 침략했을 때 물품을 싣고 돌아간 자 2천 명 중에 우랄산맥을 넘다가 얼어 죽은 사람이 태반이었다. 아마도 파미르고원의 남쪽 산맥은 하늘이 중서中西의 경계로 삼은 곳이라 금천金川[103]보다 두 배로 험준하고 회부回部 지역보다 멀어 한나라와 당나라 군사도 이르지 못했던 것이다. 다행히도 구르카 병사들은 모두 맨발에다가 매번 전쟁할 때마다 옛 법에 따라 먼저 기일을 약속한 후에 교전했지만, 우리 군사는 상관하지 않고 번번이 먼저 진격하고 습격해서 종종 빨리 승기를 잡았다. 구르카는 대패한 이후로 지금까지 끊임없이 중국에 공헌하고 있다.

구르카는 서남쪽으로 오인도와 이웃하고 있고 그 남쪽 바다는 아라비아해Arabian Sea[104]라고 부르는데, 근래에는 인도의 벵골과 뭄바이 등의 나라가 서양 영국에 점령당했다. 건륭 60년(1795)에 영국은 사신을 보내 조공하면서 작년에 대장군이 군대를 거느리고 티베트 서남쪽의 적밀부락的密部落[105]에 이르렀을 때 그 나라의 전함 또한 서로 도운 적이 있으니 만

약 사후에 서양 군대가 필요하다면 성심성의껏 돕겠다고 했다. 조정에서
는 비로소 구르카의 전쟁 이전에도 티베트 남쪽 변경 지역에 외환이 있
음을 알게 되었다. 도광 20년(1840)에 영국이 광동과 절강을 침입하자 구
르카 또한 사람을 보내 주장대신에게 다음과 같이 아뢰었다.

"우리 나라는 이저里底의 속국인 피룽披楞과 이웃하고 있어 매번 모욕
을 당했는데 이번에 이저가 경속京屬과 전쟁을 벌여 경속이 계속 승리했
다고 들었습니다. 신은 구르카 병사를 거느리고 이저의 속국을 공격하여
중국을 돕고자 합니다."

당시 주장대신은 이저가 영국을, 경속이 중국의 광동성을, 속국인 피
룽이 인도를 지칭하는지 몰라, 작은 나라끼리 서로 싸우니[106] 조정에는
물을 필요가 없다고 답하고 그들을 물리쳤다. 아마도 영국의 수도는 저
멀리 대서양에 있지만 그 속국인 인도는 구르카와 경계를 접하고 있어
대대로 원수지간인 까닭에, 중국이 구르카를 공격하면 영국이 돕고 중국
이 영국을 공격하면 구르카 역시 돕기를 원했던 것이다.

위원이 말한다.

구르카는 티베트·동인도와 접해 있어 두 강대국 사이에 끼어 있지만,
암암리에 중국에는 조공하고 인도에는 조공하지 않았다. 근래에 영국이
서쪽으로는 러시아와 전쟁을 벌이고, 동쪽으로는 중국과 원수가 되었기
에, 구르카는 두 강대국의 상황을 보고 인도를 공격했던 것이다. 인도는
아편을 생산하고 영국은 관세로 해마다 1천만을 거둬들였기에 중국을
침범한 전함은 열에 아홉이 벵골인이다. 진실로 구르카가 전쟁을 돕겠다
는 요청을 듣고는 그들의 충성스러움을 칭찬하고 저들의 비옥한 영토
를 염려해 주며, 그들의 공허함을 채워 주고 그들의 심사숙고를 들어주

어 영국에 부강한 사업을 잃게 하고 낭패한 상황을 만들 수 있었다면, 이 또한 천하의 기이하고 값진 일이었을 것이다. 러시아는 영토의 길이가 2만 리이고 중국과는 수미가 서로 접해 있으며 땅이 넓고 군대도 강해 서양도 두려워한다. 러시아와 중국이 무역하는 곳은 육지는 있으나 바다가 없고, 영국과 중국이 무역하는 곳은 바다는 있으나 육지가 없다. 근래에 러시아가 영국과 여러 번 타타르Tartar[107]의 땅을 다투었는데, 타타르는 남중국해에 가로로 걸쳐져 있어 러시아는 타타르를 얻으면 인도를 합병할 수 있기 때문에 영국과 몇 년 동안 혈전을 벌였다. 옹정 5년(1727)에 러시아가 티베트의 서남쪽 5천 리에 있는 우룸치Ürümqi[108]를 공격해 빼앗았는데 그곳이 불교를 숭상하자 사람을 중국에 보내 라마 불교를 배웠으니, 마땅히 구르카와 가까운 지역이다. 만약 러시아의 선박이 광동에서 무역하는 것을 허락해서 미국[109]·프랑스 등의 나라와 연합하여 모두 영국과 원수가 될 수 있었다면, 영국 전함이 감히 그곳을 버리고 멀리 중국을 침범하지 못했을 것이다. 인도에 주둔하고 있는 영국의 큰 전함은 1백 척에 불과했는데 그 반은 중국을 침략했고 나머지는 모두 각 영토를 나누어 지키고 있었다. 다른 나라가 빈 허점을 노릴까 봐 감히 멀리 떠나지 못했다. 대저 오랑캐의 힘을 빌려 오랑캐를 공격하는 방법이 효과적이나 식견이 짧은 자는 어리석은 방법이라 생각했다. 건륭·가경 연간에는 태국[110]을 책봉국으로 삼아 드디어 서쪽으로 미얀마를 제압하고 동쪽으로 베트남[111]을 제압할 수 있었다. 바둑을 잘 두는 자는 간혹 한 수만 두어도 전체 판을 모두 살릴 수 있는데, 하물며 집안에서 외적을 몰아내는 기세로 사방에 원수가 된 서양 오랑캐를 제압함에 있어서야!

東印度各國

——

『海錄』: 烏土國, 在暹羅蓬牙西北, 疆域較暹羅更大. 由蓬牙陸路行四五日,
水路順風約二日, 到佗歪, 爲烏土屬邑, 廣州人有客於此者. 又北行百餘里, 到
媚麗居. 又西北行二百餘里, 到營工. 又西行二百餘里, 到備姑. 俱烏土屬邑.
王都在盎畫. 由備姑入內河, 內河卽恒河, 會大金沙江海口. 水行約四十日方至.
國都有城郭宮室, 備姑鄉中有孔明城, 周圍皆女牆, 參伍錯綜, 莫知其數. 相傳
爲武侯南征時所築, 入者往往迷路, 不知所出云. 北境與雲南·緬甸接壤, 雲南
人多在此貿易. 衣服飲食大約與暹羅同, 而樸實仁厚, 獨有太古風. 民居多板
屋, 夜不閉戶, 無盜賊爭鬪. 國法極寬, 有過犯者罰之而已, 重則圈禁, 旬日而
釋, 無殺戮撲楚之刑, 實南洋中樂國也. 男女俱椎髻, 婚姻略同中國. 死葬於山,
不封不樹. 土產玉·寶石·銀·燕窩·魚翅·犀角·泥油·紫景·兒茶. 寶石藍者爲貴,
以其難得也. 泥油出土中, 可以燃燈. 紫景亦土中所出, 可代印色. 自安南至此,
乃南洋諸國, 沿海俱有鱷魚, 形如壁虎, 嗜食人. 土番有被鱷吞者, 延番僧咒之,
垂釣於海, 食人者卽吞鉤而出, 其餘則不可得也. 由備姑西北行, 沿海數千里,

重山複嶺, 竝無居人, 奇禽怪獸, 出沒號叫. 崇巖峭壁間, 多古木奇花, 所未經睹, 舟行約半月方盡, 亦海外奇觀也.

徹第岡, 在烏土國大山之北, 數十年來英吉利新闢之地, 未有商買, 其風俗土產未詳. 案: 此皆印度之東境, 卽古柯枝國也.

又曰: 明呀喇, 卽孟加臘. 英吉利所轄地, 周圍數千里, 西南諸番一大都會也. 在徹第岡海西岸, 由徹第岡渡海, 順東南風約二日夜可到. 陸路則初沿海北行, 至海角轉西, 又南行, 然後可至, 爲日較遲, 故來往都由海道. 其港口名葛支里, 港外沿海千餘里, 海水渾濁, 淺深叵測, 外國船至此不能遽進. 必先鳴砲使土番聞之, 請於英吉利, 命熟水道者操小舟到船, 爲之指示, 然後可. 土番亦必預度其深淺, 以泡志之. 泡者, 截大木數尺, 製爲欖形, 空其中, 繫之以繩, 墜之以鐵, 隨水道曲折浮之水面, 以爲之志, 土番謂之泡. 每一望遠, 及轉折處則置一泡. 然外人終不能測, 是殆天險也. 港口有砲臺, 進入內港行二日許, 到交牙砲臺, 又三四日到古里噶達, 英吉利官軍鎮明呀喇者治此. 有小城, 城內唯住官軍, 商民環處城外. 英吉利官吏及富商家屬俱住漲浪居. 漲浪居者, 城外地名也, 樓閣連雲, 園亭綺布, 甲於一國, 英吉利居此者萬餘人.

又有敍跛兵五六萬, 卽明呀里土番也. 酋長有三, 其大者曰卽攸士第, 其次曰尼里, 又次曰集景, 皆命于其王, 數年則代. 國有大政·大訟·大獄, 必三人會議, 小事則聽屬吏處分. 其統屬文武總理糧餉一人, 謂之辣, 亦數年而代. 其出入儀仗, 較三酋長特甚, 前有騎士六人, 後有四人, 左右各一人. 俱穿大紅衣, 左右二人裝束俱同辣, 唯辣所穿衣當胸繡八卦交爲異耳. 凡鞫獄訟, 上下俱靑衣, 唯三酋長兩肩有白絨緣, 頭戴白帽. 酋長上坐, 客長十人旁坐. 客長, 客商之長也. 每會鞫必延客長十人旁坐, 欲與衆共之也. 其獄必僉曰是, 然後定讞, 有一不合則復鞫, 雖再三不以爲煩. 然怙奢尙利, 賄賂公行, 徒事文飾, 無財不

可以爲說也.

　　其土番有數種, 一明呀里, 一夏里, 一巴藍美. 明呀里種較多, 而巴藍美種特富厚. 明呀里食牛不食豕, 夏里食豕不食牛, 巴藍美則俱不食. 富者衣食居處頗似英吉利, 以華麗相尙, 貧者家居俱裸體, 以小幅布圍其腰臍, 以掩下體, 男女皆然, 謂之水幔. 無來由番亦多如此. 有吉慶則穿長衣窄袖, 其長曳地, 用白布二丈纏其頭, 以油徧塗其身. 所居屋盡塗以牛糞. 交易以文螺殼爲貨貝. 娶妻皆童養, 夫死鬒髮而居, 各種不相爲婚. 男子胸蓋數小印, 額刺紋, 女皆穿鼻帶環. 巴藍美死則葬于土, 餘俱棄諸水. 明呀里間有以火化者, 更有伉儷敦篤, 夫死躍入火中以殉者.

　　自此以西地氣漸寒, 中國人居此者可穿夾衣, 非若東南洋諸國四時俱單衣也. 土産鴉片·煙硝·牛黃·白糖·棉花·海參·璚琚·訶子·檀香. 鴉片有二種, 一爲公班, 皮色黑, 最上, 一名巴第古喇, 皮色赤, 稍次之. 皆中華人所謂烏土也, 出於明呀喇屬邑, 地名巴旦拿. 其出曼達喇薩者亦有二種, 一名金花紅, 爲上, 一名油紅, 次之. 出馬喇他及盎几里者爲紅皮, 出孟買及卽杜者則爲白皮, 近時入中華最多. 其木似嬰粟, 葉如靛靑, 子如茄, 每根僅結子二三顆. 熟時夜以刀微劃其皮, 膏液流出, 凌晨收之而浸諸水數刻, 然後取出, 以物盛之. 再取其葉曝乾, 末之雜揉其中, 視葉末多少以定其成色, 葉末半則得膏半, 然後捏爲團, 以葉裹之. 子出膏盡則拔其根, 次年再種. 案: 明呀喇, 『海國聞見錄』作呡呀, 或人又作孟阿拉, 或作孟加臘, 實皆一地.

　　『海國聞見錄』: 小白頭國, 東隣呡呀国. 一作明呀喇, 卽今孟加臘也. 呡呀人黑, 穿着皆白, 類似白頭. 英機黎·荷蘭·佛蘭西聚此貿易. 呡呀, 天竺佛国也. 呡呀之東南遠及暹羅, 呡呀之南臨海. 呡呀之北接剌麻西藏及賽馬爾丹国屬.

『粵商回述』: 孟阿拉地宜種植, 百物叢生, 終歲南風, 竝無冬夏. 每洋銀一圓, 值彼處銅錢一百文, 白米一升, 值彼處銅錢一文. 其鴉片煙四季種收, 周流不息, 各國夷人均向彼處收買. 每公土一件, 價銀一圓, 白土一包, 價銀六錢. 國王所抽稅, 每土一件約銀二圓, 運至中國每碼土計成本銀四圓有奇. 從前可賣至八九圓, 聞去年中國禁令森嚴, 彼處夷發售甚艱, 價亦太賤, 每船煙土, 所售銀兩僅敷來往盤費. 所獲旣無大利, 各夷均不願作此鴉片生理. 本年夏間由彼處起程, 聞英吉利國王以中國嚴禁, 有傳令停止製造之說.

『萬國地理全圖集』曰: 榜葛剌國, 東印度也. 海口河流疏派, 田畝豐盛, 物產如山, 如糖·硝·棉花·鴉片·靛餅·胡絲·五穀等貨. 其省會曰甲谷他, 在安額河之濱, 於北極二十二度二十三分, 偏東八十八度二十八分, 天下互市之處. 康熙七年, 英商始建市館, 築小砲臺, 屋宇僅七十間. 乾隆十七年, 土君擅壞其房, 囚其人, 當時英官報仇, 用兵驅逐虐主, 總歸其管轄焉. 都邑廣大, 居屋如殿. 其街直而廣, 兩面高樓, 粉白如雪, 內有學校·文院各等文藝之館, 男女讀書務學, 勉爲良善.

全印度之總帥劄駐甲谷他, 管下英國軍士三萬丁, 土軍二十三萬丁. 文官俱幼時來自英國, 學習土話, 自下升擢, 俸祿甚厚, 以理地方各事. 所建砲臺四圍廣大, 敵軍斷難取據, 深溝高壘, 金城湯池, 四面險固. 水路可通內地各大邑, 若水淺流急, 用火輪船牽其河舟, 不待風潮, 上下不絶. 城內財帛不勝數, 凡他省及內地富商皆雲赴甲城, 以包兌包送.

甲部東勢他加城, 居民二萬丁, 百姓立機房造織細幼布帛. 昔總帥劄駐之省會, 此時惟見頹牆壞壁.

甲部之西八拿邑, 居民稠密, 造硝, 種罌粟·靑黛, 田種玫瑰·酕醲, 摘花葉造花露. 居民好香撲鼻, 常用以調飯洗身.

甲部西南北拿力邑, 印度教門中著名之區, 謂是地之中心. 街衢甚窄, 房屋瓦造, 高五六層. 衆生奔馳, 如影不絶, 居民計六十萬丁. 據印度人說, 菩薩造成其城以爲聖處, 信其教者詣邑燒香, 奉拜偶像, 以免地獄之罪. 又言沐浴其河內者, 諸罪一概洗滌, 直上天堂. 此印度佛教中之恒河也. 東印度之東爲緬甸, 北印度之東爲廓爾喀及西刻等國, 此數國皆近西藏, 貢於中國. 近日西刻及廓爾喀亦爲英吉利駐印度之兵所攻服, 故東印度孟加臘已與西藏通互市. 惟北印度與鄂羅斯國遊牧部相接壤, 至今爭戰未息, 蓋鄂羅斯亦貪印度鴉片之利爾.

魏源『西藏後記』曰: 滇南師範有言, 中國赴於竺佛國亦有兩道. 一自雲南騰越州而南, 由緬甸城轉西以至東天竺, 凡三千五百里, 再至中天竺又千有六百里, 共五千有百里. 一自雲南麗江而西進藏, 至中天竺北界二千里, 又千有二百里而至中天竺, 僅三千有二百里, 視南道經千有九百里. 以地望準之, 雲南之騰越州正與天竺東南相值, 止因其間赤髮野人隔之. 故一則迂道南行千有七百里至緬甸, 然後轉西至東天竺, 又西北至中天竺檀那國, 計三千八百里. 一則迂道西行入藏, 然後轉南, 亦至檀那, 計三千二百里. 使能取道野人徑直西上, 則免由緬由藏兩迂道, 而自騰越達天竺, 不過千有八九百里. 野夷若入版圖, 則與天竺境壤相接. 昔漢武開西南夷, 欲由梁州達大夏, 偉矣哉!

『西藏記』曰: 由後藏塞爾地方西南十八程至宗里, 又八日至白木戎部落, 其地北接後藏, 西接白布, 南至小西天北界. 自小西天界, 南行十日, 至其國都布爾牙部落, 始上海船, 行半月, 至大西天. 小西天爲東天竺, 大西天爲中天竺.

又曰: 後藏札什倫布西南, 與布魯克及白布等部交界, 白布卽贊普取白布國王女之地, 布魯克卽往天竺之路也. 又一路由阿里西南二千餘里, 入厄納特珂

克, 卽中天竺. 其中藏·前藏東南, 則以怒江爲界, 江以南卽狢貐野人. 每藏中有死罪, 則驅之過江, 聽野人殘之. 以上『西藏記』.

然則怒江南岸, 逾野夷西境卽布魯克部, 與東天竺近. 而怒夷自雍正中內附, 歲輸皮貢於騰越界, 非不可關之區, 則天竺與中國亦非不可接之境. 惟是東天竺卽今南洋孟加臘地, 久爲西洋英吉利所據, 專産鴉片煙, 流毒中國. 誠能募騰越土勇萬人, 渡江而西南, 長驅擣其背腋, 通絶域爲隣壤, 實制西夷之一奇. 或曰大金沙江自藏經緬, 其入海之口卽東天竺界, 其水闊於大江, 造舟藏地, 順流建瓴, 尤倍捷於陸. 然有舟師之便, 而又有緬夷之梗, 利害亦適相當也.

又『乾隆征廓爾喀記』: 四川·雲南之西爲烏斯藏, 烏斯藏之西南爲廓爾喀, 廓爾喀之西南爲五印度. 印度古佛國在蔥嶺西南, 瀕大海, 去烏斯藏尙遠. 或以烏斯藏卽古佛國者, 非也. 自四川打箭爐西行二十餘驛, 至前藏, 四十二驛至中藏, 又十二驛至後藏, 又十二驛至濟嚨, 又三十驛至石宿堡, 爲後藏極邊地, 踰橋而西, 則廓爾喀矣.

廓爾喀本巴勒布國, 舊分葉楞部·布顔部·庫木部, 於雍正九年各奉金葉表文貢方物. 後三部並呑爲一, 遂與後藏隣. 自古不通中國, 其與中國搆兵, 則自乾隆五十五年內犯西藏始. 初, 後藏班禪剌麻以四十六年來朝, 祝高宗七旬嘏, 中外施舍, 海溢山積. 及班禪卒於京師, 資送歸藏, 其財皆爲兄仲巴呼圖克圖所有, 旣不布施各寺廟與唐古特之兵, 又擯其弟舍瑪爾巴爲紅敎, 不使分惠. 于是舍瑪爾巴憤訴廓爾喀, 藉商稅增額, 食鹽糅土爲詞, 興兵闖邊. 唐古特兵不能禦, 而朝廷所遣援剿之侍衛巴忠·將軍鄂輝·成德等復調停賄和, 陰令西藏堪布等私許歲幣萬五千金, 按兵不戰. 遽以賊蹙乞降飾奏, 而諷廓爾喀酋入貢, 受封國王. 廓爾喀旣侮藐內地, 次年藏中歲幣復爽約, 于是廓爾喀以責負爲名, 再擧深入. 後藏札什倫布西南, 左有曲多江鞏, 右有彭錯嶺, 峭壁連岡, 咽喉天險,

賊步卒數千自聶拉木入. 其時蕃漢官兵若分兩路, 一扼曲多江螯遏其前, 一繞赴彭錯嶺截其後, 則廓爾喀深入無援, 可不戰潰也. 駐藏大臣保泰, 一聞賊至, 則移班禪于前藏, 竝請移達賴·班禪于西甯, 欲以藏地委賊. 且札什倫布寺負山面江, 形勢鞏峻, 剌麻數千, 乘墉可守以待援. 而仲巴呼圖克圖挈貲先逸, 剌麻·濟仲·札蒼等復托言卜諸吉祥天母, 不宜戰, 衆遂潰. 賊大掠札什倫布, 全藏大震, 兩大喇麻飛章告急. 侍衛巴忠扈駕熱河, 聞變畏罪, 自沈水死. 時鄂輝爲四川總督, 成德爲四川將軍, 因盡以罪委之, 謂巴忠解唐古特語, 故私議皆其一人所爲, 已二人不知也. 及奉命赴藏剿禦, 又按程緩進, 上知二人不足恃, 乃命嘉勇公福康安爲將軍, 超勇公海蘭察參贊, 調索倫滿兵及屯練土兵進討. 其軍餉則藏以東川督孫士毅主之, 藏以西駐藏大臣和琳主之, 濟隴邊外, 則前川督惠齡主之. 賊狃于上年賄和之役, 半運所掠歸國, 半屯界不去, 鄂輝·成德等遂奏賊退, 欲卽以藏事. 上切責不許.

明年二月, 將軍·參贊由青海至後藏, 四月連敗其屯界之賊, 盡復藏地, 六月遂大舉深入. 恐賊繞襲後路, 遣領隊大臣成德·岱森保及總兵諸神保各出左右一路, 以分賊勢, 而大軍出中路, 海蘭察將三隊爲前軍, 福康安將二隊繼之. 賊據木古拉山, 阻水拒險. 將軍議令護軍統領台斐英阿與賊相持, 而大軍別趨間道, 海蘭察繞山後出賊營之上, 福康安由間道合衝賊營, 克其木柵石卡數十, 追奔至雍野雅. 而成德·諸神保亦克鐵索橋進會利底. 廓夷擧國震懾, 遣使詣軍前乞降, 將軍·參贊嚴檄斥之. 七月再進, 六戰六捷, 殺賊四千, 涉賊境七百餘里, 將近其國都陽布之地. 隔河大山, 賊以十營踞山嚴守, 水深山斗絶, 山後卽其國都也. 福康安欲逾橋攻之, 海蘭察力持不可, 福康安自引兵渡橋仰攻, 果不利, 賴海蘭察接應退賊. 方是時, 其國境南隣印度之地, 久爲英吉利屬國, 與廓夷積釁. 聞廓夷受兵於中國, 則亦出兵攻其邊鄙. 廓夷兩支強大敵, 洶懼無計, 且恐我軍聞而氣奮也, 再遣人詣軍, 卑詞哀乞. 將軍·參贊議以賊境益險, 而踰八月

卽大雪封山, 不可老師, 乃允其降. 盡獻還所掠藏中財寶及塔頂金冊印, 歸前被執之丹津班珠爾等. 竝獻沙瑪爾巴之屍, 貢馴象·番馬·樂工, 請永遵約束.

班師, 上本欲俟事平, 裂其土授諸土司, 而酬福康安以郡王爵. 及聞已受降, 乃允其請, 留番兵三千, 漢蒙古兵一千戍藏, 是爲官兵駐藏之始. 後藏至廓爾喀故有孔道, 賊嚴守之, 故我師覓間道入. 其峭絶處, 左壁右淵, 不容一騎, 將軍·參贊亦時步進, 故所貢象竟不能達. 而烏拉嶺上下百二十里, 必窮一日之力踰之, 稍昏黑卽不能覓路. 且有雪城若門洞, 深數十丈, 人往來者不敢語, 否輒有雪大如屋, 壓而殪之. 廓爾喀寇藏時, 運資歸國者二千人, 過嶺凍死殆盡. 蓋蔥嶺之南脊, 天所以限中西也, 險倍金川, 遠踰回部, 爲漢唐兵力所未至. 幸其士卒皆跣足, 每戰仿古法, 先約期而後交綏, 我軍不顧, 輒先發撝襲, 往往猝爲我乘. 自大創以後, 至今貢獻不絶.

其國西南與五印度相隣, 其南海號印度海, 近日印度之孟加臘及孟買等國, 爲西洋英吉利所據. 乾隆六十年英吉利使臣入貢, 自言前歲大將軍率兵至西藏西南之的密部落時, 彼國兵船亦曾相助, 儻嗣後有需用西洋兵者, 情願效力. 朝廷始知前此廓爾喀之役, 其南界亦有邊警外患也. 道光二十年, 英吉利夷人入寇粤·浙, 廓爾喀亦遣人稟駐藏大臣言: "小國與里底所屬披楞相隣, 每受其侮, 今聞里底與京屬搆兵, 京屬屢勝. 臣願率所部往攻底里屬地, 以助天討." 時駐藏大臣未知所稱里底卽英吉利, 所稱京屬, 卽謂中國之廣東省, 所稱披楞屬地卽印度, 答以蠻觸相攻, 天朝向不過問, 卻之. 蓋英吉利國都雖遠在大西洋, 而其屬國印度則與廓爾喀接壤, 世仇搆釁, 故我攻廓則英夷乘之, 我攻英則廓夷亦願助之云.

臣源曰: 廓爾喀界西藏及東印度, 攝兩強敵之間, 然內貢中國而不貢印度夷. 近日英夷西與鄂羅斯搆兵, 東與中國結釁, 故廓爾喀欲乘兩大國之勢以攻印度云. 印度地產鴉片煙, 英吉利關稅歲入千萬計, 其兵船入犯中

國者, 十九皆孟加臘之人. 誠能聽廓夷出兵之請, 獎其忠順, 擾彼腴疆, 擣其空虛, 牽其內顧, 使西夷失富強之業, 成狼狽之勢, 亦海內奇烈也. 鄂羅斯地袤二萬里, 與中國首尾相接, 地大兵強, 西洋所畏. 其與我互市之地則有陸而無海, 英夷之與我互市則又有海而無陸. 近日鄂羅斯屢與英夷爭韃韃里之地, 其地橫互南洋, 鄂羅斯得之, 則可以圖竝印度, 故與英夷連年血戰. 雍正五年, 俄羅斯攻取西藏西南五千里之務魯木, 以地尙佛敎, 遣人至中國學剌麻, 當卽與廓爾喀相近之地. 若能許鄂羅斯海舶赴粵貿易, 連絡彌利堅·佛蘭西等國, 皆英夷仇敵, 則英夷之兵舶不敢舍其境而遠犯中國. 英夷在印度大兵船止百艘, 以其半入寇中國, 其餘皆分守各境. 不敢遠離, 恐他國乘其虛也. 夫以夷攻夷之效, 昭見者視爲迂圖. 乾隆·嘉慶間, 一封暹羅, 遂足以西制緬甸, 東制安南. 善奕者或一閒著而全局皆生, 況以宅中馭外之勢, 制仇釁四結之夷哉?

주석

1 미얀마Myanmar: 원문은 '오토국烏土國'이다.

2 팡응아Phang Nga: 원문은 '봉아蓬牙'로, 지금의 태국 남부에 위치한다.

3 다웨이Dawei: 원문은 '타왜佗歪'로, 지금의 미얀마 남부 타닌타리구 Tanintharyi에 위치한다.

4 메익Myeik: 원문은 '미려거媚麗居'로, 지금의 미얀마 남부에 위치한다.

5 양곤Yangon: 원문은 '영공營工'으로, 지금의 미얀마 남부에 위치한다.

6 바고Bago: 원문은 '비고備姑'로, 페구Pegu라고도 한다. 지금의 미얀마 남부에 위치한다.

7 잉와Innwa: 원문은 '앙화盎畫'로, 지금의 미얀마 중부에 위치한다.

8 이라와디강Irrawaddy River: 원문은 '대금사강大金沙江'이다.

9 제갈량諸葛亮: 원문은 '무후武侯'이다.

10 니유泥油: 석유가 함유된 검은 흙을 말한다.

11 아다兒茶: 콩과 식물로, 아다의 줄기를 졸여 약재를 만들면 맛은 쓰고 떫으며 성질은 차다.

12 치타공Chittagong: 원문은 '철제강徹第岡'으로, 지금의 방글라데시 남동부에 위치한다.

13 타웅지Taunggyi: 원문은 '대산大山'으로, 지금의 미얀마 동부에 위치한다.

14 코친국Cochin: 원문은 '가지국柯枝國'으로, 지금의 인도 서남부에 위치한다.

15 벵골Bengal: 원문은 '명하라明呀喇'이다.

16 후글리Hooghly: 원문은 '갈지리葛支里'로, 지금의 인도 서벵골주에 위치한다.

17 콜카타Kolkata: 원문은 '고리갈달古里噶達'로, 지금의 인도 서벵골주의 주도이다.

18 가든 리치Garden Reach: 원문은 '창랑거漲浪居'로, 지금의 인도 서벵골주 콜

카타 남서부에 위치한다.

19 세포이Sepoy: 원문은 '서파병鉥跛兵'이다. 영국에서 고용한 병사를 가리킨다.

20 벵골: 원문은 '명하리明呀里'이다.

21 저스티스Justice: 원문은 '즉유사제卽攸士第'로, 지금의 법관에 해당한다.

22 주리Jury: 원문은 '니리尼里'로, 지금의 배심단에 해당한다.

23 주어러Juror: 원문은 '집경集景'으로, 지금의 배심원에 해당한다.

24 로드Lord: 원문은 '랄辣'로, 후작을 말하며, 여기에서는 콘월리스후작Lord Cornwallis을 말한다. 콘월리스후작은 1786년부터 1793년까지 인도총독을 맡았다.

25 옥사와 송사: 원문은 '옥송獄訟'이다. 광서 2년본에는 '송訟'으로 되어 있으나 악록서사본에 따라 고쳐 번역한다.

26 벵골족Bengalis: 원문은 '명하리明呀里'이다.

27 후글리족Hugli: 원문은 '하리夏里'이다.

28 브라만족Brahmans: 원문은 '파람미巴藍美'이다.

29 가자訶子: 가리륵訶梨勒의 열매를 말린 것으로, 설사나 이질, 기침을 치료하는 데 쓰인다.

30 파트나Patna: 원문은 '파단나巴旦拿'로, 지금의 인도 비하르주의 주도이다.

31 마드라스Madras: 원문은 '만달라살曼達喇薩'로, 지금의 인도반도 남동쪽 끝에 위치한다.

32 마라타Maratha: 원문은 '마라타馬喇他'로, 지금의 인도 중남부에 위치한다.

33 잔지라Janjira: 원문은 '앙궤리盎几里'로, 지금의 인도 서해안 뭄바이 남쪽에 위치한다.

34 뭄바이Mumbai: 원문은 '맹매孟買'이다.

35 카티아와르Kathiawar: 원문은 '즉두卽杜'로, 지금의 인도 서북쪽 해안에 위치한다.

36 소백두국小白頭國: 힌두스탄을 가리킨다.

37 영국: 원문은 '영기려英機黎'이다.

38 공반토公班土: 원문은 '공토公土'로, 영국이 동인도에서 재배한 질 좋은 아편을 말한다.

39 백피토白皮土: 원문은 '백토白土'로, 포르투갈이 서인도에서 재배한 아편이며 공반토보다 약간 질이 떨어진다.

40 콜카타: 원문은 '갑곡타甲谷他'이다.

41 갠지스강Ganges River: 원문은 '안액하安額河'이다.

42 철옹성: 원문은 '금성탕지金城湯池'로, 쇠로 만든 성과 끓는 물을 넣은 해자로 방비 시설이 철통같이 튼튼한 곳을 말한다.

43 콜카타: 원문은 '갑성甲城'이다.

44 다카Dacca: 원문은 '타가성他加城'으로, 지금의 방글라데시 중부에 위치한다.

45 파트나: 원문은 '팔나읍八拿邑'으로, 파단나巴旦拿라고도 한다.

46 베나레스Benares: 지금의 인도 바라나시Varanasi이다.

47 구르카Gurkha: 원문은 '곽이객廓爾喀'으로, 백포白布라고도 한다.

48 시크Sikh: 원문은 '서각西刻'이다.

49 구르카: 원문은 '곽이객廓爾喀'이다. 광서 2년본에는 '객喀' 자가 없으나 악록서사본에 따라 고쳐 번역한다.

50 러시아: 원문은 '악라사국鄂羅斯國'이다.

51 사범師範: 사범(1751~1811)은 자가 단인端人, 호가 여비荔扉, 또 다른 호가 금화산초金華山樵이다. 관직은 망강현望江縣 지현知縣까지 이르렀으며 저작에는 『전계滇係』가 있다.

52 등월주騰越州: 지금의 운남성 등충현騰沖縣이다.

53 여강麗江: 지금의 운남성 여강 납서족 자치현納西族自治縣이다.

54 단나국檀那國: 단나는 산스크리트어 dāna의 음역으로, 보시 또는 시주의 의미이다. 단나국은 불교 용어로 사악함이 없고 사람들이 모두 행복하게 살 수 있는 낙원을 말하는데, 여기서는 인도를 가리킨다.

55 1800~1900: 원문은 '천유팔구백리千有八九百里'이다. 광서 2년본에는 '팔八' 자가 없으나 악록서사본에 따라 고쳐 번역한다.

56 박트리아Bactria: 원문은 '대하大夏'이다. 중앙아시아의 고대 국가이다.

57 『서장기西藏記』: 청나라 건륭 연간에 출판된 서적으로, 『서장지西藏志』라고도 하며, 저자는 미상이다.

58 후장後藏: 티베트의 시가체Shigatse 지구를 가리킨다.

59 백목융白木戎: 시킴Sikkim 왕국의 별칭이다.

60 에서: 원문은 '자自'로, 광서 2년본에는 '지至'로 되어 있으나 악록서사본에 따라 고쳐 번역한다.

61 포이아布爾牙: 서계여의 『영환지략』에 의하면 벵골 지역을 가리킨다고 한다.

62 타쉬룬포Tashi Lhunpo: 원문은 '찰십륜포札什倫布'이다.

63 부탄Bhutan: 원문은 '포로극布魯克'이다.

64 찬보贊普: 티베트 국왕에 대한 칭호이다.

65 무굴 제국: 원문은 '액납특가극厄納特珂克'이다.

66 전장前藏: 지금의 티베트 라사Lhasa 지구이다.

67 학유야인狢貐野人: 지금의 낙파족珞巴族으로 추정된다.

68 오사장烏斯藏: 당대와 송대에는 티베트를 토번吐蕃, 원대와 명대에는 오사장, 청대에는 전장 및 후장이라 불렀다.

69 타전로打箭爐: 지금의 사천성 감자 장족 자치주甘孜藏族自治州 동쪽에 위치한 강정康定이다.

70 박타푸르Bhaktapur: 원문은 '파륵포국巴勒布國'으로, 고목부庫木部라고도 한다. 고대 네팔 왕국인 말라 왕조Malla Dynasty가 세워진 곳이다.

71 랄릿푸르Lalitpur: 원문은 '섭릉부葉楞部'이다. 지금의 네팔 카트만두 인근에 위치한다.

72 카트만두: 원문은 '포안부布顏部'로, 안포雁蒲·연포延布·양포陽布·아부啞部라고도 한다.

73 판첸 라마: 원문은 '반선랄마班禪剌麻'이다. 달라이 라마와 함께 티베트의 정신적 지주이자 티베트 불교 서열 2위이다. 아미타불의 화신으로 여겨진다. 판첸이라는 말은 산스크리트어로 대학자라는 뜻의 판디타

Paṇḍita에서 왔는데, 이는 판첸 라마가 어린 달라이 라마의 교육을 담당하기 때문이다. 여기에서 판첸 라마는 판첸 라마 6세를 말한다.

74 중바 후툭투Drunpa Khutukhtu: 원문은 '중파호도극도仲巴呼圖克圖'이다. 타쉬룬포 사원의 총관으로 판첸 라마 6세의 형이다. 후툭투는 티베트 불교에서 환생한 라마에게 주어지는 칭호로, 달라이 라마, 판첸 라마 다음의 지위를 차지한다.

75 탕구트Tangut: 원문은 '당고특唐古特'이다.

76 샤마르파Shamarpa: 원문은 '사마이파舍瑪爾巴'로, 티베트 불교의 한 학파인 카르마카규Karma Kagyu 홍모파紅帽派의 최고 지도자이다. 여기에서 샤마르파는 제10대 샤마르파인 미팜 초드럽 겸초Mipam Chödrup Gyamtso (1742~1793)를 말한다. 그는 제6대 판첸 라마 롭상 팔덴 예셰Lobsang Palden Yeshe(1738~1780)의 의붓동생이다.

77 홍교紅教: 8~9세기에 성행했던 라마교의 한 교파이다.

78 악휘鄂輝: 악휘(?~1798)는 만주滿洲 정백기正白旗 사람으로, 성은 벽로碧魯이며 자는 온전韞田이다. 처음에는 사천에 파견되어 시용수비試用守備가 되었고 건창진총병建昌鎭總兵, 운남제독雲南提督, 성도장군成都將軍 등의 관직을 역임했다.

79 성덕成德: 성덕(1728~1804)은 만주 정홍기正紅旗 사람으로, 주장대신을 역임했다.

80 중재하고: 원문은 '조정調停'이다. '정停'은 광서 2년본에 '병兵'으로 되어 있으나 악록서사본에 따라 고쳐 번역한다.

81 켄포Khenpo: 원문은 '감포堪布'로, 티베트 불교에서 경전에 깊이 통달하여 계율을 주관하는 라마승을 말한다.

82 니얼람Nyalam: 원문은 '섭랍목聶拉木'으로, 티베트 자치구 시가체시에 위치한다.

83 보태保泰: 청나라 중기의 장군으로, 건륭 연간에 타르바가타이Tarbagatai와 호브드Khovd의 참찬대신參贊大臣, 차하르Chakhar의 도통都統 등을 역임했다.

84 달라이 라마: 원문은 '달뢰達賴'이다.

85 타쉬룬포 사원: 원문은 '찰십륜포사札什倫布寺'로, 광서 2년본에는 '사寺'가 '지地'로 되어 있으나 악록서사본에 따라 고쳐 번역한다.

86 팔덴 라모Palden Lhamo: 원문은 '길상천모吉祥天母'로, 티베트 불교의 수호신 중 유일하게 여성 신이며, 특히 달라이 라마와 판첸 라마를 지키는 수호신이다.

87 두: 원문은 '양兩'이다. 광서 2년본에는 '이爾'로 되어 있으나 악록서사본에 따라 고쳐 번역한다.

88 열하熱河: 지금의 중국 승덕承德이다. 청나라의 여름 별장인 피서 산장이 있던 곳이다.

89 가용공嘉勇公 복강안福康安: 복강안(1748~1796)은 청대 중엽의 명신으로, 사천성四川省, 감숙성甘肅省 전투에서 공을 세운 후, 1777년에는 만주의 독무에 임명되었다.

90 초용공超勇公 해란찰海蘭察: 해란찰(?~1793)은 만주족으로, 성은 다이랍多爾拉이다. 건륭제 시기의 명장으로, 금천 전투에 참가하여 큰 공을 세웠으며, 복강안과 함께 대만 원정에도 참전했다.

91 솔론Solon: 원문은 '색륜索倫'이다. 남방 퉁구스족의 일파로, 아무르강의 남방에 분포한다.

92 손사의孫士毅: 손사의(1720~1796)는 자가 지치智治 또는 보산補山으로, 절강성浙江省 인화仁和 사람이다. 건륭 연간에 광서순무廣西巡撫, 양광총독兩廣總督을 지냈다.

93 화림和琳: 화림(1754~1796)은 만주 정홍기 사람이다. 성은 뉴호록鈕祜祿으로, 자는 희재希齋 호는 화평華坪이며, 청나라의 장군이다. 병부시랑兵部侍郎, 공부상서工部尚書, 사천총독 등을 역임했다.

94 혜령惠齡: 몽골 정백기 사람으로, 청나라의 장군이다.

95 영대대신領隊大臣: 청대 관직명이다. 티베트 진영에 군대를 파견할 때 영대대신이 솔론, 오이라트 등의 군대를 거느리며 이리伊犁, 아크수Aksu 등지에 주둔했다. 광서 10년(1884), 티베트에 행성이 건설되고 부, 주, 현이 설치된 이후 점차 폐지됐다.

96 대삼보佽森保: 대삼보(?~1800)는 만주 정홍기 사람으로, 청나라 장군이다. 미얀마 토벌 전쟁에 참가한 적이 있다.

97 제신보諸神保: 제신보(?~1797)는 만주 정홍기 사람으로, 청나라 장군이다. 호군교護軍校, 사천유격四川遊擊, 중경진총병重慶鎭總兵 등의 관직을 지냈다.

98 태비영아台斐英阿: 태비영아(?~1791)는 만주 정백기 사람으로, 청나라 장군이다.

99 카트만두: 원문은 '양포陽布'로, 구르카 왕실이 위치했던 지역이다.

100 단진반주이丹津班珠爾: 티베트의 명문 귀족 출신으로, 건륭제로부터 찰살극札薩克, 즉 집정관의 관직을 하사받았다.

101 샤마르파: 원문은 '사마이파沙瑪爾巴'이다.

102 우랄산맥Ural Mountains: 원문은 '오랍령烏拉嶺'이다.

103 금천金川: 사천성 아패 장족 강족 자치주阿坝藏族羌族自治州로, 천서북고원川西北高原에 위치한다.

104 아라비아해Arabian Sea: 원문은 '인도해印度海'이다.

105 적밀부락的密部落: 『해국도지』 권53에 의하면 적밀은 구르카의 한 지역이라고 한다.

106 작은 나라끼리 서로 싸우니: 원문은 '만촉상공蠻觸相攻'이다. 『장자莊子』 「칙양則陽」에 나오는 '와각지쟁蝸角之爭'을 말한다. 만은 달팽이 오른쪽 뿔에 있는 나라, 촉은 달팽이 왼쪽 뿔에 있는 나라로, 두 나라가 싸우는 것은 작은 일에 불과함을 의미한다.

107 타타르Tartar: 원문은 '달달리韃韃里'이다.

108 우룸치Ürümqi: 원문은 '무로목務魯木'으로, 지금의 천산산맥天山山脉 중단의 북부 기슭, 중가리아분지의 남단에 위치한다. 한자로는 오로목제烏魯木齊라고 표기한다.

109 미국: 원문은 '미리견彌利堅'이다.

110 태국: 원문은 '섬라暹羅'이다.

111 베트남: 원문은 '안남安南'이다.

海國圖志
卷二十二

해국도지
권22

—

소양邵陽 위원魏源 중집

본권에서는 서남아시아 중 북인도, 특히 아프가니스탄의 지리, 역사, 풍속, 언어, 문화적 특색 및 중국을 비롯한 서양 국가들과의 대외관계를 기술하고 있다. 여기에서는 『대청일통지大清一統志』, 『황청통고皇清通考』, 『지리비고地理備考』, 『외국사략外國史略』, 『영환지략瀛環志略』 등의 기록을 인용, 소개하는 동시에 이들 기록에 대한 위원 자신의 독창적인 견해와 비평을 함께 싣고 있다.

북인도 각 나라

—

『대청일통지大淸一統志』에 다음 기록이 있다.

발티스탄Baltistan[1]은 볼로Bolor[2]의 남쪽에 있고, 동쪽으로 힌두스탄 Hindustan[3]과 국경을 접하고 있다. 신강新疆 지역을 경유해서 조공을 바쳤으며 한·당 시기 계빈국罽賓國[4]의 동쪽에 가까운 지역이다. 『대당서역기大唐西域記』에 나오는 필가시국畢迦試國이다. 많은 산에 둘러싸여 있고 중앙에는 긴 하천이 있으며, 티베트Tibet[5]·빈목파牝穆巴·카슈미르Kashmir[6] 등 여러 지역이 있다. 두 지역으로 나뉘어 있는데, 부족장 묵묵파이默默帕爾와 오소완烏蘇完이 나누어 다스리며, 각각의 인구는 8천여 명씩이다. 예전에는 야르칸드Yarkand[7]에서 교역을 했으며, 건륭 25년, 청조에 귀속했다.

『서역문견록西域聞見錄』에 다음 기록이 있다.

카슈미르는 이슬람 대국 중의 하나이다. 생각건대, 『송사宋史』에서 말하는 가습미륵국迦濕彌勒國, 『원경세지리도元經世地理圖』에서 말하는 걸석미이乞石迷耳, 영국 지도에서 말하는 협지미리夾氏米里는 모두 글자는 다르지만, 발음은 같다. 야르칸드에서 서남쪽으로 말을 타고 60여 일 가면 그 나라에 도달할 수 있다. 중앙에는 눈 덮인 산이 가로막고 있어 사람과 가축 모두 이에 이르러서는 반드시 원주민과 함께 낙타를 끌고서야 넘어갈 수 있었는데, 그 길은 목소달판 木素達板보다도 훨씬 더 험난했다. 그곳 사람들은 눈이 깊고 코가 높으며, 대부분 눈동자가 노랗고 수염이 덥수룩하다. 의복은 목이 둥글고 소매가 좁으며 변발을 하지 않고, 음식은 금기시하는 것이 매우 많으며 예배를 경건하게 드린다. 언어는 대체로 통하며 군주를 칸이라고 불렀다. 속해 있는 이슬람 무리는 1백 호에 가까우며 성과 해자의 둘레는 30여 리 정도이다.

춘원씨椿園氏[8]가 말한다.

가욕관嘉峪關[9] 너머는 사막 지대로, 간간이 샘물이 있고 사석沙石이 괴이하게 우뚝 솟아 있으며 초목은 자라지 않는다. 카슈미르의 서쪽과 남쪽은 날씨가 화창하고 산천이 수려하여 별천지 같았다. 힌두스탄 각 나라는 매우 덥고 비가 많으며 서리와 눈이 내리지 않고 모든 동식물은 중국의 복건·광동과 다를 바가 없는데 설마하니 바다에 가까워서 그러한가? 사람들은 손재주가 좋아서 기이한 물건을 잘 만든다. 생각건대, 여기에서 말하는 카슈미르의 눈 덮인 산은 바로 당나라 현장법사의 『대당서역기』에 나오는 북인도의 대설산이다.

『황청통고皇淸通考』「사예문四裔門」에 다음 기록이 있다.

아프가니스탄Afghanistan[10]은 바다흐샨Badakhshān[11]의 서남쪽에 있으며 가장 큰 부족이다. 『한서』에 의하면 서쪽의 파미르고원Pamir Plat[12]을 넘어가는 데에는 두 갈래 길[13]이 있는데, 북쪽 길로는 대완大宛[14]으로 나가고, 남쪽 길로는 대월지大月氏[15]로 나간다고 하니, 이곳은 대월지의 땅에 해당한다. 이곳에는 카불Kabul,[16] 칸다하르Kandahar,[17] 헤라트Herat[18] 세 개의 큰 도시가 있다. 카불은 남·북·서쪽으로는 산으로 둘러싸여 있고 동쪽은 평야이다. 칸다하르는 사면이 모두 산으로 둘러싸여 있으며 아흐마드 샤 두라니Ahmad Shāh Durrānī[19] 칸이 거주하고 있다. 헤라트는 옛날에는 이란에 속했는데 아흐마드 샤 두라니가 정벌해서 취한 것으로, 세 개의 성을 거느리고 있다. 주로 농사를 지으며 유목은 하지 않는다. 정예 병사는 15만 명이고 주요 무기는 조총과 허리에 차는 칼 등이며 활과 화살은 사용하지 않는다. 농작물을 가꾸는 데 뛰어나 집마다 양식이 넉넉하다. 채색 물품이 부족했는데, 힌두스탄을 병합한 후부터 금사와 비단을 획득하게 되어 물자가 더욱 풍요로워졌다. 또한 환관이 있는데, 대부분은 힌두스탄에서 차출하며 상인은 그 나라에 가지 않았다.

건륭 24년(1759), [청조의] 대군이 호지잔Hojijan[20]을 추격해서 아프가니스탄의 경내에 들어가자, 바다흐샨의 군주 미르 샤 술탄Mir Sultan Shah[21]이 그를 사로잡아 바쳤다. [호지잔의] 부하로 아프가니스탄으로 달아난 자들은 군사를 일으켜 바다흐샨의 [군주 미르 샤 술탄의] 죄를 묻자고 부추겼다. 이에 미르 샤 술탄은 두려워 사자를 파견해 여러 부득이한 사정을 호소하니 아흐마드 샤 두라니가 말했다.

"청나라는 땅이 넓고 인구가 많으며 기록만 가지고는 여정의 원근을 알 수 없으니 지금 그대 부족과 함께 가서 삼가 의탁하자."

마침내 여러 차례 조공을 바쳤다. 생각건대, 아프가니스탄은 아포액니阿布額尼라고도 하며, 갑포이甲布爾라고도 한다. 관할지인 아랍극파랍사阿拉克巴拉斯·아제르바이잔Azerbaijan[22]은 예전에는 이란에 예속되어 있었다. 카불에서 칸다하르에 이르는 데 여정이 28일 걸리고, 칸다하르에서 헤라트에 이르는 데 여정이 20일 걸리며, 북쪽으로는 부하라Bukhara[23]에 접해 있고, 서쪽에는 메카Mecca[24]·찰지이札志爾 등 몇몇 부락이 있으며, 중간에 사막으로 가로막혀 있는데, 이를 지나면 서해이다. 남쪽으로는 발루치스탄Baluchistan[25] 부락이 있는데, 발루치스탄을 지나면 역시 바다이다. 생각건대, 서해는 모두 카스피해Caspian Sea로, 지중해는 아니다.

『지리비고地理備考』에 다음 기록이 있다.

아프가니스탄, 즉 카불[26]은 아시아대륙의 중앙, 인도의 서북쪽에 위치하며 북위 28도에서 36도, 동경 57도에서 70도에 이른다. 동쪽으로는 시크Sikh에 이르고, 서쪽으로는 페르시아Persia[27]에 이어지며, 남쪽으로는 발루치스탄에 접하고, 북쪽으로는 터키Turkey[28]와 이웃한다. 길이는 3200여 리이고 너비는 약 2천 리이며, 땅의 면적은 사방 약 15만 2700여 리이고 인구는 420만 명이다. 이 나라의 지세는 동남쪽과 서남쪽은 평원이 넓게 펼쳐져 있으나 그 나머지 쪽은 험준한 산으로 둘러싸여 있다. 강과 호수는 매우 적은데, 유일하게 긴 하천은 인더스강Indus River[29]으로, 심덕하心德河라고도 한다. 두 개의 큰 호수가 있는데 하나는 사이프울마룩호Saif-ul-Maluk Lake[30]이고, 다른 하나는 울라호Wular Lake[31]이다. 이 나라의 서쪽은 대부분 메마르고 사막이 펼쳐져 있으나 그 외 지역은 비옥해서 곡식과 과일이 풍부하다. 이 땅에서는 철·주석·명반·소금·와택窩宅[32]·뇌사磠砂[33]·유황·담배·면화·아위阿魏[34]·인디고·단삼丹參·사탕수수·양탄자 등을 생산한다. 기후는 지역에 따라 서로 달라서 추위와 더위가 극단적으로 존재한다. 왕위는 대대로 계승되며 나이와 관계없이 누구나 다스릴 수 있지만, 대신들이 공적으로 천거하는데 오직 현명한 자만이 즉위할 수 있다. 이슬람교를 신봉한다. 기술과 재주는 그다지 뛰어나지 못하며, 교역도 활발하지 않고 상인들이 물건을 등에 지고 다니며 파는데, 대오를 결성해서 다닌다.

이 나라를 고찰하는 데 내력은 명확하지 않지만, 명나라 무종武宗 정덕正德[35] 원년(1505)에 바부르Bābur[36]가 카불·가즈니Ghazni[37]·칸다하르[38] 등지를 정복한 후 마침내 즉위해서 칸을 칭한 이래 2백여 년을 내려오고 있으며, 강희 59년(1720), 다시 페르시아[39]를 정복하여 통일했다. 17년이 지나 페르시아의 군주 나디르 샤Nādir Shāh[40]가 군사를 일으켜 [아프가니스탄을] 몰아내서 다시 이 나라를 되찾았다. 그 군주가 사망한 후 이 나라는 다시 부흥해서 스스로 일국을 이루었는데, 당시 군주의 이름은 아흐마드 샤 두라니[41]이다. 건륭 45년(1780), 자만 샤 두라니Zaman Shāh Durrānī[42]에 이르러 동생인 마흐무드 샤 두라니Mahmud Shāh Durrānī[43]에게 찬탈되어 쫓겨났는데, 그 후 기강이 무너져 나라는 혼란스러워지고 민란이 발생했다. 10여 년이 지난 후 시크[44] 라호르Lahore의 란지트 싱Ranjit Singh이 기회를 틈타 침략하자, 겸병하고 있던 여러 지역 역시 모두 반란을 일으켜 단지 아프가니스탄·시스탄Sistan[45]만이 남게 되었다. 현재는 9개 지역으로 개편되었는데, 카불은 본국의 수도로 평원에 세워졌으며 도시가 번화하고 풍경이 수려하다. [나머지 8개 지역은] 라그만Laghman,[46] 잘랄라바드Jalâlâbâd,[47] 가즈니,[48] 셰베르간Sheberghan,[49] 칸다하르,[50] 파라Farah,[51] 도찰극都札克, 칼라트이길자이Kalāt-i-Ghilzai[52]이다. 이 중 상업이 가장 번성한 지역은 카불, 칸다하르, 가즈니이다.

생각건대, 또한 아부안니阿付顏尼라고도 하는데, 이는 아프가니스탄의 음역이다.

『외국사략外國史略』에 다음 기록이 있다.

카불[53]은 압안국押安國 또는 가포액니加布額尼라고 하는데, 이전에는 페르시아[54]에 복속해 있었다. 남쪽으로는[55] 발루치스탄[56]에 이르고, 북쪽으로는 서역 유목 지대, 동쪽으로는 오인도, 서쪽으로는 페르시아에 이어지고 있으며, 면적은 사방 1만 6천 리이고 인구는 1400만 명이다. 산과 계곡이 많기 때문에 기후와 토산품은 모두 제각각이다. 인도 경내에서는 오직 이곳만이 깊은 호수와 큰 강이 없고, 산 정상에는 쌓인 눈이 녹지 않으나 산에 들어가면 매우 덥다. 땅의 비옥도는 한결같지 않고 인구가 매우 적다. 농부는 다섯 등급이 있는데, 매년 두 차례 추수하며 보리가 대부분이다. 석유 및 아위를 생산하고 낙타 및 면양이 많다. 개는 매우 잘 달리며 고양이 또한 우아하고 매는 사슴을 사냥한다. 사람들은 소박하지만 원수를 지면 반드시 갚는데, 아무리 오랜 세월이 지나도 잊지 않는다. 사고파는 것을 부끄러워하고 한곳에 머물기를 즐기지 않으며, 무기를 가지고 싸우는 것을 중요한 일로 여긴다. 산과 협곡이 매우 많아 외부인이 들어갔다가는 돌아 나오지 못하기 때문에 적국이 감히 침범하지 못한 반면에 자신들은 자주 타국을 침략해서 승리를 거두었다. 일찍이 오인도 지역을 점령했으나 후에 페르시아에 정복당해 번속국이 되었다. 도광道光[57] 17년(1837), 러시아가 그 사람들을 종용해서 페르시아에 반기를 들어 다시 전쟁을 일으키자 페르시아 국왕이 마침내 군대를 거느리고 그 북쪽 경내의 헤라트[58]를 포위했는데, 카불은 새로운 군주를 세워서 군대를 조련해 페르시아를 물리쳤다. 도광 21년(1841) 겨울, 현지인들은 동절기를 틈타 영국 군대를 공격했는데, 영국 군대는 의복과 식량이 부족해서 사상자가 많이 발생했다. 이듬해 영국 군대가 공격해서 이로 인해 이전 왕이 권력을 잡게 하니 그 지역은 비로소 안정을 되찾았다.

수도는 카불로, 도시가 매우 견고하지만 영국인이 이를 격파했다. 칸다하르[59] 역시 경계 지역의 도시로, 거리는 넓고 직선이며 도시가 길고 반듯하다. 사람들은 대부분 파슈툰족Pashtuns[60]으로 페르시아에 속해 있는 헤라트와 이웃하고 있으며, 그 나라의 군주는 매양 이곳에 주둔했다. 페르시아와는 사이가 좋지 않았다. 땅은 풍요롭고 사람들은 건장했다.

카자흐스탄Kazakhstan[61]과 카불 두 지역 사이에 있는 땅을 키르기스스탄Kyrgyzstan[62]이라고 하는데, 이 지역은 불교를 숭상해서 이웃하는 카불의 무슬림과 전쟁을 벌였다. 종족은 매우 복잡하며 지세가 좁고 험해서 대부분 바위 동굴에 거주한다. 포도와 남과南果를 생산한다. 사람들은 용모가 아름답고 풍채가 뛰어나지만, 아직 개화되지 않았기 때문에 바위 동굴의 험지에서 사는데 무슬림들은 이들을 비난하여 업신여긴다. 왕이 없고 부족장도 없으며 오직 장로의 명을 따른다. 술 마시기를 좋아하며 얼굴이 하얗고 자주 여인을 무슬림들에게 노예로 팔았다. 매우 경솔하고 신뢰가 없어 만약 험난하고 견고한 산과 바위에서 살지 않았더라면 오래전에 다른 나라의 지배를 받았을 것이다.

『외국사략』에 다음 기록이 있다.

발루치스탄은 남쪽으로는 인도에 이르고, 북쪽으로는 카불에 이어지며, 동쪽으로는 영국의 식민지에 이르고, 서쪽으로는 페르시아에 이어진다. 면적은 사방 9154리이며 인구는 270만 명이다. 땅은 5개 지역으로 나뉘는데, 사라완Sarawan,[63] 카치Kach,[64] 하라완Halawan,[65] 루스Lus[66]이다. 날씨는 지역마다 달라서 높은 산봉우리에는 여름에도 눈이 쌓여 있으나 평지는 매우 덥다. 들판은 길이가 65리이고 너비는 40리이며, 동쪽은 산이 많은데 높은 것은 8백 길이 된다. 금·은·구리·주석·철·납 등의 광물이 나며 면화·오곡·인디고를 산출한다. 거주민은 두 종족으로 나뉘는데, 대부분은 유목 생활을 하며 매우 성실하고 여행객을 환대하며 인도인과 페르시아인도 있다. 종파는 각각 본래 지도자가 있어 함께 거주하지 않는다. 칼라트Kalat[67] 지역은 매년 군향 25만 원, 병사 4천 명을 징발하며, 전쟁이 있을 시에는 민병을 소집하는데 3만 5천여 명에 이르렀다. 일찍이 카불에 공물을 바쳤다. 이 지역의 형세에 대해서는 아직 상세하게 살피지 못했다.

생각건대, 발루치스탄[68]은 남쪽으로 인도양에 닿아 있으며 서북쪽으로는 페르시아에 접해 있고, 아프가니스탄의 남쪽, 서갠지스강의 서쪽에 위치한다.

『지리비고』에 다음 기록이 있다.

헤라트[69]는 또한 동가라삼東哥羅三이라고도 하며, 아시아대륙의 중앙, 인도의 북쪽에 있으며, 북위 33도에서 36도, 동경 58도에서 65도에 위치한다. 동남쪽으로는 아프가니스탄과 이웃하며, 서쪽으로는 페르시아로 이어지고, 북쪽으로는 투르키스탄Turkistan[70]에 접하고 있다. 길이는 약 1500리, 너비는 약 7백 리이며, 땅의 면적은 사방 약 8만 리이고 인구는 150만 명이다. 지세는 험준한 산과 언덕이 이어지고 강이나 호수가 매우 적다. 토지는 비옥해서 곡식과 과일이 풍부하며, 초목이 무성하고 가축을 많이 키운다. 토산품으로는 철·생사·마·담배·아위·면화·향료·약재·아편 등의 산물이 있다. 기후는 온화하다. 왕위는 대대로 세습하며 이슬람교를 신봉한다. 기술과 기예가 정교하고 뛰어나 상인들이 몰려들고 있다. 이 나라는 세 지역으로 나뉜다. 하나는 헤라트로, 나라의 수도이며 평원에 세워져 있는데, 예전에는 대단히 부유하고 아름다웠으나 지금은 다소 쇠락했다. 다른 하나는 하반夏般이고 다른 하나는 바미안Bamyan[71]이다.

『영환지략瀛環志略』에 다음 기록이 있다.

아프가니스탄은 페르시아의 동쪽 경계에 있다. 명나라 때 페르시아의 몇몇 성에서 이탈해서 자립해 일국이 되었다. 이전에는 페르시아에 복속해 있어 별도로 국명은 없었다. 여러 세대를 거치면서 힌두스탄을 병합했는데, 지금 고찰하면 힌두스탄은 오인도 전체를 아우르는 이름이다. 아프가니스탄과 이웃하는 나라는 북인도의 시크이다. 양국은 본래 인더스강을 경계로 해서 아프가니스탄은 일찍이 강을 건너 시크의 서쪽 지경을 차지했는데, 이후 시크 역시 강을 건너 아프가니스탄의 동쪽 지경을 차지해서 이른바 변경 지역은 한번은 저쪽, 한번은 이쪽이 차지하는 형국이 되었다. 『서역문견록』에 따르면 오한敖罕과 힌두스탄은 영역이 인접해 있어 각각 무력으로 서로를 제압하는데, 번갈아 위세를 떨쳤다고 한다. 지금 살펴보건대, 힌두스탄과 인접해 있는 나라는 아프가니스탄 외에 오한이라는 국명은 없다. 대체로 아프가니스탄을 애오한愛烏罕이라고도 하는데, 애오愛烏의 음을 합치면 오敖와 비슷하므로 결국 애오한을 오한敖罕이라고 잘못 표기한 것이 아닌가 생각한다. 그리고 안디잔 Andizhan[72]의 코칸트Kokand[73] 도성 역시 오한이라고 칭한다. 호한豪罕, 또는 곽한霍罕이라고도 한다. 논자들은 마침내 이것이 춘원씨의 오류라고 지적하면서 가장 북쪽의 무슬림들을 남방으로 이동시켰다고 했는데, 실제로는 발음이 잘못 전해진 것에 불과하기 때문에 그다지 질책할 일은 아니다.

또한 『서역문견록』에서 말하기를 아프가니스탄[74] 사람은 종족이 하나가 아니니, 내지(중국)의 회족과 유사한 자들도 있고, 안디잔과 유사한 자들도 있으며, 토르구트Torghut[75] 부족과 유사한 자들도 있고, 머리카락이 곱슬머리로 러시아[76]와 비슷한 자들도 있다. 또한 어떤 종족은 이슬람교 도의 옷을 입고 모자를 썼으며 고슴도치처럼 수염을 길렀는데 꼭두서니 로 물들인 것처럼 붉었다. 그 사람들은 힘이 세고 나무창을 잘 다루어 서 역인들은 대부분 그들을 두려워했다. 또한 어떤 종족은 둥근 옷깃에 소 매가 크고 의관과 복식이 중국과 유사했으며, 용모가 수려한 것이 조선 인과 같았는데 후한의 후예라고도 한다. 또한 이르기를 아프가니스탄은 서역의 대국이면서 또한 서역의 혼란한 나라라고 한다. 사기와 폭력을 서로 내세워 하루도 권력 다툼을 하지 않는 날이 없는 지경으로, 대체로 예전부터 그러했다고 한다.

내가 서양의 지도를 살펴보니 아프가니스탄의 영토는 종횡으로 모두 3천 리에 불과하며 면적과 인구도 그다지 크지 않은데, 종족이 어찌 그렇 게 잡다할 수 있는가? 대개 그 나라는 본래 페르시아의 일부로서 이후 분 열되었다가 통합되고 다시 통합되었다가 분열되면서 서역에서 페르시 아국의 이름은 알지 못하게 되었지만, 마침내 페르시아 각 종족이 모두 아프가니스탄으로 귀속되었기 때문일 것이다. 서양인 역시 페르시안계 의 유민들로 종족이 매우 많고 언어가 서로 다르다. 그리스,[77] 바로 희랍西 臘이다. 아덴(阿丹), 아랍(阿剌伯)이다. 로마, 터키가 있는데, 바로 『서역문견록』 에서 말한 바와 서로 일치한다. 양국이 통일과 분열을 반복하면서 무력 충돌이 수차례 일어났다가 다시 때때로 내분이 일어서 서로 번갈아 찬탈 했으니, 이른바 날마다 권력을 다투는 형세라고 한 것도 잘못된 말은 아 니다.

발루치스탄[78] 밀라기密羅旣·북라길北羅吉·홀로모사忽魯謨斯, 사포思布라고도 한다. 은 아프가니스탄의 남쪽에 있으며 역시 이슬람교를 믿는다. 동쪽으로는 서인도에 접해 있고, 서쪽으로는 페르시아에 접해 있으며, 남쪽으로는 아라비아해에 닿아 있는데, 동서는 약 1700~1800리이고 남북으로는 약 6백~7백 리이다. 언덕과 구릉이 첩첩이 늘어서 있고 사막이 광활하며 토양은 매우 척박해서 겨우 생계를 유지할 정도이다. 사계절이 온화하며 물산은 아프가니스탄과 대략 같다. 나라에는 왕은 없고 6개 지역으로 나뉘어 있는데, 사라완,[79] 간다바Gandava,[80] 하라완,[81] 루스,[82] 마크란Makran,[83] 코히스탄Kohistan[84]이다. 6개 지역에는 각각 부족장이 있으며, 나라는 작지만 강하고 전투에 뛰어났다. 영국의 식민지인 인도의 서부와 때때로 무력 충돌해서 호각지세를 이루고 있다.

생각건대, 발루치스탄은 언제 나라가 세워졌는지는 알 수 없지만, 명나라 초기 정화鄭和 등이 서쪽 바다로 나갔을 때 나오는 홀로모사라는 국명과 지금 「사예고」에서 나오는 사포는 모두 발루치스탄을 가리킨다.[85]

『지리비고』에 다음 기록이 있다.

발루치스탄은 비로치국比路治國이라고도 하며 아시아대륙의 중앙, 인도의 서쪽에 있고, 북위 25도에서 30도, 동경 58도에서 67도에 위치한다. 동쪽으로는 시크·신디아Scindia[86] 두 나라에 이르고, 서쪽으로는 페르시아에 이어지며, 남쪽으로는 오만만Gulf of Oman[87]에 접하고, 북쪽으로는 아프가니스탄과 이웃하고 있다. 길이는 약 1천여 리이고 너비는 약 620리이며, 면적은 사방 약 10만여 리, 인구는 3백여만 명이다. 이 나라의 지세는 언덕과 구릉이 첩첩이 쌓여 있고 사막이 광활하다. 호수와 강은 매우 적으며 여름이 되면 대체로 고갈된다. 토양은 매우 척박해서 삼림이 거의 자라지 않으며 곡식과 과일은 겨우 수요를 충당하고 있다. 각종 새와 짐승이 매우 많다. 토산품으로는 금·은·구리·철·주석·납·명반·인디고·와택·유황·뇌사·화석花石·꼭두서니·면화 등의 물산이 있다. 기후는 온화하고 사계절이 뚜렷하다. 국정 운영은 여러 부족장이 통치하며 각각 부족으로 나뉘어 있다. 이슬람교를 신봉한다. 재주와 기량이 형편없어 교역은 활발하지 않다. 나라는 6개 지역으로 나뉘어 있는데, 사라완, 간다바, 하라완, 루스, 마크란, 코히스탄이다.

『지구도설地球圖說』에 다음 기록이 있다.

발루치스탄[88]은 비로사比路斯라고도 한다. 부족장은 또한 사단土丹이라고 칭하는데 힌두에서 사탄斯坦이라고 부르는 것과 유사하다. 동쪽으로는 인도,[89] 남쪽으로는 아라비아해,[90] 서쪽으로는 페르시아, 북쪽으로는 아프가니스탄[91]과 이웃하고 있다. 인구는 약 2백여만 명이다. 도성의 이름은 칼라트[92]로, 성 내의 인구는 2만 명이며 절반은 불교를 믿고 절반은 이슬람교를 믿는다. 재물을 보면 약탈하는 좋지 못한 풍속이 있다. 대부분 게르Ger에서 거주하며 기와집은 적고 사람들은 규범을 잘 따른다. 게르에서 거주하지 않는 자는 불량한 무리이다. 가경嘉慶[93] 연간에는 본래 아프가니스탄과 한 나라였으나 후에 각자 분리해서 군주를 세웠다. 나라에는 매우 넓은 초원과 험준한 높은 산이 있기 때문에 옥토가 적어 오직 양과 말을 유목할 뿐이다.

『지구도설』에 다음 기록이 있다.

아프가니스탄은 동쪽으로는 인도, 남쪽으로는 발루치스탄, 서쪽으로는 페르시아, 북쪽으로는 부하라[94]와 이웃하고 있다. 인구는 약 570여만 명인데 모두 절반은 불교, 절반은 이슬람교를 신봉하고 있으며, 양과 말을 유목하며 살고 있다. 남쪽으로는 초원이 있고 동쪽·남쪽·북쪽으로 또한 높은 산이 있으며 오직 중앙만 평탄하다. 사람들의 용모는 발루치스탄과 유사하며 풍속 또한 차이가 없으나 안타깝게도 서로 화목하지 않아 때때로 다툰다. 국왕은 실권이 없어 그 명령을 따르지 않고 마음이 단지 어리석고 졸렬하니, 어찌 인도의 백성과 이리도 다르단 말인가?

『지리비고』에 다음 기록이 있다.

부탄Bhutan[95]은 일명 곽이객국廓爾喀國으로, 아시아대륙의 인도와 티베트 두 나라 사이에 있다. 국토는 북위 26도 20분에서 29도, 동경 86도 10분에서 92도 55분에 위치한다. 동쪽으로는 아삼Assam[96]에 이르고 서쪽으로는 아프가니스탄에 이어지며, 남쪽으로는 벵골Bengal에 접하고 북쪽으로는 티베트와 이웃하고 있다. 길이는 약 1600리, 너비는 약 7백 리이다. 산과 구릉이 첩첩이 쌓여 있고 인구는 조밀하다. 토양은 비옥하고 호수와 강이 많다. 오곡과 백과, 조수, 초목이 풍요롭다. 면화·대황大黃·흑금黑金·문석紋石·보석이 풍성하다. 기후는 온화하며 신봉하는 종교는 곧 황모파黃帽派[97] 불교이다. 사람들은 근면하고 교역이 활발하다. 나라는 크게 두 지역으로 구분되는데, 하나는 부탄[98]으로 이 나라의 수도이며, 하나는 카드페ka-dpe[99]이다.

『아라사여인도구병기俄羅斯與印度搆兵記』에 다음 기록이 있다.

인도양은 후장後藏·미얀마와 서로 이웃하고 있으며 구르카Gurkha[100]는 그 사이에 있다. 벵골[101]은 동인도이고 뭄바이Mumbai[102]는 남인도이며 힌두스탄은 중인도이다. 힌두(溫都)는 흥도興都, 흔도痕都라고도 하는데, 곧 인도의 음역이다. 카슈미르는 옛 계빈국이고, 아프가니스탄은 옛 대월지로 북인도이다. 인더스강 양안 페르시아의 각 이슬람 국가는 서인도이다. 모두 파미르고원의 서남쪽에 있으며 중국의 서쪽 지역에 인접하고 있다. 근래 영국은 오인도를 통치한다고 스스로 천명했으나 대체로 북인도·서인도는 아직 완전히 점령하지 않았으며, 동인도·남인도·중인도는 거의 다 병합했다. 그러나 강희·옹정 연간 영국은 겨우 벵골·뭄바이 두 항구를 점령했을 뿐, 인도 전체를 넘보지는 못했다. 그런데 러시아[103]는 바야흐로 프로이센Preussen[104]과 전쟁 중이어서 아직 남쪽으로 진출하지 못했다. 파미르고원 서쪽·지중해 동쪽은 모두 아라비아의 이슬람교로 통일되어 있다.

건륭 연간에 서역이 막 평정되었을 때, 힌두스탄은 여전히 바다흐샨과 전쟁을 벌이다가 얼마 후 아프가니스탄에 병합되었다. 가경 이래 러시아는 발트해[105]를 경유해 흑해의 각 지역을 공격하고 카스피해를 따라 남하했으며, 영국 또한 힌두스탄을 병합하고 갠지스강을 거슬러 북상했다. 이에 파미르고원 서쪽은 부하라·아프가니스탄 등 여러 대국을 제외하고 무릇 타타르[106]라고 하는 리해里海에서 유목하는 이슬람 부족은 모두 러시아에 병합되었다. 갠지스강 및 남양을 낀 도시·이슬람 국가는 절반이 영국에 병합되었다. 리해里海, 즉 카스피해는 아랄해Aral Sea[107] 근처로 북고해北高海라고도 한다. 『명사』에서는 유목하는 몽골족을 달단韃靼이라 하고, 서양인은 유목하는 이슬람 부족을 달달韃韃이라고 하는데, 발음은 서로 비슷하다. 영국과 러시아, 두 나라 사이에는 여러 나라가 끼어 있는데 그중에서 아프가니스탄이 가장 컸으며, 아프가니스탄은 아부안니阿付顔尼, 혹은 갑포이甲布爾라고도 부른다. 도광 19년(1839), 아프가니스탄과 샤 슈자Shah Shuja[108]가 전쟁을 했는데 샤 슈자가 영국에 도움을 요청하자 영국이 마침내 인도 각 지역의 군대를 동원해 아프가니스탄을 공격해 격파했다. 이에 아프가니스탄의 군주 역시 러시아에 달려가 호소하자 러시아도 타타르에 주둔해 있던 군대를 동원해 남쪽의 페르시아를 공격해서 히바Khiva[109]와 부하라[110]를 점령하고 아프가니스탄의 옛 땅을 수복하기 위해 곧장 인도를 공격했다. 영국 군대도 요새에 의지해서 힘껏 저항하니 이에 영국과 러시아, 두 나라 사이는 단지 힌두쿠시Hindu Kush[111]라는 하나의 큰 산맥으로 막혀 있을 뿐, 피 흘리는 전투가 그칠 날이 없었다. 힌두(興都)는 즉 인도, 두 글자의 음역이다. 힌두쿠시산맥은 북인도와 중인도 사이에 자리하고 있다. 아프가니스탄과 샤 슈자의 부족은 모두 이 산맥의 남쪽에 있고 히바와 부하라는 모두 이 산맥의 북쪽에 있다. 그런데 샤 슈자의 부족은 또한 이 산의 북쪽을 넘어가는 경우도 있었는데, 이는 영국과 러시아가 서로 대립하는 원인이 되어 무력 충돌하는 지역이 되었다. 샤 슈자는 도광 18년(1838), 아프가니스탄에 격파되어 인도에 구원을 요청했다. 당시 인도를 수비하던 영국군의 수장은 □□□이고, 부장은 사기니沙機尼였다. 마침내 도광 19년 7월, 벵골·뭄바이·힌두스탄의 3개 대대 병력을 동원해 사기니에게 통솔하게 했는데 샤 슈자가 몸소 이 군대를 안내했다. 당시 아프가니스탄의 군주는 카불[112]에 도읍하고 있었다. 그는 둘째 아들을 파견해 병사 3500명을 거느리고 가즈니[113]를 지키게 하고, 장자에게는 병사 수천 명을 거느리고 카불을 지키게 했다. 가즈니는 본래 험준하며 그 성의 문 앞에는 다시 이중으로 해자와 장벽을 싸서 방어했는데 매우 견고했다. 영국군은 일단 근교에 진을 치고 싸움을 유도했으나, 응하지 않자 마침내 마포군馬砲軍·낙타포군駱駝砲軍·보포군步砲軍을 거느리고 세 개의 길로 진공했다. 이 삼군을 마부포馬負砲·낙타부포駱駝負砲·인강포人扛砲라고 한다. 또한 천포天砲로 공격을 개시했다. 천포란 하늘을 향해 대포를 발사해서 성안으로 떨어뜨리는 것이다. 마침내 성을 압박해 공격하면서 아울러 병사들은 카불 지원군의 진로를 막았다. 아프가니스탄 군주는 장자를 파견해 기병 1500기, 보병 3천 명을 거느리고 카불에서 달려가 구원하게 해서 후방을 협공해 샤 슈자의 병사를 격퇴시켰다. 다음 날, 마침내 각 진영의 군사를 모아 오로지 성문만을 공격해서 번갈아 가며 진격했는데 성안의 병사 역시 사력을 다해 분전했지만, 천포가 하늘에서 쏟아지자 성안에는 두려움이 진동해 앞다투어 무너져 달아났다. 무릇 이틀 밤낮으로 성을 공략해 둘째 아들을 사로잡은 후 승세를 타고 두 갈래 길로 카불성을 향해 진공했다. 아프가니스탄의 군주와 장자는 병사 1만 3천여 명을 거느리고 마관麻關을 지켰는데, 병사들의 사기가 떨어져 적군의 소문을 듣고는 달아나 버려 부자는 3백여 기만을 거느리고 가서 마면麻緬을 지키니, 버려진 군량과 화포, 물자와 기구 등이 산을 이루었다. 영국은 마침내 두 개 성을 점령해서 샤 슈자를 보내 왕국을 수복하고 유럽 병사·힌두스탄 병사 및 아프가니스탄의 투항병을 남겨 두어 그 지역을 방어하는 데 조력하게 했다. 이것이 영국이 북인도를 침략한 사정이다.

아프가니스탄은 마면으로 달아나서 사절을 보내 러시아에 군사를 요청했다. 타타르를 지키는 러시아의 병사들은 오랫동안 동인도·남인도의 부를 선망해 왔는데, 다만 각 이슬람 세력에 가로막혀 있다가 각 세력이 스스로 싸우는 틈을 이용해서 페르시아를 경유해 인도를 공략하고자 했다. 페르시아는 이슬람의 종주국으로, 광동에 와서 무역을 하는 백두번白頭番[114]이며, 이른바 지방무역상인[115]이다. 소백두는 힌두스탄, 대백두는 페르시아이다. 페르시아는 비록 영국에 복속되어 있지는 않았지만, 영국과 관계가 돈독했기 때문에 영국 장교 율옥란律屋蘭은 페르시아에 구원병을 보내 러시아를 저지하게 했다. 러시아는 도망친 노예를 되찾는다는 것을 구실로 삼아 히바와 부하라 두 이슬람 지역을 공격해 격파하고, 다시 힌두쿠시산맥에 있는 샤 슈자의 3개 지역을 공격해서 점령했다. 마침내 군사들이 옥수스강Oxus River[116]에 주둔해서 영국의 중인도와 경계를 접하면서 아울러 사람들에게 인도의 법률과 언어를 습득하게 하고 또한 부하라 사람을 길 안내자로 고용하며 하루도 인도를 잊지 않았다. 영국 역시 정예병으로 아프가니스탄을 방비하고 옛 군주를 원래의 땅으로 송환해서 외부의 이간질을 종식시키고 방패막이를 보강하자고 논의했다. 그런데 논의가 아직 결정되기도 전에 광동에서 사태가 발생했다.

당시 흠차대신[117]은 아편 무역을 엄금하기 위해 광동에 가서 호시互市를 중단하고 성명을 통해 그 죄악을 여러 나라에 포고했다. 프랑스·미국 등 영국과 사이가 좋지 않은 나라는 모두 쾌재를 불렀으며, 구르카 역시 주장대신에게 소속 부대를 거느리고 동인도를 접수하고 싶다고 아뢰었다. 요영姚瑩의 『강유기행康輶紀行』에 다음 기록이 있다. 구르카는 우리 티베트 지역의 토번족으로, 영국과는 사이가 좋지 않았다. 도광 18·19년 사이에 영국이 처음 광동에서 소요를 일으키자 구르카는 군량을 지원해 주면 제이팔찰第里八紮을 공격하겠다고 요청했으나, 주장대신은 제이팔찰이 벵골이라는 사실을 알지 못해 허락하지 않았다. 영국이 강소·절강에서 큰 소요를 일으키자 구르카는 직접 군대를 거느리고 허점을 틈타 벵골을 공격해서 대승을 거두었다. 영국이 돌아가서 벵골을 구원하려고 했으나 미치지 못하자 마침내 중국으로부터 받은 은 백만 냥을 포로 천 명에 대한 속량금으로 지불하고 화의를 체결했다. 러시아 사신 역시 상트페테르부르크Sankt Peterburg[118]에서 길을 떠나 조정에 와서, 중국이 미얀마와 티베트를 경유해서 인도를 협공하기로 약속했다. 이 사건이 비록 실행되지는 않았지만, 영국은 매우 두려워했다. 그래서 누군가는 러시아 사신이 아직 도착하지 않은 틈을 타 신속하게 들어가 약탈을 감행하고자 했다. 또한 누군가는 중국이 러시아를 의심하는 것이 다른 나라를 의심하는 것보다 더욱 심해서 반드시 러시아의 말을 신임하지는 않을 것이라고도 생각했다. 그러나

남양과 서양에서 파시罷市에 대한 소식을 듣고 각 항구에서 차와 대황을 전혀 판매하지 않으려고 하자 가격이 몇 배나 급등했다.

그런데 영국이 중국에 아편 배상금을 요구하고 게다가 관세 폐지[119]로 인해 결손된 은량이 천여만 원인데, 여러 은행[120]에서 대출도 할 수 없고 은 가격도 등귀해서 결국 이웃 나라에서 수백만 냥을 빌려서 군향을 충당하였다. 미국·프랑스는 이에 전후로 광동에서 병선으로 중국에 힘을 보태겠다고 요청해서 여러 차례 광동의 독무 및 장군을 알현하고 상주를 올렸는데, [그 제안을 받아들였다면] 사태는 해결할 수 있었고 시기도 적절했다. 이전 구르카에 대한 기록 중에 오랑캐로 오랑캐를 공격하자는 논의가 있었으나 여전히 정세에 어두워 살피지 못한 것 같아서 다시 여기에서 서술하고 마카오에서 탐지한 정보를 뒤쪽에 첨부한다.

위원이 말한다.

근래의 사건을 살펴보면, 건륭제는 준가르의 수장 아무르사나Amursana[121]가 투항해 와서 원병을 요청하자, 조정에서는 거부하자는 의견이 다수였으나, 유독 건륭제만은 군신들의 의견을 물리치고 이를 받아들여 마침내 한 차례의 전쟁으로 이리伊犁를 평정할 수 있었다. 토르구트[122]가 러시아를 버리고 귀속해 왔을 때, 조정에서는 거부하자는 의견이 다수였으나, 유독 건륭제는 군신들의 의견을 물리치고 받아들였다. 아울러 러시아에 격문을 돌려 사리의 옳고 그름을 명확히 밝혀 마침내 오이라트Oirad[123] 4대 부족이 모두 복속하게 되었다. 멀리 예전의 사건을 살펴보면 강희 연간 러시아가 동쪽의 흑룡강으로 진출해 오자, 강희제는 네덜란드에 부탁해서 러시아 군주에게 서신을 전달했는데, 바닷길로 오고 가서 반년 만에 협정을 체결해 마침내 솔론Solon[124] 지역 수천 리를 확장할 수 있게 되었다. 준가르가 러시아에 구원병 6만 명을 요청하자 강희제가 서신을 보내 이해득실을 밝혀서 규합하는 것을 막으니, [준가르부의 수장] 갈단이 패배해서 의탁할 곳이 없어 마침내 괴멸되어 죽었다. 강희제는 조정에서 책략을 세워 수만 리 밖까지 사주해서 지휘하니, 어찌 오랑캐의 사정을 알고 적의 형세에 대한 통찰이 없었겠는가? 티베트가 한때 준가르에 합락되고 다시 구르카에 합락되었는데, 당시 증오의 기운이 불같이 일어나 어느 누구도 원정에 나서는 군사들이 피로할 것을 두려워하지 않았다. 그래서 강희제와 건륭제 때는 이해관계를 깊이 고려해서 기꺼이 들어가 정벌해서 강역을 회복하니, 이로써 북쪽으로는 준가르를 포섭하고 서쪽으로는 인도를 떨게 했다. 여러 세대가 지난 이후에도 여전히 분주한 구르카와 인도를 협공하기를 원하는 러시아가 있으니, 해양국[125]에 도움을 요청해서 우리의 지휘하에 우리와 같은 적개심을 갖도록 해야 한다. 그러므로 "천하에 도가 있으면 사방의 오랑캐를 지킬 수 있다"[126]라고 한다. 이쪽에서 공격하면 저쪽에서 대응하고, 위엄이 바로 서면 명령이 행해질 것이다. 그런데, 사태가 돌아가는 것이 매우 위급하구나!

北印度各國

—

『一統志』: 巴勒提在博洛爾南, 痕都斯坦東與之接境. 貢道由回部, 漢唐屬
賓, 近東地也. 當爲『唐西域記』之畢迦試國. 群山近接, 中有長河, 有士伯特·牝
穆巴·克什米爾諸地. 分兩部落, 酋長默默帕爾及烏蘇完分統之, 各有衆八千餘人.
舊在葉爾羌貿易, 乾隆二十五年內附.

『西域見聞錄』: 克什米爾, 回子一大國也. 案:『宋史』曰迦濕彌勒國,『元經
世地理圖』曰乞石迷耳, 英夷地圖曰夾氏米里, 皆字異音同. 葉爾羌西南馬行六十
餘日, 可至其國. 中隔一冰山, 人畜至此, 須土人駝牽而過, 其險甚於木素達板.
其人深目高鼻, 黃睛多鬚. 衣圓領窄袖, 無髮辮, 飲食尤多禁忌, 禮拜尤虔. 語
言強半可通, 稱其君曰汗. 所屬回衆近百戶, 城池周三十餘里.

椿園氏曰: 嘉峪關外多流沙, 間有水泉, 沙石兀突怪惡, 不生草木. 至克什米
爾以西以南, 時旣淸淑, 山川秀麗, 別有天地矣. 而溫都斯坦各國, 極熱多雨無
霜雪, 一切飛潛動植, 與中國之閩廣無異, 豈以其近海之故歟? 人習工巧, 製造

詭異. 案: 此所云克什彌爾之冰山, 卽唐玄奘『西域記』北印度之大雪山也.

『皇淸』「四裔考」曰: 愛烏罕在巴達克山西南, 部落最大.『漢書』西踰蔥嶺, 有兩道, 北道出大宛, 南道出大月氏, 此當爲大月氏地. 有三大城, 曰喀奔, 曰堪達哈爾, 曰默沙特. 喀奔城南·北·西面山, 東面平曠. 堪達哈爾城四面俱山, 其汗愛哈默特沙居之. 默沙特城舊屬伊蘭, 愛哈默特沙征取之, 統治三城. 事耕種, 無遊牧. 勝兵十五萬, 軍器鳥槍, 腰刀之屬, 無弓矢. 善田作, 戶有餘糧. 少物朶, 自兼竝溫都斯坦部後, 資其金絲緞匹, 物力加豐. 亦有奄豎, 多取諸溫都斯坦, 商人不至其國.

乾隆二十四年大兵逐霍集占, 將入愛烏罕境, 爲巴達克山酋素爾坦沙擒獻. 其屬下有奔愛烏罕者, 唆其興師問罪於巴達克山. 素爾坦沙懼, 遣使具言諸不得已狀, 愛哈默特沙云. "大淸國地廣人稠, 見於記載, 未知道路遠近, 今擬與爾部偕往投誠." 遂屢貢焉. 案: 愛烏罕, 亦作阿布額尼, 亦作甲布爾. 所屬阿拉克巴拉斯·阿爾雜拜延, 舊隷伊蘭. 由喀奔至堪達哈爾二十八程, 由堪達哈爾至默沙特二十程, 北接布哈爾, 西有默克·札志爾等數部落, 中隔沙漠, 過此爲西海. 南有思布部落, 過思布亦海也. 案: 西海皆裏海, 非地中海也.

『地理備考』曰: 阿附干國卽加布爾, 在亞細亞州之中, 印度之西北, 北極出地二十八度起至三十六度止, 經線自東五十七度起至七十度止. 東至塞哥國, 西連白爾西亞國, 南接北羅吉國, 北界達爾給國. 長三千二百餘里, 寬約二千里, 地面積方約十五萬二千七百餘里, 煙戶四兆二億口. 本國地勢, 東南西南平原坦闊, 其餘各方峻嶺重疊. 湖河甚少, 河之長者惟一, 名曰印度河, 又名心德河. 湖之大者有二, 一名盧克湖, 一名烏勒爾湖. 其田土, 西方則磽瘠過半, 沙漠無垠, 餘方則隴畝膴腴, 穀果豐盛. 土産鐵·錫·礬·鹽·窩宅·磁砂·硫磺·烟葉·

縣花·阿魏·靑黛·丹參·甘蔗·地氈等物. 地氣互異, 冷熱俱極. 王位相傳, 長幼皆得臨御, 諸臣公擧, 惟賢繼立. 所奉之敎乃回敎也. 技藝庸陋, 貿易平常, 商賈負販, 結隊而行.

粤稽本國, 來歷渺茫, 明武宗正德元年, 有巴卑爾者, 旣獲加布爾·濟斯尼·干達爾等處, 遂卽位稱汗, 歷傳二百餘載, 康熙五十九年, 復取白爾西亞國, 歸於一統. 越十七載, 白爾西亞國君那爾沙興師擊逐, 反取本國. 迨薨後本國復興, 自爲一國, 時君名亞美里沙. 乾隆四十五年傳至塞曼沙者, 被弟馬慕篡逐, 以後綱紀敗壞, 國亂民變. 越十餘載, 塞哥國勞爾地酋長林日星者乘機侵占, 其兼攝諸地亦皆背叛, 惟阿付干·西斯丹等處尙存. 現改九部, 一名加布爾, 乃本國都也, 建於平原之中, 街市繁華, 風景美麗. 一名羅各曼, 一名日刺拉巴, 一名合斯那, 一名西維, 一名干達合爾, 一名發來, 一名都札克, 一名伊隆達爾. 其通商衝繁之地曰加布爾, 曰干達合爾, 曰合斯那.

案: 又名阿付顔尼, 卽愛烏罕之轉音也.

『外國史略』曰: 甲布國, 或曰押安國, 或曰加布額尼, 前屬白西亞國. 南及北路治, 北及西域遊牧部, 東及五印度, 西連白西國, 廣袤方圓萬六千里, 居民千四百萬. 多山谷, 故氣候土產皆異. 在印度界內, 惟此地無深淵大河, 山頂積雪不消, 而山內極熱. 地肥磽不一, 百姓稀少. 農夫有五等, 每年二收, 多麥. 產油竝阿魏, 多駝及縣羊. 犬善走, 猫亦美, 鷹能捉鹿. 民樸實, 有仇必報, 百年不忘. 恥買賣, 不肯家居, 以持械爭戰爲要務. 山峽甚多, 有外人入之, 卽絶其歸路, 故敵國不敢侵, 而屢伐他國獲勝. 嘗據五印度地, 後爲白西國所服, 降爲藩屬. 道光十七年, 俄羅斯國慫恿其民畔白西, 復動干戈, 而白西國王率兵圍其北界之黑臘城, 於是甲布別立新主, 調兵以拒退白西國. 道光二十一年冬, 土民乘

冬凍攻擊英兵, 英兵乏衣食, 多斃者. 次年英兵攻之, 仍令前王攝權, 地始安靜.

其都曰加布額尼, 城甚堅固, 英人破之. 干他哈亦交界之城, 街廣而直, 城長而方. 民多甲布之族, 與白西國所屬之黑臟國交界, 其國君每駐此. 與白西國有隙. 地豐盛, 民壯健.

哈薩克·甲布兩地之間, 有地曰甲非勒坦山, 地奉佛敎, 與附近甲布之回人交戰. 族類甚多, 地狹險, 多巖居. 出葡萄·南果. 民美豐姿, 但未向化, 因在巖內負固, 回族亦難侮之. 無王無君, 惟聽命於長老. 好飮酒, 面白, 每將其女賣與回人爲奴. 最輕忽無信, 若非山巖險固, 久爲他國降服矣.

『外國史略』曰: 北路治地, 南及印度地, 北連甲布, 東及英藩屬地, 西連白西亞國. 廣袤方圓九千一百五十四里, 居民二百七十萬. 地分五部, 曰撒拉文, 曰云他瓦, 曰以哈拉文, 曰路士古地. 天氣殊異, 高峰夏亦雪積, 平地則熱甚. 野長六十五里, 闊四十里, 東多山, 高者八百丈. 有金·銀·銅·錫·鐵·鉛等礦, 出縣花·五穀·靑黛. 居民分兩族, 多遊牧, 頗誠實, 喜接旅客, 亦有印度·白西人. 其宗派各有本酋, 不相合駐. 其拉之地每年征餉二十五萬圓, 兵四千, 有戰則召募民壯至三萬五千之多. 曾進貢於甲布國. 此地形勢未經詳察.

案: 俾路芝南濱印度海, 西北接巴社, 居愛烏罕之南, 西恒河迤西也.

『地理備考』曰: 黑拉德國, 又名東哥羅三, 在亞細亞州之中, 印度之北, 北極出地三十三度起至三十六度止, 經線自東五十八度起至六十五度止. 東南界阿付干國, 西連白爾西亞國, 北接達爾給斯丹國. 長約一千五百里, 寬約七百里, 地面積方約八萬里, 煙戶一兆五億口. 地勢嶄巖, 岡嶺絡繹, 湖河甚少. 田畝肥饒, 穀果豐稔, 草木紛繁, 牲畜充牣. 土産鐵·絲·麻·煙·阿魏·綿花·香料·藥材·鴉

片等物. 地氣溫和. 王位世襲, 所奉之教乃回教也. 技藝精良, 商賈輻輳. 通國
分爲三部. 一名黑拉德, 乃國都也, 建於平原之中, 昔甚富麗, 今稍淩替. 一名
夏般, 一名巴米昂.

『瀛環志略』曰: 阿富汗, 波斯東境. 明時裂波斯數城, 自立爲國. 前此固統於
波斯, 別無名號也. 世多傳其兼竝溫都斯坦, 今考溫都斯坦, 乃五印度總名. 與
阿富汗爲隣者, 爲北印度之塞哥國. 兩國本以印度河爲界, 阿富汗嘗逾河而割
塞歌之西境, 迨後塞歌亦逾河而割阿富汗之東境, 所謂疆場之邑, 一彼一此者
耳. 『西域聞見錄』謂敖罕與溫都斯坦, 地界毗連, 各以威力相制, 迭爲強弱. 今
考與溫都斯坦爲隣者, 阿富汗之外別無敖罕國名. 蓋阿富汗一作愛烏罕, 愛烏
合音近敖, 遂誤以愛烏罕爲敖罕. 而安集延之浩罕都城, 亦稱敖罕. 一作豪罕,
又作霍罕. 論者遂以此譏椿園之謬妄, 謂其移極北之回部於南方, 實則轉音之
淆訛, 而不足深訾也.

又『聞見錄』云, 敖罕之人, 種類不一, 有與內地回子相似者, 有與安集延相
似者, 有與土爾扈特相似者, 有毛髮拳曲, 與峨羅斯相似者. 又一種人亦回子
衣帽, 鬚繞頰如蝟而赤, 染以茜. 其人多力, 善用木矛, 西域人多畏之. 又一種
人圓領大袖, 衣冠類漢唐, 貌淸奇似朝鮮人, 或謂是後漢之遺種云. 又云, 敖罕,
西域之大國, 亦西域之亂邦. 詐力相尙, 日日皆逐鹿之勢, 蓋自古而然云云.

余考西洋人地圖, 阿富汗境土, 縱橫皆不過三千里, 幅員旣無莫大之勢, 種
族安得如許之繁? 蓋其國本波斯所分, 迨後由分而合, 復由合而分, 西域不知
波斯國名, 遂以波斯各部種類, 竝歸之阿富汗耳. 泰西人亦稱波斯客籍流寓, 種
類甚多, 語音不一. 有額力西者, 卽西臘. 有阿丹者, 卽阿剌伯. 有羅馬者, 有土
魯機者, 正與『聞見錄』所云相合. 至兩國再合再分, 兵爭數起, 又復時時內訌,
迭相篡奪, 所云日日皆逐鹿之勢, 殆不虛也.

俾路芝, 密羅旣·北羅吉·忽魯謨斯·思布. 在阿富汗之南, 亦回部也. 東接西印度, 西接波斯, 南臨印度海, 東西約一千七八百里, 南北約六七百里. 岡阜大重疊, 沙磧廣莫, 田土甚瘠, 僅敷耕食. 時序和平, 物產與阿富汗略同. 國無王, 分六部, 曰薩拉彎, 曰加支干達瓦, 曰倭拉彎, 曰盧斯, 曰美加蘭, 曰古義斯丹. 六部各有酋長, 國小而強, 習於攻戰. 與英吉利所屬之印度西部, 時時構兵, 互有勝負.

按: 俾路芝立國不知所自始, 明初鄭和等使西洋, 乃有忽魯謨斯國名, 今『四裔考』之思布, 皆指俾路芝也.

『地理備考』曰: 北羅吉國, 一作比路治國, 亞細亞州之中, 印度之西, 北極出地二十五度起至三十度止, 經線自東五十八度起至六十七度止. 東至塞哥·新的亞二國, 西連白爾西亞國, 南接痾曼海灣, 北界阿付干國. 長約一千餘里, 寬約六百二十里, 地面積方約十萬餘里, 煙戶三兆餘口. 本國地勢, 岡陵重疊, 沙漠廣闊. 湖河甚小, 逢夏略涸. 田土頗瘠, 樹林稀疏, 五穀百果僅敷所需. 各種鳥獸, 罔不充牣. 土產金·銀·銅·鐵·錫·鉛·矾·靛·窩宅·硫磺·磁砂·花石·茜草·縣花等物. 地氣溫和, 四季相適. 至於朝綱, 諸酋統轄, 各分部落. 所奉之敎乃回敎也. 技藝庸拙, 貿易淸淡. 通國分爲六部, 曰薩拉灣, 曰加支干達瓦, 曰倭拉灣, 曰盧斯, 曰美加蘭, 曰古義斯丹.

『地球圖說』: 皮路直坦國, 一作比路斯. 其酋亦號士丹, 猶痕都之號斯坦也. 東界天竺國, 南界亞拉北亞海, 西界白耳西亞國, 北界亞加業坦國. 其百姓約有二百萬之數. 都城名基拉, 城內民二萬, 半述釋敎, 半述回回敎. 其風俗亦有不善, 遇財卽劫. 多居穹帳, 少瓦屋, 人尙規矩. 又有不居於帳篷者, 卽不良之徒

也. 嘉慶年間, 本與亞加業坦國爲一國, 後各自分析立主. 國內有極大之曠野, 有極峻之高山, 故少膏腴, 惟牧羊馬.

『地球圖說』: 亞加業坦國, 東界天竺國, 南界皮路直坦國, 西界白耳西亞國, 北界大布加利亞國. 其百姓約有五百七十萬之數, 皆半述釋敎, 半述回回敎, 以牧羊馬爲生. 南有曠野, 東南北復有高山, 惟中央平坦. 人民之狀與皮路直坦國相似, 風俗亦無異, 惜其民心不睦, 時相矛盾. 國王失柄, 不從其令, 心惟愚拙, 何異天竺之民也?

『地理備考』曰: 布丹國, 一名廓爾喀國, 在亞細亞州印度·西藏二國之間. 其國土自北極出地二十六度二十分起至二十九度止, 經線自東八十六度十分起至九十二度五十五分止. 東至亞桑國, 西連阿付干國, 南接榜加剌地方, 北界西藏國. 長約一千六百里, 寬約七百里. 山陵疊起, 人煙稠密. 田土肥饒, 湖河潤澤. 五穀百果, 鳥獸草木, 靡弗蕃衍. 緜花·大黃·黑金·紋石·寶爲豐盛. 地氣溫和, 所奉之敎, 乃黃衣釋敎. 人民黽勉, 貿易興隆. 通國分爲二大部, 一曰德白拉乍, 乃國都也, 一曰比斯尼.

『俄羅斯與印度搆兵記』曰: 印度海與後藏·緬甸相隣, 廓爾喀介其中. 其孟阿臘, 東印度也, 孟邁, 南印度也, 其溫都斯坦, 中印度也. 溫都, 一作興都, 一作痕都, 卽印度之轉音. 克什彌爾, 古罽賓, 愛烏罕, 古大月氏, 北印度也. 印度河兩岸巴社各回國, 西印度也. 皆在蔥嶺西南, 接中國西域. 近日英吉利自稱管理五印度, 蓋惟北·西印度未全爲所據, 其東·南·中三印度則幾盡竝之矣. 然康熙·雍正間, 英夷僅據孟阿臘·孟邁二埠, 未窺印度全境. 而鄂羅斯方與普魯社搆兵, 亦未南牧. 蔥嶺西·地中海東, 皆統於天方之回敎.

乾隆中, 西域甫平, 溫都斯坦尙與巴達克山搆兵, 旋爲愛烏罕所竝. 嘉慶以

來, 鄂羅斯由黃海攻服黑海各部, 又沿裏海南侵, 英夷亦垃溫都斯坦, 溯恒河北上. 於是蔥嶺西除布哈爾·愛烏罕諸大國外, 凡裏海遊牧回部號韃韃里者, 皆垃於俄羅斯. 夾恒河及南洋之城郭·回國, 半屬於英吉利. 裏海即加士比唵海, 近於鹹海, 亦名北高海. 『明史』謂遊牧之蒙古曰韃靼, 西洋人謂遊牧之回部曰韃韃, 皆音近. 英吉利及鄂羅斯二境中所隔數國, 則愛烏罕爲大, 或稱阿付顏尼, 或曰甲布爾. 道光十九年, 愛烏罕與沙蘇野相攻, 沙蘇野酋請救於英夷, 英吉利遂起印度各部落之兵, 竝力攻破愛烏罕. 愛烏罕之酋亦走訴於鄂羅斯, 鄂羅斯復起駐防韃韃之兵南攻巴社, 取機洼, 取木哈臘, 欲恢復愛烏罕故地以直攻印度. 英吉利兵據險力拒, 於是英·鄂二邊境僅隔興都哥士一大山, 而血戰無虛日矣. 興都即印度二字音轉. 其山界北·中二印度之間. 愛烏罕國及沙蘇野部落皆在是山之南, 機洼及木哈臘皆在是山之北. 而沙蘇野之部落亦有軼出山北者, 是爲英·鄂交惡之由與交兵之界. 沙蘇野王以道光十八年爲愛烏罕所破走, 投援印度. 時英吉利鎮守印度之大兵帥曰□□□, 副兵帥曰沙機尼. 遂於十九年七月起孟阿臘·孟邁·溫都斯坦三部之兵, 使沙機尼將之, 而沙蘇野酋自以所部兵鄉導. 時愛烏罕酋自都於加模爾城. 遣其次子以兵三千五百守牙尼士城, 長子以兵數千守加布爾城. 牙尼士城本險固, 於其城門前復增重濠重牆, 守禦甚固. 英吉利軍先營近郊, 誘戰不出, 乃督馬砲軍·駱駝砲軍·步砲軍, 三路進攻. 此三軍謂以馬負砲·以駱駝負砲·以人扛砲也. 又開天砲擊之. 天砲者, 仰空發砲, 飛墮城中. 遂偪城而營, 竝以兵扼加布爾援軍之路. 愛烏罕之酋遣其長子領千五百騎, 步兵三千, 由加布爾城赴援, 夾攻後路, 爲沙蘇野部兵擊退. 次日, 遂會各營專攻城門, 更番迭進, 城內兵亦死力鏖戰, 旣而天砲從空而下, 城中震虩, 爭潰遁. 凡二晝夜拔其城, 擒其次子, 乘勝兩路進攻加布爾城. 愛烏罕之酋同其長子率兵萬有三千守格麻關, 而軍士奪氣, 望風解體, 父子率三百騎走保麻緬, 棄芻糧火砲, 輜械山積. 英吉利遂據二城, 遣沙蘇野王復國, 酌留歐羅巴兵·溫都斯坦兵·

及愛烏罕新降兵助守其地. 此英夷侵北印度之事也.

愛烏罕既遁麻緬, 則遣使乞師於鄂羅斯. 鄂羅斯鎮守轄轄里之兵帥久豔東南印度之富, 特隔於各回部, 至是乘各部自鬨, 謀由巴社以圖印度. 巴社者, 回回祖國, 卽來粵貿易之白頭番, 所謂港脚者也. 小白頭爲溫都斯坦, 大白頭爲巴社. 巴社雖不屬英吉利, 而與英吉利睦, 故英帥律屋蘭者以兵助巴社拒. 鄂羅斯復以收逃奴爲名, 襲破機洼及木哈臘二回部, 又攻取沙蘇野所屬三部之在興都哥士山北者. 遂駐兵荷薩士河, 與英吉利中印度接界, 竝使人習印度法律言語, 又購木哈臘人鄕導, 無一日忘印度. 而英吉利亦嚴兵愛烏罕爲備, 議還舊酋於故地, 以息外搆而增藩蔽. 議未定而廣東事起.

是時, 欽差大臣赴廣東禁鴉煙, 罷互市, 聲其罪惡, 布告諸國. 其佛蘭西·彌利堅讐英夷者咸稱快, 廓爾喀亦白駐藏大臣, 願率所部收東印度. 姚瑩『康紀輶行』. 廓爾喀爲我全藏藩族, 而與英吉利有隙. 道光十八·九年間, 英吉利初擾廣東, 廓爾喀求助之餉往攻第里八察, 大臣不知第里八察卽孟加剌也, 不許. 及英夷大擾江浙, 廓爾喀自以兵乘虛攻之, 大有破獲. 英夷回救不及, 乃以所得中國銀百萬贖其俘千人以和. 鄂羅斯使臣亦自比革爾國都起程赴闕, 約中國由緬甸·西藏夾攻印度. 事雖未行, 而英夷則惴惴甚. 或欲乘鄂國使臣未至, 速行入寇. 或料中國疑鄂羅斯更甚於疑他國, 未必遽信其言. 然南洋西洋聞罷市之信, 各埠茶葉·大黃已不肯售, 踴貴價倍.

而英夷國中繳煙價, 罷關稅, 各缺銀千餘萬員, 諸銀肆復不出貸, 價復翔貴, 借貸隣國數百萬充兵餉. 而彌利堅·佛蘭西先後在粵請助兵船爲中國效力者, 屢見於粵中督撫及將軍章奏, 事則可徵也, 時則可乘也. 前廓爾喀記中以夷攻夷之議尙或迂之而不察, 故復述是篇, 而以澳門探報附其後.

臣源曰: 由近事溯之, 乾隆則準酋阿睦爾薩納之來投請兵也, 盈廷嗺拒,

獨高宗排群議用之, 遂一戎衣而定伊犁矣. 土爾扈特之棄鄂羅斯來附也,
盈廷喙拒, 獨高宗排群議受之. 竝移檄鄂羅斯, 剖明曲直, 卒盡臣瓦剌四
大部矣. 由遠事溯之, 康熙則俄羅斯所部東偪黑龍江, 聖祖附書荷蘭轉達
鄂汗, 海道往還, 半載得報, 遂擴索倫地數千里矣. 準噶爾請授兵六萬於
鄂羅斯, 聖祖移書宣示利害, 絶其糾約, 噶爾丹敗無可投, 卒潰竄死矣. 聖
祖籌運於廊廟之間而指麾唁使於數萬里之外, 豈不在識夷情·洞敵勢哉?
西藏一陷於準噶爾, 再陷於廓爾喀, 彼時氛惡焰熾, 孰不畏道遠勞師. 而
兩朝深維利害, 不惜深入撻伐, 恢域犁庭, 是以北攝準夷, 西震印度. 奕世
而後, 尙有願效馳驅之廓夷, 夾攻印度之鄂部, 請助海艘之島國, 待我驅
策, 同我敵愾. 故曰天下有道, 守在四夷. 此擊則彼應, 威立則令行. 事會之
來, 間不容髮哉!

주석

1   발티스탄Baltistan: 원문은 '파륵제巴勒提'이다. 명청 시대 라다크Ladakh 서북쪽에 위치했던 티베트 지방정권의 하나이다.

2   볼로Bolor: 원문은 '박락이博洛爾'이다. 지금의 파키스탄 북단 및 카슈미르서북부에 위치한다.

3   힌두스탄Hindustan: 원문은 '흔도사탄痕都斯坦'으로, 온도사탄溫都斯坦이라고도 한다.

4   계빈국罽賓國: 고대 서역의 국명으로, 지금의 카슈미르 일대에 해당한다.

5   티베트Tibet: 원문은 '토백특土伯特'이다.

6   카슈미르Kashmir: 원문은 '극십미이克什米爾'이다.

7   야르칸드Yarkand: 원문은 '섭이강葉爾羌'이다. 지금의 중국 신강 위구르 자치구에 위치한다.

8   춘원씨椿園氏: 『서역문견록』의 작가인 만주족 정람기正藍旗 사람 니마사尼瑪査 칠십일七十一의 호이다.

9   가욕관嘉峪關: 감숙성甘肅省 가욕관시에 있는 만리장성의 가장 서쪽에 위치한 관문이다. 동쪽 끝의 산해관과 함께 만리장성의 중요한 관문이다.

10   아프가니스탄Afghanistan: 원문은 '애오한愛烏罕'이다.

11   바다흐샨Badakhshān: 원문은 '파달극산巴達克山'이다. 지금의 아프가니스탄 동북부에 위치한다.

12   파미르고원Pamir Plat: 원문은 '총령蔥嶺'이다.

13   두 갈래 길: 원문은 '양도兩道'이다. 광서 2년본에는 '북도北道'로 되어 있으나 악록서사본에 따라 고쳐 번역한다.

14   대완大宛: 고대 서역에 있던 국명으로, 지금의 중앙아시아 페르가나분지Fergana Valley에 존재했다.

15   대월지大月氏: 고대 서역에 있던 국명으로, 지금의 중국 신강성 서부 이

리강 유역 및 그 서쪽 일대에 존재했다.

16 카불Kabul: 원문은 '객분喀奔'이다.

17 칸다하르Kandahar: 원문은 '감달합이堪達哈爾'이다.

18 헤라트Herat: 원문은 '묵사특默沙特'이다.

19 아흐마드 샤 두라니Ahmad Shāh Durrāni: 원문은 '애합묵특사愛哈默特沙'이다. 아흐마드 샤 두라니(?~1772)는 아프가니스탄 두라니 제국의 창시자이다. 1747년 나디르 샤 사후 칸다하르에 진군해서 아프샤르 왕조에서 자립했다. 같은 해 10월, 아프가니스탄 최초로 샤에 추대되어 아프가니스탄의 정치적 독립을 확립했다.

20 호지잔Hojijan: 원문은 '곽집점霍集占'이다. 호지잔(?~1759)은 천산산맥 남쪽에 거주하던 위구르족 부족장으로 대하지(大和卓木) 부라니둔Buranidun의 동생이며 소하지(小和卓木)라고 불리었다. 건륭 22년, 형과 함께 청조에 반기를 들었으나 건륭 24년에 진압되었다.

21 미르 샤 술탄Mir Shah Sultan: 원문은 '소이탄사素爾坦沙'이다.

22 아제르바이잔Azerbaijan: 원문은 '아이잡배연阿爾雜拜延'이다.

23 부하라Bukhara: 원문은 '포합이布哈爾'이다. 지금의 우즈베키스탄에 위치한다.

24 메카Mecca: 원문은 '묵극默克'이다.

25 발루치스탄Baluchistan: 원문은 '사포思布'로, 북라길국北羅吉國이라고도 한다.

26 카불: 원문은 '가포이加布爾'이다. 지금의 아프가니스탄 수도이다.

27 페르시아Persia: 원문은 '백이서아국白爾西亞國'으로, 법이서法耳西, 파사波斯, 파사巴社라고도 한다.

28 터키Turkey: 원문은 '달이급국達爾給國'이다.

29 인더스강Indus River: 원문은 '인도하印度河'이다.

30 사이프울마룩호Saif-ul-Maluk Lake: 원문은 '로극호盧克湖'이다. 위치상 새불모로극호塞弗姆盧克湖의 줄임말로 추정되며, 지금의 파키스탄 북부에 위치한다.

31 울라호Wular Lake: 원문은 '오륵이호烏勒爾湖'이다.

32 와택窩宅: 주석의 일종이다.

33 뇌사磖砂: 천연 염화암모늄을 말한다.

34 아위阿魏: 아프가니스탄이 원산지인 여러해살이 약초이다. 특유의 냄새
    가 나는 뿌리를 구충제나 강장제 등으로 사용한다.

35 정덕正德: 명나라 제10대 황제 무종 주후조朱厚照의 연호(1506~1521)이다.

36 바부르Bābur: 무굴 제국의 창시자 자히르 알딘 무함마드 바부르Zahīr al-
    Dīn Muḥammad Bābur(재위 1526~1530)이다. 그는 안디잔 출신으로, 1504년 아
    프가니스탄의 카불에서 왕국을 세우는 데 성공했다. 그곳에서 그는 군
    대를 모아 1526년까지 인근 지역을 정복하고, 16세기 초반에 무굴 제국
    을 건국했다.

37 가즈니Ghazni: 원문은 '제사니濟斯尼'이다. 지금의 아프가니스탄 동부 지
    역에 위치한다.

38 칸다하르: 원문은 '간달이干達爾'이다.

39 페르시아: 원문은 '백이서아국白爾西亞國'이다.

40 나디르 샤Nādir Shāh: 원문은 '나적이사那的爾沙'이다. 나디르 샤(재위
    1736~1747)는 페르시아 제국 아프샤르 왕조Afsharid dynasty의 창시자로, 재
    위 기간에 아프가니스탄·인도 서북부·중앙아시아 등지를 정복했다.

41 아흐마드 샤 두라니: 원문은 '아미리사亞美里沙'이다. 두라니 왕조의 초대
    군주이다.

42 자만 샤 두라니Zaman Shāh Durrānī: 원문은 '새만사塞曼沙'이다. 두라니 왕조
    의 제3대 군주이다.

43 마흐무드 샤 두라니Mahmud Shāh Durrānī: 원문은 '마모馬慕'이다. 두라니 왕
    조의 제4대, 제6대 군주이다.

44 시크: 원문은 '색가국塞歌國'으로, 색가국塞哥國이라고도 한다.

45 시스탄Sistan: 원문은 '서사단西斯丹'이다. 지금의 이란 동부에서 아프가니
    스탄 남부 및 파키스탄 남서부에 걸쳐 위치한다.

46 라그만Laghman: 원문은 '라각만羅咯曼'이다. 지금의 아프가니스탄 동부에

위치한다.

47 잘랄라바드Jalâlâbâd: 원문은 '일랄랍파日剌拉巴'이다. 지금의 아프가니스탄 동부에 위치한다.

48 가즈니: 원문은 '합사나合斯那'이다. 지금의 아프가니스탄 동부에 위치한다.

49 세베르간Sheberghan: 원문은 '서유西維'이다. 지금의 아프가니스탄 북부에 위치한다.

50 칸다하르: 원문은 '간달합이干達合爾'이다. 지금의 아프가니스탄 중남부에 위치한다.

51 파라Farah: 원문은 '발래發來'이다. 지금의 아프가니스탄 남서부에 위치한다.

52 칼라트이길자이Kalāt-i-Ghilzai: 원문은 '이륭달이伊隆達爾'이다. 지금의 아프가니스탄 남부에 위치한다.

53 카불: 원문은 '갑포국甲布國'이다.

54 페르시아: 원문은 '백서아국白西亞國'이다.

55 남쪽으로는: 원문은 '남南'이다. 광서 2년본에는 이 글자가 없으나 악록서사본에 따라 고쳐 번역한다.

56 발루치스탄: 원문은 '북로치北路治'이다.

57 도광道光: 청나라 제8대 황제 선종宣宗 애신각라민녕愛新覺羅旻寧의 연호 (1821~1850)이다.

58 헤라트: 원문은 '흑랍성黑臘城'이다. 지금의 아프가니스탄에 위치한다.

59 칸다하르: 원문은 '간타합干他哈'이다. 지금의 아프가니스탄에 위치한다.

60 파슈툰족Pashtuns: 원문은 '갑포지족甲布之族'이다. 아프가니스탄과 파키스탄에 걸쳐 거주하는 이란계 민족이다.

61 카자흐스탄Kazakhstan: 원문은 '합살극哈薩克'이다.

62 키르기스스탄Kyrgyzstan: 원문은 '갑비륵탄산甲非勒坦山'이다.

63 사라완Sarawan: 원문은 '살랍문撒拉文'이다. 지금의 파키스탄에 위치한다.

64 카치Kach: 원문은 '운타와云他瓦'이다. 지금의 파키스탄에 위치한다.

65 하라완Halawan: 원문은 '이합랍문以哈拉文'이다. 지금의 파키스탄에 위치한다.

66 루스Lus: 원문은 '로사고지路士古地'이다. 위원은 한 지역으로 보고 있으나, 『영환지략』에 의하면 루스와 코히스탄으로 구분하고 있다.

67 칼라트Kalat: 원문은 '기랍其拉'이다. 지금의 파키스탄에 위치한다.

68 발루치스탄: 원문은 '비로지俾路芝'이다.

69 헤라트: 원문은 '흑랍덕국黑拉德國'이다. 지금의 아프가니스탄에 위치한다.

70 투르키스탄Turkistan: 원문은 '달이급사단국達爾給斯丹國'이다. 아프가니스탄 카불 이북에 위치한다.

71 바미안Bamyan: 원문은 '파미앙巴米昻'이다. 지금의 아프가니스탄 중부에 위치한다. 불교 신앙의 중심지로, 2개의 거대한 불상이 세워져 있었으나 2001년 탈레반에 의해 파괴되었다.

72 안디잔Andizhan: 원문은 '안집연安集延'이다. 지금의 우즈베키스탄 페르가나계곡 동남부에 위치한다.

73 코칸트Kokand: 원문은 '호한浩罕'이다. 호한豪罕, 또는 곽한霍罕이라고도 한다. 옛 국명으로 지금의 우즈베키스탄 경내에 할거했다.

74 아프가니스탄: 원문은 '오한敖罕'이다

75 토르구트Torghut: 원문은 '토이호특土爾扈特'이다. 오이라트의 한 부족이다.

76 러시아: 원문은 '아라사峨羅斯'이다.

77 그리스: 원문은 '액력서額力西'이다.

78 발루치스탄: 원문은 '비로지俾路芝'이다.

79 사라완: 원문은 '살랍만薩拉彎'이다. 지금의 파키스탄에 위치한다.

80 간다바Gandava: 원문은 '가지간달와加支干達瓦'이다. 지금의 파키스탄에 위치한다.

81 하라완: 원문은 '왜랍만倭拉彎'이다.

82 루스: 원문은 '로사盧斯'이다. 지금의 파키스탄에 위치한 것으로 추정된다.

83 마크란Makran: 원문은 '미가란美加蘭'으로, 지금의 파키스탄 서남부와 이

란의 동남부에 걸쳐 있다.

84 코히스탄Kohistan: 원문은 '고의사단固宜斯丹'이다. 지금의 아프가니스탄에 위치한다.

85 생각건대, … 가리킨다: 이 문장은 『영환지략』의 저자 서계여의 안이다.

86 신디아Scindia: 원문은 '신적아新的亞'이다. 지금의 인도에 위치한다.

87 오만만Gulf of Oman: 원문은 '아만해만㕧曼海灣'이다.

88 발루치스탄: 원문은 '피로직탄국皮路直坦國'이다.

89 인도: 원문은 '천축국天竺國'이다.

90 아라비아해: 원문은 '아람북아해亞拉北亞海'이다.

91 아프가니스탄: 원문은 '아가업탄국亞加業坦國'이다.

92 칼라트: 원문은 '기랍基拉'이다. 지금의 파키스탄에 위치한다.

93 가경嘉慶: 청나라 제7대 황제 인종仁宗 애신각라옹염愛新覺羅顒琰의 연호 (1796~1820)이다.

94 부하라: 원문은 '대포가리아국大布加利亞國'이다. 지금의 우즈베키스탄에 위치한다.

95 부탄Bhutan: 원문은 '포단국布丹國'이다.

96 아삼Assam: 원문은 '아상국亞桑國'이다. 지금의 인도 북동부에 위치한다.

97 황모파黃帽派: 겔룩파Dge-lugs-pa라고도 한다. 엄격한 금욕적 계율을 중시 하는 티베트 불교 종파로, 14세기 말에 총카파가 창립했다. 달라이 라 마와 판첸 라마의 종파로서, 17세기 이후 티베트에서의 가장 유력한 불 교 종단이 되었다. 황모파는 그때까지 붉은색 모자를 쓰고 다니던 카르 마파 승려들과 달리 노란색 모자를 쓰고 다녔기 때문에 붙은 이름이다.

98 부탄: 원문은 '덕백랍사德白拉'牢'이다.

99 카드페ka-dpe: 원문은 '비사니比斯尼'로, 갈필噶畢이라고도 한다. 부탄의 서 쪽에 위치한 지역이다.

100 구르카Gurkha: 원문은 '곽이객廓爾喀'이다.

101 벵골: 원문은 '맹아랍孟阿臘'이다.

102 뭄바이Mumbai: 원문은 '맹매孟邁'이다.

103 러시아: 원문은 '악라사鄂羅斯'이다.

104 프로이센Preussen: 원문은 '보로사普魯社'이다.

105 발트해: 원문은 '황해黃海'이다.

106 타타르: 원문은 '달달리韃韃里'이다. 러시아의 대표적인 몽골계와 터키계 민족으로, 이슬람교를 신봉한다.

107 아랄해Aral Sea: 원문은 '함해鹹海'로, 중앙아시아에 위치한 염호鹽湖이다.

108 샤 슈자Shah Shuja: 원문은 '사소야沙蘇野'이다.

109 히바Khiva: 원문은 '기와機洼'이다. 지금의 우즈베키스탄에 위치한다.

110 부하라: 원문은 '목합람木哈臘'이다.

111 힌두쿠시Hindu Kush: 원문은 '흥도가사興都哥士'이다.

112 카불: 원문은 '가모이성加模爾城'으로, 가포이성加布爾城이라고도 한다.

113 가즈니: 원문은 '아니사성牙尼士城'이다.

114 백두번白頭番: 흰 두건을 쓴 오랑캐라는 의미로, 무슬림을 가리킨다.

115 지방무역상인: 원문은 '항각港脚'이다. 동인도 회사를 제외하고 광동에 와서 무역하는 영국 및 인도계, 페르시아계 상인으로 컨트리머천트 Country merchant라고 한다.

116 옥수스강Oxus River: 원문은 '하살사하荷薩士河'이다. 아무다리야강Amu Darya 을 가리킨다.

117 흠차대신: 아편 밀매를 단속하기 위해 파견된 임칙서林則徐(1785~1850)를 가리킨다.

118 상트페테르부르크Sankt Peterburg: 원문은 '비혁이국도比革爾國都'이다. 레닌을 기념해서 레닌그라드로 불리기도 했다.

119 관세 폐지: 남경조약에서는 관세를 폐지한 것이 아니라 영국의 물산에 대해 양국이 협상해서 관세를 정한다는 이른바 '협정관세'를 체결했다. 이 조약으로 중국은 관세에 대한 자주권을 상실하게 되었다.

120 은행: 원문은 '은사銀肆'이다. 전장錢莊, 은호銀號와 같이 중국의 구식 금융기관을 가리킨다.

121 아무르사나Amursanā: 원문은 '아목이살납阿睦爾薩納'이다. 아무르사나

(1723~1757)는 몽골 오이라트 호이트부의 수장이다. 1754년, 준가르의 다와치 칸과의 불화로 인해 청에 투항해서 준가르를 평정하는 데 공을 세웠다. 그러나 이 지역에 대한 지배권을 인정받지 못하자, 1755년, 청조에 반란을 일으켰다가 진압되어 러시아로 도주했다가 그곳에서 병사했다.

122 토르구트: 원문은 '토이호특土爾扈特'이다. 오이라트의 일부로, 오이라트의 내전을 피해 서쪽 러시아 볼가강 지역으로 이주했다가 약 150년이 지난 1771년, 러시아 추격군을 뒤로하고 마침내 조상 땅으로 돌아왔다. 청조는 이들을 받아들여 바인부르크Bayanbulak초원을 목양지로 내주었다.

123 오이라트Oirad: 원문은 '와랄瓦剌'이다. 몽골의 서북에서 일어나 서몽골이라고 한다. 오이라트는 토르구트부, 호슈트부, 도르베트부 등 많은 부족의 연맹체로 이루어져 있었다.

124 솔론Solon: 원문은 '색륜索倫'이다. 아무르강 남쪽에 거주하던 남방 퉁구스족의 일파이다.

125 해양국: 원문은 '해소지도국海艘之島國'이다. 여기에서는 미국과 프랑스를 가리키는 것으로 추정된다.

126 천하에 도가 있으면 사방의 오랑캐를 지킬 수 있다: 원문은 '천하유도, 수재사이天下有道, 守在四夷'이다. 이 말은 『좌전左传』「소공昭公」 23년에 나오는 "옛날에 천자는 사방의 오랑캐를 지켰다(古者天子, 守在四夷)"에서 유래한다.

부록
『오문월보』

—

신문이다.

　도광 20년(1840) 7월, 마카오에서 5월 14일에 중국의 4월 13일이다. 인도에
서 보내온 서신을 받았다. 서신은 러시아가 인도를 공격하려고 한다는
내용이었다. 대체로 우리 영국의 인도 병사가 힌두쿠시산맥 페르시아 부
근이다. 남쪽 변경의 각 부족을 공격했는데, 러시아의 변경은 이 산의 북
쪽에 있었다. 3년 전에는 아직 이슬람 4~5개국이 영국과 러시아의 속국
사이를 막고 있어 각각 수백 리 멀리 떨어져 있었는데, 지금은 단지 하
나의 커다란 산맥으로 가로막혀 있을 뿐이다. 러시아가 근래 직접 타타
르의 히바 타타르는 이슬람교를 믿는 유목민족으로, 카자흐족Kazakh[1]·키르기스족
Kirgiz[2]과 같은 부류이며, 동쪽으로는 파미르고원에서부터 서쪽으로는 카스피해에 이
르고, 남쪽은 인도, 북쪽은 러시아와 이웃하는데 바로 이곳이다. 히바는 타타르의 남
방 부족이다. 를 공격한 것은 모두 우리가 아프가니스탄을 점령했기 때문
이다. 아프가니스탄은 원래 페르시아에 복속해 있었는데 지금은 영국에 점령되었으
며 인도의 서쪽, 페르시아의 동북쪽, 타타르의 남쪽에 위치한다. 따라서 러시아[3]인

역시 옥수스강 타타르 지역으로, 히바와 가깝다. 을 공격하기에 이르렀다. 이미 부하라 역시 타타르의 남방 부족으로, 아프가니스탄의 부근에 있다. 와 약속해서 함께 아프가니스탄을 점령하고 인도를 공격했으나, 우리 영국 장교가 사아력산沙阿力山 및 마약리치馬約里治에서 저지했기 때문에 계획대로 진행하지는 못했다. 러시아는 이전 그리스 페르시아국의 동방 부족으로, 아프가니스탄에서 가깝다. 에서 페르시아와 조약을 체결해서 아프가니스탄을 복속시킨 후 인도를 공격하려고 했으나 역시 우리 군의 장교 율옥란에게 저지된 바 있다. 페르시아는 백두회국으로 남쪽으로 바다에 닿아 있고, 서쪽으로는 터키, 북쪽으로는 타타르와 이웃한다. 후에 [러시아가] 거짓으로 달아난 노예들을 잡아들인다는 것을 명분 삼아 히바와 부하라를 공격해서 점령했다. 사람들은 모두 러시아가 이미 이 두 곳을 차지했으니 마땅히 군대를 철수시킬 것이라 여겼다. 이에 또한 날마다 사람들에게 인도의 사정을 학습시키고 또한 부하라인과 함께 아프가니스탄을 점령하자고 약속했으나 러시아인이 어느 지방에까지 이르러 공격을 멈출지 알지 못했다.

지금 러시아의 사절이 이미 상트페테르부르크[4]에서 출발해서 타타르 여기에서 말하는 타타르는 구르카 몽골로, 대체로 각 유목민족을 모두 타타르라고 한 것 같다. 를 경유해 중국에 이르렀다고 들었는데, 반드시 중국인을 종용해서 영국인과 전쟁을 벌이고 아울러 북경에서 미얀마에 조서를 내려 사전에 공격하게 할 것이다. 언제 사신이 북경에 도착할 수 있을지 모르겠지만, 우리는 절대로 눈을 감고 방관해서는 안 된다. 러시아인은 일찍이 군대의 위세로 발트해에서 흑해 일대 지방에 이르기까지 국경을 넓힌 적이 있기 때문에 오늘날 반드시 옥수스강에 주둔한 병사들이 사전에 공격해 오는 것을 막아야만 한다. 또한 만약 우리가 아프가니스탄의 군대를 철수하면 러시아는 반드시 부하라의 군대를 끌고 와서 함께 아프가니스탄을 공격할 것이다. 우리가 올해 만약 아프가니스탄의 왕을 카불 아프가니스탄의 옛 수도이다. 에서 복위시키면, 즉시 군대를 거느리고 힌두쿠시산맥을 넘어가서 샤 슈자가 빼앗긴 세 부락 쿤두즈Kunduz,[5] 마이격麻爾格, 모특산模特散은 모두 아프가니스탄의 북쪽, 부하라의 남쪽에 있다. 을 탈환해야 한다. 그런데 역시 우리 군사가 그곳에 이르면 틀림없이 러시아군과 부하라군이 협력해서 우리 군대를 공격해 올 것이다. 그러면 우리 군대는 우왕좌왕하다 철수하거나 혹은 러시아군과 서로 대치하게 될 것이다. 대체로 영국과 러시아 두 나라가 아시아대륙에서 교전할 일은 얼마 가지 않아 일어날 것이니 우리는 마땅히 먼저 출병을 준비해야 한다.

附『澳門月報』

─

即所謂新聞紙.

道光二十年七月, 澳門接印度五月十四日來信. 即中國四月十三日. 論及鄂
羅斯欲攻打印度之事. 蓋我英國之印度兵攻取興都哥士山 近巴社國. 南邊各部
落, 而鄂羅斯邊境在此山之北. 三年前尙有回回四五國, 且隔英吉利與鄂羅斯
屬國之間, 各遠數百里, 今止隔一大山而已. 鄂羅斯近日直攻至韃韃里之機洼,
韃韃里, 謂遊牧回部, 如哈薩克·布魯特之類, 東起蔥嶺, 西至裏海, 南界印度, 北界
鄂羅斯, 皆是也. 機洼乃韃韃里南方部落. 皆因我等攻取阿付顏尼部. 此部原屬巴
社, 今爲英吉利所據, 在印度之西, 巴社之東北, 韃韃里之南. 故鄂羅斯人亦攻至
荷薩士河. 韃韃里地, 近機洼. 已約木哈臘, 亦韃韃里南方部落, 近阿付顏尼. 同取
阿付顏尼部, 以攻打印度, 爲我英國兵頭沙阿力山及馬約里治堵禦, 故計不行.
鄂羅斯前在希臘, 巴社國東方部落, 近阿付顏尼. 與巴社人立約, 欲收服阿付顏
尼以攻取印度, 亦因我兵頭律屋蘭所拒. 巴社卽白頭回國, 南抵海, 西界都魯機,
北界韃韃里. 後詭稱收回逃散奴僕, 突攻取機洼及木哈臘. 人皆謂鄂羅斯旣得
此二地, 當必退兵. 乃又日日使人學習印度事務, 又與木哈臘人立約同取阿付

顏尼, 不知鄂羅斯人要到何地方肯住手.

　現聞鄂羅斯使者已自比特革起程, 由韃韃里到中國, 此韃韃里謂廓爾喀蒙古, 蓋凡各遊牧部皆謂之韃韃也. 必慫恿中國人與英國人爭鬪, 竝欲得北京出諭與緬甸人, 使前來攻擊. 不知何時使臣能到得北京, 我等切不可閉目不理. 鄂羅斯人曾以兵威, 自黃海攻至黑海一帶地方, 以廣其國境, 所以今日必要隄防其在荷薩士河駐札之兵前來攻擊. 儻我將阿付顏尼防兵撤回, 則鄂羅斯人必帶領木哈臘之兵, 同攻阿付顏尼矣. 我等今年若將阿付顏尼王復立於加模爾城, 阿付顏尼舊部. 卽應帶兵過興都哥士大山, 取回沙蘇野所失去之三部落. 一曰袞都斯, 一曰麻爾格, 一曰模特散, 皆在阿付顏尼之北, 木哈臘之南. 然我兵到彼, 必定遇鄂羅斯兵與木哈臘兵約會夾攻我兵. 我兵恐卽擾亂而回, 亦或與鄂羅斯人相持. 大抵英·鄂二國在阿細亞洲交戰之事, 不久卽至, 我等宜先預備出兵矣.

주석

1   카자흐족Kazakh: 원문은 '합살극哈薩克'이다. 천산산맥 이북의 이리, 우룸
    치 등지에 분포하고 있는 중국의 소수민족이다.

2   키르기스족Kirgiz: 원문은 '포로특布魯特'이다. 신강 자치구에 거주하는 중
    국의 소수민족이다. 키르기스족은 중국 역사상 다양하게 불리었는데,
    '포로특'은 청대의 명칭이다.

3   러시아: 원문은 '악라사鄂羅斯'이다. 광서 2년본에는 '악라鄂羅'로 되어 있
    으나 악록서사본에 따라 고쳐 번역한다.

4   상트페테르부르크: 원문은 '비특혁比特革'이다.

5   쿤두즈Kunduz: 원문은 '곤도사袞都斯'로, 곤도사昆都土, 혼도사渾堵斯, 윤토
    사尹土斯라고도 한다.

남인도 각 나라

—

남인도는 인도양에 맞닿아 있으며 지형은 [곡식을 까부르는] 키 모양과 같다. 바다 동남쪽에 있는 한 섬은 실론Ceylon[1]이다. 동쪽·남쪽·서쪽은 삼면이 바다로 둘러싸여 있으며, 북쪽은 중인도에 닿아 있고, 서쪽에는 뭄바이(孟邁) 맹매孟買라고도 한다. 가 있다. 뭄바이의 서쪽 바다에 있는 섬은 피낭섬Pulau Pinang,[2] 즉 신부新埠[3]이다. 그 외 작은 섬들이 별처럼 분포되어 있는데 모두 이보다 큰 섬은 없다.

『해국문견록海國聞見錄』에 다음 기록이 있다.

소백두小白頭의 남쪽은 바다로 들어가는 곳으로, 코스타Costa[4]라고 하며, 동쪽·서쪽·남쪽 삼면은 대양에 접해 있어 대서양 각 나라의 통상항구가 둥글게 자리하고 있다. 코스타의 동쪽 연해에는 세 지역이 있다. 첫째는 벵골[5]로 영국[6]의 항구이다. 둘째는 퐁디셰리Pondicherry[7]로 프랑스의 항구[8]이다. 세 번째는 나가파티남Nagapattinam[9]으로 네덜란드의 항구이다.

그 서쪽 연해에는 두 지역이 있는데, 수라트Surat[10]와 뭄바이[11]로 영국의 항구도시이며, 그 땅은 모두 네덜란드[12]가 건설했다. 이 외 또 하나의 섬이 떨어져 있는데 서륜대주西崙大珠, 즉 실론섬이다. 이는 모두 남인도에 속한다.

『해록海錄』에 다음 기록이 있다.

마드라스Madras[13]는 벵골의 약간 서남쪽에 있다. 후글리Hooghly[14] 연해에서 육로로는 20여 일 가고, 뱃길로는 동풍을 타고 약 5~6일 가면 도착하는데 모두 영국의 관할지이다. 여기에 이르면 별도로 하나의 도시가 있는데 성곽도 있으며, 여기에 거주하는 영국인은 만 명이고 세포이Sepoy[15]는 2만~3만 명이다. 이곳의 객상은 대부분 아라비아Arabia[16] 상인으로, 광동에서 삼각 모자를 쓰고 있는 사람들이 바로 이들이다. 원주민들은 사바라Savara[17]라고 하는데 풍속은 대체로 벵골과 같다. 토산품으로는 산호·진주·금강석·은·구리·면화·카카오·유향·몰약·아편·상어 지느러미·새우·해치가 있다. 해치의 형상은 작은 서양 개와 같다. 또한 금으로 테두리를 장식한 서양포가 있는데 가격이 매우 비싸서 한 필에 가격이 양은 80매 정도이다. 내지의 산속에는 하이데라바드Hyderabad[18]족이 있다. 하이데라바드란 중국어로 크다는 의미로, 본래는 이슬람족이다. 그 사이에 나라는 매우 많지만, 강역은 수백 리에 불과하다. 직물은 매우 정교해서 대서양 각 나라에서 많이 애용한다.

퐁디셰리[19]는 마드라스의 서남쪽에 있으며 프랑스[20]의 관할지이다. 마드라스에서 육로로는 약 4~5일을 가고, 뱃길로는 약 하루 남짓 가면 도착한다. 토산품으로는 해삼·상어 지느러미·카카오·면화·새우·해치가 있으며, 내지의 산에는 또한 하이데라바드족이 산다.

나가파티남[21]은 퐁디셰리와 실론의 경계에 있다. 강역이 매우 작고 원주민은 자와족[22]이다.

실론[23]은 퐁디셰리에서 약간 북쪽에 있으며 콜롬보Colombo[24]라고도 한다. 퐁디셰리에서 뱃길로는 약 6~7일 가고, 육로로는 약 20일 가면 도착할 수 있으며, 네덜란드의 관할지이다. 원주민은 고거자高車子[25]라고 하며 풍속은 대체로 벵골과 같다. 내지의 산에는 캔디 왕국Kandy Kingdom[26]이 있는데, 토산품으로는 해삼·상어 지느러미·면화·소합유蘇合油가 있다. 해삼은 바닷속의 돌 위에서 자라며 아랫면에는 흡반이 있다. 흡반에는 짧은 돌기가 있고 돌기 끝에서 해삼이 자란다. 검은색과 붉은색이 있는데 각각 흡반의 색을 닮고, 바닷속에서 수직으로 서서 조류를 따라 흔들리며 이동한다. 흡반의 주변에는 삼면에 세 개의 수염이 나 있는데, 각각의 길이가 몇 자이며 물 위를 떠올랐다 잠겼다 한다. 채취는 그 돌기 부분을 갈고리로 떼어 내어 건져 올린 후, 갈라서 지저분한 것을 제거하고 삶아 익힌 후에 불에 그을려 말린다. 각 나라에 모두 있으나 오직 대서양 국가에서는 나지 않는다.

트라방코르Travancore[27]는 실론의 서북쪽에 있으며 동남풍을 타고 약 2~3일 가면 도착한다. 강역이 아주 작고 백성들은 매우 빈궁하지만, 성품이 온순하며 풍속은 대체로 위와 같다. 속읍으로 코모린곶Cape Comorin[28]이 있는데 서양의 객상들은 모두 이곳에 머무른다. 토산품으로는 해삼·상어 지느러미·용연향·카카오가 있다.

안젠고Anjengo[29]는 코모린곶 서북쪽에 있고 순풍을 타고 5~6일 가면 도착할 수 있으며 영국의 관할지이다. 원주민과 풍속은 대체로 위와 같다. 토산품으로는 면화·제비집·야자·카카오가 있다.

코친Cochin[30]은 안젠고의 서북쪽에 있고 뱃길로 순풍을 타고 약 하루 남짓 가면 도착할 수 있으며 네덜란드의 관할지이다. 원주민과 풍속은 대체로 위와 같다. 내지의 산에는 안드라스Andhras[31]가 있는데 본래 이슬람족이다. 토산품으로는 유향·몰약·상어 지느러미·면화·야자·소합유·혈갈血竭[32]·사인砂仁[33]·카카오·대풍자大楓子[34]가 있다.

캘리컷Calicut[35]은 코친의 약간 북서쪽에 있고 뱃길로 순풍을 타고 약 이틀을 가면 도착할 수 있으며 육로로도 갈 수 있다. 풍속은 위와 같다. 토산품으로는 후추·면화·야자가 있으며 모두 코친으로 운송해서 판매한다. 내지의 산은 안드라스에 속한다.

마에Mahé[36]는 캘리컷의 약간 북서쪽에 있고 뱃길로 순풍을 타고 약 이틀을 가면 도착할 수 있으며 프랑스의 관할지이다. 토산품과 풍속은 대체로 위와 같다. 내지의 산은 역시 안드라스에 속한다.

탈라세리Thalassery[37]는 마에의 서북쪽에 있고 육로로는 약 수십 리 떨어져 있으며 영국의 관할지이다. 원주민과 풍속은 역시 위와 같다. 토산품으로는 후추·해삼·상어 지느러미·섭조개가 있다. 내지의 산은 역시 안드라스에 속한다.

마라타국Maratha[38] 벵골과 발음은 비슷하지만 다른 지역으로, [마라타국은] 남인도에 있으며 벵골은 동인도에 있으니 혼동해서는 안 된다. 은 탈라세리의 서쪽에 있으며 강역은 동남쪽에서 서북쪽에 이르기까지 길이가 수천 리에 달한다. 연해의 주변 지역은 세 나라로 나뉘어 있는데 하나는 고아Goa,[39] 하나는 벵굴라Vengurla,[40] 하나는 말완Malwan[41]으로 모두 이슬람족이다. 무릇 사원에서 예배를 드리는데, 사원에는 신상을 설치하지 않고 단지 바닥을 삼단으로 만들어서 각종 꽃잎을 가장 위에 뿌려 놓고 사람들이 그쪽을 향해 절을 한다. 혹은 중간에 나무 기둥 하나를 세워 매월 초삼일에 각각 문밖에 서서 달을 향해 경전을 외우며 합장하고 무릎을 꿇고는 이마가 땅에 닿도록 절을 한다. 토산품으로는 면화·후추·상어 지느러미·아편이 있다.

고아는 마라타국의 동남 연해 변경에 있으며 탈라세리에서 약간 북서쪽으로 가서 마라타국의 경계를 지나 약 6~7일 가면 이곳에 도달한다. 포르투갈의 관할지이며 강역은 약 수백 리이다. 원주민은 뱀을 신으로 받들어 모시며, 결혼 풍습은 벵골과 같고 사망하면 매장을 한다. 매년 5월이면 남녀가 함께 강에서 목욕하는데, 이슬람 승려를 모셔서 강변에 앉힌다. 그리고 여인들이 일어나 양손으로 물을 떠서 승려의 발을 씻어 주면 승려는 주문을 외우며 물을 떠서 여인의 얼굴을 닦아 준 후에 가사를 걸치고 일어난다. 또한 사타라Satara[42]·트라방코르[43]·쿠루바Kuruba[44] 세 종족이 있는데 대부분 벵굴라국 사람으로 서양인들이 그들을 모집해 병사로 삼았다. 이곳에 거주하는 서양인은 약 2만 명이다. 토산품으로는 단향·상어 지느러미·산호·무소뿔·상아·전복이 있다. 일찍이 서양의 태의원太醫院에서 일하는 한 서양인[45]이 배를 타고 이곳에 왔다가 그 부인이 죽었다는 소식을 듣자 이에 원주민 편에 포르투갈로 서찰을 보내 국왕에게 자신의 월급 절반으로 자신의 자녀들을 돌봐 달라고 요청했다고 한다. 이로써 이 지역이 또한 육로로도 대서양으로 통할 수 있다는 것을 알 수 있다.

벵굴라국은 고아의 북쪽 산속에 있으며 고아에서 뱃길로 순풍을 타고 약 하루 남짓을 가면 그 나라에 도착할 수 있다. 수도는 산속에 있는데 대나무로 성을 쌓았다. 강역은 역시 수백 리이며 풍속은 고아와 같다. 토산품으로는 단향·무소뿔이 있다.

말완국은 벵굴라의 북쪽에 있으며 뱃길로 순풍을 타고 약 하루 남짓이면 도착할 수 있다. 강역과 풍속은 벵굴라와 같다. 토산품으로는 해삼·

상어 지느러미·전복이 있다. 두 나라의 물산은 대부분 고아의 부두로 운반되어 판매된다.

잔지라Janjira[46]는 말완국의 약간 북서쪽에 있으며 뱃길로 순풍을 타고 하루 이틀을 가면 도착할 수 있다. 강역과 풍속은 대체로 고아와 같다. 토산품으로는 양파 이것의 크기는 1치 남짓하며 익혀서 먹으면 맛이 매우 상큼하고 달다. ·마노瑪瑙·면화·아편이 있다. 내지의 산에는 또한 하이데라바드족이 산다. 마드라스에서 카티아와르Kathiawar[47]에 이르기까지 원주민은 대부분 돼지·소·양·개를 먹지 않고 단지 닭·오리·물고기·새우를 먹는다. 남녀 모두 귀고리를 한다.

뭄바이는 잔지라에서 약간 북서쪽에 있고 서로 약 수십 리 정도 떨어져 있으며 영국의 관할지이고 성곽이 있다. 원주민은 파르시Parsis[48]이며 얼굴색은 약간 희고 성품은 매우 온순하며 집안은 대부분 부유하다. 영국은 이곳 수천 리를 장악하고 있다. 토산품은 마노·대파·면화·아위·유향·몰약·고래 기름·상어 지느러미·아편·비누가 있는데 면화가 가장 많으며 또한 남양에서 가장 큰 항구도시이다. 인근의 마라타·잔지라·하이데라바드·카티아와르 등은 대부분 화물을 이곳까지 운송해 와서 교역하며, 내지의 산에는 또한 하이데라바드족이 산다.

수라트[49]는 뭄바이의 북쪽에 있고 뱃길로 약 3일이면 도착할 수 있으며 역시 영국의 관할지이다. 원주민은 아라비아인이다. 토산품은 위와 같다.

디우Diu[50] 평성으로 읽는다. 는 수라트의 북쪽에 있고 뱃길로 약 하루 남짓이면 도착할 수 있으며 포르투갈의 관할지이다. 토산품은 뭄바이와 같다.

카티아와르는 디우의 북쪽에 있으며 강역은 다소 크다. 디우에서 뱃

길로 순풍을 타고 약 이틀을 가면 도착할 수 있다. 풍속과 사람들의 정서
는 잔지라 등 여러 나라와 대체로 같다. 토산품으로는 아편·해삼·상어 지
느러미가 있으며, 모두 수라트·뭄바이로 운송해 와서 판매한다. 벵골[51]
에서 이곳에 이르는 바다를 서양인은 코스타라고 하는데, 이는 아라비아
해를 총칭하는 말이다. 토착민은 대부분 흰 두건을 머리에 감기 때문에
이들을 백두회白頭回라고 한다. 왕 및 장관을 마주치면 몸을 웅크리고 이
마에 합장하며 그들이 지나가기를 기다린 후에 일어난다. 자식이 부모
를 만나도 역시 이마에 합장하며, 동등한 관계에서도 또한 이와 같이 한
다. 중국에 무역하러 오는 경우 모두 영국 선박을 얻어 타고 오며 본토의
선박이 중국에 온 일은 아직까지 없고, 중국 선박 역시 소서양 각 나라에
간 경우가 없다. 여기에서 서쪽은 바다의 파도가 거세고 망망대해여서
노를 젓는 배로는 다닐 수가 없으며, 바다의 깊이도 측정할 수가 없다.
연해 각 나라를 다 기록할 수는 없다. 카티아와르 내지의 산은 금안회회
국金眼回回國[52]이다. 들건대, 그 강역은 지극히 크며 여러 나라와 왕래를 하
지 않기 때문에 풍속과 토산품은 역시 기록할 수가 없다. 생각건대, 금안회
회는 남인도의 산속에 있으니 마땅히 중인도의 무굴 제국Mughal Empire[53]일 것이다.

『만국지리전도집萬國地理全圖集』에 다음 기록이 있다.

마드라스[54]는 남인도의 중심 도시이다. 북위 13도 5분, 동경 80도 21분
에 위치한다. 해변에는 파도가 거칠어 배를 접안하는 것이 매우 어렵다.
백사장에 도시를 세웠다. 인구는 40여만 명이다. 원주민의 얼굴은 검고,
몸은 민첩하고 재빠르며, 부지런히 일한다. 부호들은 아낌없이 재물을
써서 사원과 동상을 만들어 부처님을 받들어 모시며 천주교는 믿지 않는
다. 영국이 포대를 설치해서 방어를 든든히 했다. 동산에 가옥을 세우고

아름다운 꽃과 향기 나는 풀을 심으니 향기가 그윽했다. 프랑스군이 여러 차례 영국 포대를 공격해서 비록 승리하기도 했으나, 얼마 못 가서 물러났다.[55] 이 당시 영국의 지위는 반석과 같이 확고해서 몰아내기 어려웠던 것이다. 마드라스의 남쪽은 퐁디셰리[56]로, 건륭 연간에 프랑스가 점거해서 원주민을 부추겨 영국을 몰아내고자 분쟁을 일으켰으나, 동쪽만 획득하고 서쪽을 상실해 오직 퐁디셰리만 남았을 뿐이다. 이 도시에는 큰 성이 있는데, 부근의 벵갈루루Bengaluru[57]처럼 포대가 견고하고 거리가 넓고 화려하다. 안쪽에는 옛 왕궁이 있는데, 영국군의 공격을 받아 파괴되었다. 벨로르Vellore[58]는 산 정상에 세워진 요새로, 산 정상에 오르기 위해서는 하나의 통로만 있어서 방어하는 병사가 험지를 이용해 대포를 쏘면 적은 감히 접근할 수 없었다. 살렘Salem[59]의 거주민은 면포와 비단을 직조하고 또한 초석硝石을 제조한다. 카다파Kadapa[60]는 범죄자가 유배 가는 곳이다. 쿠달로르Cuddalore[61]는 마을의 가옥이 아름답고 거리가 넓다. 스리랑가파트나Srirangapatna[62]는 예전에 왕도였는데, 작심하고 영국인들을 인도에서 몰아내려고 민간에서 군인을 모집하니 그 수를 헤아릴 수 없었다. 이로 인해 영국 병사들은 요새를 탈취하고 성을 압박해 사력을 다해 싸워, 그 왕은 패배하고 강화 조건으로 은 1천만 냥과 그 나라의 3분의 1을 할양해서 멸망되는 것을 겨우 면했다. 가경 3년(1798), 다시 불화가 생겨 왕은 40만 명의 군사를 모집해 전력을 다해 싸웠으나, 영국 군사가 성을 포위 공격해서 성안으로 난입했다. 그 왕이 영국 군사들에게 죽임을 당하자 마침내 전 지역이 영국의 속지가 되었다.

또한 다음 기록이 있다.

뭄바이는 남인도의 서쪽 변경, 해변의 왼쪽에 있다. 예전에는 포르투갈의 속지였으나 이 시기에는 영국에 귀속되어 중심 도시로 건설되었다. 조수가 높게 차오르기 때문에 조선소를 세워 군함을 건조했다.[63] 가옥은 대단히 아름답고 사람들은 무슬림을 귀하게 여기며 오직 이익만을 도모한다. 태양을 숭배하고 불을 섬기며, 시신은 장사를 지내지 않고 새에게 공양으로 바쳤다. 언제나 교역을 통해 이익을 취하고 또한 보시를 좋아하며 구휼을 두텁게 했기 때문에 천하의 사람들이 우러렀다.

인근 지역은 면화가 많이 생산되며 대부분 중국으로 수출된다. 또한 후추·야자·산호 등의 산물이 있다. 해선으로 가장 큰 것은 2만 2500섬을 실을 수 있는데, 수심이 매우 깊으며 매년 황포黃埔[64]에 많은 화물을 운반한다. 주도는 북위 18도 56분, 동경 72도 57분에 위치한다. 기후는 무더워 예전 영국인들은 기후와 토양에 적응하지 못했는데, 이 시기에는 이미 개발을 해서 염려 없이 편안히 거주할 수 있었다. 인구는 모두 17만 명 정도이며 그중에 무슬림이 1만 3천 명이다. 이전에는 땅이 척박해서 가난했으나 지금은 널리 통상무역을 통해 매년 수백만 냥의 물자가 수출되어 날로 부유해지고 있다.

뭄바이 북쪽의 수라트[65]는 예전에는 크게 번창했으나 지금은 점차 쇠락하고 있다. 성안에는 짐승을 돌보는 곳이 있어 각종 노쇠한 개와 소를 보살피고 있다. 아마다바드Ahmadabad[66]는 무슬림의 도시로, 인구는 10만 명 정도이다. 지진으로 인해 가옥이 붕괴되어 손실이 헤아릴 수 없다. 푸나Poona[67]는 가경 연간 마라타[68]의 중심지로, 사방이 산봉우리로 둘러싸여 있고 보루를 세워 적을 방어하고 있다. 영국이 각 보루를 공격해서 사람들을 내몰고는 그 땅을 점령했다.

뭄바이의 남쪽에는 포르투갈의 번속국인 고아[69]가 있는데, 길이는 120리, 너비는 60리이다. 명나라 정덕 5년(1510), 그 땅을 공격해 점령해서 성을 세워 지키고 이웃 나라를 위협해 복속시켰다. 사원을 세우고 성당을 조성해서 부양하는 수도승이 헤아릴 수 없이 많았다. 오래지 않아 빠르게 쇠락하면서 지금 이 지역의 물산은 많지 않고 상업도 활발하지 않다.

예전 네덜란드가 점거했던 해안 도시인 코친[70] 등지는 통상무역이 활발하던 곳인데, 현재는 이미 영국인에게 할양되었다. 이로써 연해 각 지방은 대부분 영국인이 관할하고 있다.

『지리비고』에 다음 기록이 있다.

몰디브Maldives[71]는 아시아대륙의 남쪽 인도양에 있으며 북위 15분에서 7도 20분, 동경 70도 30분에서 71도 30분에 위치한다. 주위는 바다로 둘러싸여 있어 육지와 서로 연결되지 않으며, 모두 1500개의 섬으로 둘러싸여 있다. 사면이 서로 마주하고 있으며 남쪽에서 북쪽까지 약 2천 리인데, 사람이 사는 섬은 약 40~50개이다. 기후는 온화하며 추위와 더위가 공존한다. 토양은 비옥하지 않아 농토가 매우 적으며, 곡식과 과일이 매우 귀하고 야자나무가 많다. 바다에서 악어가 나오며 토산품으로는 산호·대모 등이 있다. 상선이 끊임없이 왕래한다. 왕위는 세습하고 신봉하는 종교는 이슬람교이다. 수도는 말레환초Malé Atoll[72]에 있으며 나라 전체의 최고 섬이다.

『외국사략』에 다음 기록이 있다.

실론섬은 인도의 동남쪽에 있으며 면적은 사방 1162리이고 인구는 104만 5600명이다. 북위 5도 56분에서 9도 46분, 동경 79도 36분에서 81도 58분에 위치한다. 지형이 바다보다 80길에서 3백 길 정도 높다. 가장 높은 봉우리는 5백 곳으로, 그중 하나인 애덤스산Adam's Peak[73]에는 돌 위에 발자국이 있는데 부처님의 족적이라는 설이 있다. 서북쪽은 지형 이 낮아 강이나 호수의 물길이 모두 이곳으로 흘러 들어간다. 가장 깊은 바다 항구를 끼고 있는데 지형은 [곡식을 까부르는] 키와 같은 모양이다. 때때로 단비가 내려 기후는 항상 봄날과 같으며, 인도와 같은 무더위는 거의 없다. 땅은 대체로 척박해서 계피·커피·야자를 생산하는데, 해변 에 특히 많이 나서 사람들은 그 기름을 짜 외국과 교역을 한다. 원주민들 은 코끼리를 소와 말처럼 이용한다. 연노란색·푸른색 등 각종 색깔의 아 름다운 옥이 많이 나며 바다에서는 진주가 나는데, 그 가치는 매년 약 은 20만 냥 정도이다. 내지에서는 소금을 많이 생산하는데, 단지 오곡은 제 대로 여물지 않아 항상 인도에서 구매했다. 거주민은 세 종족인데, 그중 하나는 내지의 캔디[74]족이다. 원주민은 대부분 오인도에서 건너와 절반 은 예수교를 믿고 절반은 불교를 숭상한다. 실론섬은 예전부터 진귀한 보물이 모이는 것으로 유명해서 이를 보물섬[75]이라고 부른다. 당시 중국 의 대상선이 섬에 가서 무역했다. 아시아 각 나라는 모두 이 항구에서 무 역했다. 명나라 시기 무슬림이 아라비아[76]에서 와서 이 섬을 점령했다. [명나라] 효종孝宗[77] 홍치弘治 연간, 포르투갈 병선과 맹약을 체결해 매년 육계피를 바치고 협력해서 아라비아인을 몰아냈지만, 결국 포르투갈이 점령해서 원주민에게 천주교를 믿도록 권면했다. 숭정崇禎[78] 4년(1631), 캔 디 왕은 네덜란드를 불러 포르투갈을 몰아냈는데, 네덜란드가 다시 해변 을 점거해 각지에 항구를 열었다. 130년이 지난 가경 원년(1796), 다시 영 국인들이 공격해 점령한 이후 전체 섬은 영국에 귀속되었다. 매년 세금 약 백만 냥을 납입하는데 여전히 관비로 쓰기에도 부족했다. 그러나 무 역은 날로 번창해서 매년 커피 증가량이 수만 섬에 달했다. 교회를 세워서 원주민에게 예수교를 믿을 것을 권면했다.

수도는 콜롬보[79]로 서남 해변에 위치한다. 인구는 6만 명이고 포대를 구축해 방어하고 있는데, 안쪽에는 대포 3백 문을 설치했다. 캔디의 산수는 매우 아름답고 해수면보다 높은 곳은 6백여 길이나 된다. 이전에는 북쪽 지역으로 길이 열리지 않아서 폭군을 공격하고자 했으나 나아갈 수 없었다. 이때 길이 개통되어 사람과 물자가 끊임없이 몰려들어 무역이 날로 흥성해졌다. 항구로는 코테Kotte[80]·트링코말리Trincomalee[81]가 있다. 또한 갈Galle[82]은 동남쪽의 견고한 항구도시이다.

또 다음 기록이 있다.

몰디브제도Maldive Islands[83]는 면적이 약 180리이며, 동경 72도 48분에서 73도 48분에 위치한다. 산호가 나고 사석沙石이 있으며, 또한 야자·조가 나고 상어가 많다. 거주민은 부지런히 일해서 매년 야자유·소금에 절인 어물·조개·대모·곡식 등의 화물을 인도 시장에 가져가서 철기·면포·설탕 등과 교환한다. 사람들은 순박하며 지금은 모두 천주교를 믿는다.

래카다이브제도Laccadive Islands[84]는 동경 72도에서 74도, 북위 10도에서 12도에 위치한다. 단지 8개 섬에만 사람이 거주하는데, 야자를 심어 먹고 마시며 사람들은 매우 가난하다.

니코바르제도Nicobar Islands[85]는 인도 서해에 있으며 북위 7도에 위치한다. 목재가 난다. 각 섬에는 말라리아가 유행하며, 야자·빈랑이 많이 나고 바다에서는 대합조개·재첩·방게·해삼·용연향 등의 산물이 난다. 거주민은 게을렀는데, 예수교도가 그들을 교화했다. 덴마크Denmark[86]가 이곳에 부두를 개설했으나 전염병으로 인해 모두 죽었다. 도광 26년(1846)에 다시 개발했다.

니코바르제도[87]의 북쪽은 안다만제도Andaman Islands[88]이다. 원주민은 아직 개화되지 않아 초가집에 살고 어패류를 먹으며, 옷을 입지 않고 몸에 진흙을 바른다. 그러나 활과 화살을 잘 사용해서 서로 죽이기도 한다. 숲속에는 홍향목과 흑향목이 있으나 풍토병이 너무 심하다. 건륭 54년(1789), 영국인이 이곳에 항구를 개설했으나 곧 철수했다. 후에 간혹 선박이 이곳에 정박해서 해안에 상륙하면 원주민들이 갑자기 나타나 공격을 했다.

南印度各國

南印度地毗連印度海, 地形如箕. 海中東南一島名曰錫蘭. 東南西三面距海, 北距中印度, 西爲孟邁 一作孟買. 孟邁之西, 海中有島曰檳榔嶼, 卽新埠也. 其餘小島星布, 皆無大於此者.

『海國聞見錄』曰: 小白頭南入于海之地, 曰戈什嗒, 東西南三面皆臨大海, 爲大西洋各國市埠所環據. 戈什嗒東面沿海地名有三. 曰網礁臘, 則英機黎埔頭也. 曰房低者里, 則佛蘭西埔頭也. 曰泥顏八達, 則荷蘭埔頭也. 其西面沿海地名有二, 曰蘇喇, 曰網買, 則英機黎埔頭, 其地俱紅毛所建置. 此外又懸一島, 曰西侖大珠, 卽錫蘭山也. 此皆南天竺地.

『海錄』: 曼達喇薩, 在明呀喇西少南. 由葛支里沿海陸行約二十餘日, 水路順東風約五六日, 俱英吉利所轄地. 至此別爲一都會, 有城郭, 英吉利居此者亦有萬人, 紋跋兵二三萬. 此地客商多阿里敏番, 卽來粤東戴三角帽者是也. 土番

名雪那里, 風俗與明呀哩略同. 土產珊瑚·珍珠·鑽石·銀·銅·絲花·訶子·乳香·沒藥·鴉片·魚翅·蝦·梭尕. 梭尕形如小洋狗. 又有金邊洋布, 價極貴, 一匹有值洋銀八十枚者. 內山爲曉包補番. 曉包補者, 猶華言大也, 本回回種類. 其間國名甚多, 疆域不過數百里. 所織布極精細, 大西洋各國番多用之.

笨支里, 在曼達喇薩西南, 爲佛郞機所轄地. 由曼達喇薩陸行約四五日, 水行約日餘卽到. 土產海參·魚翅·訶子·棉花·蝦·梭尕, 內山亦屬曉包補.

尼古叭當國, 在笨支里西嶺界中. 疆域甚小, 土番名耀亞.

西嶺在笨支里少北, 又名古魯慕. 由笨支里水路約六七日, 陸路約二旬可到, 爲荷蘭所轄地. 土番名高車子, 風俗與明呀里略同. 內山爲乃弩王國, 土產海參·魚翅·棉花·蘇合油. 海參生海中石上, 其下有肉盤. 盤中生短蒂, 蒂末卽生海參. 或黑或赤, 各肖其盤之色, 豎立海水中, 隨潮搖動. 盤邊三面生三鬚, 各長數尺, 浮沈水面. 探者以鈎斷其蒂, 撈起剖之, 去其穢, 煮熟, 然後以火焙乾. 各國俱有, 唯大西洋諸國不產.

達冷莽柯國在西嶺西北, 順東南風約二三日可到. 疆域甚小, 民極貧窮, 然性頗淳良, 風俗與上略同. 屬邑有地名珈補者, 西洋客商皆居此. 土產海參·魚翅·龍涎香·訶子.

亞英加在加補西北, 順風約五六日可到, 爲英吉利所轄地. 土番風俗與上略同. 土產棉花·燕窩·椰子·訶子.

固貞在亞英加西北, 水路順風約日餘可到, 爲荷蘭所轄地. 土番風俗與上略同. 內山爲晏得尼加國, 實回回種類. 土產乳香·沒藥·魚翅·棉花·椰子·蘇合油·血竭·砂仁·訶子·大楓子.

隔瀝骨底國在固貞北少西, 水路順風約二日可到, 陸路亦通. 風俗與上同. 土產胡椒·棉花·椰子, 俱運至固貞售賣. 內山仍屬晏得尼加.

馬英在隔瀝骨底北少西, 水路順風約二日可到, 爲佛郞機所轄地. 土產風俗

與上略同. 內山亦屬晏得尼加.

達拉者在馬英西北, 陸路相去約數十里, 爲英吉利所轄地. 土番風俗亦與上同. 土產胡椒·海參·魚翅·淡菜. 內山仍屬晏得尼加.

馬喇他國, 此與孟加臘音近地異, 此南印度, 彼東印度也. 毋混爲一. 在達拉者西, 疆域自東南至西北, 長數千里. 沿海邊地分爲三國, 一小葡萄, 一孟婆羅, 一麻倫尼, 爲回回種類. 凡拜廟, 廟中不設主像, 唯於地上作三級, 取各花瓣偏撒其上, 群向而拜. 或中間立一木椎, 每月初三, 各於所居門外向月念經, 合掌跪拜稽首. 土產棉花·胡椒·魚翅·鴉片.

小葡萄在馬喇他東南沿海邊界, 由達拉者向北少西行, 經馬喇他境, 約六七日到此. 爲葡萄亞國所轄地, 疆域約數百里. 土番奉蛇爲神, 婚嫁與明呀里同, 死則葬于土. 每年五月男女俱浴于河, 延番僧坐河邊. 女人將起, 必以兩手掬水洗僧足, 僧則念咒取水䤵女面, 然後穿衣起. 又有蘇都魯番·察里多番·古魯米番三種, 多孟婆羅國人, 西洋人取以爲兵. 西洋人居此者有二萬人. 土產檀香·魚翅·珊瑚·犀角·象牙·鮑魚. 嘗有西洋太醫院者, 隨船至此, 聞其妻死, 特遣土番齎札回大西洋祖家, 請於國王, 以半俸給其家養兒女. 是知此地亦有陸路可通大西洋也.

孟婆羅國在小葡萄北山中, 由小西洋水路順風, 約日餘可至國境. 王都在山中, 以竹爲城. 疆域亦數百里, 風俗與小西洋同. 土產檀香·犀角.

麻倫尼國在孟婆羅北, 水路順風約日餘可到. 疆域風俗與孟婆羅同. 土產海參·魚翅·鮑魚. 二國所產貨物, 多運至小西洋埠頭售賣.

盎几里國在麻倫尼北少西, 水路順風一二日可到. 疆域風俗與小葡萄略同. 土產洋蔥 其頭寸餘, 熟食味極清酣. 瑪瑙·棉花·鴉片. 內山亦屬嶢包補. 自曼達喇薩至郎杜, 土番多不食豕牛羊犬, 唯食雞鴨魚蝦. 男女俱戴耳環.

孟買在盎几里北少西, 相去約數十里, 爲英吉利所轄地, 有城郭. 土番名吶

史, 顏色稍白, 性極淳良, 家多饒裕. 英吉利鎮此地者數千里. 土產瑪瑙·大蔥·棉花·阿魏·乳香·沒藥·魚膏·魚翅·鴉片·番菜見, 棉花最多, 亦南洋一大市鎮也. 隣近馬喇他·盎几里·曉包補·卽杜諸國, 多輦載貨物到此貿易, 其內山亦屬曉包補.

蘇辣在孟買北, 水路約三日可到, 亦英吉利所轄. 土番名阿里敏. 土產同上.

淡項 讀平聲. 在蘇辣北, 水路約日餘可到, 爲葡萄亞所轄. 土產同孟買.

卽杜國在淡項北, 疆域稍大. 由淡項水路順風約二日可到. 風俗民情與盎几里諸國略同. 土產鴉片·海參·魚翅, 俱運往蘇辣·孟買販賣. 自明牙喇至此, 西洋人謂之戈什嗒, 總稱爲印度海. 土人多以白布纏頭, 所謂白頭回也. 遇王及官長, 蹲身合掌上於額, 俟王及官長過然後起. 子見父母亦合掌於額, 平等亦如之. 其來中國貿易俱附英吉利船, 本土船從無至中國, 中國船亦無至小西洋各國者. 自此以西, 海波洶湧, 一望萬里, 舟楫不通, 淺深莫測. 沿海諸國不可得而紀矣. 其卽杜內山, 則爲金眼回回國. 聞其疆域極大, 不與諸國相往來, 故其風俗土產, 亦不可得而紀也. 案: 金眼回回在南印度山內, 當是中印度之莫臥爾白頭回國也.

『萬國地理全圖集』曰: 馬塔剌, 南印度之省會也. 形勢在北極十三度五分, 偏東八十度二十一分. 海邊浪湧濤鳴, 上岸甚險. 建城於沙坦. 居民四十萬餘丁. 土人面黑而肢骸趫捷, 能翻飛作劇. 富戶耗費銀錢, 造廟造像, 信佛奉神, 不悟天主正教. 英國建砲臺, 保障防禦. 其屋建於園里, 美花香草, 芳芬醞鬱. 佛蘭西軍屢次攻擊英臺, 雖然獲勝, 後亦必退. 此時英權穩立如磐, 斷難動移. 馬塔剌之南爲本地治利城, 乾隆間爲佛蘭西守據, 挑唆土民肇釁驅英, 但東得西失, 惟留本城而已. 此省內所有大城, 如左班牙樂, 砲臺堅固, 街衢廣麗. 內有古王宮殿, 被英軍所攻敗者. 北剌利建在山頂, 係要隘, 欲上山嶺惟有一路,

防兵乘險開砲, 無敵敢近. 撒林居民織造布帛, 又製火硝. 骨他巴係罪犯徒流之邑. 骨他羅利邑屋宇美, 街衢廣. 西令牙巴坦昔係王都, 銳意欲驅英民出印度, 所募民壯軍士不勝其數. 因英國之兵奪險逼城, 效死力戰, 土王戰敗, 和銀一千萬兩, 割其國三分之一, 以免剿滅. 於嘉慶三年再開釁隙, 王募四十萬軍士, 立心力戰, 於是英國軍士圍攻城池, 闖入城內. 其王被兵刺死, 遂奪全地爲英屬國.

又曰: 網買在南印度之西邊, 海濱之左. 昔屬葡萄牙, 此時歸英, 建立省會. 因潮水高漲, 掘築船廠, 建造戰艦. 其房屋甚美, 其人貴白頭回, 惟利是圖. 拜日祀火, 不葬其屍, 以供鷹食. 恒時買賣獲益, 亦好布施, 厚賙濟, 故令天下庶民景仰之也.

隣地豐產棉花, 大半運赴中國. 亦有胡椒·椰子·珊瑚等貨. 海船至大者載二萬二千五百石, 入水甚深, 每年進黃埔厚運貨物. 省會形勢在北極十八度五十六分, 偏東七十二度五十七分. 天氣熱, 昔時英人不服水土, 此時已經開墾, 安居無恙. 其居民共計一十七萬丁, 內有白頭一萬三千口. 前日地磽人貧, 今廣開通商之路, 每年運出物價幾百萬兩, 日增裕富.

網買之北蘇剌城, 昔大興盛, 此際漸衰. 城內有禽獸院, 養各類老犬老牛. 亞麥大八邑乃回回之城, 居民有十萬丁. 因地震倒壞屋宇, 所損不可勝計. 埔拿城, 嘉慶年間, 乃馬剌他之雄都, 四圍山嶺, 築建堡臺, 以防禦國敵. 英國攻取各臺, 驅其人而據其地.

網買之南有葡萄藩屬國曰俄亞者, 長一百二十里, 闊六十里. 於明正德五年攻取其地, 建城保障, 脅服隣國. 立廟造寺, 養僧無算. 不久速廢, 今所留之地物產不多, 生意亦少.

昔荷蘭據海邊之城, 如可陳等處, 互市貿易, 現已割予英人. 是以沿海各地

方大半英人所轄.

『地理備考』曰: 馬爾地瓦斯國, 在亞細亞州之南, 居印度海中, 北極出地十五分起, 至七度二十分止, 經線自東七十度三十分起至七十一度三十分止. 周圍枕海, 地不相連, 環以各島, 共一千五百座. 四面相向, 自南而北約二千里, 其煙戶所在惟四五十島. 地氣溫和, 寒暑相稱. 田土不澤, 隴畝稀疏, 穀果甚鮮, 椰子木多. 海出鼉龍, 土產珊瑚·玳瑁等物. 商船絡繹. 王位相傳, 所奉之敎乃回敎也. 國都在馬劣島中, 乃通國之首島.

『外國史略』: 錫蘭山島在印度東南, 廣袤方圓千一百六十二里, 居民一百四萬五千六百口. 北極出地自五度五十六分及九度四十六分, 偏東自七十九度三十六分及八十一度五十八分. 地高於海自八十丈及三百丈. 最高之峰五百處, 其一曰亞坦之峰, 有石上足痕, 或曰佛足蹟焉. 西北地低, 港汊皆流入之. 夾以最深之海港, 地形如箕舌. 時有甘雨, 地氣常如春時, 絶不似印度亢熱. 地多磽, 產桂皮·加非·椰子, 海邊尤豐, 居人榨其油, 市與外國. 土人用象如牛馬. 多嫩黃·靑藍各色美玉, 海產明珠, 每年約值銀二十萬兩. 內地多出鹽, 但五穀不登, 必買於印度. 居民有三種, 一爲內地之干地人. 土民多由五印度來, 半奉耶穌敎, 餘則拜佛. 錫蘭島自古有名, 珍奇鍾萃, 號爲寶渚. 時有中國大商艘赴島貿易. 亞西亞各國皆於是港通商. 明時回回族類由亞拉國來, 侵據此島. 孝宗弘治年與葡萄亞兵船結盟, 歲貢肉桂皮, 協力驅亞拉回人, 遂爲葡萄亞所據, 勸土民奉天主敎. 崇禎四年, 干地王招荷蘭助驅葡萄亞, 而荷蘭復奪海邊各地開埠. 越百三十年, 嘉慶元年又爲英人攻據, 自後全島歸英國. 每年納餉約百萬, 尙不足供官費. 然貿易日興, 所種珈琲樹每年增至數萬石. 開道院, 勸民奉耶穌敎.

其都城曰可倫破, 在西南海邊. 居民六萬, 築砲臺以護之, 內設大砲三百門. 干地山水甚美, 高海面者六百餘丈. 前與北地未通, 欲攻擊其酋主, 不能進. 此時開通路, 輻輳不絶, 貿易日興. 其海口曰可道·丁馬里. 又牙利城, 東南之堅城.

又曰: 馬地威群島, 約百八十里, 偏東七十二度四十八分, 竝七十三度四十八分. 產珊瑚, 有沙石, 亦出椰子·粟, 多沙魚. 居民勤勞, 年年將椰油·鹹魚·貝子·玳瑁·穀等貨, 赴印度市, 以易鐵器·布·沙餹. 百姓馴樸, 今皆遵天主敎.

臘其地威十七島, 偏東自七十二度至七十四度, 北極出地自十度至十二度. 惟八洲有居民, 種椰子爲飮食, 民甚貧乏.

尼哥巴群島, 在印度西海中, 北極出地在七度. 產木料. 其烟瘴各島, 多出椰子·檳榔, 海出蛤·蜆·蟒·海參·香涎等物. 居民惰逸, 耶穌之徒敎化之. 大尼國在此開埠, 因瘟疫皆斃. 道光二十六年再開墾.

大尼之北爲安他曼群島. 土蠻未向化, 居草寮, 食魚蠔, 泥身不衣. 然善用弓箭, 互相殺戮. 其林籔內有紅黑香木, 但烟瘴太重. 乾隆五十四年, 英國人在此開埠, 旋退去. 後或有船抵此, 甫及岸, 其土民卽突出攻擊.

주석

1   실론Ceylon: 원문은 '석란錫蘭'이다. 스리랑카의 옛 국명이다.

2   피낭섬Pulau Pinang: 원문은 '빈랑서檳榔嶼'이다. 말레이시아의 서쪽 지역에 있는 섬으로, 동서 교역의 중심지였으며 동양의 진주라고 불리었다. 다만, 여기에서 뭄바이의 서쪽에 있다고 한 것은 오류이다.

3   신부新埠: 피낭섬을 가리킨다. 신부는 1786년 영국의 동인도 회사가 이 지역을 처음 점령한 후 새롭게 개척한 항구라는 의미에서 명명되었다.

4   코스타Costa: 원문은 '과십탑戈什嗒'이다. 광서 2년본에는 '과십협戈什峽'으로 되어 있으나 악록서사본에 따라 고쳐 번역한다. 이하 동일하다. 포르투갈어 Costa의 음역으로 '해안'이라는 의미이다. 이것은 인도반도 양 해안의 코로만델해안Coromandel Coast과 말라바르해안Malabar Coast을 가리킨다.

5   벵골: 원문은 '망초랍網礁臘'으로, 명하라明呀喇라고도 한다. 지금의 방글라데시 및 인도의 서벵골주West Bengal를 가리킨다.

6   영국: 원문은 '영기려英機黎'이다.

7   퐁디셰리Pondicherry: 원문은 '방저자리房低者里'이다. 지금의 인도 동남쪽에 위치한다.

8   항구: 원문은 '포두埔頭'이다. 광서 2년본에는 '포埔'로 되어 있으나 악록서사본에 따라 고쳐 번역한다.

9   나가파티남Nagapattinam: 원문은 '니안팔달泥顔八達'이다. 지금의 인도 동남부에 위치한다.

10   수라트Surat: 원문은 '소라蘇喇'이다. 지금의 인도 서부에 위치한다.

11   뭄바이: 원문은 '망매網買'이다.

12   네덜란드: 원문은 '홍모紅毛'이다.

13   마드라스Madras: 원문은 '만달라살曼達喇薩'이다. 지금의 인도 타밀나두주

Tamil Nadu에 위치한 첸나이Chennai이다.

14 후글리Hooghly: 원문은 '갈지리葛支里'로, 지금의 인도 서벵골주 후글리강 하구 일대이다.

15 세포이Sepoy: 원문은 '서파병敍跛兵'이다. 영국 동인도 회사에서 고용한 인도 병사이다.

16 아라비아Arabia: 원문은 '아리민阿里敏'이다.

17 사바라Savara: 원문은 '설나리雪那里'이다. 지금의 인도 동부에 거주하는 종족이다.

18 하이데라바드Hyderabad: 원문은 '효포보嘵包補'이다.

19 퐁디셰리: 원문은 '분지리笨支里'이다.

20 프랑스: 원문은 '불랑기佛郎機'이다.

21 나가파티남: 원문은 '니고팔당국尼古叭當國'이다. 지금의 인도 동남부에 위치한다.

22 자와족: 원문은 '요아耀亞'이다.

23 실론: 원문은 '서령西嶺'이다. 이 지역은 퐁디셰리 서남쪽에 위치하며 약간 북쪽에 있다는 것은 오류이다.

24 콜롬보Colombo: 원문은 '고로모古魯慕'이다. 지금의 스리랑카 수도이다.

25 고거자高車子: 지금의 인도 동고츠산맥Eastern Ghats 일대에 거주하는 종족으로 추정된다.

26 캔디 왕국Kandy Kingdom: 원문은 '내노왕국乃駑王國'이다. 지금의 스리랑카에 위치했던 고대 왕국이다.

27 트라방코르Travancore: 원문은 '달랭망가국達冷莽柯國'이다. 지금의 인도 서남부에 위치한다.

28 코모린곶Cape Comorin: 원문은 '가보珈補'로, 가보加補라고도 한다. 지금의 인도 최남단 타밀나두주에 있는 곳으로, 이곳에서 벵골만·인도양·아라비아해의 세 바다가 합쳐진다.

29 안젠고Anjengo: 원문은 '아영가亞英加'이다. 지금의 인도 남부에 위치한다.

30 코친Cochin: 원문은 '고정固貞'이다. 광서 2년본에는 코친 앞에 '우왈又曰'

이라는 두 글자가 들어가 있으나 악록서사본에 따라 고쳐 번역한다.

31 안드라스Andhras: 원문은 '안득니가국晏得尼加國'이다. 지금의 인도 중부에 위치한다.

32 혈갈血竭: 기린갈나무(Calamus draco)의 과실과 나무줄기에서 짜낸 수지로 일명 기린갈麒麟竭이라고 하는데, 항암작용과 해독작용에 뛰어난 약재이다.

33 사인砂仁: 생강과에 속한 여러해살이 초본식물인 양춘사陽春砂(Amomum villosum LOUR.)의 과실로 만든 약재이다.

34 대풍자大楓子: 산유자나무과의 씨로, 풍병風病을 치료하는 데 쓰인다.

35 캘리컷Calicut: 원문은 '격력골저국隔瀝骨底國'이다. 인도 서남부 케랄라주의 항구도시 코지코드Kozhikode이다.

36 마에Mahé: 원문은 '마영馬英'이다.

37 탈라세리Thalassery: 원문은 '달랍자達拉赭'이다. 지금의 인도 서해안에 위치한다.

38 마라타국Maratha: 원문은 '마라타국馬喇他國'이다.

39 고아Goa: 원문은 '소포도小葡萄'이다.

40 벵굴라Vengurla: 원문은 '맹파라孟婆羅'이다. 지금의 인도 서해안에 위치한다.

41 말완Malwan: 원문은 '마륜리麻倫尼'이다. 지금의 인도 서해안에 위치한다.

42 사타라Satara: 원문은 '소도로번蘇都魯番'이다. 지금의 인도 서남부에 거주하는 종족으로 추정된다.

43 트라방코르: 원문은 '찰리다번察里多番'이다. 지금의 인도 서남부에 거주하는 종족으로 추정된다.

44 쿠루바Kuruba: 원문은 '고로미번古魯米番'이다. 지금의 인도 남부에 거주하는 종족이다.

45 태의원太醫院에서 일하는 한 서양인: 원문은 '상유서양태의원자嘗有西洋太醫院者'이다. 광서 2년본에는 '자者' 자가 없으나 악록서사본에 따라 고쳐 번역한다.

46 잔지라Jangira: 원문은 '앙궤리盎几里'로, 지금의 인도 서해안 뭄바이 남쪽에 위치한다.

47 카티아와르Kathiawar: 원문은 '즉두卽杜'이다.

48 파르시Parsis: 원문은 '팔사叭哭'이다. 조로아스터교 신앙을 가진 인도의 소수 민족이다.

49 수라트: 원문은 '소랄蘇辣'이다. 지금의 인도 서부에 위치한다.

50 디우Diu: 원문은 '담항淡項'이다. 지금의 인도 서부 카티아와르 남부에 위치한다.

51 벵골: 원문은 '명아라明牙喇'이다.

52 금안회회국金眼回回國: 고대 인도에서 이슬람교를 신봉했던 왕국으로, 지금의 카티아와르반도Kathiawar Peninsula에 위치한 것으로 추정된다.

53 무굴 제국Mughal Empire: 원문은 '막와이백두회국莫臥爾白頭回國'이다.

54 마드라스: 원문은 '마탑랄馬塔剌'이다.

55 프랑스군이 … 물러났다: 1746년, 모리셔스Mauritius의 총독이었던 프랑스 장군 라 부르도네La Bourdonnais가 침공해서 마드라스 및 주변 시가지를 일시 점령한 적이 있지만, 1749년, 영국은 마드라스의 지배를 회복했다.

56 퐁디셰리: 원문은 '본지치리本地治利'이다.

57 벵갈루루Bengaluru: 원문은 '반아악班牙樂'이다. 지금의 인도 카르나타카주 주도이다.

58 벨로르Vellore: 원문은 '북랄리北剌利'이다. 지금의 인도 남부 타밀나두주에 위치한다.

59 살렘Salem: 원문은 '살림撒林'이다. 지금의 인도 남부 타밀나두주에 위치한다.

60 카다파Kadapa: 원문은 '골타파骨他巴'이다. 지금의 인도 남부 안드라프라데시주에 위치한다.

61 쿠달로르Cuddalore: 원문은 '골타라리骨他羅利'이다. 지금의 인도 남부 타밀나두주에 위치한다.

62 스리랑가파트나Srirangapatna: 원문은 '서령아파탄西冷牙巴坦'이다. 지금의 인도 남부에 위치한다.

63 조수가 … 군함을 건조했다: 본래 영국 해군의 조선소는 수라트에 있었으나 1735년, 이곳 뭄바이로 이전 설치했다.

64 황포黃埔: 중국 광주廣州 시가지 밖의 주강珠江 북쪽 해안에 있는 항구이다.

65 수라트: 원문은 '소랄성蘇剌城'이다. 지금의 인도 서부에 위치한다.

66 아마다바드Ahmadabad: 원문은 '아맥대팔읍亞麥大八邑'이다. 지금의 인도 중서부에 위치한다.

67 푸나Poona: 원문은 '포나성埔拿城'이다. 지금의 인도 마하라슈트라주에 위치한다.

68 마라타: 원문은 '마랄타馬剌他'이다.

69 고아: 원문은 '아아俄亞'이다.

70 코친: 원문은 '가진可陳'이다. 지금의 인도 남부에 위치한다.

71 몰디브Maldives: 원문은 '마이지와사국馬爾地瓦斯國'이다. 광서 2년본에는 '일왈석란산一曰錫蘭山'이라는 구절이 있는데, 악록서사본에 따라 고쳐 번역한다.

72 말레환초Malé Atoll: 원문은 '마열도馬劣島'이다. 지금의 몰디브에 위치한 말레섬이다.

73 애덤스산Adam's Peak: 원문은 '아탄지봉亞坦之峰'이다. 지금의 스리랑카 남서부에 위치한다.

74 캔디: 원문은 '간지干地'이다. 지금의 스리랑카에 위치한다.

75 보물섬: 원문은 '보저寶渚'이다.

76 아라비아: 원문은 '아랍국亞拉國'이다.

77 효종孝宗: 명나라 제10대 황제이다. 휘는 우탱祐樘, 연호는 홍치(1488~1505)이다.

78 숭정崇禎: 명나라 제16대 황제 주유검朱由檢의 연호(1628~1644)이다.

79 콜롬보: 원문은 '가륜파可倫破'이다.

80 코테Kotte: 원문은 '가도可道'이다. 지금의 스리랑카에 위치한다.

81 트링코말리Trincomalee: 원문은 '정마리丁馬里'이다. 지금의 스리랑카 동북 해안에 위치한다.

82 갈Galle: 원문은 '아리성牙利城'이다. 지금의 스리랑카 남부 항구도시이다.

83 몰디브제도Maldive Islands: 원문은 '마지위군도馬地威群島'이다.

84 래카다이브제도Laccadive Islands: 원문은 '랍기지위십칠도臘其地威十七島'이 다. 락샤드위프제도Lakshadweep Islands라고도 하며, 17개의 섬으로 구성되 어 있다.

85 니코바르제도Nicobar Islands: 원문은 '니가파군도尼哥巴群島'이다.

86 덴마크Denmark: 원문은 '대니국大尼國'이다.

87 니코바르제도: 원문은 '대니大尼'이다. 덴마크가 이 섬을 개척한 데서 이 렇게 명명했다.

88 안다만제도Andaman Islands: 원문은 '안타만군도安他曼群島'이다.

海國圖志
卷二十三

해국도지
권23

一

유럽인(歐羅巴人) 원찬
후관侯官 임칙서林則徐 역
소양邵陽 위원魏源 중집

본권에서는 서인도 서쪽에 위치한 페르시아에 대해 서술한 뒤, 페르시아의 지리, 역사, 풍속, 외모, 언어, 문학, 문화적 특색 및 영국을 비롯한 서양 국가들과의 대외관계에 대해 중점적으로 기술하고 있다. 페르시아는 아케메네스조-사산조-사파비조-아프샤르조-잔드조-카자르조를 거치면서 발전했고, 1935년, 이란 정부의 요청으로 이란으로 불리게 되었다.

서인도 서쪽 페르시아[1]

—

포사包社, 고사高奢, 보달報達이라고도 한다. 백이서아百爾西亞라고도 하는데,
바로 한漢나라 때의 안식국安息國이자 당唐나라 때의 대식국大食國으로,
모두 서인도 서쪽에 해당한다.

페르시아는 파이제아巴爾齊亞라고도 하며 터키Turkey[2]의 동쪽에 위치한
다. 서쪽은 터키와 인접해 있으며 쿠르디스탄Kurdistan[3]을 경계로 하고 있
고, 동쪽은 신도사돈新都司頓 바로 힌두스탄Hindustan[4]이다. 과 인접해 있으며
발루치스탄Baluchistan[5]을 경계로 하고 있다. 북쪽은 러시아Russia[6]·타타르
Tartar[7] 타타르는 바로 서카자흐스탄West Kazakhstan[8]·키르기스스탄Kyrgyzstan[9] 등의 부
족이다. 와 인접하고 있으며 고소산古疎山을 경계로 하고 있다. 남쪽은 바
다에 접해 있는데, 마테오 리치Matteo Ricci[10]가 말한 페르시아만Persian Gulf[11]
이 그것이다. 『사기史記』에 실려 있는 고대의 유명한 도시국가인 아시리
아Assyria[12]와 바빌로니아Babylonia[13]의 지난날의 수도는 페르시아의 변방 지
역에 위치한다. 후에 키루스Cyrus[14]라는 자가 나와 바빌로니아를 정복하
고 마침내 페르시아(아케메네스조)라 불렀다. 이스파한Isfahan[15]을 수도로 정
하고 군사력에 힘입어 마침내 시리아Syria[16]를 손에 넣고 소아시리아와 동
쪽 경계에 있는 인도까지 합병했으니, 일찍이 이렇게 영토가 광대한 나

라는 없었다. 훗날, 사치와 음란을 일삼고 무절제하게 생활하다 그리스
Greece[17] 그리스는 액륵제厄勒祭라고도 하며 이탈리아의 동쪽에 위치하는데, 현재는 서
터키에 병합되었다. 에 전복되어 페르시아·인도 등의 지역은 모두 그 속국이
되었다. 300년 한나라 영강永康[18] 원년(167)이다. 이 되어서야 비로소 아르다시
르 1세Ardashir I[19]가 페르시아를 탈환하고 스스로 [사산조 페르시아의] 왕이
되어 로마Roma[20]군까지 쳐부수었다. 서기 700년 당나라 무후측천武后則天 연간
이다. 에 와서 아덴Aden[21]에 멸망한 뒤 아덴의 이슬람교로 개종했으며, 군
사를 이끌고 동쪽 정벌을 나가 영토를 확장하다가 갑자기 터키·타타르
의 공격을 받아 나라가 다시 전쟁터가 되었다. 1586년 명나라 만력萬曆 14년
이다. 에 이르러 [사파비 왕조의] 아바스 1세Abbas I[22]가 무리를 규합하여 이
방인들을 모두 몰아내고 옛 수도를 회복한 뒤 관리를 두고 정치의 기틀
을 확립해 2백여 년을 존속했다. 다시 아프가니스탄Afghanistan[23]이 난을 일
으키며 가는 곳마다 불을 지르고 살육을 자행해 사람들이 도탄에 빠졌
다. 14년 뒤에 콜리 칸Qolī Khan[24]이 군대를 일으켜 아프가니스탄을 공격
하고 스스로 [아프샤르 왕조의] 왕이 되었다. 그러나 폭군을 제거하기 위
해 또 다른 폭정을 일삼고[25] 그가 죽은 뒤 후사도 없자 여러 세력이 서로
왕권을 다투다가 후에 한 대장군이 권력을 장악했으니, 그가 바로 [잔드
왕조Zand dynasty의] 카림 칸Karim Khan[26]이다. 카림 칸은 16년 동안 재위했으
나 그가 죽고 난 뒤에 나라는 다시 혼란에 빠졌으니, 이때가 1779년 건륭
乾隆 44년이다. 이다. 거세당한 아가 모하마드 칸Agha Mohammad Khan[27]이 군대
를 이끌고 난을 평정했으며, 1796년 가경嘉慶 원년이다. 에 비로소 파드 알리
샤Fath Ali Shah[28]를 [카자르 왕조의] 왕으로 세웠다. 그가 심혈을 다해 정치
에 힘쓰면서 모든 폐지되었던 일을 다시 시행해 페르시아의 혼란은 다소
진정되었다. 비록 러시아가 자주 침입해 소란을 피우며 변방의 몇몇 지

역을 빼앗아 가기도 했지만 나라에 큰 근심거리는 없었다. 다만 잦은 병란으로 인해 고대의 전적이 남김없이 모조리 소실되었다. 또 이슬람교로 개종한 뒤 윗사람을 존중하고 아랫사람을 하대하는 것이 동방의 다른 나라보다 훨씬 더 심해졌다. 각 지역의 부족장들은 그 직위가 세습되고, 재물과 세금, 병마를 차지한 채 각자 한 지역씩을 다스렸으며, 국왕도 이에 대해 간섭할 수 없었다. 각 부족장은 승부를 겨루었고, 사람들은 승부를 지켜보다가 거취를 정했다. 그래서 저쪽이 이기면 저쪽으로 가서 붙었고, 이쪽이 이기면 이쪽으로 갔기 때문에 각 지역의 부족장들은 다투어 민심을 얻어 스스로를 굳건히 하려고 했다. 국왕의 딸은 그저 이슬람 성직자와 결혼하면서 각 지역의 부족장에게는 시집가지 않았는데, 저들이 군권을 장악해서 왕위를 찬탈할까 두려워해서이다.

국왕은 왕복王僕이라 불리는 호위병 3천 명을 두었으며, 보병 1만 2천 명을 두어 외부의 침략을 막게 했다. 사람의 수에 따라 토지를 공급해서 둔전을 일구어 삶을 영위하게 했다. 그 나머지 병마는 각 지역 부족장들에게 나누어 통솔하게 했으며, 비상사태 때 소집하면 20여만 명은 모을 수 있었다. 기마와 궁술에 뛰어나고 고초를 잘 견디며 적의 군량미와 마초를 차단하고 적의 수로를 끊는 데 뛰어났다. 일찍이 이 방법으로 로마를 곤경에 빠뜨렸으나 후에 타타르·아프가니스탄군의 공격을 받아 패한 뒤로는 맹위를 떨치지 못했다. 근년에 들어 국왕이 다시 유럽의 병법에 따라 군사를 훈련시키면서 차츰 이전의 모습을 회복하기 시작했다. 프랑스 국왕이 일찍이 앙투안 가르단Antoine Gardanne[29]을 보내 페르시아에 도움을 요청해 영국령 동쪽 속국을 공격했다. 얼마 지나지 않아 영국에서 페르시아에 사신을 보내 이해관계에 대해 역설하고 프랑스의 음모를 폭로하면서 페르시아는 더 이상 동쪽을 치지 않았다. 다시 영국 장관에게 와서 훈련을 도와줄 것을 청한 결과, 기마병들은 날래고 민첩해졌으며 총검술에 뛰어나게 되었다. 또한 총포를 다룰 줄 아는 보병이 만 명이나 되었는데, 모두 유럽의 병법에 부합했다. 이어 페르시아와 터키 사이에 전쟁이 발발하자 영국은 아군의 장군과 군사들이 전쟁을 돕다가 거기에 휘말릴까 봐 영국군을 모두 본국으로 소환했다.

이 땅은 평탄하고 광활하며, 중앙에 위치한 큰 산은 터키의 아미파아阿彌巴阿에서 시작해 남쪽 해안에 이른다. 심산유곡에 동굴이 구불구불 연결되어 있어 대부분 도적의 소굴로 이용된다. 도적들은 평상시에는 약탈을 일삼았지만, 유사시에는 모집하여 정예병으로 삼을 수 있었다. 북쪽에 인접해 있는 러시아가 자주 침략해 오자, 이를 두려워한 나머지 최근에 국왕은 남쪽으로 수도를 옮기는 동시에 카스피해Caspian Sea[30] 리해裏海로, 함해鹹海 혹은 북고해北高海라고도 부른다. 를 병합하고 수군을 창설해 나라를 지켰다. 소문에 따르면 인구는 2억 명 정도 되고 황인종이 많으며 건장하지만 준수하지는 않다고 한다. 타지에서 온 사람이 많아 인종이 아주 다양하고 여러 개의 언어를 사용하는데, 그리스 사람도 있고, 아덴, 로마, 터키 사람도 있다. 풍속은 실속 없이 겉만 번지르르하고 아첨을 잘하며 예의를 숭상해 처음 봐도 옛 친구를 대하듯 하는데, 한참 뒤에야 비로소 자기만 알고 다른 사람은 안중에도 없다는 것을 알게 된다. 사치로는 동방에서 최고이다. 궁실 바깥쪽은 벽돌로 크고 화려하게 짓고, 안쪽은 번쩍번쩍 빛이 나도록 꾸며 났으며, 옷에 구슬을 달고 장식해 옷 한 벌에 10여만 금에서 20만~30만 금이나 나가는 경우도 있다. 부인들의 옷은 모두 명주로 만들고 품이 넓고 소매 폭이 넓으며, 머리쓰개를 쓰지 않으면 집 밖을 나가지 않았다. 얼굴이 빨리 늙어 [결혼한 지] 10년도 채 되지 않았는데도 영락없는 노인네 얼굴을 하고 있다. 부모들은 적서를 막론하고 아들을 귀하게 여겼다. 특히 명마를 좋아해 가격을 높이 불러도 돈을 아끼지 않았으며, 말을 좋아하는 마음이 어떤 물건보다 더했다. 다만 음식은 담백하고 간소하게 먹으며, 생선이나 육류는 거의 먹지 않아 잔치를 열어 손님을 모실 때는 그저 과일만 풍성하게 차려 내놨다.

페르시아는 문학을 숭상하는 나라로 정평이 나 있다. 전대에 시로 명성을 날린 자 중에 하페즈Hāfez[31]는 『쿠란』 암송에 뛰어났다. 사디Sa'di[32]는 교화를 논하는 데 뛰어나고, 피르다우시Firdausi[33]는 서정에 뛰어났다. 유럽 사람들이 번역해서 읽는데, 문장이 빼어나고 감흥이 넘쳐 그 묘미가 극치에 이른다. 그러나 고대의 문학은 진즉에 일실되었다. 지금의 왕은 문학을 중시해서 매일 시인을 꼭 곁에 두었다. 한번은 영국 사신을 만났을 때 시인을 칭찬하면서 그가 원고를 탈고하는 즉시 상금을 내렸다. 의학, 천문 담당 관서도 문학과 마찬가지로 중시해 각 분야의 전수자들에게 매년 30만~40만 봉棒[34]을 내렸다. 그래서 페르시아 사람들은 대부분 점성술을 믿으면서 부귀해질 수 있다고 생각했다. 그러나 유럽 사람들은 모두 이를 믿지 않았다. 민간에서는 이슬람교를 신봉하고 알리Ali[35]를 종주로 삼았다. 알리는 무함마드Muhammad[36]의 사촌 동생이자 그의 사위이기도 하다. 알리의 가르침은 무함마드가 전해 준 것으로, 터키·아덴 등의 국가들은 모두 무함마드를 받드는데 무엇이 다른 바가 있어서 서로 득실을 다투며 원수지간까지 되었는가? 알리의 가르침이 무함마드로부터 전수받았다 하더라도 깨달음의 과정 중에 차이가 생겨 각자 전하면서 고집이 생겨난 것이다. 예컨대 페르시아는 사람들의 음주를 금기하며 불의 신[37]을 숭배하는데, 이것이 바로 다른 나라의 이슬람교와 다른 점이다. 이 땅에서는 쌀·보리·소금·양탄자[38]·양모·견직물·비단·자기·종이·피혁·보석·구리·철이 난다. 266개의 작은 부락을 관할한다. 부락의 명칭은 원본에 빠져 있다.

西印度西巴社國

—

一作包社, 一作高奢, 一作報達. 一名百爾西亞,
卽漢之安息, 唐之大食, 皆屬西印度西地.

　　巴社國, 又名巴爾齊亞, 在都魯機之東. 西與都魯機毗連, 以戈厘斯頓山爲界, 東與新都司頓毗連, 卽溫都斯坦. 以比魯山爲界. 北與俄羅斯·韃韃里毗連, 韃韃里卽西哈薩克·西布魯特各部. 以古疏山爲界. 南界海, 卽利瑪竇所謂默生丁海是也. 『史記』所載, 亦古名邦, 如阿西利阿, 巴比羅尼阿先日之國都, 卽巴社邊界之地也. 後有國中之西臘士征服巴比羅尼阿, 遂稱爲巴社國. 以伊士巴含爲國都, 恃其兵力, 遂取西里阿伊, 揖小阿細亞及東界之印度, 疆域之大, 古未有倫. 後以奢淫無度, 爲額力西所覆, 額力西, 一作厄勒祭, 在意大里國之東, 今竝於西都魯機. 遂將巴社·印度等處均改爲部落. 至耶穌紀歲三百年, 漢永康元年. 始有阿達色爾士奪回巴社, 自立爲王, 幷敗羅汶之兵. 至七百年間, 唐武后則天年間. 爲阿丹所滅, 改遵阿丹之回敎, 率師東征, 拓地益廣, 忽又被都魯機·韃韃里互侵, 國中復爲戰場. 至千五百八十六年, 明萬曆十四年. 國中阿巴士糾集部衆, 悉驅外國之人, 恢復故都, 設官立政, 垂二百餘年. 復有阿富晏士作亂, 所過焚戮, 人民塗炭. 越十有四年, 有高里坎王者起兵攻擊阿富晏士, 自立爲

王. 然以暴易暴, 身沒無嗣, 頭目爭立, 爲一大將所據, 稱曰加林坎王. 在位十有六年, 身沒, 國中復亂, 時耶穌之千七百七十九年也. 乾隆四十四年. 有閹人阿牙磨哈墨者以兵定亂, 於千七百九十六年, 嘉慶元年. 始立發底阿里沙爲王. 厲精圖治, 百廢俱擧, 巴社之瘡痍稍息. 雖俄羅斯亦常侵擾, 奪去邊境數部, 而國中無恙. 惟屢遭兵亂, 古昔典冊泯蕩無存. 改遵回敎, 尊君卑下, 尙勝於東方諸國. 各部頭目世襲其職, 擅財賦兵馬, 各制一方, 國王不得過問. 各頭目角勝爭強, 人民伺勝負爲去就. 彼勝歸彼, 此勝歸此, 故頭目爭結民心以自固. 國王之女止與敎師婚配, 不下嫁於頭目, 以其掌兵, 恐謀篡奪.

國王額設護衛兵三千, 謂之王僕, 步兵萬二千, 以爲外護. 按名給田, 耕屯自養. 其餘兵馬, 分統於各頭目, 遇警徵調, 可二十餘萬. 善騎射, 耐辛苦, 斷敵糧草, 絕敵水道, 是其所長. 曾以此困羅汶, 後被韃韃里·阿富晏士攻敗, 從此兵威不振. 近世國王復按歐羅兵法, 訓練其兵, 漸還舊觀. 佛蘭西王前曾遣牙鼎尼求援於巴社, 以攻英吉利東邊之屬國. 英吉利旋亦使至巴社力陳利害, 發佛蘭西詭謀, 巴社兵遂不東. 復請英國將官往助訓練, 故其騎兵輕捷, 長於鎗劍. 復有鎗砲步兵萬人, 皆合歐羅巴法度. 嗣値巴社與都魯機用兵, 英國恐己將士助戰生釁, 盡召回本國.

其地平遠, 中央大山起自都魯機之阿彌巴阿, 至南邊海岸. 深山大谷, 洞穴曲通, 多爲盜窟. 平時專事劫奪, 有事亦可募爲軍鋒. 北界俄羅斯, 時虞侵偪, 故近日國王移都於南, 竝於加士比奄海, 卽裏海也, 亦名鹹海, 亦名北高海. 設立水師, 防衛其國. 戶口傳聞二萬萬人, 多黃色, 壯而不秀. 客藉流寓, 種類甚多, 國中音語不一, 有額力西者, 有阿丹者, 有羅汶者, 有都魯機者. 風俗虛假鮮實, 善諂媚, 尙禮貌, 一見如故, 久始知其知有己不知有人也. 奢靡甲東方. 宮室外則磚石閎麗, 內則陳設璀粲, 衣飾珠寶, 一衣有値十餘萬金至二十三十萬金者. 命婦衣皆絲縷, 寬袍大袖, 不蒙頭不出戶也. 顏色易凋, 不十年儼如老嫗. 母以

子貴, 無論嫡庶. 尤喜良馬, 不惜高價, 其嗜馬之心, 百物無以尙之. 惟飮食疏儉, 罕供魚肉, 筵宴賓客, 僅以果品爲豐.

巴社素稱文墨之邦. 先日以詩名者, 有哈斐士, 長於揄頌. 有沙底, 善論風化, 有法部西, 工言情. 歐羅巴之人譯出讀之, 文奇趣溢, 各極其妙. 然古時文學早已殘缺. 近日王重文學, 每日必有詩人在側. 曾對英吉利使者誇讚之, 每一脫稿, 卽賜一金錢潤筆. 醫學·星算諸館, 亦與文學竝重, 各有敎授傳習之人, 歲費三四十萬棒. 故巴社之人多信星卜, 謂可致富貴. 歐羅巴人皆不信之. 俗奉回敎, 以阿厘爲宗主. 阿厘者, 馬哈墨之兄子, 亦卽其婿也. 阿厘之敎, 卽馬哈墨所傳, 都魯機·阿丹等國均宗馬哈墨, 何以各有不同, 互爭得失, 致成仇敵? 有謂阿厘之敎雖授自馬哈墨, 然其中悟會亦少有分別, 各自流傳, 遂成偏執. 如巴社禁人不飮酒, 禮拜火神, 卽與他國回敎不同. 產米·麥·鹽·絲髮五釆地氈·羊毛·綢·緞·磁器·紙·皮·寶石·銅·鐵. 領小部落二百六十有六. 部落名目原本闕.

주석

1 페르시아: 원문은 '파사국巴社國'이다. 파사波斯라고도 하며, 지금의 이란 Iran이다. 페르시아라는 이름은 이란 남부의 한 주州인 파르스에서 유래 했다.

2 터키Turkey: 원문은 '도로기都魯機'이다.

3 쿠르디스탄Kurdistan: 원문은 '과리사돈산戈厘斯頓山'으로, 지금의 이라크, 이란, 터키 등에 걸쳐 위치한다.

4 힌두스탄Hindustan: 원문은 '온도사탄溫都斯坦'이다.

5 발루치스탄Baluchistan: 원문은 '비로산比魯山'이다.

6 러시아Russia: 원문은 '아라사俄羅斯'이다.

7 타타르Tartar: 원문은 '달달리韃韃里'이다.

8 서카자흐스탄West Kazakhstan: 원문은 '서합살극西哈薩克'이다.

9 키르기스스탄Kyrgyzstan: 원문은 '서포로특西布魯特'으로, 중앙아시아 북부에 위치한다.

10 마테오 리치Matteo Ricci: 원문은 '이마두利瑪竇'이다.

11 페르시아만Persian Gulf: 원문은 '묵생정해默生丁海'이다.

12 아시리아Assyria: 원문은 '아서리아阿西利阿'이다. 아술亞述이라고도 하며, 메소포타미아Mesopotamia, 즉 지금의 이라크 경내에 있는 유프라테스강 Euphrates River과 티그리스강Tigris River 유역에 존재했다.

13 바빌로니아Babylonia: 원문은 '파비라니아巴比羅尼阿'이다. 유프라테스강과 티그리스강 유역에 존재했다.

14 키루스Cyrus: 원문은 '서랍사西臘土'이다. 주로사朱魯土, 서록사西祿斯, 서락 西洛이라고도 하는데, 아케메네스 왕가의 키루스 2세(기원전 585?~기원전 530)를 가리킨다.

15 이스파한Isfahan: 원문은 '이사파함伊土巴含'이다. 테헤란 남쪽 이란고원

위의 교통의 요지에 위치하며, 아바스 1세 때 사파비 왕조의 수도가 되었다.

16 시리아Syria: 원문은 '서리아이西里阿伊'로, 지금의 지중해 동부에 위치한다.

17 그리스Greece: 원문은 '액력서額力西'이다.

18 영강永康: 후한 제11대 황제 환제桓帝 유지劉志의 연호(167)이다.

19 아르다시르 1세Ardashir I: 원문은 '아달색이사阿達色爾士'이다. 아르다시르 1세(재위 226~241)는 파르티아 제국을 전복시키고 사산조 페르시아 제국을 창건했다. 로마 제국과 전쟁을 벌였으며, 조로아스터교를 국교로 제정했다.

20 로마Roma: 원문은 '라문羅汶'이다.

21 아덴Aden: 원문은 '아단阿丹'으로, 지금의 예멘 공화국에 위치한다.

22 아바스 1세Abbas I: 원문은 '아파사阿巴士'이다. 아바스 1세(재위 1588~1629)는 사파비 왕조의 개창자이다.

23 아프가니스탄Afghanistan: 원문은 '아부안사阿富晏士'이다.

24 콜리 칸Qolī Khan: 원문은 '고리감왕高里坎王'으로, 페르시아 아프샤르 왕조의 창시자인 나디르 샤(재위 1736~1747)를 가리킨다. 그는 터키계 아프샤르족 출신으로, 사파비 왕조 타흐마스프 2세를 옹립하고 공을 세워 타흐마스프 콜리 칸Tahmāsp Qolī Khan이라는 칭호를 받았다. 1736년에 스스로 나디르 샤라고 부르며 아프샤르 왕조를 세웠다. 1739년에는 인도 무굴 제국과 싸워 델리를 점령했고, 1747년에 쿠르드족의 반란을 진압하던 중에 암살되었다.

25 폭군을 제거하기 위해 또 다른 폭정을 일삼고: 원문은 '이폭역폭以暴易暴'이다. 『사기』「백이열전伯夷列傳」에서 상商나라의 현인 백이伯夷와 숙제叔齊는 무왕武王이 상나라 주왕紂王을 죽이고 주나라를 건국하자, 주나라를 종주국으로 받들기를 거부하며 수양산首陽山에 들어가 고사리를 캐 먹으며 살다가 굶어 죽게 되었다. 죽기 전에 무왕이 상나라 주왕을 정벌한 것을 잔학한 폭력 행위라고 생각하여 다음 노래를 불렀다. "저 서산에 올라 고사리를 캐노라. 폭력으로 폭력을 바꾸면서 그것의 그릇됨을

알지 못하도다(登彼西山兮, 采其薇矣. 以暴易暴兮, 不知其非也)." 이폭역폭은 여기에서 유래한 것으로, 위정자가 폭력과 힘에 의지하여 정치를 행하는 것을 비유한 말이다.

26 카림 칸Karim Khan: 원문은 '가림감왕加林坎王'으로, 본명은 모하마드 카림 칸 잔드Mohammad Karim Khan Zand이다. 페르시아 잔드 왕조의 창시자이다.

27 아가 모하마드 칸Agha Mohammad Khan: 원문은 '아아마합묵阿牙磨哈墨'으로, 페르시아 카자르 왕조의 창시자이다. 아가 모하마드(재위 1789~1797)는 즉위 전 아프샤르의 수장인 아딜 샤Adil Shah의 지시로 6세 때 거세당했다. 이후 정치적으로 출세하여 결국 잔드 왕조를 무너뜨리고 페르시아 전역을 장악했다.

28 파드 알리 샤Fath Ali Shah: 원문은 '발저아리사發底阿里沙'이다. 파드 알리 샤(재위 1797~1834)는 카자르 왕조의 제2대 왕이다.

29 앙투안 가르단Antoine Gardanne: 원문은 '아정니牙鼎尼'로, 프랑스의 장군이다. 앙투안 가르단은 1807년 12월 4일에 나폴레옹의 명을 받고 페르시아와 협정을 맺기 위해 페르시아로 왔으며, 페르시아군 현대화에 힘썼다.

30 카스피해Caspian Sea: 원문은 '가사비엄해加士比奄海'이다.

31 하페즈Hāfez: 원문은 '합비사哈斐士'이다.

32 사디Sa'di: 원문은 '사저沙底'이다. 사디(1184~1291)는 30년간 이슬람 권역을 돌아다니면서 여러 사람과 만나 실천도덕의 길을 설파했다. 그가 지은 『과수원』과 『장미원』은 깊은 학식과 귀중한 인생의 경험을 기초로 한 실천도덕을 설명한 교양서이다. 특히 『장미원』은 중세 이래 최고의 교양서이자 페르시아 산문의 극치로 평가되고 있다.

33 피르다우시Firdausi: 원문은 '법부서法部西'이다. 본명은 아불 카심 피르다우시 투시Abul-Qâsem Ferdowsi Tusi(935?~1020?)이다. 페르시아 문학사상 서정시의 최대 거장으로서 호메로스와 대비되기도 한다.

34 봉棒: 지금의 파운드로 추정된다.

35 알리Ali: 원문은 '아리阿厘'로, 본명은 알리 이븐 아비 탈리브Ali ibn Abī Tālib

(600?~661)이며, 아랍의 제4대 칼리파이다. 그는 무함마드의 딸 파티마 자흐라Fatimah Zahra와 결혼했다. 알리를 추종하는 종파를 시아파Shia라고 하며, 무함마드의 가르침을 따르는 종파를 수니파Sunni라고 한다.

36 무함마드Muhammad: 원문은 '마합묵馬哈墨'이다. 영어식 표기인 마호메트 Mahomet(571?~632)로 널리 알려져 있으며, 이슬람교의 창시자이자 아랍 연맹을 통일한 사람이다.

37 불의 신: 원문은 '화신火神'이다. 고대 조로아스터교(배화교)의 신 아후라 마즈다를 가리킨다.

38 양탄자: 원문은 '사발오채지전絲髮五采地氈'이다.

서인도 서쪽 페르시아 연혁

—

당 이전에는 이슬람 국가가 아니었으며 서인도 내에 보인다. 당 이후로는
대식大食, 포사包社, 백이서아국伯爾西亞國이 되었다. 지금 영국과 잘 지내기는 하지만
영국의 속국은 아니다. 원본에는 없으나 지금 보충한다.

『신당서新唐書』에 다음 기록이 있다.

대식¹은 본래 페르시아의 땅이었다. 남자들은 코가 높고 피부가 검으며 구레나룻이 있다. 여자들은 피부가 희며 외출할 때 늘 얼굴을 가린다. 하루에 다섯 차례 천신天神에게 절한다. 은대銀帶에 은도銀刀를 차며, 술을 마시지 않고 음악도 연주하지 않는다. 수백 명을 수용할 수 있는 예배당이 있는데, 7일에 한 번 왕이 높은 곳에 앉아 아랫사람에게 "적을 죽인 사람은 천상에서 태어나고, 적을 죽인 사람은 복을 받는다"라고 말하기 때문에 사람들은 전투에 나가면 용감하게 싸운다. 토지가 척박하고 돌이 많아 경작할 수 없어, 사냥해서 고기를 먹는다. 밀랍을 깎아 수레 모양의 집을 만들어 매년 귀인들에게 바친다. 포도 중에 큰 것은 계란만 하다. 천리마가 있는데, 전하는 바에 따르면 용의 자식이라고 한다. 수隋나라 대업大業² 연간에 한 페르시아 사람이 다마반드산Qolleh-Ye Damāvand³에서 말을 치고 있는데 짐승⁴ 한 마리가 나타나 말했다.

"산의 서쪽에 있는 세 동굴에는 예리한 병기가 있는데, 검은 돌에 흰 글자가 새겨진 것으로 그것을 얻는 자가 왕이 될 것이다."

그 사람이 달려가서 보았더니 그 말 그대로였다. 돌에 반드시 반역을 일으켜야 한다고 적혀 있었기에 그 사람은 곧장 사람들을 속이고 티그리스Tigris[5]에서 망명해 온 사람들을 규합해서 상인들을 겁박하고 서쪽 변경을 차지해 스스로 왕이 된 뒤 검은 돌을 옮겨 보물로 받들었다. 나라 사람들이 왕을 토벌하러 갔으나 모두 대패해 돌아가는 바람에 그 나라는 마침내 강국이 되었다. 그 나라는 페르시아를 멸망시키고 동로마 제국Byzantium Empire[6]을 격파하고 난 뒤에야 비로소 곡식 창고를 가지게 되었다. 남쪽으로 바라문婆羅門[7]을 치고 여러 나라를 합병해 정예병이 40만 명에 이르자 강국康國[8]과 석국石國[9]이 모두 가서 신하로서 그 나라를 섬겼다. 그 땅은 면적이 1만 리이며, 동쪽으로는 튀르기쉬Türgish[10]에 이르고 서쪽과 남쪽은 바다와 인접해 있다. 해상에 살고 있는 베르베라Berbera[11]족은 아무 데도 귀속되지 않았다. 오곡이 나지 않아 육식을 하며 소피를 우유에 섞어 마신다. 풍속은 옷을 입지 않고 양가죽으로 몸을 가렸다. 부인들은 피부가 맑고 희며 아름답다. 상아와 아말향阿末香[12]이 많이 난다. 페르시아 상인들이 교역을 하려면 반드시 수천 명의 사람이 모직물을 내고 혈맹하고 나서야 할 수 있었다. 날카로운 무기가 많고 활·화살·갑옷·창이 있으며, 군사는 20만 명에 이르지만 자주 대식국에 격파되었다. 영휘永徽[13] 2년(651) 대식국의 왕이 처음으로 사신을 보내와 조공하면서 자신은 대식국의 왕이며, 나라를 세운 지 34년 되었고, 2대째라고 했다. 개원開元[14] 초에 다시 사신을 보내 말과 금박 허리띠를 바치고 알현했는데, 사신이 절을 하지 않자 담당 관리가 이를 탄핵하려 했다. 이에 중서령中書令장열張說[15]이 풍속이 다른데도 대의를 흠모하여 왔으니 처벌해서는 안 된다고 하자 현종玄宗이 그를 용서해 주었다. 사신이 다시 와서 이렇게 변명했다.

"우리 나라 사람들은 그저 하늘에만 절을 올릴 뿐, 왕을 알현해도 절을 하지 않습니다."

담당 관리가 호되게 꾸짖자 그제야 절을 했다. 개원 14년(653)에 우마이야 왕조Umayyad Caliphate에서 사신 술레이만Suleiman[16]을 보내 특산물을 바치자, 그를 과의도위果毅都尉[17]에 임명하고 붉은 관복과 관대를 하사했다. 누군가가 대식국 중에 쿠라이시족Quraysh[18]이 있는데, 대대로 추장이 다스리며 백의대식白衣大食[19]이라 부른다고 했다. 쿠라이시족에는 두 개의 성씨가 있는데 하나는 바누 마르완Banu Marwan[20]이고, 다른 하나는 하심Hashim[21]이다. 무아위야Muawiyah[22]라는 자가 용감하면서도 지혜로웠기에 사람들이 그를 왕[23]으로 추대했다. 땅 3천 리를 개척하고 다마스쿠스Damascus[24]를 정복했다. 제14대 마르완 2세Marwan II[25]에 와서 형을 죽이고 스스로 왕이 되었다. 아랫사람들이 그의 잔인함을 원망하고 있을 때, 한 호라산Khorasan[26] 메르브Merv[27] 사람 아부 무슬림Abu Muslim[28]이 나와 그를 토벌하려고 사람들에게 "나를 도울 자는 모두 검은 옷을 입어라"라고 말했다. 순식간에 수만 명의 사람이 [그를 따라] 마르완 2세를 죽이고 하심의 후손을 찾아 왕으로 옹립한 뒤에 흑의대식黑衣大食이라 고쳐 불렀다. 지덕至德[29] 연간 초에 사신을 보내 조공했다. 대종代宗[30]은 그들의 군사를 데리고 양경兩京(장안과 낙양)을 평정했다.[31] 정원貞元[32] 연간에 토번吐蕃과 서로 싸웠으며, 14년(798)에 사신 세 명을 조정에 보내왔다. 동쪽에 있는 메르브라는 작은 나라가 도시를 건설했는데, 이 나라는 목씨木氏 성을 가진 사람이 많고, 5월을 한 해의 시작으로 하며, 채색 항아리를 서로 바쳤다. 심지과尋支瓜라는 것이 있는데 큰 것은 열 사람이 먹어야 다 먹을 수 있었다.

야채로는 과총顆蔥[33]·갈람葛藍[34]·군달軍達·발해茇薤가 있다. 대식국의 서쪽에 위치한 앗샴Ash-Sham[35]은 북쪽으로 돌궐突厥의 하자르Khazar[36]에 이르고, 면적은 사방 수천 리에 달한다. 5명의 절도사節度使가 있고 정예병은 1만명 정도 된다. 이 땅에서는 쌀이 많이 난다. 큰 하천이 있는데 동쪽으로 흘러 쿠파Kufa[37]로 들어간다. 얼굴이 부딪칠 정도로 상인들의 왕래가 많다고 한다.

대식국에서 서쪽으로 15일 가면 케르만Kerman[38]이 나오고, 케르만에서 서쪽 라레스탄Larestan[39]까지는 15일이 걸린다. 남쪽은 대식국으로 25일 걸리고, 북쪽 바그다드Baghdad[40]는 한 달 거리이다. 바그다드의 동쪽에서 대식국까지는 2개월 걸린다. 서쪽 길란Gilan[41]까지는 20일 걸린다. 남쪽의 케르만, 북쪽의 대식국까지는 모두 한 달 거리이다. 길란의 동남쪽으로 20일 가면 아몰Amol[42]이 나오는데, 아매阿昧라고도 한다. 동남쪽 타바리스탄Tabaristan[43]까지는 15일 걸리고, 남쪽 시라즈Shiraz[44]까지는 한 달 걸린다. 북쪽으로 바다까지는 이틀 걸린다. 니하반드Nihavand[45]는 말이나 양을 키우기에 적합하며 사람들이 부드럽고 너그럽기 때문에 대식국은 항상 이곳에서 유목한다. 시라즈의 동쪽에 라레스탄이 있고, 북쪽에는 타드무르Tadmur[46]가 있는데, 모두 20일 걸린다. 서쪽이 바로 대식국으로 25일 거리이다. 라레스탄 동쪽에 케르만이 있고, 북쪽에 타바리스탄이 있는데, 모두 15일 거리이다. 서쪽 시라즈까지는 20일 거리이고, 남쪽 대식국까지는 25일 거리이다. 타드무르는 '달몰怛沒'이라고도 하며, 동쪽 타바리스탄과 남쪽 대식국까지는 모두 한 달 거리이다. 북쪽의 길란까지는 20일 걸린다. 서쪽은 바로 대식국으로, 한 달 거리이다. 옥수스강Oxus River[47]은 북쪽 평원에 위치하며 사자가 많다. 서북쪽은 사국史國[48]과 인접해 있으며 철관鐵關[49]을 경계로 하고 있다. 천보天寶 6년(747)에 케르만 등 여섯 나라에서 모두 사신을 보내 조공했다.

『송사宋史』에 다음 기록이 있다.

대식국은 본래 페르시아의 한 갈래이다. 수나라 대업 연간에 페르시아의 서쪽 변경을 점령했다. 당나라 영휘 연간 이후로 자주 들어와 조공했다. 건덕乾德[50] 4년(966), 행근行勤[51] 스님이 서역西域으로 여행 갈 때 대식국 왕에게 칙서를 내려 그들을 초무했다. 개보開寶[52] 연간과 태평흥국太平興國[53] 때 특산물을 바쳐 왔고, 그 뒤로 여러 조 대에 걸쳐 끊이지 않고 조공했다. 대식국의 수행원들은 눈이 깊고 피부가 검어서 이들을 곤륜노昆侖奴라고 불렀다. 공물로는 백용뇌白龍腦[54]·진주·유리그릇·상아·유향乳香[55]·빈철鑌鐵[56]·홍사紅絲·길패吉貝[57]·오색 꽃 그림의 서역 비단(五色羅花番錦)·장미수·용염龍鹽[58]·은약銀藥[59]·대추야자[60]·낙타털 담요가 있다. 사절의 말로는 대식국은 로마 제국과 인접해 있으며, 로마 제국의 지배를 받고 있다고 했다. 대식국의 도성은 산과 바다 사이에 위치하며 무소뿔·상아·향료가 난다.

천주泉州에서 서북쪽으로 배를 타고 40일 남짓 가면 라무리Lamuri[61]에 도착하고, 이듬해 돛을 올려 배를 타고 다시 60여 일 가서야 비로소 그 나라에 도착했다. 강역이 넓고 크며 풍속이 사치스럽고 화려하기가 이민족 가운데 최고이다. 날씨는 추운 날이 많다. 왕은 비단옷에 옥대玉帶를 두르고 금신을 신으며 삭망 때 온갖 보석으로 치장한 금관을 쓴다. 왕이 사는 궁전은 마노瑪瑙로 기둥을 세우며 녹감綠甘[62]으로 벽을 만들고, 수정으로 기와를 이고 녹석碌石[63]으로 벽돌을 만들며, 휘장은 온갖 꽃이 그려진 비단을 이용해 만든다. 관료로는 승상丞相과 태위太尉가 있는데, 각각 기병 2만여 명을 거느린다. 말은 7자 정도 되고, 병사들은 날래고 용감하다. 백성들이 사는 가옥은 대략 중국과 비슷하다. 저잣거리에는 금·은·비단이 많다. 장인들은 솜씨가 매우 뛰어나다.

건염建炎[64] 3년(1129)에 보석과 진주조개를 들고 와 조공했다. 고종이 말했다.

"대관大觀[65]·선화宣和[66] 연간에 차마茶馬 정책이 폐지되고 군비가 정비되지 않아 금나라의 침입을 초래했다. 지금 다시 수십만 민繒[67]을 들여 무용지물인 보석과 바꾸는 것이 어찌 재물을 아껴 군사를 양성하는 것과 같겠는가?"

그리고는 조공품을 돌려주고 후사해 먼 나라에서 온 성의에 보답했다. 소흥紹興[68] 연간 초에 다시 무늬 있는 무소뿔과 상아를 바쳐 왔을 때 조정에서 후사하면서 그 이익을 탐내지 않았기 때문에 먼 나라, 즉 대식국 사람들도 이를 가슴에 새기며 끊이지 않고 조공했다.

『직방외기職方外紀』에 다음 기록이 있다.

인더스강Indus River[69] 서쪽에 페르시아[70]라는 대국이 있다. 아주 먼 옛날 인류가 처음 생겨났을 때 사람들은 모여서 살았고 언어는 하나뿐이었다. 홍수가 난 이래로 기지機智가 점점 생겨나고 사람들은 색다른 것을 좋아하게 되어 곧장 땅에 높은 누대를 세우고 하늘까지 올라가려 했다. 하느님께서 사람들의 자라나는 오만을 미워해서 마침내 사람들의 말을 뒤섞어 72가지로 만들자 각자 그 언어에 따라 동·서·남·북·중앙으로 흩어졌다. 지금까지도 그 터가 여전히 남아 있으니, 바빌Babil[71]이라고 한다. 바빌은 '어지럽다(亂)'라는 뜻으로, 세상의 말을 뒤섞어 어지럽게 했음을 말한다. 페르시아의 시초는 바빌로니아[72]로, 면적이 아주 넓고 도성에는 120개의 문이 있어서 말을 타고 빨리 달려도 하루 안에 다 돌 수 없다. 나라 안에 있는 원림園林은 공중에 조성해 아래로는 돌기둥으로 떠받치고 있고 위로는 흙과 돌을 받치고 있다. 누각과 연못, 풀과 나무, 새와 짐승 등이 모두 구비되어 있어 웬만한 마을보다도 크다. 세계 7대 불가사의가 있는데, 이것이 그 가운데 하나이다. 후에 이 나라는 페르시아에 합병되어 마침내 지금의 이름으로 불리게 되었고, 지금에 이르도록 강성하다. 왕이 일찍이 누대 하나를 세우면서 이슬람 사람을 죽여 순전히 그 머리로만 쌓아 만들었는데, 누대가 완성되었을 때 든 해골만 해도 거의 5만 개 정도 되었다. 20년 전에 국왕이 사냥을 즐겨 사냥 한 번에 잡은 사슴만 해도 3만 마리나 되었으며, 또 그 일을 떠벌리고 싶어서 사슴뿔을 모아 누대를 만들었는데, 지금도 그 누대가 남아 있다. 또 동쪽 사마르칸트 Samarkand[73] 경계 지역에 있는 한 탑은 모두 황금으로 주조했고, 꼭대기에 호두처럼 생긴 금강석이 하나 있는데 그 빛이 밤에 15리를 비춘다. 페르시아는 강과 하천이 매우 크다. 강에 큰물이 지면 물이 이르는 곳마다 바로 각종 이름난 꽃이 자란다. 남쪽에 있는 호르무즈Hormuz[74]섬은 적도 북쪽 27도에 위치하며 그 땅은 모두 소금 아니면 유황으로 되어 있다. 그래서 초목이 자라지 않고 새와 짐승의 자취도 없다. 사람들은 가죽신을 신고 다니는데, 비가 지나가고 나면 가죽신 바닥이 모두 해져 있다. 지진이 많고 날씨가 아주 더워 사람들은 물속에 앉거나 누워 입까지 담가야만 비로소 더위를 식힐 수 있다. 또한 담수가 전혀 없어 물 한 국자도 해외에서 실어 오는데, 그 고생이 여간 아니다. 그 땅이 세 대륙의 중간에 위치해 있기 때문에 무릇 아시아·유럽·아프리카[75]의 부상富商이나 대상大商이 모두 이 땅에 모여든다. 온갖 물산이 다 모이고 사람들이 모여들어, 무릇 해내의 아주 진기하고 구하기 어려운 물건도 이곳에 가면 마치

맡겨 놓은 것처럼 구할 수 있다. 그래서 원주민들이 일찍이 '천하가 만약 하나의 반지처럼 둥글게 생겼다면 이 땅은 둥근 반지의 중간에 해당하는 보물 같은 곳이다'라고 했던 것이다.

『무역통지貿易通誌』에 다음 기록이 있다.

서인도제도West Indies[76]는 대서양 한가운데에 위치하며, 네덜란드·프랑스·스페인·영국이 나누어 통치했다. 그중 경작을 하는 사람은 모두 흑인이며 바로 땅 주인의 노예로, 타국에서 주로 이들을 사들이거나 고용해서 부렸다. 이 땅에서는 설탕·커피·면화·담배·술·생강이 나는데, 인도양의 섬들과 유사하다. 쿠바Cuba[77]는 스페인의 새로운 땅이다. 도광道光[78] 8년(1828)에 수입한 화물값은 은 1950만 원員어치이고, 수출품의 값 역시 마찬가지이다. 배는 모두 1889척이 있다. 기타 부두의 수출입 화물값 역시 3백만~4백만[79] 원정도이며, 영국령 서인도제도 역시 마찬가지이다.

『만국지리전도집』에 다음 기록이 있다.

백서국白西國은 바로 서인도의 페르시아이다. 남쪽은 연해 지역에 이르고 북쪽은 카스피해[80]와 러시아의 속국에 이르며 동쪽은 인도, 서쪽은 터키의 속국과 인접해 있다. 이 땅은 북위 26도에서 40도, 동경 44도에서 60도에 위치한다. 북쪽은 높은 산이 겹겹이 이어져 있어 멀리서 보면 흡사 큰 이빨 같다. 강은 길지 않으며 물길은 호수로 들어가거나 사막으로 들어간다. 명마와 특이하게 생긴 양이 난다. 국왕은 주周나라와 진秦나라 사이에 인근 국가들을 정복했다. 당나라 때는 숭배하던 조로아스터교를 버리고 이슬람 국가가 되었다. 종종 동쪽이나 북쪽에서 강적이 침범해와 그 왕을 쫓아냈다. 도광 연간에 토군土君이 러시아를 도발했으나 누차 전쟁에서 패해 북쪽 땅 전체를 떼서 러시아에 넘겨주고 러시아를 섬겼다. 비록 주둔하고 있는 영국의 대신이 토군에게 방비를 견고히 할 것을 간절히 권유했지만, 뜻대로 되지 않았다. 국왕은 마음대로 상벌을 내렸다. 예컨대 장군에게 군사를 인솔해 가 싸우게 하고 승전보를 접하면 전사한 적군의 귀를 자르게 하고, 귀를 가져오면 승리를 사실로 인정했다. 왕은 사람들을 풀어주거나 죽일 때도 법규를 살피지 않았으며 모든 일을 마음대로 처리했다. 궁전은 선경仙境 같아 사방에 있는 화원과 연못에서는 기이한 새소리가 어렴풋이 들리고 향기가 은근하게 났으며, 구슬과 보석이 휘황찬란하게 빛났다. 문무백관들은 스스로를 왕의 노예라고 생각했다.

동쪽과 북쪽의 각 접경지대에 서역의 유목민들이 때때로 침범해 토착민을 사로잡아 노예로 삼았지만, 백서국 사람들은 그들을 제압하지도 방어하지도 못했다.

인구는 1300만 명으로, 모두 이슬람교를 신봉한다. 한번 술을 마시면 기분이 좋아져 마음을 활짝 열어 놓을 정도였다. 농사의 경우 부지런히 일해서 보리는 심을 수 있지만, 관개시설이 없어서 벼농사는 지을 수 없었다. 포도가 아주 많이 난다. 내지는 초원이 드넓게 펼쳐져 있어 말과 양을 기르고 양털은 잘라 양탄자를 만드는데, 값이 아주 비싸다. 북쪽 땅은 구리와 석유[8]가 나고 땅에 염분이 많기 때문에 밭은 비옥하지 않다. 원주민들은 문학을 좋아해서 시를 지으면 끝없이 즐겁게 화답한다. 그 소리가 우아해 듣고 있으면 마치 음악을 연주하는 것 같다. 치장하는 것을 아주 좋아해 거기에 은전을 낭비하고, 또한 좋은 말을 사들여 창을 빼들고 말을 타고 천 리를 내달린다. 예의 차리기를 좋아해서 여러 번 인사하고, 진심 없이 아첨하며 수시로 담배를 먹으며 놀러 다닌다. 흙담을 둘러 거주하며 안에는 양탄자를 깐다. 여름과 겨울에 몸을 씻으며 미목이 수려하다. 여자들은 곱고 예쁘게 생겼지만, 본국의 여자를 귀하게 여기지 않아 반드시 외국에서 여자를 사와 첩으로 삼는다. 아름답지만 피부가 쉽게 노화되어 시집간 뒤 7~8년 되면 모습이 초췌해진다. 남자들은 여자들을 규방에 가두어 두었으며, 만약 규방을 나가 저잣거리에 가게 되면 전신을 다 가렸다. 먹는 것도 줄이고 쓰는 것도 줄여서 오직 외모 치장에만 힘쓴다.

나라의 북부에 있는 길란[82]은 카스피해 연안에 위치하며, 그 지류로 물을 대 수풀이 빽빽하고 풀이 향기롭다. 주도의 인구는 60만 명이다. 성에는 고대 유적이 많으며, 옛날에는 몇만 명이 살았지만, 지금은 담도 무너지고 성벽도 무너져 있다.

마잔다란Mazandaran[83]은 카스피해에 위치하고 사면이 높은 봉우리로 둘러싸여 있으며, 산기슭 평지에서는 양을 친다.

호라산[84]은 영토가 광활하고 주도는 마슈하드Mashhad[85]이며, 인구는 5만 명이다. 논밭이 풍요롭긴 하지만, 유목민이 탐을 내 거리낌 없이 약탈해 가는 바람에 농부들은 고단하고 가난하다.

내지인 이라크Iraq[86]는 산에는 풀 한 포기 안 자라지만, 골짜기 안쪽은 물산이 아주 풍부하다. 그러나 오랜 전쟁으로 인해 도처가 황폐해졌다. 수도 테헤란Tehran[87]은 사방 14리이며 성과 해자가 견고하다.

이스파한[88]은 가옥이 아주 많고 무역이 활발해 주야로 열심히 일한다. 동쪽과 남쪽은 땅이 척박하지만 야즈드Yazd[89]만은 사람들이 많이 살고 일거리와 먹을거리가 아주 풍부하다.

파르스Fars[90]는 교외의 산수가 아주 수려해 시인들이 산을 유람하고 물을 감상하면서 이를 노래하고 읊조린다. 부셰르[91]는 인도와 통상하는데,

준마·붉은 대추·진주를 수출하고 각종 남방산 포목을 수입한다. 페르시아만[92]에 있는 호르무즈[93]는 고대에는 대도시로 상인들이 많이 모였으나, 지금은 황폐해져 모래벌판이 되었다. 부락 내에 기둥이 화려한 옛 사원, 기왓장이 나뒹구는 궁궐터 고적이 있는데, 관광객이 고적을 살피고 비문을 풀이해 본 결과, 고대의 백서국 사람들은 불과 태양을 숭배하고, 서쪽 나라와 전쟁을 치르며 공사를 일으키고 건물을 지었던 자들이다.

라레스탄[94] 연해는 아주 협소하다. 라레스탄[95]에서는 대추만 날 뿐이다.

동쪽의 케르만[96] 지역 사람들은 양을 길러 그 털로 숄을 직조했는데, 값이 아주 비싸다.

후제스탄Khuzestan[97]은 토지와 밭이 비옥하고 강물을 끌어다 전역에 댄다. 도적들이 침범해 재물을 약탈해 가기 때문에 사람들은 생활용품이 부족하다.

동쪽과 남쪽은 모래벌판이고 물은 없다. 왕이 호전적이라 군사를 이끌고 카불[98] 왕의 헤라트Herat[99]를 포위하고 인도를 침범하려 했지만, 영국의 장군과 군사들이 힘써 저지하는 바람에 몇 달 동안 목숨 걸고 싸우다가 물러났다.

『지구도설地球圖說』「백이서아국도설白耳西亞國圖說」에 다음 기록이 있다.

페르시아는 동쪽으로는 아프가니스탄[100]·발루치스탄[101]·부하라Bukhara[102]와 이웃하고 있고, 남쪽으로는 페르시아만, 서쪽으로는 터키, 북쪽으로는 카스피해·부하라와 접해 있다. 인구는 약 9백만 명이다. 수도는 테헤란[103]으로, 테헤란의 인구는 13만 명이다. 대부분 이슬람교를 믿고, 그 밖에 배화교가 있는데 태양교太陽敎라고도 불렀다. 페르시아는 옛날에는 여러 나라에 위세를 떨쳤으나, 지금은 옛날만 못하다. 서부와 북부에 사람들이 가장 많고, 동부와 남부는 그다음으로 많다. 중부는 드넓은 광야가 있어 양을 쳐서 모포·나사·양탄자를 직조해 생활했다. 복색을 좋아하고 숭상했으며, 예의를 아주 잘 알았고 언어는 격식이 있었다. 여자들은 모두 단아하고 예쁘지만 외출할 때면 반드시 전신을 가렸다. 사람을 사귈 때는 오로지 허례만을 숭상하고 진심과 의리는 없었다. 근심이 생기면 늘 아편을 먹어 우울함을 해소했으나, 아편을 먹는 모습이 중국과는 다르고 터키와 비슷하다. 음식을 먹을 때는 나이프나 포크, 숟가락이나 젓가락을 사용하지 않고 오로지 손으로 음식을 뭉쳐서 먹는데, 정말로 보기가 좋지 않다. 도광 연간부터 자주 러시아 및 아프가니스탄과 전쟁을 벌였는데, 승부를 가리지 못했다. 이 땅에서는 양탄자·나사·양모·면포·비단·포도주·양·말·대추·구리·석유·소금이 난다.

다시 『성서聖書』를 살펴보면, 이른바 고대의 성인 모세Moses[104]가 시나이산Sinai Mountain[105]에서 하느님의 계시를 받았기에 이스라엘 사람들은 모세의 가르침을 받들어 이집트Egypt[106] 사람의 박해를 피해 홍해紅海로 들어가서 지나가자 하느님이 곧장 물을 합쳐 이집트 사람들을 몰살시켰다고 하는데, 그 산과 바다가 모두 이 나라에 있다. 나라 안에 드넓은 사막이 있어 사람들은 모두 낙타를 타고 다니고 양이나 말을 쳐서 먹고살았으며, 대부분 천막에서 지낸다. 그런데 좋지 않은 풍속이 많아 재물을 보면 바로 빼앗아 가는데 정말이지 혐오스럽다. 이 땅에서는 커피·대추·인디고indigo·약재·진주·낙타·준마가 난다. 준마는 평지를 달리듯이 산을 타고, 부교浮橋를 건너듯이 물을 건넜으며, 하루에 2백 리를 달린다.

『지리비고地理備考』에 다음 기록이 있다.

페르시아는 의란義蘭,[107] 파사波斯라고도 하며, 아시아대륙 중간에 위치한다. 북위 25도 30분에서 39도, 동경 41도 40분에서 61도 30분에 위치한다. 동쪽으로는 헤라트[108]·아프가니스탄·발루치스탄[109] 세 나라에 이르며, 서쪽으로는 터키에 인접해 있고, 남쪽으로는 페르시아만·오만만Gulf of Oman에 인접해 있으며, 북쪽은 카자흐스탄[110]·러시아 및 카스피해[111]를 경계로 하고 있다. 남북의 길이는 약 4500리이고, 동서의 너비는 약 3천 리이며, 면적은 사방 약 60만 리이고, 인구는 9백만 명 남짓이다. 페르시아의 지세는 산과 언덕이 첩첩이 쌓여 있고, 모래펄이 아득하게 펼쳐져 있으며, 긴 강으로는 카르강Khar River,[112] 카룬강Karun River,[113] 도브강Duab River,[114] 샤트알아랍강Shatt al-Arab Rud,[115] 하리강Hari Rud,[116] 쿠라강Kura River,[117] 게젤오잔강Ghezel Ozan,[118] 마잔다란강[119]이 있다. 큰 호수로는 색륵塞勒이 있는데, 도랄해都剌海라고도 한다. 또한 시라즈,[120] 우르미아Urmia,[121] 이리완伊里完이 있다. 논밭이 척박하나 시라즈·이스파한[122]·길란[123]·마잔다란 등만은 평원으로, 역시 땅이 기름지고 비옥하다.[124] 곡식과 과일이 풍부하고 새와 짐승은 많지만, 수목은 많지 않다. 이 땅에서는 구리·은·철·납·생사·마·담배·술·주석[125]·문양석[126]·유황·뇌사磠砂[127]·자기·면화·진주·약재·향료·대황大黃[128]·아편·양탄자·우피牛皮 등의 물산이 난다. 기후는 서로 달라 서부는 춥고 남부는 더우며 중부는 따뜻하다. 왕위는 대대로 계승된다. 종교는 이슬람교이다. 기술과 재주가 아주 정교해서 사람들이 몰려들고, 대개 이웃 나라와 무역할 때는 대오를 이루어 다니며 낙타로 물건을 실어 나른다.

페르시아는 처음에 메디아Media[129]에 합병되었다가 주나라 영왕靈王[130] 12년(기원전 561)에 키루스[131]가 국가의 기틀을 다시 세우고 바로 두란Dulan[132]·메디아 및 아시아주 서쪽 여러 곳을 복속시켰다. 그로부터 207년 뒤에 다리우스 3세Darius III[133]에 와서 한 마케도니아Macedonia[134] 국왕(알렉산드로스대왕Alexander The Great)이 페르시아 왕국을 공격해 빼앗았다. 알렉산드로스대왕이 죽은 뒤에 휘하의 장군들이 그 땅을 분할해 각자 한 지역씩 다스렸다. 왕으로 자처한 지 얼마 지나지 않아 각 나라의 후계자들은 연속적으로 모두 로마[135] 국왕의 침략을 받았는데, 오직 이 나라만은 여러 차례 로마의 삼군을 꺾었으니, 모두가 다 로마의 지배하에 들어가지는 않았다. 당나라 태종太宗 정관貞觀 10년(636)에 메카Mecca[136] 이슬람교도의 침범을 받았다. 송宋나라 이종理宗 경정景定[137] 5년(1264)에 다시 몽골족에게 합병되었다. 그로부터 126년 뒤에 터키가 몽골을 몰아내고 그 땅을 차지했다. 그 뒤를 이은 왕이 잔학무도해, 결국 강희康熙 33년(1694), 나라에 변란이 일어나 왕을 몰아내 죽이고 번갈아 홍기했다. 사파비 왕조Safavid dynasty[138]의 후예 타흐마스프 2세Tahmasp II[139]가 군사를 모으고 말을 사들이며 적장 나디르 샤Nādir Shāh[140]를 대장으로 삼아 큰 상을 내리자, 그는 군대를 거느리고 가 반란군을 토벌해 대승을 거두어 잃어버린 땅을 모두 수복했다. 그 뒤 나디르 샤는 끝없는 탐욕으로 논공행상에 대한 불만으로 결국 모반을 일으켜 타흐마스프 2세를 잡아 가두고 시해한 뒤 왕위를 찬탈해 [아프샤르 왕조의] 왕이 되었다. 나디르 샤는 건륭 12년(1747)에 신하에게 시해당했다. 그 뒤로 왕위 쟁탈전이 분분히 일어나고 사방에서 전쟁이 일어났다. 변란의 정도가 옛날에 비해 훨씬 심해지자 결국에는 패거리가 나뉘어 모두 자신의 족장을 왕으로 세우려고 해서 살육과 약탈이 도처에서 자행되었다. 동쪽 각지는 결국 아프가니스탄이 차지하고 따로 나라를 세웠다. 서쪽 각지는 나디르 샤의 가신 카림 칸[141]이 차지하고 즉위한 뒤(잔드 왕조) 재주 있고 어진 이를 등용하고 천거해 이로움을 일으키고 폐해를 없애 한 시대의 명군이 되었으며 약 30년 동안 재위한 뒤에 죽었다. 이때 그의 동생 사디크Sadiq[142]가 왕위를 찬탈하고자 짐주鴆酒로 후계자를 독살하려고 했다. 그 뒤에 처조카 알리 무라드 칸Ali Murad Khan[143] 역시 왕위를 찬탈하고자 사디크의 반역 행위를 성토하면서 곧장 무리를 이끌고 가 시라즈를 포위하고 공격했다. 9개월 뒤에 마침내 시라즈를 함락시키고는 사디크와 후계자를 한꺼번에 시해하고 왕위를 찬탈해 즉위했다. 때마침 국내에 다시 변란이 일어나고 전쟁이 일기 시작했다. 건륭 50년(1785), 알리 무라드 칸이 죽은 뒤 국사가 안정되지 않았을 때 자파르 칸Jafar Khan[144]이 왕위를 찬탈하고 왕이 되었으나, 거세당한[145] 아가 모하마드 칸[146]이 군대를 일으켜 공격해 연승을 거둠으로써 그 나라를 차지했다. 아가 모하마드 칸 사후 그 조카 파드 알리 샤[147]가 그 뒤를 이었다. 가경 18년(1813)에 액라사국厄羅斯國과 교전을 벌였는데, 액라사국은 바로 러시아로, 이 전투에서 또 조지아Georgia[148]를 빼앗겼다. 그리하여 나라 전체는 모두 11개 지역으로 나뉘었으며, 지역의 크기는 일정치 않았다. 이라크[149]는 수도로 평원에 세워졌다. 셈난Semnān,[150] 마잔다란,[151] 길란, 아제르바이잔Azerbaijan,[152] 쿠르디스탄,[153] 보스탄Bostan,[154] 파르스,[155] 케르만,[156] 시스탄Sistan,[157] 호라산[158]이 그것이다. 통상무역이 활발한 곳으로는 부셰르,[159] 반다르아바스Bandar 'Abbās,[160] 안잘리Anzali,[161] 발프루시Balfroosh[162]가 있다.

『외국사략外國史略』에 다음 기록이 있다.

페르시아는 북쪽으로 러시아·카스피해·서역에 이르고, 동쪽으로는 서역·아프가니스탄[163]·발루치스탄[164]과 인접해 있으며, 서쪽으로는 아라비아Arabia[165]와 터키 속지에 인접해 있다. 면적은 사방 2만 2740리이고, 인구는 2125만 명이다. 북위 26도에서 40도, 동경 42도에서 60도에 위치한다. 서쪽과 북쪽은 산이 많고, 그중에서도 북쪽 지대가 특히 높으며,

나머지는 모두 평탄하다. 사람들은 모두 하천을 뚫어 물을 끌어다 사용한다. 해변은 개펄이 넓게 펼쳐져 있고 지대가 낮고 습하며 덥다. 산 역시 척박해 초목이 자라지 않는다. 오직 말·당나귀·낙타·양·다람쥐가 있는데 모두 특이한 종이 많다. 이 땅에서는 또한 오이·콩·마·담배·생강·아편·면화·유향乳香·아위阿魏·대추·각종 과일·대황·초석·유황·철·납·구리·소금이 난다. 도광 4년(1824)에 대지진이 일어나 산이 무너지는 바람에 큰 도시가 대부분 황폐해졌다.

페르시아는 본래 역사가 오래된 나라로, 옛날에는 사람들이 산속에서 살면서 다른 나라와 교류가 없었다. 주나라 때 바빌로니아[166]가 유대인을 공격해 이들을 사로잡았다. 진陳나라 고조高祖 영정永定[167] 2년(558)에 페르시아의 키루스[168]는 바빌론의 수도를 함락시키고 유대인을 석방시켜 재물과 비단을 후하게 주어 돌려보내고 신전을 재건했으며 또한 아시아Asia[169] 각지를 모두 복속시켰다. 그의 아들(캄비세스 2세)이 또한 이집트 등의 국가를 무력으로 함락시키고 폭정을 일삼자, 사람들이 그를 폐위시키고 현명한 다리우스 1세Darius I[170]를 뽑아 왕으로 세웠다. 다리우스왕은 군대를 거느리고 서방으로 가 영토를 더욱 확장시키고 지중해의 각 섬을 항복시켰으나, 동북쪽 유목민족과의 전투에서 패하고 물러났다. 그의 아들 크세르크세스 1세Xerxes I[171] 또한 그리스 관할의 마케도니아[172] 땅을 공략해 차지했다. 왕이 죽은 뒤에 나라는 장군들에 의해 분할되었다. 이때에[173] 로마인들이 그 땅을 점령하고자 페르시아와 전쟁을 벌였지만 몇 년 동안 이기지 못하고 결국 물러났다. 동진東晉 목제穆帝 때(343~361) 로마의 국왕이 화친을 청하면서 5개 부락을 페르시아에 양도했다. 페르시아(사산조) 왕은 또한 인도 각 왕국의 접경지대에 있는 아라비아 땅을 빼앗았다. 제齊나라 무제武帝 영명永明 원년(483)에 흉노匈奴와 연맹하고 지중해에서

인도에 이르기까지 토지를 확장했기에 로마 국왕이라 하더라도 그들을 두려워했다. 당나라 태종 정관 원년(627)에 로마군이 페르시아를 치자, 아라비아의 이슬람 왕 무함마드도 페르시아를 공격해 그 왕을 죽이고 백성들을 억지로 이슬람교로 귀화시키면서, 복종하지 않는 사람들은 모두 죽였다. 페르시아는 옛날에는 별과 태양을 신봉했는데, 태종 정관 9년(635)에야 비로소 아랍의 이슬람교로 귀의했다. 이때부터 남송南宋에 이르는 584년 동안 특별한 변화는 없었다. 송나라 이종 25년(1248)에 원元나라 태조太祖가 몽골족을 일으켜 파미르고원을 넘어 서쪽 정벌을 나가 그 땅을 모두 함락시킨 뒤, 사위를 사마르칸트 왕에 봉하고[174] 아무다리야강Amu Darya[175] 서북쪽에 머물면서 멀리서 그곳을 관할했다. 명明나라 홍무洪武 연간에 사마르칸트 왕이 군사를 일으켜 남쪽으로 가서 그 땅을 모두 함락시킴으로써 서역의 전 지역이 이슬람교를 받들었다. 사마르칸트 왕이 죽고 대군大軍 역시 철수하면서 여러 추장을 남겨 각 지역을 나누어 다스리게 하자, 터키인들은 이 틈을 타 페르시아를 점거했다. 정덕正德[176] 연간에 페르시아는 다시 몽골의 판도가 되었다. 청나라 옹정雍正 원년(1723)에 페르시아는 누차 터키·러시아 두 나라와 원수지간이 되었다. 페르시아 사람들은 천성적으로 용감하지만, 변덕이 심했다. 건륭 원년(1736)에 몽골 출신 나디르 샤[177]는 본국의 영토가 협소하다고 생각해 마침내 오인도를 침략해 재물을 약탈하고 백성을 굴복시켰다. 천성이 탐욕스러워 비록 영토를 확장하기는 했지만, 그의 사후 페르시아는 결국 네 나라로 분리되었고 인근 국가들도 그 땅을 빼앗았다. 접경지대에 있는 러시아 군사가 자주 페르시아를 공격해서 결국 도광 6년(1827)에 페르시아는 카스피해 변경을 러시아에 양도했다. 뒤에 페르시아 사람들은 다시 러시아 공사를 살해하고, 자국 왕의 코와 귀를 잘랐다. 지금의 왕(나세르 알딘 샤Naser al-

Din Shah)은 도광 14년(1834)에 즉위해서 러시아의 명을 받고 헤라트[178]를 공격했다.[179] 헤라트는 예로부터 오인도의 관할 지역으로, 영국군이 이들을 물리치자 러시아는 강화를 요청했다.[180] 페르시아가 각자 추장을 두어 분봉하자 기존의 몽골 왕실은 늘 불안해했다.

이 땅은 보리와 과일 생산에 적합하고 말이 많이 난다. 사람들은 외모가 빼어났으며, 여자들은 어렸을 때는 아주 아름답지만 20여 세가 지나면 바로 늙고 추해진다. 사치를 숭상하는 풍속 때문에 오직 이익만을 도모한다. 집은 외장은 소박하지만, 실내는 화려하고, 사람들은 겉으로는 겸손하지만, 속으로는 잘 속이며, 아주 총명하고 호기로우며 시문을 잘 짓는다. 대부분 이슬람교를 숭상하고 태양과 불을 숭배한다. 주로 외국에 나가 무역한다. 수염을 잘 꾸미고 준마를 타기를 좋아한다. 집마다 욕실이 있으며, 정갈하게 잘 꾸며져 있다. 언어는 대부분 아랍어를 사용한다. 터키와는 원수지간이다. 뛰어난 공예품으로는 무늬 양탄자와 허리띠가 있다. 무기를 잘 꾸미며 금은과 자기로 새겨 넣는다. 사람들은 해상무역을 못 하기 때문에 배를 타고 해구로 가는 경우가 적고, 수출할 물산도 없다.

가장 북쪽에 있는 도시는 아제르바이잔[181]으로, 카스피해 서쪽에 위치하며 러시아와 인접해 있다. 지세가 넓고 평평해 오곡이 많이 난다. 유천油泉이 땅에서 솟아 매일 1천 근의 석유가 나온다. 천연가스가 연못에서 불타오른다. 오인도에서 불을 숭배하는 사람들은 앞다투어 이곳으로 가서 절을 한다. 카스피해의 바쿠Baku[182] 해구에서는 통상할 수 있다.

카스피해의 서쪽에 위치한 길란[183]은 아주 비옥해 생사生絲가 나고 과일나무가 많다. 수질과 토질이 나빠 역병이 돈다. 남쪽에 있는 몰디브Maldives[184]는 길이 좁아 다니기가 어렵다. 그 주도 라슈트Rasht[185]는 인구가

6만 명인 큰 항구도시로, 역시 카스피해에 위치한다.

북부의 동쪽, 카스피해의 남쪽에 위치한 마잔다란[186]에서는 미곡이 난다. [마잔다란주에 속하는] 바볼Babol[187]은 인구가 4만이고, 아몰[188]은 인구가 3만 명이다. 아스트라바드Astrabad[189]는 사면이 구름 낀 산으로 둘러싸여 있어, 경치가 그려 놓은 것처럼 아름답다.

서북쪽에 위치한 아제르바이잔[190]은 터키·러시아와 인접해 있고, 사면은 산으로 바로 옛날의 타필성他必城이다. 이 땅은 아주 넓고 커서 오곡과 더불어 일상생활에 필요한 물품이 많이 난다. 대부분 예수교를 믿는다. 또한 예레반Yerevan[191]이라는 큰 도시가 있다.

호라산은 서역[192]의 페르시아와 인접해 있고, 영토가 광대하며 소금사막이 있다. 그 주도는 마슈하드[193]로, 인구는 5만 명이다.

일람Ilam[194]은 서쪽으로 터키·아라비아 등의 국가와 인접해 있고, 땅은 척박하지만, 곡식이 아주 풍부하며, 농부들은 모두 본분을 지키며 산다. 북쪽에 새로 건립한 수도 테헤란[195]은 인구가 5만 명이다. 이들 대부분이 주둔병이라 겨울에 오고 여름에 떠나가서 풍토병이나 염병에 걸리지 않는다. 그 왕은 일찍이 이곳에 주둔하면서 러시아를 막아 냈다. 고도인 이스파한[196]은 1백 년 전에는 인구가 1백여만 명이 넘었는데 지금은 황량하다. 부셰르[197]라는 항구가 있는데, 이곳에서는 무역이 이루어지고 전함은 없다.

파르스[198]의 주도 시라즈[199]는 산천이 수려하고, 이곳에서 1백여 리 떨어진 곳에 고성이 있다.

그 왕은 위세를 떨치고 살인을 좋아해 다른 나라를 경시했다. 호위병은 2천 명이며, 도시 주위로 기병 만 명이 둘러싸고 있다. 유목민들은 각자의 수령을 받들어서 전쟁이 나면 바로 이들을 소집했다. 각 성의 부락민들이 진영을 따라나서는데, 각 진영은 15만 명에서 20만 명까지 늘어났지만 모두 오합지졸이라 쉽게 흩어진다. 최근에 영국과 프랑스 사람들을 청해 군사를 훈련시키고 유럽의 군령과 진법을 모방해 러시아를 막으려고 했지만, 여전히 대적할 수 없었다. 정치가 가혹하고 세금이 무겁기 때문에 부자가 아주 드물다.

西印度西巴社回國沿革

一

唐以前非回教, 已見西印度內. 唐以後爲大食, 爲包社, 爲伯爾西亞國.
今與英吉利通和, 非其所屬. 原無今補.

『新唐書』: 大食本波斯地. 男子鼻高, 黑而髯. 女子白晳, 出輒障面. 日五拜
天神. 銀帶佩銀刀, 不飮酒擧樂. 有禮堂, 容數百人, 率七日, 王高坐爲下說曰:
"死敵者生天上, 殺敵授福." 故俗勇於鬪. 土磽礫不可耕, 獵而食肉. 刻石蜜爲
廬如輿狀, 歲獻貴人. 葡萄大者如雞卵. 有千里馬, 傳爲龍種. 隋大業中, 有波
斯國人, 牧於俱紛摩地那山, 有獸言曰: "山西三穴有利兵, 黑石而白文, 得之
者王." 走視如言. 石文言當反, 乃詭衆裒亡命於恒曷水, 劫商旅保西鄙自王, 移
黑石寶之. 國人往討之, 皆大敗還, 於是遂強. 滅波斯, 破拂菻, 始有粟麥倉庾.
南侵婆羅門, 竝諸國, 勝兵至四十萬, 康·石皆往臣之. 其地廣萬里, 東距突騎
斯, 西南屬海. 海中有撥拔力種, 無所屬附. 不生五穀, 食肉, 刺牛血和乳飮之.
俗無衣服, 以羊皮自蔽. 婦人明晳而麗. 多象牙及阿末香. 波斯賈人欲往市, 必
數千人納甋劍血誓, 乃交易. 兵多牙角而有弓·矢·鎧·槊, 士至二十萬, 數爲大
食所破略. 永徽二年, 大食王始遣使者朝貢, 自言王大食氏, 有國三十四年, 傳
二世. 開元初, 復遣使獻馬·鈿帶, 謁見不拜, 有司將劾之. 中書令張說謂俗殊慕

義, 不可置於罪, 玄宗赦之. 使者又來, 辭曰: "國人止拜天, 見王無拜也." 有司切責, 乃拜. 十四年, 遣使蘇黎滿獻方物, 拜果毅, 賜緋袍帶. 或曰大食族中有孤列種, 世酋長, 號白衣大食. 種有二姓, 一曰盆尼末換, 二曰奚深. 有摩訶末者勇而智, 眾立爲王. 闢地三千里, 克夏臘城. 傳十四世, 至末換殺兄自王. 下怨其忍, 有呼羅珊木鹿人竝波悉林將討之, 徇眾曰: "助我者皆黑衣." 俄而眾數萬, 卽殺末換, 求奚深種孫爲王, 更號黑衣大食. 至德初遣使者朝貢. 代宗取其兵平兩京. 貞元時, 與吐番相攻, 十四年遣使者三人朝. 東有末祿小國也, 治城郭, 多木姓, 以五月爲歲首, 以畫缸相獻. 有尋支瓜, 大者十人食乃盡. 蔬有顆蔥·葛藍·軍達·芟菹. 大食之西有苫國者, 北距突厥可薩部, 地數千里. 有五節度, 勝兵萬人. 土多禾. 有大川, 東流入亞俱羅. 商賈往來相望云.

自大食西十五日行, 得都盤, 西距羅利支, 十五日行. 南卽大食, 二十五日行, 北勃達, 一月行. 勃達之東距大食, 二月行. 西抵岐蘭, 二十日行. 南都盤, 北大食, 皆一月行. 岐蘭之東南, 二十日行, 得阿沒, 或曰阿眛. 東南距陀拔斯, 十五日行, 南沙蘭一月行. 北距海二日行. 居你訶溫多城, 宜馬羊, 俗柔寬, 故大食常遊牧于此. 沙蘭東距羅利支, 北怛滿, 皆二十日行. 西卽大食, 二十五日行. 羅利支東距都盤, 北陀拔斯, 皆十五日行. 西沙蘭二十日行, 南大食, 二十五日行. 怛滿, 或曰怛沒, 東陀拔斯, 南大食, 皆一月行. 北岐蘭, 二十日行. 西卽大食一月行. 居烏滸河北平川中, 獸多獅子. 西北與史國接, 以鐵關爲限. 天寶六載, 都盤等六國, 皆遣使者入朝.

『宋史』: 大食國, 本波斯別種. 隋大業中, 據有波斯西境. 唐永徽後, 屢入朝貢. 乾德四年, 僧行勤遊西域, 因賜其王書, 以招懷之. 開寶中, 太平興國, 貢方物, 自後屢朝, 職貢不絶. 其從者目深體黑, 謂之崑崙奴. 其貢物有白龍腦·眞珠·玻璃器·象牙·乳香·鑌鐵·紅絲·吉貝·五色雜花番錦·薔薇水·龍鹽·銀藥·千

年棗·駝毛褥. 其國貢使, 自言與大秦國相隣, 爲其所屬. 在都城介山海間, 土產犀·象·香藥.

自泉州西北舟行四十餘日至藍里, 次年乘風帆, 又六十餘日, 始達其國. 地雄壯廣大, 民俗侈麗, 甲於諸番. 天氣多寒. 其王錦衣玉帶, 躡金履, 朔望冠百寶純金冠. 其居以瑪瑙爲柱, 綠甘爲壁, 水晶爲瓦, 碌石爲磚, 帷幕用百花錦. 官有丞相·太尉, 各領兵馬二萬餘人. 馬高七尺, 士卒驍勇. 民居屋宇, 略同中國. 市肆多金·銀·綾錦. 工匠技術, 咸精其能.

建炎三年, 奉寶玉珠貝入貢. 帝曰: "大觀·宣和間, 茶馬政廢, 武備不修, 致金人之禍. 今復捐數十萬縉, 以易無用之珠玉, 曷若惜財以養戰士?" 乃卻貢優賜, 以答遠人之意. 紹興初, 復貢文犀·象齒, 朝廷亦厚賜而不貪其利, 故遠人懷之, 貢賦不絶.

『職方外紀』: 印度河之西, 有大國曰百爾西亞. 太古生民之始, 人類聚居, 言語惟一. 自洪水之後, 機智漸生, 人心好異, 卽其地創一高臺, 欲上窮天際. 天主憎其長傲, 遂亂諸人之語音, 爲七十二種, 各因其語, 散諸五方. 至今其址尙在, 名曰罷百爾. 譯言亂也, 謂亂天下之言也.

百爾西亞之初爲罷鼻落你亞, 幅員甚廣, 都城百二十門, 乘馬疾馳, 一日未能周也. 國中有一苑圍, 造於空際, 下以石柱擎之, 上承土石. 凡樓臺池沼, 草木鳥獸之屬, 無不畢具, 大復逾于一邑. 天下七奇, 此亦一也. 後其國爲百爾西亞所竝, 遂稱今名, 至今強大. 國主嘗建一臺, 純以所殺回回頭累之, 臺成髑髏幾五萬. 廿年前, 其國王好獵, 一圍獲鹿至三萬, 欲侈其事, 亦聚其角爲臺, 今尙存也. 又東撒馬兒罕界一塔, 皆以黃金鑄成, 上頂一金剛石, 如胡桃, 光夜照十五里. 伯爾西亞地, 江河極大. 有一河發水, 水所及處, 卽生各種名花. 南有島曰忽魯謨斯, 在赤道北二十七度, 其地悉是鹽, 否則硫黃之屬. 草木不生, 鳥

獸絶蹟. 人著皮履, 雨過履底輒敗. 多地震, 氣候極熱, 人須坐臥水中, 沒至口方解. 又絶無淡水, 勺水亦從海外載至, 其艱如此. 因其地居三大州之中, 凡亞細亞·歐羅巴·利未亞之富商大賈, 多聚此地. 百貨駢集, 人煙輻輳, 凡海內極珍奇難致之物, 往輒取之如寄. 土人嘗言, 天下若一戒指, 此地則戒指中之寶物也.

『貿易通誌』曰: 西印度各洲在海中, 爲荷蘭·佛蘭西·西班牙·英吉利分屬之藩國. 其中耕田之人皆黑面, 乃田主之奴, 他國多買雇而用之. 產白糖·咖啡·棉花·煙·酒·薑, 與南海洲相類. 有古巴者, 西班牙之新地也. 道光八年, 貨進口價銀千有九百五十萬員, 出口亦如之. 船千有八百八十九隻. 其他埠頭, 亦出入貨價三四百萬員, 英吉利所屬之西印度洲亦如之.

『萬國地理全圖集』曰: 白西國, 卽西印度之包社地也. 南及海隅, 北至西域裏湖垃峨羅斯藩屬國, 東至印度, 西接土耳其藩屬國. 北極出地自二十六度至四十度, 偏東四十四度至六十度. 其北方有高山數帶, 自遠視如巨齒. 其河不長, 或入湖, 或浸於沙地. 有好馬·奇羊. 國王當周秦年間, 強服隣國. 唐朝年間, 棄所習崇火拜太陽之教, 而爲回回. 往往自東自北, 有強敵侵其國, 而逐其君. 道光年間, 土君與峨羅斯肇釁, 屢次戰敗, 割北方全地讓峨羅斯而服事之. 雖英國大臣駐防者, 苦勸土君堅守, 然不得其志. 國王隨意賞罰. 如令將軍領師交戰, 而接捷音, 遂令之割陣亡敵人之耳, 獲勝是實. 王釋放戮殺, 不顧律例, 凡事自專. 其宮殿如仙境, 四面花園水池, 異鳥香煙縹緲, 珠玉交輝. 臣工百僚, 自視如奴.

東北各地交界, 有西域遊牧時時侵犯境界, 掠民爲奴, 而白西人不得折衝禦防.

居民共計一千三百萬丁, 皆奉回回之敎. 一飮釀酒, 喜得心花俱開. 農者勤勞種麥, 因無水溝, 不得植稻. 葡萄豐生. 內地草場甚廣, 喂馬羊, 剪羊毛, 造帕氊, 其價甚貴. 北地出銅及石油, 地面有鹽土, 故田不膏腴. 土人好字作詩, 不盡唱和之歡. 土音和雅, 聽之如作樂. 甚好飾身, 耗費銀錢, 又買好馬, 挺鎗躍騎, 奔騰千里. 好禮百拜, 諂諛無實, 常時食煙遊玩. 居環土牆, 內鋪呢氊. 夏冬洗身, 眉淸目秀. 其女容儀雅媚, 但不貴本地之女, 必由番國買來爲妾. 美豔易凋, 嫁後七八年, 形容憔悴. 男將女嚴禁閨中, 若出過市, 則渾身蓋蔽. 貶食省用, 只務外觀.

國之北部如額蘭部, 在裏海之濱, 支流灌漑, 林密草芳. 省會居民六十萬. 城多古蹟, 昔有幾萬居民, 今頹牆壞壁.

馬散地蘭部, 在裏海, 四圍高峰, 山麓平地爲牧羊之所.

可剌散, 廣大地方, 省會米食, 居民五萬人. 田畝雖豐, 遊牧賊心, 肆掠無忌, 故農夫苦貧.

內地之部曰以辣, 山嶺不毛, 谷內物產甚阜. 但因戰釁之久, 遍處頹廢. 國都地希蘭, 周圍十四里, 城池鞏固.

益巴罕城, 屋宇繁多, 通商富裕, 晝夜勤勞. 東南磽土, 惟葉大城, 居民繁多, 生理富盛.

法耳辣城, 郊外山水淸秀, 國中詩人觀山玩水, 歌誦吟嘯. 其補食海口, 與印度國通商, 運出强馬·紅棗·珍珠, 運入各項南產布匹. 白西海隅, 有惡末嶼, 古時大市, 衆商聚會, 今已廢爲沙野. 部內有古蹟, 花柱舊廟·大殿城瓦礫場, 遊人察其古蹟, 解其碑記, 乃古白西人崇火拜陽, 與西國交戰, 興工營築者.

法南沿海, 褊小, 剌地沙惟出棗而已.

東方克耳曼部, 居民養氄羊, 用之以織造花帕, 其價甚貴.

西古西但省, 田肥土茂, 其河灌漑全境. 緣賊侵掠, 小民缺於日用.

東南有沙野, 無水. 其王好戰, 率兵圍甲布王之希辣城, 欲侵印度, 賴英國兵帥力行阻禦, 連月奮死擊退.

『地球圖說』「白耳西亞國圖說」: 東界亞加業坦國·皮路直坦國·大布加利亞國, 南界白爾西亞海, 西界土耳基國, 北界裏海竝大布加利亞國. 其百姓約有九百萬之數. 都城名第希蘭, 卽城內民十三萬. 大都回回教, 又另有拜火之敎, 名曰太陽敎. 是國昔時威震諸國, 今不若昔矣. 西北民最衆, 東南次之. 中有曠野, 以牧羊紡織毛布·呢·氈毯爲業. 好尙服色, 頗知禮儀, 言語文式. 女容雅媚, 出外必遍身遮蔽. 交際專尙虛禮, 不守忠信. 遇有疑慮, 常食鴉片以解鬱悶, 然其食鴉片之形狀不似中國, 而與土耳基國相似. 其飮食不用刀叉匙箸, 惟以手團之, 誠不美也. 自道光年間, 頻與俄羅斯國暨亞加業坦國交戰, 未分勝負. 土産氈毯·呢·羊毛·布·綢緞·葡萄酒·羊·馬·棗·銅·油·鹽.

再稽『聖書』, 所謂古聖人摩西, 與眞神示誡於西奈山, 以色列人奉摩西之諭, 避麥西國人之害追入紅海, 眞神卽合水以相滅, 其山其海, 均在是國焉. 內有至曠之野, 人民行走俱跨駱駝, 以牧羊馬爲生, 所居大都帳房. 但其風俗每多不善, 遇財卽劫, 誠可惡也. 土産喫啡·棗子·靛靑·藥材·珠子·駱駝·良馬. 其馬上山如平地, 渡水似浮橋, 日行二百里.

『地理備考』曰: 白爾西亞國, 又曰義蘭, 曰波斯, 在亞細亞州之中. 北極出地二十五度三十分起至三十九度止, 經線自東四十一度四十分起至六十一度三十分止. 東至黑拉德·阿付干·北羅吉三國, 西連土耳基國, 南接白爾西亞·科曼二海灣, 北界達爾給·厄羅斯二國暨加斯比約海. 長約四千五百里, 寬約三千里, 地面積方約六十萬里, 煙戶九兆餘口. 本國地勢, 山陵疊起, 砂磧綿邈, 河之長者, 曰給拉, 曰加倫, 曰達波, 曰西達羅干, 曰的窩盧, 曰固爾, 曰給西魯森,

曰馬三德蘭. 湖之大者, 曰塞勒, 又名都剌海, 曰詩拉斯, 曰烏爾迷亞, 曰伊里完. 田土磽瘠, 惟詩拉斯·伊斯巴汗·義蘭·馬三德蘭等處平原, 亦屬膏腴. 穀果豐茂, 禽獸充牣, 樹木蕭條. 土產銅·銀·鐵·鉛·絲·麻·煙·酒·窩宅·花石·硫磺·磁砂·磁器·緜花·珍珠·藥材·香料·大黃·鴉片·氈毯·牛皮等物. 地氣互異, 西冷南熱, 中溫. 王位相傳. 所奉之敎乃回敎也. 技藝精巧, 人煙輻輳, 凡與隣國交易, 靡弗結隊而行, 馱負運載.

本國初倂於美地亞國, 周靈王十二年, 有西祿斯者, 復立國基, 卽克服都蘭·美地亞暨亞細亞州西方等處. 越二百零七載, 傳至達里約, 有馬塞多尼亞國君, 攻奪其地. 迨薨後, 麾下諸將, 互分其地, 各霸一方. 稱王未幾, 各嗣君陸續皆被羅馬國君所侵, 惟本國屢挫其三軍, 不致盡隷版圖. 唐太宗貞觀十年, 爲天方回人侵奪. 宋理宗景定五年, 又爲蒙古人兼倂. 越一百二十六載, 土耳基亞國人, 逐去蒙古而據其地. 其後嗣君暴虐無道, 康熙三十三年, 國中變亂廢弒迭興. 索非斯君之後裔達馬斯者, 招兵買馬, 用賊首那的爾沙爲將, 許以重賞, 率討叛寇, 大獲全勝, 盡復失地. 其後那的爾沙, 貪婪無厭, 以賞不酬功爲詞, 遂行背叛, 將達馬斯君囚而弒之, 篡位爲王. 乾隆十二年, 被臣所弒. 其後紛紛爭位, 干戈四起. 國之變亂, 較昔尤甚, 以致國人各分黨羽, 皆欲立其酋爲君, 殺戮搶奪, 無所不至. 東方各地, 竟爲阿付干國所獲, 別建一國. 西方各地, 則被那的爾沙家臣給靈者所據, 卽位後任賢擧能, 興利除害, 爲一時之明君, 在位約三十載而殂. 時其弟薩的者, 欲竊君位, 乃以鴆謀毒嗣君. 其後妻從子亞里木拉亦欲竊位, 聲言薩的欲行篡逆, 乃率衆攻圍西拉斯城. 越九月, 旣陷, 遂將薩的暨嗣君一竝弒害, 僭立爲君. 時國內復亂, 兵革滋擾. 乾隆五十年, 亞里木拉薨後, 國事未定, 其哥麽部酋, 曰非爾者, 僭位稱王, 中涓馬何美起兵攻之, 屢戰獲勝, 而有其國. 及薨, 其侄巴巴塞爾達嗣立. 嘉慶十八年, 與厄羅斯國交兵, 卽峩羅斯也, 又喪日爾日亞地方. 於是通國分爲十一部, 大小不等. 一曰義

拉亞曰迷爾, 乃國都也, 建於平原之中. 一名達巴利, 一名馬郞德蘭, 一名義蘭, 一名亞塞爾拜然, 一名古爾利, 一名古西, 一名發爾斯, 一名給爾滿, 一名古義, 一名哥剌森. 其通商衝繁之地, 一名亞不支爾, 一名本德爾亞巴西, 一名音西利, 一名巴爾福祿支.

『外國史略』曰: 白西亞國, 北及峨羅斯·裏海·西域, 東及西域·甲布·巴律坦, 西及亞拉竝土耳其藩屬地. 廣袤方圓二萬二千七百四十里, 居民二千一百二十五萬. 北極出地, 自二十六度至四十度, 偏東自四十二度至六十度. 西北多山, 北地尤高, 餘皆平坦. 民皆穿河灌漑. 海濱廣斥, 卑濕而熱. 山亦磽確, 無草木. 惟出馬·驢·駝·羊·鼠, 各多異種. 又產瓜·豆·麻·煙·薑·鴉片·緜花·乳香·阿魏·甘棗·百果·大黃·硝·硫磺·鐵·鉛·銅·鹽. 道光四年, 地大震, 山崩, 大邑遂多荒蕪.

白西亞本古國, 民昔居山內, 與他國無往來. 周朝時, 有巴比倫國攻擊猶太人, 虜之. 陳高祖永定二年, 白西亞朱魯士王, 陷巴比倫都, 釋猶太人, 厚送財帛, 再建神殿, 而阿西亞各地皆服之. 其子又強陷麥西等國, 恣其暴虐, 國人廢之, 別擇立賢明之大利阿王. 出兵西方, 據地益廣, 降地中海各島, 與東北遊牧之徒戰, 敗退. 其子悉實, 又攻據希臘所屬之馬基頓地. 王歿, 國爲將軍所分. 及時, 羅馬人欲占其地, 與白西國戰, 屢年不克而退. 於東晉穆帝時, 羅馬之君議和, 以五部讓白西國. 白西王又奪印度各國連界之亞拉地. 於齊武帝永明元年, 與匈奴盟, 遂廣擴土地, 自地中海延及印度, 雖羅馬君亦畏之. 唐太宗貞觀元年, 羅馬軍突破其國, 而亞拉之回王穆哈默, 亦攻敗白西, 殺其君, 強百姓歸回教, 不服者誅之. 白西國昔奉星宿太陽, 自太宗貞觀九年始歸亞拉回教. 至南宋間, 五百八十四載, 無所變易. 及宋理宗二十五年, 元太祖起蒙古, 逾蔥嶺西征, 盡降其地, 封其婿爲賽馬爾罕王, 駐阿母河西北, 以遙轄之. 至明洪武時,

賽馬爾罕王, 興師而南遍陷其地, 盡有西域, 亦奉回教. 及賽馬爾罕王沒, 大軍亦旋, 留諸酋長分鎮各地, 土耳其人乘間據白西國. 正德間復歸蒙古. 雍正元年, 屢與土耳其·峨羅斯兩國結怨. 白西人素勇, 但性反復無常. 乾隆元年, 有蒙古王霸那得者, 以本國地微, 遂侵五印度, 奪其財帛, 降其百姓. 性酷貪, 境雖廣, 歿後, 白西國遂分爲四, 各隣國亦奪其土地. 峨羅斯兵之在界者, 屢擊敗白西人, 道光六年, 讓裏海邊地. 後白西民又殺峨國公使, 割其王之鼻耳. 今王於道光十四年卽位, 受峨羅斯之命, 攻喜拉城. 此地向屬五印度, 英軍擊退之, 峨羅斯因講和焉. 其國各有土酋分封, 本蒙古之宗室, 常反側不安.

其產宜麥, 宜瓜果, 多馬. 其民貌美, 女幼甚麗, 逾二十餘歲, 遂成老醜. 俗尙奢靡, 惟利是圖. 其屋外樸內華, 其人外謙內詐, 頗聰明, 有豪氣, 能詩文. 多尙回教, 喜拜太陽·火焰. 多出外國貿易. 好美其鬚, 乘良馬. 家家有浴室, 甚整飾. 語多亞拉音. 與土耳其國爲仇. 製造最巧者, 花氈·搭膊布. 美兵器, 嵌以金銀竝磁器. 其民不善通商, 故船赴海口者少, 亦無土產運出.

其城邑最北者, 曰治耳文城, 在裏海西, 與峨羅斯交界. 平坦, 多五穀. 有油泉自土湧出, 每日得油千斤. 有自然火, 由淵上炎. 五印度敬火之人, 爭赴此拜之. 裏海之巴古海口, 可通商.

裏海之西, 曰其蘭部, 甚豐盛, 出蠶絲, 多果木. 水土惡, 有瘟疫. 南有溜山, 路狹難通行. 其都會曰勒悉城, 居民六萬, 大埠也, 在裏海.

北部之東, 裏海之南, 有馬撒得蘭部, 出米穀. 巴佛, 居民四萬, 亞末, 居民三萬. 阿士搭拉巴部, 四面雲山, 麗景如畫.

西北之部曰亞得比安, 與土耳其·峨羅斯交界, 四面皆山, 卽古之他必城. 極廣大, 地豐五穀竝日用各物. 多耶穌之敎. 又有大城, 曰以利文.

哥拉撒, 與西域白西亞國交界, 地甚廣, 有鹵野. 其都曰墨設城, 居民五萬.

以拉部, 西連土耳其·亞拉等國, 地多磽, 而產穀頗盛, 農皆守分. 其北方有

新立都曰得希蘭城, 居民五萬. 大半駐兵, 冬來夏去, 以免瘟瘴. 其王嘗駐此, 以拒峨羅斯. 其古都曰以土巴含城, 百年前, 居民百餘萬, 今荒廢. 其海口曰布悉, 有貿易, 無戰船.

法斯部之示拉士邑, 山川秀麗, 距此百餘里有古城.

其王專威好殺, 傲視他國. 侍衛二千人, 其都周圍以萬騎環之. 其遊牧者各有首領, 戰卽召之. 各省所部以隨陣, 各營增至十五萬及二十萬人, 皆烏合易散. 近請英人及佛蘭西人訓練其兵, 倣歐羅巴軍令陣法以拒峨羅斯, 然猶不能敵焉. 政酷而餉重, 故富戶甚鮮.

주석

1 대식: 원문은 '대식大食'이다. 페르시아어 Tazi 혹은 Taziks의 음역으로 대식씨大食氏·다식多食·다씨多氏·대식大寔이라고도 한다. 한나라 때는 안식국安息國으로 지칭했고, 서기 10세기 이후의 송대 문서에서는 대식국이라 불렀다.

2 대업大業: 수隋나라 양제煬帝 양광楊廣의 연호(605~618)이다.

3 다마반드산Qolleh-Ye Damávand: 원문은 '구분마지나산俱紛摩地那山'이다. 지금의 이란 테헤란 동북쪽에 위치한다.

4 짐승: 원문은 '수獸'이다. 『구당서舊唐書』와 『태평어람太平御覽』에는 사자獅子임을 밝혀 두고 있다.

5 티그리스Tigris: 원문은 '항갈수恒葛水'이다.

6 동로마 제국Byzantium Empire: 원문은 '불름拂菻'이다.

7 바라문婆羅門: 인도 서북부 지역을 가리킨다.

8 강국康國: 고대의 국명으로, 지금의 우즈베키스탄Uzbekistan 사마르칸트 일대에 위치한다.

9 석국石國: 고대의 국명으로, 지금의 우즈베키스탄 타슈켄트Tashkent 일대에 위치한다.

10 튀르기쉬Türgish: 원문은 '돌기사突騎斯'로, 돌기시突騎施라고도 한다. 당나라 때의 변방 부락으로 안서도호부安西都護府에 속했다.

11 베르베라Berbera: 원문은 '발발력撥拔力'이다. 옛 땅은 아덴만Gulf of Aden 남쪽 해안에 위치한다.

12 아말향阿末香: 용연향龍涎香, 회호박灰琥珀이라고도 한다. 향유고래의 소화기관에서 생성되는 윤기 없는 무채색 덩어리로, 주로 향신료로 사용된다.

13 영휘永徽: 당나라 제3대 황제 고종 이치李治의 첫 번째 연호(650~656)이다.

14 개원開元: 당나라 제6대 황제 현종 이융기李隆基의 첫 번째 연호(713~741)
이다.

15 장열張說: 장열(667~730)은 당나라 현종의 재상으로 훗날 연국공燕國公에
봉해졌으며 시호는 문정文貞이다. 문장에 뛰어나 당시 당 조정의 중요
한 문서는 대부분 그의 손에서 나왔으며, 고관의 비문과 묘지 또한 많
이 써서 허국공許國公 소정蘇頲과 함께 연허대수필燕許大手筆로 불렸다.

16 술레이만Suleiman: 원문은 '소려만蘇黎滿'이다.

17 과의도위果毅都尉: 원문은 '과의果毅'로, 당나라 때 각 부府의 병사를 통솔
하던 무관직이다.

18 쿠라이시족Quraysh: 원문은 '고렬종孤列種'으로, 예언자 무함마드가 태어
날 무렵 메카를 지배했던 부족이다.

19 백의대식白衣大食: 시리아의 총독이었던 아부 수피안의 아들 무아위야가
세운 우마이야 왕조는 흰색을 숭상했기 때문에 '백의대식'이라 불렸다.

20 바누 마르완Banu Marwan: 원문은 '분니말환盆尼末換'이다.

21 하심Hashim: 원문은 '해심奚深'이다. 무함마드가 속했던 가문의 명칭이자
아바스 왕조를 창시한 집안이다.

22 무아위야Muawiyah: 원문은 '마가말摩訶末'로, 마아유아摩阿維亞라고도 한다.
우마이야 왕조의 창건자이다.

23 왕: 원문은 '왕王'이다. 광서 2년본에는 '주主' 자로 되어 있다.

24 다마스쿠스Damascus: 원문은 '하랍성夏臘城'이다. 시리아 남서부에 위치하
며, 우마이야 왕조의 수도였다.

25 마르완 2세Marwan II: 원문은 '말환末換'이다. 마르완 2세(재위 744~750)는 우
마이야 왕조의 마지막 칼리파이다.

26 호라산Khorasan: 원문은 '호라산呼羅珊'으로, 지금의 이란 북동부에 위치
한다.

27 메르브Merv: 원문은 '목록木鹿'으로, 말록末鹿이라고도 한다. 실크로드의
오아시스 도시로 지금의 투르크메니스탄에 위치한다.

28 아부 무슬림Abu Muslim: 원문은 '병파실림竝波悉林'으로, 호라산에서 일어

난 혁명 운동의 지도자이다.

29 지덕至德: 당나라 제7대 황제 숙종肅宗 이형李亨의 연호(756~758)이다.

30 대종代宗: 당나라 제8대 황제 이예李豫(재위 762~779)의 묘호이다.

31 대종代宗은 … 평정했다: 당나라 대종 이예는 조부인 현종 이융기가 756년
에 안록산安祿山의 반란을 피해 서쪽으로 도망가자, 아버지 이형李亨과 동
행했다. 이융기가 이형에게 제위를 물려주자, 이예는 황태자에 책봉되
었다. 얼마 뒤에 이예는 장안과 낙양을 되찾았는데, 여기서는 바로 이
일을 말한다.

32 정원貞元: 당나라 제9대 황제 덕종德宗 이괄李适의 연호(785~805)이다.

33 과총顆蔥: 파의 일종이다.

34 갈람葛藍: 칡의 일종이다.

35 앗샴Ash-Sham: 원문은 '점국苫國'이다. 고대의 국명으로, 옛 땅은 지금의
시리아에 있었다.

36 하자르Khazar: 원문은 '가살부可薩部'로, 7세기부터 10세기에 걸쳐 카스피
해의 북쪽에 위치했던 터키계 왕국이다.

37 쿠파Kufa: 원문은 '아구라亞俱羅'로, 지금의 이라크 중남부에 위치한다.

38 케르만Kerman: 원문은 '도반都盤'이다. 옛날 지명으로, 지금의 이란 남동
부에 위치한다.

39 라레스탄Larestan: 원문은 '라리지羅利支'로, 지금의 이란 남서부에 위치
한다.

40 바그다드Baghdad: 원문은 '발달勃達'로, 지금의 이라크 수도이다.

41 길란Gilan: 원문은 '기란岐蘭'으로, 지금의 이란 북서부, 카스피해 남서부
연안 일대에 위치한다.

42 아몰Amol: 원문은 '아몰阿沒'이다. 아매阿昧, 아막이阿莫爾라고도 하는데,
지금의 이란에 위치한다.

43 타바리스탄Tabaristan: 원문은 '타발사陀拔斯'로, 지금의 이란 북부 마잔다
란에 위치한다.

44 시라즈Shiraz: 원문은 '사란沙蘭'이다. 지금의 이란 파르스주에 위치한다.

45 니하반드Nihavand: 원문은 '니가온다성你訶溫多城'이다. 지금의 이란 하마단주Hamadan에 위치한다.

46 타드무르Tadmur: 원문은 '달만怛滿'이다. 지금의 시리아 중부에 위치한다.

47 옥수스강Oxus River: 원문은 '오호하烏滸河'로, 아무다리야강이다.

48 사국史國: 쿠샨Kushan으로, 서역의 고대 국명이다. 갈석국碣石國·견사堅沙·기사奇沙·갈상나국羯霜那國이라고도 한다. 지금의 우즈베키스탄 사마르칸트 남쪽에 위치한다.

49 철관鐵關: 중국 서역에 위치한다.

50 건덕乾德: 북송 태조太祖 조광윤趙匡胤의 두 번째 연호(963~968)이다.

51 행근行勤: 광서 2년본에는 '행권行勸'으로 되어 있으나 『송사』에 근거해 고쳐 번역한다. 행근은 송 태조의 명으로 서역과 인도에 가서 불경을 구해 왔다.

52 개보開寶: 북송 태조 조광윤의 세 번째 연호(968~976)이다.

53 태평흥국太平興國: 북송 제2대 황제 태종 조광의趙匡義의 첫 번째 연호(976~984)이다.

54 백용뇌白龍腦: 상록교목인 용뇌나무에서 채취한 수지樹脂를 건조시켜 만든 무색투명한 향료이다.

55 유향乳香: 금은향金銀香이라고도 하는데, 올리브나무과에 속하는 상록교목인 유향나무의 진액을 응고시켜 만든 향료이다.

56 빈철鑌鐵: 순도가 높은 강철을 말한다.

57 길패吉貝: 면직물이다. 광서 2년본에는 '행패吉貝'로 되어 있으나 악록서사본에 따라 고쳐 번역한다. 길패는 솜이나 면화를 의미하는데 면화가 조개처럼 생겼다고 해서 '패貝' 자를 썼다.

58 용염龍鹽: 약 이름으로, 길조지吉吊脂, 자초화紫稍花라고도 한다. 전설에 따르면 용의 정액으로 만든 것이라 한다.

59 은약銀藥: 쥐방울덩굴 열매로, 약재로 사용된다.

60 대추야자: 원문은 '천년조千年棗'로, 무루자無漏子, 이라크대추라고도 한다. 중동이나 복건·광동 등 열대 혹은 아열대 지역에서 생산된다.

61 라무리Lamuri: 원문은 '람리藍里'이다. 옛 땅은 지금의 인도네시아 수마트라섬 북부에 있는 반다아체Banda-Aceh 일대이다.

62 녹감綠甘: 광석의 일종으로, 건축 자재로 많이 사용된다.

63 녹석碌石: 광석의 일종으로, 건축 자재나 약재로 사용된다.

64 건염建炎: 북송 제10대 황제이자 남송 제1대 황제 고종高宗 조구趙構의 첫 번째 연호(1127~1130)이다.

65 대관大觀: 북송 제8대 황제 휘종徽宗 조길趙佶의 세 번째 연호(1107~1110)이다.

66 선화宣和: 북송 제8대 황제 휘종 조길의 여섯 번째 연호(1119~1125)이다.

67 민緡: 1민은 1,000냥에 해당한다.

68 소흥紹興: 남송 제1대 황제 고종 조구의 두 번째 연호(1131~1162)이다.

69 인더스강Indus River: 원문은 '인도하印度河'이다.

70 페르시아: 원문은 '백이서아百爾西亞'로, 백서아白西亞, 백서국白西國이라고도 한다.

71 바빌Babil: 원문은 '파백이罷百爾'이다. 고대 바빌론 왕국의 수도로, 지금의 이라크 중부에 위치한다.

72 바빌로니아: 원문은 '파비락니아罷鼻落你亞'이다.

73 사마르칸트Samarkand: 원문은 '살마아한撒馬兒罕'이다.

74 호르무즈Hormuz: 원문은 '홀로모사忽魯謨斯'로, 지금의 이란 남부에 위치한다.

75 아프리카: 원문은 '리미아利未亞'이다.

76 서인도제도West Indies: 원문은 '서인도각주西印度各洲'이다. 여기에서는 쿠바 등 서인도제도의 내용을 다루고 있는데, 위원이 서인도와 서인도제도를 혼동해서 이곳에 잘못 실은 것 같다.

77 쿠바Cuba: 원문은 '고파古巴'로, 지금의 라틴아메리카에 위치한다.

78 도광道光: 청나라의 제8대 황제인 선종宣宗 애신각라민녕愛新覺羅旻寧의 연호(1821~1850)이다.

79 만: 원문은 '만萬'으로, 광서 2년본에는 이 글자가 없으나 악록서사본에

따라 고쳐 번역한다.

80 카스피해: 원문은 '서역리호西域裏湖'이다.

81 석유: 원문은 '석유石油'이다. 광서 2년본에는 '토유土油'로 되어 있으나 악록서사본에 따라 고쳐 번역한다.

82 길란: 원문은 '액란부額蘭部'이다.

83 마잔다란Mazandaran: 원문은 '마산지란부馬散地蘭部'로, 지금의 이란 북서부, 카스피해 남쪽에 위치한다.

84 호라산: 원문은 '가랄산可剌散'으로, 지금의 이란 동북부에 위치한다.

85 마슈하드Mashhad: 원문은 '미식米食'으로, 지금의 이란 테헤란 동쪽에 위치한다.

86 이라크Iraq: 원문은 '이랄以辣'이다.

87 테헤란Tehran: 원문은 '지희란地希蘭'이다.

88 이스파한: 원문은 '익파한성益巴罕城'이다.

89 야즈드Yazd: 원문은 '엽대성葉大城'으로, 지금의 이란 중부에 위치한다.

90 파르스Fars: 원문은 '법이랄성法耳辣城'으로, 지금의 이란 중남부에 위치한다.

91 부셰르: 원문은 '보식해구補食海口'로, 지금의 이란 남서부에 위치하는 항구도시이다.

92 페르시아만: 원문은 '백서해우白西海隅'이다.

93 호르무즈: 원문은 '악말서惡末嶼'이다.

94 라레스탄: 원문은 '법남法南'이다.

95 라레스탄: 원문은 '랄지사剌地沙'이다.

96 케르만: 원문은 '극이만부克耳曼部'로, 지금의 이란 동남부에 위치한다.

97 후제스탄Khuzestan: 원문은 '서고서단성西古西但省'이다. 옛 이름은 아라비스탄Arabistan으로, 지금의 이란 남서부에 위치한다.

98 카불: 원문은 '갑포甲布'이다.

99 헤라트Herat: 원문은 '희랄성希辣城'으로, 지금의 아프가니스탄 서부에 위치한다.

100 아프가니스탄: 원문은 '아가업탄국亞加業坦國'이다.

101 발루치스탄: 원문은 '피로직탄국皮路直坦國'으로, 지금의 파키스탄 쵀서
단에 위치한다.

102 부하라Bukhara: 원문은 '대포가리아국大布加利亞國'으로, 지금의 우즈베키
스탄 중남부에 위치한다.

103 테헤란: 원문은 '제희란第希蘭'이다.

104 모세Moses: 원문은 '마서摩西'이다. 시나이산에서 계약 의식을 통해 십계
명을 공포해 이스라엘이라는 종교공동체를 창설했고, 이 계약의 조문
들을 해석해 이스라엘의 종교적, 세속적 전통을 확립했다.

105 시나이산Sinai Mountain: 원문은 '서내산西奈山'이다. 시나이반도Sinai Peninsula
내 시나이산맥의 주요 산으로, 모세가 신의 계시를 받아 『모세율법』을
지은 곳이라고 한다.

106 이집트Egypt: 원문은 '맥서국麥西國'으로, 지금의 이집트 아랍공화국The
Arab Republic of Egypt이다.

107 의란義蘭: 지금의 이란 북서부에 위치한 길란주이다.

108 헤라트: 원문은 '흑랍덕黑拉德'이다.

109 발루치스탄: 원문은 '북라길北羅吉'이다.

110 카자흐스탄: 원문은 '달이급達爾給'으로, 달달리達達里, 달이단達爾鄲이라
고도 한다.

111 카스피해: 원문은 '가사비약해加斯比約海'이다.

112 카르강Khar River: 원문은 '급랍給拉'이다.

113 카룬강Karun River: 원문은 '가륜加倫'으로, 이란 남서부를 흐르는 강이다.

114 도브강Duab River: 원문은 '달파達波'이다.

115 샤트알아랍강Shatt al-Arab Rud: 원문은 '서달라간西達羅干'이다. 이라크 남부
에서 유프라테스강과 티그리스강이 합류하여 이란과 이라크 국경을 따
라 흐르는 강이다.

116 하리강Hari Rud: 원문은 '적와로的窩盧'이다. 아프가니스탄에서 발원해서
투르크메니스탄으로 흐르는 강이다.

117 쿠라강Kura River: 원문은 '고이固爾'이다.

118 게젤오잔강Ghezel Ozan: 원문은 '급서로삼給西魯森'으로, 이란에서 가장 긴 강이다.

119 마잔다란강: 원문은 '마삼덕란馬三德蘭'이다.

120 시라즈: 원문은 '시랍사詩拉斯'이다. 여기에서는 시라즈에 위치한 마할루호Maharlu Lake를 가리키는 것으로 추정된다.

121 우르미아Urmia: 원문은 '오이미아烏爾迷亞'로, 중동 최대의 내륙호인 소금호수이다.

122 이스파한: 원문은 '이사파한伊斯巴汗'이다. 광서 2년본에는 '사斯' 자가 빠져 있으나, 악록서사본에 따라 고쳐 번역한다.

123 길란: 원문은 '의란義蘭'으로 지금의 이란 북서부에 위치한다.

124 기름지고 비옥하다: 원문은 '역속고유亦屬膏腴'이다. 광서 2년본에는 '역속亦屬' 두 글자가 없으나, 악록서사본에 따라 고쳐 번역한다.

125 주석: 원문은 '와택窩宅'이다.

126 문양석: 원문은 '화석花石'이다.

127 뇌사磠砂: 광물의 일종으로, 천연 염화암모늄을 말한다.

128 대황大黃: 장군풀의 일종으로, 산골짜기의 습지나 냇가의 밭에서 재배한다.

129 메디아Media: 원문은 '미지아국美地亞國'이다.

130 영왕靈王: 주나라의 제23대 왕 희설심姬泄心이다.

131 키루스: 원문은 '서록사西祿斯'이다.

132 두란Dulan: 원문은 '도란都蘭'이다. 고대의 왕국으로, 지금의 이란 아제르바이잔에 위치했다.

133 다리우스 3세Darius III: 원문은 '달리약達里約'이다.

134 마케도니아Macedonia: 원문은 '마새다니아국馬塞多尼亞國'으로, 고대 그리스의 왕국이다.

135 로마: 원문은 '라마羅馬'이다.

136 메카Mecca: 원문은 '천방天方'이다.

137 경정景定: 남송의 제5대 황제 이종理宗 조윤趙昀의 여덟 번째 연호 (1260~1264)이다.

138 사파비 왕조Safavid dynasty: 원문은 '색비索非'로, 이란 지역을 지배하던 이슬람교 시아파 계통의 왕조(1501~1736)이다.

139 타흐마스프 2세Tahmasp II: 원문은 '달마사達馬斯'이다. 타흐마스프 2세(재위 1722~1732)는 사파비 왕조의 제10대 왕으로, 술탄 후사인Soltan Hoseyn의 아들이다. 그는 호탁 왕조의 마무드 호탁Mahmud Hotak에 의해 수도인 이스파한이 포위당하자 타브리즈로 도망쳤으며, 나디르 샤의 도움을 받아 나라를 되찾았다.

140 나디르 샤Nādir Shāh: 원문은 '나적이사那的爾沙'로, 페르시아 아프샤르 왕조의 창시자이다. 나디르 샤(재위 1736~1747)는 터키계 아프샤르족 출신으로, 사파비 왕조 타흐마스프 2세를 옹립하고 공을 세워 타흐마스프 콜리 칸이라는 칭호를 받았다.

141 카림 칸: 원문은 '급령給靈'이다.

142 사디크Sadiq: 원문은 '살적薩的'으로, 카림 칸의 동생이다. 조카 아불 파드를 죽이고 왕위에 올랐으나, 후에 조카 알리 무라드에게 살해당했다.

143 알리 무라드 칸Ali Murad Khan: 원문은 '아리목랍亞里木拉'이다.

144 자파르 칸Jafar Khan: 원문은 '비이자非爾者'이다. 잔드 왕조는 자파르 칸의 아버지 사디크 칸이 조카를 폐위시키고 스스로 샤가 되었으나, 후에 알리 무라드 칸에 의해 죽임을 당한다. 1785년, 알리 무라드 칸 사후 사디크의 아들인 자파르 칸이 왕위를 찬탈하지만, 재위 4년만인 1789년에 사망한다.

145 거세당한: 원문은 '중연中涓'이다. 원래의 뜻은 궁형을 당한 환관을 의미하나 여기서는 6세 때 거세당한 아가 모하마드 칸을 의미한다.

146 아가 모하마드 칸: 원문은 '마하미馬何美'이다.

147 파드 알리 샤: 원문은 '파파색이달巴巴塞爾達'이다. 파드 알리 샤(재위 1797~1834)는 카자르 왕조의 왕으로, 동방 문제를 둘러싸고 프랑스, 영국, 러시아가 각축을 벌이던 시기에 페르시아를 통치했다.

148 조지아Georgia: 원문은 '일이일아지방日爾日亞地方'이다. 조지아는 오랫동안 터키와 페르시아의 지배를 받았으나, 1813년, 페르시아가 러시아와의 전쟁에서 패하고 굴리스탄Gulistan조약을 맺으면서 러시아에 할양되었다.

149 이라크: 원문은 '의랍아일미이義拉亞日迷爾'로., 이란 서북부의 역사적 지역을 가리킨다.

150 셈난Semnān: 원문은 '달파리達巴利'로, 지금의 이란 북부에 위치한다.

151 마잔다란: 원문은 '마랑덕란馬郞德蘭'이다.

152 아제르바이잔: 원문은 '아새이배연亞塞爾拜然'으로, 지금의 카스피해 연안에 위치한다.

153 쿠르디스탄: 원문은 '고이리古爾利'이다.

154 보스탄Bostan: 원문은 '고서古西'로, 지금의 이란 후제스탄 경내에 위치한다.

155 파르스: 원문은 '발이사發爾斯'이다.

156 케르만: 원문은 '급이만給爾滿'이다.

157 시스탄Sistan: 원문은 '고의古義'이다.

158 호라산: 원문은 '가랄삼哥剌森'으로, 가랍살哥拉撒이라고도 한다.

159 부셰르: 원문은 '아불지이亞不支爾'이다.

160 반다르아바스Bandar 'Abbās: 원문은 '본덕이아파서本德爾亞巴西'로, 지금의 이란 남부 호르모즈간주에 위치하는 주요 해양 관문이다.

161 안잘리Anzali: 원문은 '음서리音西利'이다. 지금의 이란 카스피해 연안에 위치한 항구도시이다.

162 발프루시Balfroosh: 원문은 '파이복록지巴爾福祿支'이다.

163 아프가니스탄: 원문은 '갑포甲布'이다.

164 발루치스탄: 원문은 '파률탄巴律坦'이다.

165 아라비아Arabia: 원문은 '아랍亞拉'이다.

166 바빌로니아: 원문은 '파비륜국巴比倫國'이다.

167 영정永定: 남조南朝 진나라 고조高祖 무제武帝 진패선陳覇先의 연호(557~559)

이다.

168 키루스: 원문은 '주노사朱魯士'이다.

169 아시아Asia: 원문은 '아서아阿西亞'이다.

170 다리우스 1세Darius I: 원문은 '대리아왕大利阿王'이다. 다리우스 1세(재위 기원전 522~기원전 486)는 아케메네스 왕조의 제3대 황제로 왕조의 전성기를 이끌었다.

171 크세르크세스 1세Xerxes I: 원문은 '실실悉實'이다. 크세르크세스 1세(재위 기원전 486~기원전 465)는 다리우스 1세의 아들로, 그리스와 대규모로 전쟁을 벌였으나 살라미스 해전에서 패배하면서 결국 아케메네스 왕조의 몰락을 가져왔다.

172 마케도니아: 원문은 '마기돈馬基頓'이다.

173 이때에: 원문은 '급시及時'이다. 광서 2년본에는 '급북송시及北宋時'으로 되어 있으나, 역사적 사실에 따라 고쳐 번역한다.

174 사마르칸트 왕에 봉하고: 원문은 '위새마이한왕爲賽馬爾罕王'이다. 광서 2년본에는 '새마이한위왕賽馬爾罕爲王'으로 되어 있으나 문맥상 고쳐 번역한다.

175 아무다리야강Amu Darya: 원문은 '아모하阿母河'이다.

176 정덕正德: 명나라 제10대 황제 무종武宗 주후조朱厚照의 연호(1506~1521)이다.

177 몽골 출신 나디르 샤: 원문은 '몽고왕패나득蒙古王霸那得'이다.

178 헤라트: 원문은 '희랍성喜拉城'이다.

179 지금의 왕(나세르 알딘 샤Naser al-Din Shah)은 … 공격했다: 페르시아의 왕이 러시아의 지원을 받아 헤라트를 공격한 것은 나세르 알딘 샤 시기인 1856년의 일이다. 본문에서는 도광 14년(1834), 즉 모하마드 샤 시기(1834~1848)로 적고 있는데, 이는 잘못된 것이다.

180 헤라트는 … 요청했다: 1856년, 페르시아는 러시아의 지원을 받아 모하마드 샤 시기에 잃어버린 헤라트를 공격했다. 여기에 영국이 가세해 일명 영국-페르시아 전쟁이 되었는데, 사실상 영국과 러시아의 전쟁이었다.

181 아제르바이잔: 원문은 '치이문성治耳文城'이다.

182 바쿠Baku: 원문은 '파고巴古'로, 지금의 아제르바이잔에 위치한다.

183 길란: 원문은 '기란부其蘭部'이다.

184 몰디브Maldives: 원문은 '유산溜山'으로, 지금의 인도양에 위치한다.

185 라슈트Rasht: 원문은 '륵실성勒悉城'으로, 지금의 이란 길란주에 위치한다.

186 마잔다란: 원문은 '마살득란부馬撒得蘭部'이다.

187 바볼Babol: 원문은 '파불巴佛'로, 지금의 이란 마잔다란에 위치한다.

188 아몰: 원문은 '아말亞末'이다.

189 아스트라바드Astrabad: 원문은 '아사탑랍파부阿士搭拉巴部'로, 지금의 이란
고르간Gorgan이다.

190 아제르바이잔: 원문은 '아득비안亞得比安'이다.

191 예레반Yerevan: 원문은 '이리문以利文'으로, 지금의 아르메니아Armenia에 위
치한다.

192 서역: 원문은 '서역西域'이다. 광서 2년본에는 '서성西城'이라 되어 있으
나, 악록서사본에 따라 고쳐 번역한다.

193 마슈하드: 원문은 '묵설성墨設城'이다.

194 일람Ilam: 원문은 '이랍부以拉部'로, 지금의 이란 서부에 위치한다.

195 테헤란: 원문은 '득희란성得希蘭城'이다.

196 이스파한: 원문은 '이사파함성以士巴含城'이다.

197 부셰르: 원문은 '포실布悉'이다.

198 파르스: 원문은 '법사부法斯部'이다. 광서 2년본에는 '주사부注斯部'로 되어
있으나, 악록서사본에 따라 고쳐 번역한다.

199 시라즈: 원문은 '시랍사읍示拉士邑'이다.

海國圖志
卷二十四

해국도지
권24

—

소양邵陽 위원魏源 편집

본권에서는 서인도 서쪽에 위치한 아라비아의 지리·역사·정치·풍속·물산·언어·문화적 특색·중국 및 주변국과의 관계, 그리고 이슬람교에 대해서 상세히 기술하고 있다. 아라비아 및 이슬람교와 관련하여『만국지리전도집萬國地理全圖集』,『지구도설地球圖說』,『지리비고地理備考』,『외국사략外國史略』,『영애승람瀛涯勝覽』,『도이지략島夷志略』,『후한서後漢書』,『신당서新唐書』,『명사明史』 등에 나타난 내용을 인용, 소개하는 동시에 이들 기록에 대한 위원 자신의 독창적인 견해와 비평을 제시하고 있다.

아덴

아란阿蘭이라고도 한다. 부록으로 이슬람교[1]를 고찰한다.

아덴Aden[2]은 아란, 아랍비아阿臘比阿, 갈랄비아曷剌比亞라고도 한다. 아시아대륙의 서남쪽 끝에 위치하며, 동쪽·서쪽·남쪽은 모두 바다를 경계로 하고, 북쪽은 터키Turkey[3]를 경계로 한다. 동서의 길이는 1100리이고, 남북의 길이는 1500리이며, 면적은 사방 116만 6천 리이고, 인구는 약 1천만 명이다. 그 형세는 또한 요충지이지만 땅에 모래와 돌이 많고 물이 부족하여 오직 산골짜기 물을 끌어다 관개를 하는데 사막을 지날 경우에는 물이 모두 땅에 스며들었다. 온 나라를 통틀어 동쪽 모퉁이에 작은 항구가 하나 있을 뿐이다. 시나이산Sinai Mountain[4]·이아열산伊阿列山·낭리산郎里山[5]이 가장 높으며, 홍해Red Sea[6]에 잇닿아 있다. 아덴은 메카Mecca[7]·메디나Medina[8] 각 부족 사이에 위치한다. 초목이 자라지 않아서 옛날에는 모두 '불모지 아덴(石阿丹)'으로 불렸다. 그러나 메카의 땅은 다른 지역에 비해 오히려 비옥한 땅으로 불렸으며 품질이 뛰어난 유향乳香[9]이 생산되었다. 역사서와 경전에서는 모두 이슬람교를 신봉한다고 되어 있다. 관리도 왕도 없었고 대개 부족을 기준으로 나누었는데, 매 부족의 종교 지도자가 바로 부족장이다. 내지에서는 목축에 종사하고, 해안에서는 대부분 장사를 했는데, 오직 변방의 원주민들은 노략질을 해서 살아갔다.

서기 700년 이전, 당나라 무후武后[10] 시기이다. 이웃 나라는 모두 혼란했으나 아덴만은 평화로웠다. 무함마드Muhammad[11]라는 자가 있었는데, 여러 해 동안 핍박받다가 용감한 이들을 불러 모아 전투하는 법을 가르쳤다. 로마Roma[12]가 쇠퇴할 즈음, 동쪽과 서쪽을 정벌하여 서쪽으로 모로코Morocco[13]를 차지하고, 다시 바다를 건너 스페인 등의 변경 지역을 차지했으며 동쪽으로는 인더스강Indus River[14] 유역의 각 지역을 차지했다. 마침내 법제를 새로 제정하고 여러 종교와 대립하면서 고금의 역사에 일대 변혁을 이루었다. 사촌 알리Ali[15]에게 가르침을 전하여 [무함마드의 뒤를 이어] 종주가 되었다. 처음에는 풍속이 소박했으나 상인들이 몰려들자 점차 안락함에 빠져 방탕해졌다. 이후로 하룬알라시드Hārūn al-Rashīd[16]·알마문Al-Ma'mūn[17] 두 사람이 나라를 다스리면서 학문과 예술[18]이 크게 흥성했다. 이 나라는 땅이 척박하여 마침내 페르시아[19]로 옮겨 갔는데, 바로 옛날 바빌로니아Babylonia[20]의 중심지이다. 이어 타타르[21]가 침입하여 온 나라를 휩쓸어 버리자, 원대 몽골을 말하는 것으로, 일찍이 페르시아[22]를 멸망시킨 적이 있다. 물러나 본국으로 돌아가서 나라를 지켰으며 다시 풍속이 소박해졌고 다른 나라와는 왕래하지 않았다. 바닷가 서쪽 해안은 다시 터키에 빼앗겼다. 2백 년 후에 명나라 영종英宗 정통正統[23] 초엽으로, 원나라 태종太宗[24] 말엽과는 2백 년의 시차가 난다. 터키 제국이 쇠약해질 즈음, 비로소 다시 빼앗긴 땅을 회복했다. 1720년 강희 59년이다. 에 본국에서 갑자기 미천한 신분의 무함마드 이븐 압둘 와하브Muḥammad ibn 'Abd al-Wahhāb[25]가 무리를 결집하더니 무함마드[26]의 가르침을 부흥시키고자 견강부회한 부분을 삭제하고 미래를 알 수 있다고 자처했다. 젊은 지도자 알 사우드Al Saud[27]가 그를 믿고 군사력으로 대중을 핍박하여 따르게 했으며, 각 부족과 연합하여 나라 전체의 교주로 삼았고 메카·메디나 두 곳을 중심지로 삼아 주변국에 위엄을 떨쳐 한 시기를 풍미했다. 마침내 그의 아들 이븐 사우드Ibn Saud[28]를 거느리고 이집트Egypt[29]·메카[30] 등의 나라를 차지하여 널리 교화를 펴고자 했다. 이집트의 파샤Pasha[31]가 군대를 이끌고 맞서 싸웠으며, 마침내 압둘라Abdullah[32]를 생포하여 귀국한 후 그를 죽여 버렸다. 그러나 그 종교를 믿는 이들이 너무 많아서 제거하기 어려웠고, 지역이 아득히 먼 데다 대부분 허허벌판이어서 기회를 틈타 소요를 일으켰지만, 외부에서는 진공할 수 없었다.

정치를 살펴보면, 한 부족을 하나의 부部로 삼았고, 각 부족에 종교 지도자 1인을 세워 각각 부족을 다스려서 서로 간섭하지 않았다. 그러므로 아덴의 계보는 헤아려 보면 상당히 상세하며 예로부터 지금에 이르기까지 바뀐 것이 없다. 부족 내에서 권력을 장악한 부로父老를 이맘Imam[33]이라고 불렀다. 모든 이맘 중에서 논의를 통해 한 명의 이맘을 뽑아 대이맘Grand Imam[34]이라고 불렀으며 각 이맘은 모두 그에게 속했다. 대소의 차이는 있었지만 신분의 귀하고 천함은 없었다. 대이맘이라고 왕을 자처할 수 없었고 이맘 역시 신하라고 칭하지 않았다. 각 부족에는 모두 포대가 있었고 너른 들판에서 목축과 유목을 했으며 약탈당할 걱정을 하지는 않았다. 사람들은 모두 사납고 호전적이어서 각 부족 역시 서로 무기를 들고 싸웠다. 만약 부족을 연합하여 일치단결해서 실로 정예 부대를 만들 수 있었다면 아시아의 강국이라도 그들의 적수가 될 수 없었을 것이다. 대대로 각 나라 모두 혼란했으나 아덴은 여전히 예전 그대로였다. 이밖에 또 아미르amir[35]라는 사람이 벽지에서 독립해 한 부족을 세워 귀족들

이 집정했다. 후에 이맘³⁶이 서로 계승하여 집정했으며 1630년 명나라 숭정
3년이다. 에 터키인을 몰아내고 이맘은 곧 권력을 찬탈해 교주가 되어 재
판관³⁷을 임명해서 사건을 처리했다.

　아덴 사람들은 왜소하고 얼굴이 누런빛이며, 힘이 세고 매우 지혜로울
뿐 아니라, 말 타고 조총을 쏘는 데 뛰어났다. 근검절약하는 풍조를 지녔
으며, 부자만이 쌀밥을 먹을 수 있었는데, 모두 다른 나라에서 생산된 것
이다. 가난한 자는 단지 이 땅에서 나는 보리를 먹고 커피·병아리콩³⁸의
껍질을 물에 담가서 마셨다. 대개 음식은 모두 낙타 젖으로 요리를 했고
육식은 거의 하지 않았다. 부잣집에서 손님을 청해 연회를 베풀 때도 오
직 채소만을 조촐하게 차려 냈는데, 음식을 먹는 사람들 모두 이에 대해
개의치 않았다. 의복은 허리와 어깨에 각각 흰 천을 둘러서 칼을 꽂기 편
하게 했다. 오직 두건은 여름과 겨울을 막론하고 10여 겹으로 두텁게 둘
러썼으며 금실로 수를 놓고 다시 양어깨까지 금은으로 장식한 술을 늘어
뜨렸다. 유럽의 풍속과 마찬가지로 종교 지도자는 모두 명문세가에서 나
왔으니, 종교 지도자의 명성은 비록 군주라 해도 가벼이 하지 못했다. 나
라 안에 무함마드의 후예들이 번성하여 민간에 섞여 살았는데 어디에나
다 있었다. 존귀한 명문세가를 전리미煎里靡로 불렀는데, 그들은 녹색 두
건을 중시했다. 또한 가리사哥厘士라는 열두 가문이 있어서 종교 관련 일
을 전담했으며 마찬가지로 녹색 두건을 쓸 수 있었다. 부족 사람들은 그
들을 신처럼 받들었다.

　약탈을 즐겼으며, 사람들은 기개가 있었다. 행인이 경계 지역을 지나
갈 때는 반드시 미리 보호해 주기를 청했는데, 밥 한 끼라도 함께한 인연
이 있으면 바로 서슴없이 도와주겠다고 했다. 만약 보호를 청하지 않을
경우, 약탈할 물건이 있다고 여기면 비록 그 자리에서는 별 탈 없지만,

광야에 이르면 반드시 약탈해서 모르는 사람처럼 행동했다. 다만 약탈당한 자가 그들의 장막까지 뒤따라가면 오히려 그들의 동정심을 불러일으켜서 오롯이 재난을 당하지는 않았다. 집에서 식사를 할 때 지나가는 이가 보이면 반드시 불러들여 함께 식사를 했는데, 남들이 자기 집이 가난하다고 여길까 봐 우려해서이다. 교제하기를 좋아했고 예절을 중시하여 잠깐 만나도 손을 흔들어 인사를 했는데 상당히 정성을 다했으며 웃어른이 나이 어린 사람들을 만나도 역시 마찬가지였다. 어린이도 예의를 배웠지만 모두 형식에 불과할 뿐 정성은 부족했다. 도량이 좁아서 다른 사람과 사이가 틀어지면 반드시 보복을 했고 실수로 비위를 거슬러도 반드시 갚았다. 그 당사자에게 보복할 뿐만 아니라 반드시 그 집안의 존귀한 이까지 죽여야만 끝났다. 그러므로 외출 시에는 반드시 날카로운 무기를 소지했고 아침이 될 때까지 앉아서 밤새 자지 않았는데, 이런 오랜 관습은 타파할 수 없었다. 사람들은 처첩을 많이 두었으며 내외를 구분했고, 여성들은 여행을 할 수도 있었으나 이 지역의 여성들은 얼굴을 가리지 않으면 밖으로 돌아다닐 수 없었으니, 터키·페르시아의 규정에 비해 더욱 엄격했다.

　이슬람교는 원래 아덴에서 생겨났으며 아덴은 또한 무함마드로 유명하다. 이후에 또 수니파Sunni[39]와 시아파Shiah[40]의 두 교파로 나뉘었으며, 각각 문파를 세웠다. 터키·페르시아가 아덴인과 교리에 대해 논쟁하다가 원수가 되어 오히려 무함마드가 전파한 종교를 사교로 여기는 경우가 흔히 있는데, 이는 무슨 까닭인가? 유독 아덴인은 외래 종교를 배격하지 않아서, 유럽 상인들이 그곳에 장사를 하러 와서 혹 기독교를 전파해도 그곳에 머물게 하여 잘 대접했으며, 경시하거나 물리치지는 않았다. 무함마드 이븐 압둘 와하브[41]의 종교 같은 경우, 그가 이집트에서 패해 죽은 후 종교 역시 널리 전파되지 못했다. 아덴의 언어는 유대Judea[42] 및 페르시아 등과 비슷하다. 서적은 근래에 대부분 흩어져 없어졌는데, 지난날 외지를 탈취하여 도시를 건설할 때 우선적으로 유명한 서적을 먼저 옮겨서 보관했으나, 그 지역을 빼앗기면서 서적 역시 사라졌기 때문이다. 이 나라 사람들은 다시 종족·원수·전투·유람·여성에 대한 글과 소설 등의 책을 저술했다. 근래『천일야화千一夜話』[43]라는 소설이 나왔는데, 글은 거칠고 속되지만, 문장력이 없다고 할 수는 없다. 산물로는 커피·병아리콩·파이색마향巴爾色馬香·유향·몰약沒藥·생고무·침향·말·낙타가 난다. 아덴은 향료가 집산되는 부두로 외국에까지 그 명성을 떨쳤는데, 사실 이 나라에서는 단지 유향·몰약·파이색마향만 산출될 뿐이고 나머지는 모두 아프리카대륙[44]에서 구입했다.

『만국지리전도집萬國地理全圖集』에 다음 기록이 있다.

아라비아[45]는 바로 메카[46]·아덴으로, 이슬람교의 종주이다. 이곳은 반도로, 남쪽으로는 아라비아해[47]에 이르고 북쪽으로는 터키 번속국에 이르며, 동쪽으로는 페르시아와 페르시아만에 접하고 서쪽으로는 아덴만Gulf of Aden[48]이라는 해협에 이르며, 또한 강과 바다는 수에즈지협Isthmus of Suez[49]을 통해 아프리카대륙과 연결된다. 북위 11도에서 31도, 동경 30도에서 60도 50분에 이른다. 길이는 4500리에 너비는 3600리이다. 대부분이 사막 지대로 오직 대추만 생산된다. 남쪽에서는 커피가 나는데, 향미가 뛰어나서 값이 비싸다. 땅에서는 향료·약재가 난다. 이곳의 말은 큰 것으로 유명한데, 평지를 걷듯이 산을 오르고 물을 건널 때도 부교를 건너듯이 하며 하루에 2백 리를 달릴 수 있다. 낙타는 이 나라의 교통수단으로 극한 상황에서도 잘 버텨 낸다.

진陳나라 선제宣帝[50] 대건大建 원년(570)에 이슬람교의 창시자 무함마드가 메카에서 출생했다. 어린 시절에 서국西國[51]으로 장사를 떠났는데, 글은 몰랐지만 진리를 찾아 사색을 즐겨 하는 성품이었고, 장사를 하는 데도 이익에 밝았다. 이곳 사람들이 유독 우상을 숭배하는 것을 보고 속으로 불만이 생겨 새로 종교를 만들어 아내에게 그 종교를 믿게 했다. 친척과 친구들이 그 종교를 믿게 된 후에는 모두 함께 집회를 열었다. 『쿠란Qurān』[52]이라 불리는 경전을 저술했다. 유일신 알라Allāh[53]는 하느님이고, 무함마드는 바로 알라신이 파견한 성인이다. 하느님[54]을 받들어 섬기고자 반드시 매일 일정한 시간에 기도하고,[55] 경전을 읽으며 빈민을 구제하고, 매년 한 차례 한 달 동안 재계하며 낮 동안에는 금식한다.[56] 그리고 반드시 살아생전에 한 차례는 무함마드의 출생지와 사망지[57] 부근에 있는 무덤에 가서 향을 사르고 예배를 해야 한다. 돼지고기와 술을 금하는데, 금지사항을 엄격히 지키면 사후에 천상에 올라가서 천국의 즐거움[58]을 누릴 수 있다.[59] 그러나 불교 신자들이 이슬람교를 기꺼이 받아들이려고 하지 않아서 무함마드는 위험을 피해 동굴로 몸을 숨겼다. 당나라 고조高祖 무덕武德[60] 4년(621)에 무함마드가 메디나로 도망쳤는데,[61] 그곳 사람들이 기뻐하며 맞아들였고 아울러 그들은 모두 이슬람교도가 되었다. 그해(622)를 이슬람의 원년으로 삼았으며, 이슬람교도들이 구름 떼처럼 몰려들어 무리를 결성하여 메카를 공격했다. 다음 해에 메카에서 다시 쳐들어와 수도를 굳게 포위했다. 무함마드는 병사를 모집하여 보복하고, 포대를 탈취하여 기회를 틈타 기습해서 그 사람들을 제압하니, 그 위세와 권위는 더욱 높아졌다. 이로써 사람들을 사방에 두루 보내어 여러 나라가 이슬람교를 받아들이게 했으며, 조금이라도 감히 거역하면 군대를 이끌고 가서 섬멸했다. 나이 오십이 되었을 때, 군대를 이끌고 메카로 가서 우상[62]을 파괴하고 이교도들을 잔혹하게 살육했다. 토착민들은 그들의 무력을 두려워하여 믿고 따르지 않는 자가 없었다. 이와 같이 진격해 무너뜨리면서 이슬람교는 널리 서역에 전파되었다.

시나이산[63]은 아라비아반도[64] 서북쪽에 위치한다. 상商 왕조 연간에 하느님이 이곳에 천둥과 번개를 치고 십계명을 공표하여 인류는 삼가 이를 준수했다.

메카는 서쪽에 위치하며, 홍해에서 멀지 않다. 무슬림은 이곳에 모여들어 무함마드 생가에 참례한다. 네모꼴로 사방 1리 정도 되는 카바 신전Kab'ah[65]에 검은 돌[66]이 있는데, 옛사람들이 숭배하던 것으로 직접 향을 맡고 일곱 차례 신전 주위를 돈 후에 잠잠Well of Zamzam[67]에서 몸을 씻으면 죄가 사해진다고 한다. 순행·예배·산에 오르는 의식[68]을 마치면 죄가 전부 없어진다. 메카의 인구는 3만 명이며, 매번 무슬림의 순례 의식으로 인해 상업이 번성했다.

메디나는 무함마드가 묻힌 곳으로, 그 시신은 철제관에 안치되어 있다. 무슬림은 또한 그곳에 가서 분향한다. 단지 성이 비좁아 가옥은 5백 채에 불과했지만 해마다 아라비아해·서역의 서양 국가와 아프리카[69]의 독실한 신자 수만 명 이상이 메디나를 향해 출발해서 강을 건너고 험난한 길을 거쳐 도착하여 메디나는 많은 사람으로 복잡하고 북적거렸다.

『지구도설』에 다음 기록이 있다.

아라비아[70]는 아랍백국亞拉伯國이라고도 한다. 동쪽으로는 페르시아만[71]을, 남쪽으로는 아라비아해를, 서쪽으로는 홍해를, 북쪽으로는 터키[72]를 경계로 하며, 인구는 약 1만여 명 정도 된다. 도성은 메카로, 도시의 인구는 6백만 명이다. 메카는 바로 옛날에 이슬람교주 무함마드가 탄생한 도시이다. 또한 메디나라는 도시가 있는데, 바로 무함마드가 묻힌 곳이다. 그래서 무릇 서역의 국가들은 천 리 길을 마다하지 않고 매년 반드시 여러 차례 이곳에 와서 분향하고 예배한다. 대개 옛날에 이슬람교주 무함마드에 의하면, 하느님께서 친히 내린 계시를 받들어, 『쿠란』이라는 경전 한 권을 저술하여 백성들을 교화시켰다고 한다. 만약 믿고 따른다면 천복을 누리지만, 믿지 않는 무리를 만나면 곧 살육했기 때문에 아시아 서쪽의 각 나라가 이슬람교를 믿지 않을 수 없었다. 예배일에 있어서도 7일을 기준으로 삼았지만, 기독교와는 달라서 이슬람교의 예배일은 기독교 예배일 이후 5번째 날이다.[73]

『지리비고地理備考』에 다음 기록이 있다.

아라비아는 아랍아亞拉亞라고도 하며, 아시아대륙의 서쪽에 위치한다. 북위 12도에서 34도에 이르며, 동경 30도에서 57도에 이른다. 동쪽으로는 오만Oman[74]만·페르시아만에 이르고, 서쪽으로는 홍해에 임하며, 남쪽으로는 오만만과 아라비아해로 이어지고, 북쪽으로는 수에즈지협[75]과 터키를 경계로 한다. 길이는 약 6천 리, 너비는 약 5천 리, 면적은 사방 약 80만 리이고, 인구는 1200만 명이다. 사막이 많고 언덕은 상당히 적으며, 드넓은 평원과 광야가 펼쳐져 있다. 큰 강으로 티그리스강Tigris River[76]과 유프라테스강Euphrates River,[77] 두 강이 있다. 그 나머지는 작은 하천으로 바다로 흘러 들어가지 않는다. 땅이 척박하고 광활한 황야가 펼쳐져 있지만, 동쪽과 남쪽은 바다로 이어져 있어 꽤 비옥하다. 땅에서는 구리·쇠·납·인디고·곡식·과일·담배·사탕수수·향료·후추·면화·숙피熟皮[78]·진주·백옥·산호·마노·노사鹵砂[79]·유황·문양석 등이 산출된다. 짐승이 넘쳐나며 말이 가장 훌륭하다. 기후가 다양하며, 최근 약간 온화해졌지만 모든 지역이 상당히 더운 편이다. 샘이 적어 물이 부족하기 때문에 사람과 생물 모두 생활하기가 어렵다. 통치는 여러 부족장이 관할한다. 이슬람교를 믿는다. 재주와 기예가 내세울 정도는 못되지만, 무역은 번성한 편이다. 이 나라는 예로부터 터를 닦기 시작하여 당 고조 무덕 5년(622)에 이르기까지 대대로 이어져 오면서 결코 분할된 적이 없다. 이후 이 나라 메카의 무슬림인 무함마드[80]라는 자가 새로운 종교를 널리 전하여 민심을 부추겨 현혹시키자, 지체 높은 가문에서는 모두 그의 말을 배척하고 그의 종교를 없애려고 했다. 그래서 무함마드는 메카를 떠나 메디나로 갔다. 그곳에 거주한 지 오래지 않아 명성이 사방에 널리 퍼져서 가르침을 받는 이들이 상당히 많아졌다. 무함마드가 이들을 이끌고 메카를 공격하여 그 땅을 함락하고 다시 백성들을 굴복시켜서 마침내 군주로 즉위하여 새로운 종교를 널리 전파하니, 나라 전체가 바람에 휩쓸리듯 이 종교를 믿어 무함마드를 성인으로 받들었다. 그가 죽자, 후계자가 다시 이 새로운 종교를 아시아·아프리카·유럽 3개 대륙에 전파해서 무슬림이 차지한 땅도 상당히 많아졌다. 그 후로 나라가 쇠퇴 국면에 접어들면서 이슬람 세력 간 분쟁으로 땅이 분할되었는데, 터키에 빼앗긴 땅이 가장 많았다. 나라 전체는 여섯 지역으로 나뉜다. 헤자즈Hejaz[81]는 산골짜기에 세워졌는데, 가옥은 크고 높으며 거리는 넓고 곧다. 그리고 예멘Yemen,[82] 하드라마우트Hadhramaut,[83] 오만, 알아흐사al-Aḥsā,[84] 네지드Nejd[85]가 있다.

『외국사략外國史略』에 다음 기록이 있다.

아라비아반도는 남쪽으로는 아라비아해, 북쪽으로는 터키 번속지, 동쪽으로는 페르시아만, 서쪽으로는 홍해에 이르며, 이집트[86]와는 수에즈 지협을 사이에 두고 있는데, 바로 이슬람교를 믿는 아랍국이다. 면적은 사방 5만 리이고, 인구는 1200만 명이다. 이 땅에는 사막이 많으며, 항상 더위가 심하다. 토산물이 나지 않아서 사람들은 오직 섬에서 생산되는 대추와 각종 나무에 의지해 살아간다.

예멘[87]은 면적이 사방 3240리에 인구는 3백만 명이다. 향료·생고무·몰약 등의 물품이 난다. 메카라는 도시에서는 커피가 난다. 동남쪽은 사막으로 이어지며, 서쪽은 홍해와 맞닿는다. 토군이 다스리며 이집트에 정기적으로 공물을 바치고, 수도는 사나Sana[88]이다.

오만은 [아라비아반도의] 동남쪽 지역으로, 동쪽으로는 페르시아만에 접하고 동남쪽에는 사막이 있다. 군주는 권세가 있었으며, 또한 인근 지역 및 아프리카의 두 해변에 항구를 열었다. 수도는 무스카트Muscat[89]로, 인구는 1만 2천 명이며 상당히 넓은 항구이다.

알아흐사는 페르시아만[90]으로, 해적이 많다.

헤자즈는 홍해 연안의 성지로, 메카[91]와 메디나[92]라는 두 도시가 있는데 무슬림이 모이는 곳이다. 서북쪽은 척박한 땅이다.

내지에는 네지드[93]가 있는데, 거주민 모두 이슬람교를 믿지 않는다.

아라비아해 부근에는 하드라마우트[94]가 있는데, 인구가 매우 적다.

이곳의 기후는 특이해서 평지는 한층 더 더운데 밤이 되면 오히려 추워진다. 비가 내리지 않는 곳이 여러 지역으로 단지 이슬만 내린다. 땅은 메마르고 물은 짜며, 또한 보리와 대추야자[95]·면화·약재·담배·각종 생고무가 나는데 다른 나라에 수출한다. 말이 특히 훌륭해서 잘 달린다. 낙타가 많은데 거주민은 그 고기를 먹고 털을 사용하며, 짐을 싣는 데 사용하고 왕래할 때도 모두 낙타를 이용한다. 사자·낙타·산양·들짐승이 많다.

토착민은 가난하고 거칠며, 유목 생활을 하면서 약탈을 즐기고, 천막에 거주하며 가축의 젖을 먹는다. 각각 우두머리를 세워서 비록 터키 군주의 통치 아래에 있지만, 그 명령을 따르지는 않는다. 제멋대로 행동하는 것 같지만, 계율을 거스르는 자가 있으면 반드시 죽여 버렸다. 각 부족은 또한 항상 서로 분쟁했다.

이곳 백성들은 예로부터 다른 나라에 복종하지 않았고, 비록 다른 나라에서 이 나라를 침범해도 모두 승리를 거두지는 못했다. 그러나 후에 그리스의 공격을 받아 복속되었다. 그리스 왕이 죽자, 아라비아 백성은 강 중간 지역을 차지했다. 동한東漢 안제安帝 영초永初[96] 연간에 다시 로마에 강제로 복속되었다. 변경에 거주하는 백성은 별자리·태양을 받들거나 기독교를 믿었으며, 또한 유대 왕국[97] 사람을 왕으로 삼아 기독교 신자를 박해하기도 하여 각 부족 간에 자주 전쟁이 벌어졌다. 무함마드라는 자는 본래 상인으로, 멀리까지 가서 장사를 했다. 그는 도사들과 왕래하고, 인도·유대의 경전을 배웠으며, [히라Hira산의] 동굴에 은거하다가 홀연 신의 계시를 받은 듯하더니 스스로 종교 하나를 창시했다. 메카의 종교인들은 믿지 않고 그를 추방했다. 당나라 고조 무덕 2년(619), 무함마드는 타지로 가서 무리를 모아 기병하여 연호를 세우고 스스로 천사天使라 칭했다. 누차 전쟁을 하여 승리했으며, 사방에서 신자들이 구름 떼처럼 몰려들어 세력이 나날이 커졌고, 강제로 주변국 군주에게 그들의 종교를 버리고 이슬람교를 믿게 하여 풍속도 크게 일변했다. 무함마드가 죽자 사촌 동생이 왕위를 이어 나날이 종교가 번성했고, 로마의 경계까지 침범하여 큰 성을 공략해 점거하고 그들의 종교를 믿으려 하지 않는 자는 주살했다. 후에 이집트를 침략하여 영토가 날로 확장되더니 북쪽으로는 스페인Spain[98]을 점거하고, 동쪽으로는 페르시아를 복속했으며, 오인도국을 모조리 차지했다. 이처럼 이슬람교는 수백 년 동안 사방으로 퍼져 나갔다. 이집트 현인의 저서에서 무함마드의 설이 이단이라고 배격하자, 이집트에서 대군을 이끌고 이슬람교를 축출하여 비로소 이슬람교가 점차 사라지게 되었다.

아라비아는 크게 돌이 많은 땅, 사막 지대, 비옥한 지대의 세 부분으로 나뉜다. 돌이 많은 땅은 서북쪽 지역으로, 유대인이 처음 이집트를 떠나 이곳에 도착했다. 이른바 성인 모세Moses[99]가 시나이산에서 하느님의 계시를 받았는데 바로 이곳이다. 무함마드가 출생한 메카에는 사방에서 신자들이 구름처럼 몰려들어 성역으로 받들었으며 무역도 번성했다. 메디나는 무함마드가 묻힌 곳으로, 모스크Mosque[100] 안에 그의 무덤이 있는데 상당히 휘황찬란하다. 먼 길을 마다하지 않고 많은 이들이 와서 그곳에서 예배한다. 지다Jidda[101]는 홍해 가의 항구로 인구가 6천 명이다. 메카의 항구는 인구가 1만 5천 명으로, 상선이 꽤 많으며 아라비아에서 가장 풍요로운 항구도시이다. 또한 메카는 인구가 5천 명이며 커피가 생산된다. 페르시아만에 위치한 동쪽의 무스카트[102]가 가장 번성하다. 이곳에 해적 소굴이 있어서 영국인은 두 차례나 해적을 전멸시켰다. 영국인이 아덴만에 아덴[103]이라는 항구를 건설해서 이곳에 석탄을 쌓아 두어 화륜선이 원활하게 왕래할 수 있었다. 땅이 척박하여 인구 역시 적다. 예멘[104]은 서남쪽 지역으로, 사막이 대부분이며 중심지는 마찬가지로 예멘이다. 근래 페르시아 왕과 터키 군주가 아라비아 땅을 나누어 차지하고 있지만, 거주민은 모두 산속에 살면서 외국 군주를 따르지 않고 변변찮은 공물만을 바칠 뿐이다.

阿丹國

一

一作阿蘭. 附天方回教考.

阿丹國, 一作阿蘭, 一名阿臘比阿, 又曰曷剌比亞. 在阿細亞洲極西南, 東·西·南皆界海, 北界都魯機. 東西距千一百里, 南北距千五百里, 幅員百十六萬六千方里, 戶口約千萬名. 形勢亦居要害, 惟地多沙石, 缺源泉, 惟資山澗灌漑, 遇沙卽滲. 通國僅有東隅一小港耳. 西那山·伊阿列山·郎里山皆最高, 濱臨西海. 在墨加·默德那各族中. 不產草木, 故古咸謂之石阿丹. 然墨加之地較他處尙稱沃壤, 產上品乳香. 其史書經典皆依回敎. 無官無王, 類以族分, 每族敎頭卽部長也. 內地事牧畜, 海岸多商賈, 惟邊界土蠻事劫掠.

耶穌紀年七百以前, 唐武后時. 隣國皆亂, 獨阿丹無恙. 有馬哈墨者, 被謫多年, 收納勇敢, 敎以戰陣. 値羅汶之衰, 東征西討, 西取摩羅果, 又渡海取呂宋等邊地, 東取阿沙斯河各地. 遂創立法制, 與各敎爲仇, 爲古今文字之一變. 傳及其兄子阿厓, 嗣位爲大敎師. 初尙樸實, 迨商旅輻輳, 漸卽樂逸. 自後復有哈倫阿蘭士支·阿爾門二人佐理, 大興文學. 因本國礄確, 遂遷於巴社, 卽古時巴比羅尼阿之首區也. 嗣被韃靼里侵擾一空, 謂元代蒙古也, 曾滅回回祖國. 退保

本國, 還其樸俗, 不與他國往來. 其濱海西岸, 復被都魯機奪去. 越二百年, 明英宗正統初, 距元太宗末計二百年. 値都魯機衰弱, 始復奪回. 千七百二十年, 康熙五十九年. 本國忽有微賤之洼都阿哈, 聚集徒黨, 欲興復麻哈密之敎, 刪去其附會, 自謂能知未來. 有少年頭目依沙烏信之, 以兵力迫衆遵從, 連合各族立爲通國敎主, 以墨加·默德那兩處爲首區, 威震隣國, 一時稱盛. 遂率其子阿巴爾臘圖據伊揖·磨加等國, 廣行敎化. 伊揖之巴札領兵拒敵, 竟擒阿巴爾臘歸國, 戮之. 然其敎內之人滋蔓難圖, 地方遼遠, 兼多曠野, 可以乘機出擾, 而外地不能進攻.

政事以一族爲一部, 每族立一敎首, 各理各族, 不相統屬. 故阿丹之族譜推究極詳, 自古迄今, 未有改易. 其族中操權父老, 謂之小師. 而於衆小師中, 議立一師, 謂之大師, 各小師均屬之. 有大小, 無尊卑. 大者不能以王自居, 而小者亦不以臣僕稱也. 各族均有砲臺, 牧畜遊牧曠野, 毋虞攘掠. 人皆悍鷙好勝, 各族亦互相械鬪. 若能聯族合心齊力, 實爲勁旅, 阿細亞洲內强國恐非其敵. 歷來各國均有更亂, 而阿丹依然如故. 此外又有一人曰耶米, 在僻地獨立一族, 以貴人執政. 後有伊滿相繼爲政, 於千六百三十年, 明崇禎三年. 將都魯機人驅逐, 卽擅權爲敎主, 立加底士官以判事焉.

阿丹之人, 瘦小面黃, 多力足智, 善騎射鳥鎗. 俗尙儉節, 富者始食稻米, 皆産他國. 貧者僅食本地大麥, 以加非豆·柳豆之壳浸水飮之. 凡菜飯皆調以駱駝乳, 罕肉食. 富家宴賓, 惟潔蔬菜, 口腹之人衆皆不齒. 衣則腰膊各纏白布, 以便揷刀. 惟布帽無論寒暑, 厚十餘層, 金綫繡字, 再垂金銀穗于兩肩. 其敎師均出世家, 如歐羅巴之俗, 故師之名, 雖南面不易. 國中麻哈密之後裔生齒蕃多, 雜處民間, 無處不有. 其尊貴世家謂之煎里靡, 其帽貴綠. 又有哥厘士十二家, 專司敎事, 亦得冠綠. 部人望之若神明.

俗尙劫奪, 務慷慨. 行人過境, 必先求其保護, 但有一飯之緣, 卽慨諾出力.

設無保護, 卽謂是應劫之物, 雖同處款洽, 而一至曠野無不劫奪, 如未謀面者
然. 惟被劫之人, 但尾至其帳, 尙可動其矜憐, 不至全受災害也. 家居飲食時,
見有行人, 必招同餐, 恐人疑其貧裏. 喜結交, 多禮節, 乍見卽搖手爲禮, 曲盡
殷勤, 尊長見卑幼亦然. 童稚卽習禮儀, 然皆虛文鮮實. 器量狹小, 與人有隙,
不報不休, 誤行觸犯, 亦必報之. 非特報其本人, 且必誅及其族中尊貴而後已.
故出門必攜利器, 坐以達旦, 終宵不寐, 積習牢不可破. 人多妻妾, 別內外, 民
婦或可遊行, 若部落之女, 不蒙頭卽不外行, 較之都魯機·巴社防範尤嚴.

回教原出於阿丹, 而阿丹又以馬哈墨爲最著. 迨後又分兩種, 一曰色底特士
教, 一曰比阿厘教, 各立門戶. 常見都魯機·巴社與阿丹人爭辯敎理成仇, 反以
馬哈墨所傳之敎爲邪敎, 是何謂耶? 惟阿丹人不甚拒絕外敎, 故歐羅巴客商往
彼貿易, 或導人以克力士頓敎, 亦復客留善待, 不至輕忽拒絕. 若哇都阿哈之
敎, 自爲伊揖敗死後, 敎亦不甚流傳. 阿丹音語與由斯及巴社等相似. 其書籍近
多散軼, 因先日奪得外地建造部落時, 盡將著名書籍先運往貯, 及至地失而書
亦隨淪. 本國人復又著輯論族類·論仇敵·論攻擊·論遊覽·論女人以至小說等書.
近有小說謂之『一千零一夜』, 詞雖粗俚, 亦不能謂之無詩才. 土產加非豆·柳
豆·巴爾色馬香·乳香·沒藥·樹膠·沈香·馬·駱駝. 阿蘭爲香料聚集之埠頭, 名馳
異域, 其實本國僅產乳香·沒藥·巴爾色馬香耳, 餘俱購自阿未里加洲.

『萬國地理全圖集』曰: 亞剌伯, 卽天方·阿丹, 回敎祖國也. 此乃半土, 南及
南海, 北至土爾其藩屬國, 東接白西及其海隅, 西及海峽, 名曰死門, 又至江海,
以蘇葉微地連與亞非利加大地. 北極出自十一度至三十一度, 偏東自三十度至
六十度五十分. 長四千五百里, 闊三千六百里. 大半沙漠, 惟出棗. 南方產珈琲,
香味價貴. 土出香料·藥材. 其馬大有名, 上山如平地, 落水如浮橋, 一日能走
二百里. 其駝係國之舟, 忍耐辛苦.

陳宣帝大建元年, 回教始祖摩哈麥者, 生於麥加邑. 少年商遊西國, 雖不識字, 性好默思道理, 貿易通利. 一觀本地人民, 獨拜偶像, 心內不悅, 新造教門, 令妻受之. 其親戚朋友進教後合爲一會. 著聖書, 稱曰『可蘭』. 獨一眞主上帝, 而摩哈麥乃其所差之聖人. 欲奉事上帝, 必每日定期祈禱念經, 賙濟貧乏, 每年一次連月守齋, 日間不食. 必須終年一次往摩哈麥生死之兩邑附近其墓燒香禮拜. 禁豕肉·飮酒, 固守死後卽昇上界, 享天女之樂. 但佛教之徒不肯悅服, 令摩避危, 藏身穴內. 唐高祖武德四年, 逃麥地拿之邑, 居民悅接, 竝其從徒. 以此年爲元紀, 信徒雲集, 結群攻擊. 次年其敵復來, 固圍國邑. 摩哈麥募兵報讐, 征取其砲臺, 乘機掩殺, 糜爛其民, 威權愈重. 是以使人遍往四方, 令諸國承其教, 稍敢忤違, 率兵剿滅. 年及五十, 督兵侵本邑, 拆壞菩薩, 酷戮異己. 土人畏其兵力, 不敢不信服. 進貢如是, 其教廣布西域.

西奈山在亞剌西北方. 商朝年間, 上帝於此處雷電, 頒立十條誡諭, 人類敬守.

麥加在西方, 離紅海不遠. 回回民於此集會, 拜摩哈麥所生之屋. 於四角一里之殿有黑石, 古人所敬, 親嗅七次周行後洗身水源, 以表滌罪. 巡行·瞻禮·上山事竣, 其罪一槪赦免. 其城之居民三萬丁, 每因大會, 生意豐盛.

麥地拿係摩哈麥葬處, 臥於鐵棺. 回回亦往彼燒香. 但城褊小, 房屋不過五百間, 年年南海·西域西國與亞非虔信士不止數萬, 起程赴城, 泛江涉巇而至, 大衆繁雜稠擠.

『地球圖說』: 亞拉比亞國, 又名亞拉伯國. 東界白耳西亞海, 南界南海, 西界紅海, 北界土耳基國, 其百姓約有一萬之數. 都城名麥加, 城內民六百萬. 其麥加之城, 卽昔回教主摩哈麥所生之城. 又一城名麥地拿, 卽回教主葬地. 故凡西域等國, 不嫌千里之遠, 每年必數至燒香禮拜. 蓋昔年回回教主摩哈麥自

云, 奉天神親諭, 令著聖書一冊, 名曰『可蘭』, 以示庶人. 若能信從, 卽享天福, 如遇不信之徒, 卽行誅戮, 以致亞細亞之西方各國不敢不信. 至禮拜日期亦以七日爲例, 但與耶穌敎不同, 回敎禮拜日在耶穌敎禮拜後之第五日也.

『地理備考』曰: 天方國又名亞拉亞, 在亞細亞州之西. 北極出地十二度起至三十四度止, 經線自東三十度起至五十七度止. 東至科漫·白爾西亞二海灣, 西枕紅海, 南連科曼海灣曁印度海, 北界蘇挨斯徑曁土耳基亞國. 長約六千里, 寬約五千里, 地面積方約八十萬里, 煙戶一京二兆口. 沙漠居多, 丘陵甚少, 一望平原曠野. 河之大者有二, 曰美丹, 曰北波. 其餘小川, 不注于海. 田土磽瘠, 荒野寥絕, 東南濱海, 頗爲膴腴. 土產銅·鐵·鉛·靛·穀·果·煙·蔗·香料·胡椒·緜花·熟皮·珍珠·白玉·珊瑚·瑪瑙·鹵砂·硫磺·花石等物. 禽獸蕃衍, 馬匹極良. 地氣互異, 近日稍和, 各處甚熱. 泉少水缺, 人物難堪. 至于朝綱, 諸酋統轄. 所奉之敎乃回敎也. 技藝庸陋, 貿易興隆. 本國自古開基, 以至唐高祖武德五年, 歷代相傳, 竝無分蹄. 其後有本國美加城回人馬何美者, 布傳新敎, 煽惑民心, 紳衿家皆拂其言, 且圖杜絕其敎. 乃去美加城, 入美的納邑. 居無何, 名溢遐邇, 授徒甚衆. 因率之以攻美加城, 旣陷其地, 復強其民, 遂卽位爲君, 敷布新敎, 通國皆從風而靡, 奉爲聖人. 及薨, 嗣君復以新敎流布于亞細亞·亞非里加·歐羅巴三州, 取地甚多. 其後國勢淩替, 互相分析, 喪地于土耳基亞國者甚多. 通國分爲六域. 一名黑德倭斯, 建于山谷之中, 屋宇宏峻, 街衢闊直. 一名耶門, 一名亞達拉毛, 一名科曼, 一名刺沙, 一名內的惹.

『外國史略』曰: 亞拉國半地, 南及印度海, 北連土耳其藩屬地, 東連白爾西亞海隅, 西及紅海, 爲蘇益之微地, 與麥西國隔海峽, 卽回敎之天方國也. 廣袤方圓五萬里, 居民千二百萬. 地多沙, 恒酷暑. 無土產, 惟海島中產棗竝各樹,

人賴以活.

耶閔部, 廣袤方圓三千二百四十里, 居民三百萬口. 產香馥·樹膠·沒藥等貨. 其都曰未加城, 出珈琲. 東南及沙漠, 西及紅海. 有土酋管理, 與麥西定貢物, 其城曰撒那.

阿曼係東南之地, 東及白西亞海隅, 東南有沙漠. 其君有權勢, 亦在隣地或亞非利加兩海邊開埠. 其城曰母士甲, 居民萬二千口, 是最廣之埠.

哈查係白爾西亞海隅, 多海賊.

黑查乃紅海濱之聖地, 有兩邑, 曰墨加, 曰米地那那, 回回所集. 西北係磽地.

內地有尼耶地, 居民皆背回敎.

南海邊曰哈答毛, 居民無幾.

此地天氣殊異, 平地尤熱, 夜則反冷. 有數處無雨, 獨降露. 地乾水鹹, 亦產麥及甘露棗·緜花·藥材·煙·各種樹膠, 運賣他國. 馬尤駿, 善走. 多駝, 民食其肉, 用其毛, 資其載負, 來往皆以駝爲業. 多獅·駝·野羊·野獸.

土民貧而野, 好遊牧搶劫, 以帳房爲居, 牲乳爲食. 各立長領, 雖統屬于土耳其之君而不遵其命. 隨意恣行, 有犯之者必殺乃已. 各族類亦恒相肇釁.

其民自古不服他國, 雖異國犯其界, 俱未能勝. 後亦爲希臘擊服. 希臘君歿, 亞拉百姓侵據河中間地. 東漢安帝永初間又爲羅馬國强服. 其邊地百姓或敬星宿·太陽, 或奉耶穌敎, 亦有猶太國人爲王, 禁遏耶穌門徒, 于是各族類屢鬪. 有穆哈默者, 本爲商賈, 遠貿易. 與道士往來, 習印度·猶太之經典, 隱居崖穴, 忽若神授, 因自立一敎. 邑之居士不信而驅逐之. 唐高祖武德二年, 穆哈默遂往異鄉聚衆起兵, 立年號, 自稱天使. 屢戰獲勝, 四方雲從, 勢日益大, 迫令隣國之君棄其敎而進回敎, 風俗丕變. 穆旣歿, 其兄子嗣王位, 益興其敎, 越羅馬之界, 攻取其大城, 有不肯奉其敎者誅焉. 後侵麥西國, 疆土日廣, 于是北據是班, 東服白西亞, 盡占五印度國. 如是回回之敎四布數百年. 有麥西賢士著書闢其說

爲異端, 由是麥西國領大軍以驅除之, 其敎始漸廢.

亞拉國分三大分, 一曰石地, 一曰沙地, 一曰豐地. 石地在西北方, 猶太人初
出麥西國, 卽至此地. 所謂摩西聖人受上帝命于西奈山, 卽此處也. 穆哈默所自
出之邑曰墨加者, 四方雲集, 無不敬爲聖域, 貿易輻輳. 米地那者, 穆所葬, 墓
在廟內, 輝煌焜耀. 多不遠千里來禮拜之焉. 音破者, 紅海邊之港, 居民六千.
墨加之港, 居民萬五千, 商船極多, 爲亞拉最豐之市埠. 又摩加者, 居民五千,
出珈琲. 東邊莫甲邑最旺相, 在白爾西海隅. 有海賊巢穴, 英人兩次殄滅之. 英
人在死門海峽開埠, 曰亞箸, 堆積石炭以便火輪船往來. 地甚磽, 居民亦少. 吉
曼爲西南之地, 大半沙野, 其都會同名. 近日白爾西國王與土耳其之君分據亞
拉之地, 居民皆在山內, 不順外國之主, 只貢微物而已.

주석

1 　이슬람교: 원문은 '천방회교天方回敎'이다.

2 　아덴Aden: 원문은 '아단국阿丹國'이다. 지금의 예멘 공화국Republic of Yemen 수도 아덴으로, 이곳에서는 일반적으로 초기 아랍 국가를 가리킨다.

3 　터키Turkey: 원문은 '도로기都魯機'이다.

4 　시나이산Sinai Mountain: 원문은 '서나산西那山'이다. 지금의 이집트 시나이 반도Sinai Peninsula 중남부에 위치하며, 유대교·기독교·이슬람교의 성지로, 성경에서 모세가 십계명을 받은 곳으로 알려져 있다.

5 　낭리산郞里山: 나비수아이브산Nabi Shu'ayb Mountain으로 추정된다. 아라비아반도에서 가장 높은 산이다.

6 　홍해Red Sea: 원문은 '서해西海'이다.

7 　메카Mecca: 원문은 '묵가墨加'로, 마가磨加·미가美加·미가未加·묵가黙伽라고도 한다.

8 　메디나Medina: 원문은 '묵덕나默德那'로, 맥지나麥地拿·미적납美的納·미지나米地那라고도 한다.

9 　유향乳香: 감람과의 열대식물인 유향수乳香樹의 분비액을 건조시켜 만든 수지樹脂이다.

10 　무후武后: 당나라 측천무후則天武后(재위 690~705)를 가리킨다. 성은 무武, 휘는 조瞾, 시호는 측천순성황후則天順聖皇后이다. 중국의 유일한 여황제로, 본래 당나라 고종高宗의 황후였지만 690년 국호를 주周로 고치고 스스로 황제가 되어 15년 동안 중국을 통치했다.

11 　무함마드Muhammad: 원문은 '마합묵馬哈墨'이다. 마합밀麻哈密·마합맥摩哈麥·마합마馬哈麻·모한맥덕謨罕驀德이라고도 한다.

12 　로마Roma: 원문은 '라문羅汶'이다.

13 　모로코Morocco: 원문은 '마라과摩羅果'이다.

14 인더스강Indus River: 원문은 '아사사하阿沙斯河'이다.

15 알리Ali: 원문은 '아리阿厘'로, 아리阿里라고도 한다. 알리 이븐 아비 탈리브Alī ibn Abī Ṭālib(재위 656~661)는 이슬람 초기 제4대 칼리파이다.

16 하룬알라시드Hārūn al-Rashīd: 원문은 '합륜아란사지哈倫阿蘭士支'이다. 하룬알라시드(재위 786~809)는 아바스 왕조의 제5대 칼리파로, 『천일야화』의 주인공으로 유명하다. 791년부터 비잔틴 제국과 교전하면서 792년부터는 각지의 반란에 대처했다. 그의 치세는 아바스 왕조의 전성기로서, 학문과 예술을 보호하고 학자와 시인들을 궁중으로 초빙하여 사라센 문화의 황금시대를 이루었다.

17 알마문Al-Ma'mūn: 원문은 '아이문阿爾門'이다. 알마문(재위 813~833)은 아바스 왕조 제7대 칼리파로 하룬알라시드의 아들이다. 집권 초기에는 각지에 내란이 일어나 혼란했으나, 학문과 예술에 일가견이 있어 아바스 왕조의 문예 전성기를 이루었다. 바그다드에 천문대를 세웠고, 그리스 철학 연구를 위한 학교를 세워 그리스 문헌의 번역을 장려하기도 했다.

18 학문과 예술: 원문은 '문학文學'이다.

19 페르시아: 원문은 '파사巴社'이다.

20 바빌로니아Babylonia: 원문은 '파비라니아巴比羅尼阿'이다.

21 타타르: 원문은 '달달리韃韃里'이다.

22 페르시아: 원문은 '회회조국回回祖國'으로, 이슬람 종주국을 의미한다. 위원은 이슬람의 종주국으로 아덴, 메카, 페르시아를 들고 있다.

23 정통正統: 명나라 제6대 황제 영종英宗 주기진朱祁鎭의 연호(1436~1449)이다. 명나라는 한 황제가 하나의 연호만을 사용하는 것을 원칙으로 하였으나 영종은 유일하게 복위해서 천순天順(1457~1464)으로 개원하여 천순제로 불리기도 한다.

24 태종太宗: 몽골 제국 제2대 황제로, 칭기즈칸의 셋째 아들인 오고타이(재위 1229~1241)이다.

25 무함마드 이븐 압둘 와하브Muḥammad ibn 'Abd al-Wahhāb: 원문은 '와도아합洼都阿哈'이다. 무함마드 이븐 압둘 와하브(1703~1792)는 진정한 이슬람 원

리로 되돌아갈 것을 주장한 와하브 운동을 주도했다.

26 무함마드: 원문은 '마합밀麻哈密'이다.

27 알 사우드Al Saud: 원문은 '의사오依沙烏'이다. 사우드 빈 무함마드 알 무끄린Saud bin Muhammad Al Muqrin(1640~1726)은 사우디아라비아 디리아 토후국(사우드 제1 왕국)의 창시자이다.

28 이븐 사우드Ibn Saud: 원문은 '아파이랍阿巴爾臘'이다. 무함마드 빈 사우드 알 무끄린Muhammad bin Saud Al Muqrin(1687~1765)으로 알 사우드의 아들이다.

29 이집트Egypt: 원문은 '이웁伊揖'이다.

30 메카: 원문은 '마가麿加'이다.

31 파샤Pasha: 원문은 '파찰巴札'이다. 파샤는 오스만 제국과 북아프리카에서 신분이 높은 사람이나 고위직에 있는 사람을 가리키는 칭호이다. 여기에서는 무함마드 알리의 아들인 이브라힘 파샤Ibrahim Paşa를 가리킨다.

32 압둘라Abdullah: 원문은 '아파이랍阿巴爾臘'이다.

33 이맘Imam: 원문은 '소사小師'이다. 아랍어로 지도자, 모범이 되어야 할 것 등을 의미하는 말이다. 이슬람교의 크고 작은 종교공동체의 지도자 및 한 나라의 통치자를 말한다.

34 대이맘Grand Imam: 원문은 '대사大師'이다.

35 아미르amir: 원문은 '야미耶米'이다.

36 이맘: 원문은 '이만伊滿'이다.

37 재판관: 원문은 '가저사관加底士官'으로, 저스티스Justice의 음역이다.

38 병아리콩: 원문은 '유두柳豆'이다. 이집트콩이라고도 하며 아랍 지역에서는 커피 대용으로 사용된다.

39 수니파Sunni: 원문은 '색저특사교色底特士敎'로, 이슬람의 한 종파이다. 수니파는 아랍어로 『쿠란』과 순나Sunnah(이슬람 공동체의 전통적인 사회적·법률적 관습)를 따르는 자를 뜻한다. 수니파 이슬람교도는 자신들의 교파를 이슬람의 주류이자 정통파로 간주하여 소수파인 시아파와 구별한다.

40 시아파Shiah: 원문은 '비아리교比阿厘敎'이다. 수니파(정통파)에 대립하는 이

슬람교의 일대 분파로서, 그 명칭은 시아트 알리Shiat Ali에서 유래한다. 시아파는 예언자 무함마드의 혈통만이 이슬람의 지도자(칼리파)가 될 수 있다고 믿으며, 무함마드의 사촌 동생이자 사위인 알리를 추종한다.

41 무함마드 이븐 압둘 와하브: 원문은 '왜도아합哇都阿哈'이다.

42 유대Judea: 원문은 '유사由斯'이다.

43 『천일야화千一夜話』: 원문은 '일천령일야一千零一夜'로, 『아라비안나이트 Arabian Night』로 널리 알려진 작품이다. 원제는 '알프 라일라 와 라일라Alf laylah wa laylah'이다.

44 아프리카대륙: 원문은 '아미리가주阿未里加洲'이다.

45 아라비아: 원문은 '아랄백亞剌伯'이다.

46 메카: 원문은 '천방天方'이다.

47 아라비아해: 원문은 '남해南海'이다.

48 아덴만Gulf of Aden: 원문은 '사문死門'이다.

49 수에즈지협Isthmus of Suez: 원문은 '수엽미지蘇葉微地'로, 소애사경蘇埃斯徑이라고도 한다. 수에즈지협은 지중해와 홍해 사이를 가르는 좁은 땅으로, 아프리카와 아시아를 잇는 지협이다. 이집트의 영토로, 수에즈지협을 따라 수에즈 운하가 건설되었다.

50 선제宣帝: 진나라 제4대 황제 효선제孝宣帝 진욱陳頊(재위 569~582)이다.

51 서국西國: 무함마드는 청년 시절 시리아 등지에서 대상 무역을 한 적이 있다.

52 『쿠란Qurān』: 원문은 '가란可蘭'으로, 이슬람교의 경전을 가리킨다.

53 알라Allāh: 원문은 '진주眞主'이다. 유일신 야훼Yahweh의 아랍어 호칭이다.

54 하느님: 원문은 '상제上帝'이다. 광서 2년본에는 '제帝'가 없으나, 악록서사본에 따라 고쳐 번역한다.

55 매일 … 기도하고: 이슬람교도는 하루에 5번씩 기도를 올린다.

56 한 달 동안 … 금식한다: 이슬람의 라마단Ramadan 의식을 말한다. '라마단'은 이슬람력으로 아홉 번째 달이다. 라마단이 행해지는 일자는 나라마다 조금씩 다르다. 라마단이라는 명칭은 아랍어로 '타는 듯한 더위와

건조함'을 뜻하는 '라미다ramida', 또는 '아라마드arramad'에서 유래되었다. 라마단 기간에 무슬림들은 폭력, 화, 시기, 탐욕, 중상 등을 삼감으로써 이슬람의 가르침을 따르고 화합을 도모한다. 또한 라마단 기간에는 금식이 행해지는데, 이를 통해 무슬림들에게 인내와 자제력을 가르치고 소외된 사람들을 되돌아보게 한다.

57 출생지와 사망지: 원문은 '생사지양읍生死之兩邑'으로, 메카와 메디나를 가리킨다.

58 천국의 즐거움: 원문은 '천녀지락天女之樂'이다. 이슬람에서는 순수하고 아름다운 처녀인 호라Houra들이 천국에 들어온 무슬림들을 위해 온갖 즐거움을 제공한다고 믿고 있다.

59 매일 일정한 시간에 … 누릴 수 있다: 이슬람교의 기본적이며 의무적인 사항들을 설명하고 있다. 일명 '이슬람의 다섯 기둥Five Pillars of Islam'은 바로 수니파의 가장 기본적인 다섯 의례를 지칭한다. 수니파의 다섯 기둥은 이슬람법에 근거하며 무슬림에게 있어서 가장 중요한 의무이다. 시아파에는 종교의 뿌리(Usul-ad-Deen)로 알려진 5가지 믿음과 종교의 가지(Furoo-ad-Deen)로 알려진 10가지 의례가 있는데, 이 10가지는 수니파의 이슬람의 기둥과 유사하다. 제1의 기둥은 샤하다Shahada(신앙 고백)로, 알라 이외에 다른 신은 없으며 무함마드는 알라의 예언자라는 선언이다. 제2의 기둥은 살라흐Salah(기도)로, 하루에 5번 알라에게 기도해야 하므로 여행을 하다 일정한 시간이 되어도 장소를 가리지 않고 예배를 드려야 한다는 것이다. 제3의 기둥은 자카트Zakat(자선)로, 무슬림들은 자산의 2.5%, 교역품의 2.5%, 농업 생산의 5~10% 정도를 가난한 사람들에게 기부해야 한다는 것이다. 제4의 기둥은 사움Sawm(금식)으로, 라마단(이슬람력 9월) 한 달 동안 일출부터 일몰까지 음식 및 음료의 섭취와 어떠한 성행위도 허용되지 않는다는 것이다. 제5의 기둥은 하즈Hajj(순례)로, 이슬람력 12월에 이루어지며, 무슬림이라면 모두가 일생에 한 번은 행해야 한다는 것이다.

60 무덕武德: 당나라 초대 황제 이연李淵의 연호(618~626)이다.

61 무덕武德 4년(621)에 … 도망쳤는데: 실제 무함마드가 메카에서 메디나로 피신한 때는 622년이다. 이슬람교도들은 이를 '헤지라Hegira'라 하며 이 해를 이슬람의 기원으로 삼았다. 헤지라는 곧 무함마드가 박해 때문에 메카에서 메디나로 이주한 사건을 가리킨다.

62 우상: 원문은 '보살菩薩'이다. 무함마드가 630년에 메카를 점령하고 카바 신전을 정화할 때, 아랍인들이 받들던 우상 360여 개를 모조리 꺼내서 없앴다고 한다.

63 시나이산: 원문은 '서내산西奈山'이다.

64 아라비아반도: 원문은 '아랄亞剌'이다.

65 카바 신전Kab'ah: 원문은 '전殿'이다. 사우디아라비아 메카에 있는 이슬람교 최고의 성지로, 건물은 네모꼴이며 네 귀퉁이는 동서남북을 가리킨다.

66 검은 돌: 원문은 '흑석黑石'으로, 카바 신전 외벽 동쪽 모서리에 박혀 있다. 이슬람 신화에 의하면, 천사 지브릴(그리스도교의 가브리엘)이 아브라함과 이스마일에게 이 돌을 주었으며, 이후 카바 신전의 모퉁이 돌이 되었다고 전해진다. 처음에는 흰 돌이었으나 지상으로 내려와 인간의 죄와 맞닿아 검은 돌이 되었다고 한다. 메카에 온 성지순례자들은 이 돌에 입을 맞춘 후 카바 신전을 시계 반대 방향으로 빠르게 4번, 천천히 3번, 총 7번을 도는데 만약 횟수를 빼먹는다든지, 시간이 늦어 제대로 돌지 못했을 경우에는 순례가 무효가 되기 때문에 규정을 정확히 준수해야 한다.

67 잠잠Well of Zamzam: 원문은 '수원水源'으로, 사우디아라비아 메카의 마스지드 알하람에 위치한 샘이다. 기원전 2000년경에 발견되었고, 카바 신전에서 동쪽으로 20m 정도 떨어져 있다. 이슬람 전설에 의하면 잠잠은 수천 년부터 신성한 샘으로 여겨졌으며, 갈증으로 죽어 가던 이스마일이 이 샘의 물을 마시고 살아났다고도 전해진다. 매년 메카의 순례객들이 이 샘의 물을 마시기 위해 잠잠을 찾는다.

68 순행·예배·산에 오르는 의식: 원문은 '순행첨례상산사巡行瞻禮上山事'이

다. 메카의 성지를 순례하며 종교적 의례에 참가하는 일로, 하즈라고 한다. 모든 무슬림에게 부과된 기본적인 종교 의무 중 하나로, 정규적인 순례를 마친 자를 하지라고 부른다. 이 중 산에 오르는 의식은 카바 신전에서의 행사를 마친 다음 무슬림들이 다시 청정의 상태가 되어 사파Safa, 마르와Mar-wah의 언덕으로 순례를 떠나는 것을 가리킨다.

69 아프리카: 원문은 '아비亞非'이다.

70 아라비아: 원문은 '아랍비아국亞拉比亞國'이다.

71 페르시아만: 원문은 '백이서아해白耳西亞海'이다.

72 터키: 원문은 '토이기국土耳基國'으로, 토이기아국土耳基亞國이라고도 한다.

73 예배일에 있어서도 … 5번째 날이다: 이슬람교의 예배일은 금요일이다. 금요일 한낮 예배를 주무아Jumu'ah라고 하는데, 하루 다섯 번씩 기도하는 무슬림에게 일주일 중 가장 중요한 날이며, 반드시 모스크에 모여 기도한다.

74 오만Oman: 원문은 '과만科漫'이다.

75 수에즈지협: 원문은 '소애사경蘇挨斯徑'이다.

76 티그리스강Tigris River: 원문은 '미단美丹'이다.

77 유프라테스강Euphrates River: 원문은 '복파北波'이다.

78 숙피熟皮: 잘 매만져서 부드럽게 만든 가죽을 가리킨다.

79 노사鹵砂: 광물의 일종으로, 천연 염화암모늄을 가리킨다.

80 무함마드: 원문은 '마하미馬何美'이다.

81 헤자즈Hejaz: 원문은 '흑덕왜사黑德倭斯'로, 흑사黑査라고도 한다. 본래 아라비아반도의 옛 국명으로, 메카와 메디나 모두 그 지역 안에 있었다. 또한 과거 아랍 세계의 성전과 주요 건물이 많이 위치하여 정치, 종교의 중심이다. 지금의 사우디아라비아 서쪽에 위치한다.

82 예멘Yemen: 원문은 '야문耶門'으로, 야민耶閔·길만吉壠이라고도 한다.

83 하드라마우트Hadhramaut: 원문은 '아달랍모亞達拉毛'로, 합답모哈嗒毛라고도 한다.

84 알아흐사al-Aḥsā: 원문은 '랄사剌沙'로, 합사哈查라고도 한다.

85 네지드Nejd: 원문은 '내적야內的惹'로, 니야尼耶라고도 한다.

86 이집트: 원문은 '맥서국麥西國'이다.

87 예멘: 원문은 '야민부耶閩部'이다.

88 사나Sana: 원문은 '살나撒那'이다.

89 무스카트Muscat: 원문은 '모사갑母士甲'이다.

90 페르시아만: 원문은 '백이서아해우白爾西亞海隅'이다. 광서 2년본에는 '서西'가 '백白'으로 되어 있으나 악록서사본에 따라 고쳐 번역한다.

91 메카: 원문은 '묵가墨加'이다. 광서 2년본에는 '묵墨'이 '흑黑'으로 되어 있으나 악록서사본에 따라 고쳐 번역한다.

92 메디나: 원문은 '미지나나米地那那'이다.

93 네지드: 원문은 '니야지尼耶地'이다.

94 하드라마우트: 원문은 '합답모哈答毛'이다.

95 대추야자: 원문은 '감로조甘露棗'이다.

96 영초永初: 동한 제6대 황제 안제 유호劉祜의 첫 번째 연호(107~114)이다.

97 유대 왕국: 원문은 '유태국猶太國'이다.

98 스페인Spain: 원문은 '시반是班'이다.

99 모세Moses: 원문은 '마서摩西'이다. 시나이산에서 십계명을 공포해 이스라엘이라는 종교공동체를 창설했다.

100 모스크Mosque: 원문은 '묘廟'이다. 모스크는 이슬람교의 예배 및 집회 장소이다.

101 지다Jidda: 원문은 '음파音破'이다. 지금의 사우디아라비아 메카주에 위치한다. 홍해 연안에 위치하여 '홍해의 신부'라고 불린다.

102 무스카트: 원문은 '막갑읍莫甲邑'이다.

103 아덴: 원문은 '아저亞竬'이다.

104 예멘: 원문은 '길만吉瞞'이다.

서인도 서쪽 아덴 연혁

당 이전에는 조지條支로 불렸고, 이슬람 국가가 아니었으며
이미 서인도 부분에 기록되어 있다. 당 이후에는 페르시아·아덴·메카·메디나 등의
나라가 있던 곳으로, 바로 이슬람교의 종주이다. 원본에는 없으나 지금 보충한다.

『신당서新唐書』에 다음 기록이 있다.

페르시아는 티그리스강[1]에 위치하며, 서쪽으로는 장안長安에서 1만 5천여 리 이상 떨어져 있고, 동쪽으로는 토하라Tokhara[2]·사마르칸트Samarkand[3]와 접하며, 북쪽으로는 돌궐의 하자르Khazar 지역[4]과 인접한다. 서쪽·남쪽은 모두 바다와 맞닿으며, 서북쪽으로 4천 리 이상 가면 동로마 제국[5]의 땅과 이어지고, 인구는 수십만 명이다. 그 선조인 파세나디Pasenadi(波斯匿)왕[6]은 대월지의 방계이다. 왕은 파세나디의 앞 두 글자(波斯)를 성으로 삼고, 또 국호로 삼았다. 치소가 두 곳이며, 큰 성이 10여 개나 된다. 풍속에 따르면 오른쪽을 높이고 왼쪽을 낮추며, 하늘·땅·해·달·물·불에 제사 지낸다. 저녁에 제사를 지내는데, 사향과 소초蘇草[7]를 섞어서 수염·얼굴·코·귀에 바른다. 서역의 여러 오랑캐는 그 방식을 받아들여 신에게 제사 지내며, 반드시 다리를 꼬고 절한다. 풍속에 의하면 맨발로 다니고, 남성은 삭발하며 옷에는 옷깃을 만들지 않고, 청백색으로 두

건을 만드는데 두건 가장자리에는 비단을 두르며, 여성은 머리를 땋아 뒤로 늘어뜨린다. 전쟁 시에는 코끼리를 타는데, 코끼리 한 마리당 병사 백 명이 배치되며 전쟁에서 지면 모두 죽여 버린다. 죄를 처벌할 때는 문서를 갖추지 않고 조정에서 처벌하는데, 재판관은 죄인의 혀를 쇠로 지져서 상처가 희면 무죄로, 검으면 유죄로 판결했다. 형벌로는 곤형髡刑·겸형鉗刑·월형刖刑·의형劓刑[8]이 있으며, 가벼운 죄는 수염을 밀거나 목에 칼을 채우고 한 달 정도 그대로 둔다. 강도질을 한 자는 늙을 때까지 수감하고, 도적질을 한 자는 은전을 바친다. 대개 죽으면 산에 버리며, 한 달 동안 상복을 입은 뒤 벗는다. 날씨는 항상 덥고 땅은 평평하면서 넓으며, 농사짓고 가축을 기를 줄 안다. 독수리가 있는데 양을 잡아먹는다. 혈통이 좋은 개·노새·큰 당나귀가 많다. 산호가 나는데 높이는 3자를 넘지 않는다.

수나라 말엽, 서돌궐의 이르비스 볼룬 카브구Irbis Bolun Cabgu[9]가 이 나라를 토벌하여 파괴했고, [호스로 2세Khosrow II[10]의] 손자[11]는 로마 제국으로 도망쳤는데, 페르시아 사람들이 그를 맞이하여 왕으로 세웠다. 당나라 정관貞觀[12] 12년(638)에 사신을 보내 조공했다. 왕 야즈데게르드 3세 Yazdegerd III[13]가 할리드 이븐 알왈리드Khalid ibn al-Walid[14]에게 쫓겨나 토하라로 도망쳤는데, 도중에 대식국大食國이 그를 공격하여 살해했다. 토하라는 군대를 보내 야즈데게르드 3세의 아들 페로즈 3세Peroz III를 맞아들였다. 용삭龍朔[15] 초에, 다시 대식국의 침입을 받았다고 호소했다. 이때 천자가 마침 사신을 서역에 보내 주현을 나누어 배치했는데, 자란즈Zaranj[16]를 파사도독부波斯都督府로 삼았다. 그런데 얼마 지나지 않아 대식국에 멸망했다. 페로즈 3세는 비록 나라를 지키지는 못했지만, 함형咸亨[17] 연간에 오히려 입조하여 그의 아들 나르시에Narsieh[18]를 인질로 보냈다. 조로調

露[19] 원년에 배행검裴行儉[20]에게 조서를 내려 군대를 이끌고 나르시에를 호송해 돌려보내 장차 다시 그 나라를 다스리게 했다. 그러나 길이 멀어서 배행검은 안서安西의 쇄섭성碎葉城[21]까지 갔다가 돌아왔다. 나르시에는 그로 인해 토하라에 머물렀다. 경룡景龍[22] 초에는 페르시아의 서쪽 지역만이 남게 되었다. 개원開元·천보天寶[23] 연간에 10여 무리의 사신을 파견하여 마노 침상(瑪瑙床)·화모수무연火毛繡舞筵을 바쳤다. 건원乾元[24] 초에, 페르시아는 대식을 따라 광주廣州를 습격하여 창고와 가옥을 불사르고 바다로 도주했다. 대력大曆[25] 연간에 다시 와서 조공했다. 또한 타바리스탄 Tabaristan[26]이라는 곳이 있는데, 그 나라는 삼면이 산으로 막혀 있고 북쪽은 카스피해[27]와 맞닿아 있으며 왕은 사리Sari성[28]에 거주하고 대대로 이스파바드Ispahbad[29]를 지냈다. 페르시아가 멸망하자 타바리스탄은 대식의 신하가 되기를 거부했지만, 후에 흑의대식黑衣大食에 멸망했다.

『명사明史』에 다음 기록이 있다.

메카는 옛날 헤자즈[30]의 땅으로, 천당天堂이라고도 하고 묵가默伽라고도 한다. 뱃길로 호르무즈Hormuz[31]에서 40일이 걸려야 도달하고, 캘리컷 Calicut[32]에서 서남쪽으로 가면 3개월이 걸려야 도달한다. 그 나라 조공 사절은 대부분 육로를 따라 가욕관嘉峪關[33]으로 들어왔다. 선덕宣德[34] 5년 (1430)에 정화가 사신으로 서양에 갈 때, 일부 분대가 캘리컷에 이르렀다. 캘리컷에서 메카로 사람을 보낸다는 말을 듣고 사람을 보내 재물을 가득 실어 그 배를 타고 함께 가도록 했다. 오고 가는 데 1년이 걸렸으며, 진귀한 보물과 기린·사자·타조를 가지고 돌아왔다. 그 나라 국왕도 배신陪臣을 조공 사신에 딸려 보내 내조하여 공물을 바쳤다. 홍치弘治[35] 3년(1490)에 그 나라 왕 술탄Sultan[36] 아흐마드Ahmad[37]가 사신을 보내 사마르칸트[38]·투

르판[39]과 함께 말·낙타·옥석을 바쳤다. 정덕正德[40] 초에 황제가 어마태감
御馬太監 곡대용谷大用[41]의 진언에 따라 감숙甘肅의 지방관에게 여러 번국의
암말·거세된 말을 찾아서 구하도록 명했다. 번국의 사신이 메카에서 좋
은 말이 난다고 하자 지방관은 여러 번국의 조공 사신을 효유하여 [메카
의] 왕에게 전달해서 조공케 하자고 했다. 가정嘉靖[42] 11년(1532)에 [메카에
서] 사신을 보내어 투르판·사마르칸트·하미Hami[43] 등의 여러 나라와 함께
와서 조공했는데, 왕을 칭하는 자가 37명[44]이나 되었고 파견된 사신이 통
상적인 수의 배가 넘었다. 번국이 문서를 보낸 후로 5, 6년에 한 번씩 조
공했으며, 만력萬曆[45] 연간에 이르기까지 끊이지 않았다.

메카는 서역의 대국으로, 사계절이 항상 여름 같고, 비·우박·서리·눈
은 내리지 않지만, 오직 이슬이 매우 많이 내려서 초목이 모두 그 덕에
잘 자란다. 땅이 비옥하여 조·보리·검은 기장이 풍성하다. 사람들은 모
두 풍채가 좋다. 남자는 삭발을 하고 머리에 천을 둘렀다. 여자는 머리카
락을 땋고 천으로 머리를 덮어서 얼굴을 드러내지 않았다. 전하는 바에
따르면, 이슬람교의 창시자 마호메트[46] 바로 무함마드[47]이다. 가 처음 이 땅
에서 포교를 했고, 사후에 이곳에 묻혔다고 한다. 무덤 꼭대기에서 항상
광채가 나서 밤낮으로 꺼지지 않았다. 후세 사람들이 그의 가르침을 준
수하여 오래도록 이슬람교가 사라지지 않았고 사람들은 모두 선행에 힘
썼다. 나라는 가혹하거나 어지럽지도 않았고 형벌도 없었으며, 온 나라
가 편안하고 화목했으며 도적이 일어나지 않아서 서양에서는 낙원이라
고 일컬었다. 금주하는 풍속이 있다. 예배하는 사원이 있어서 달이 처음
떠오를 때 왕과 신민들은 모두 하늘을 향해 절을 했는데, 큰 소리로 찬양
하는 것을 예로 삼았다. 사원은 사방 네모꼴로 되어 있고, 각 부분이 90칸
으로 합해서 360칸이며, 모두 백옥으로 기둥을 세우고 황감옥黃甘玉으로

사원 바닥을 만들었다. 전당殿堂은 오색의 돌로 겹쳐 쌓았으며 사방의 건물 꼭대기는 평평했다. 내부는 침향 대목으로 들보를 얹었는데 대체로 다섯 개였으며, 또 황금으로 누각을 만들었다. 전당 안의 담은 모두 장미수·용연향과 흙을 섞어 만들었다. 검은 사자 두 마리가 문을 지킨다. 전당 왼쪽에 이스마일Ismail[48]의 묘가 있는데, 그 나라에서는 성인으로 일컬었다. 이 땅에서는 보석이 나는데, 담을 두른 것이 바로 황감옥이다. 양옆으로는 여러 이맘[49]이 율법을 전하는 전당이 있는데, 또한 돌로 축성한 것으로 모두 상당히 장엄하고도 아름답다. 그들이 이슬람교를 숭상하는 것이 이와 같았다.

과일은 모두 중국과 같다. 사람이 혼자 들 수 없을 정도의 수박·참외가 있었으며, 네다섯 근의 무게가 나가는 복숭아, 10여 근의 무게가 나가는 닭·오리가 있었는데 모두 여러 번국에는 없는 것들이다. 무함마드의 묘 뒤에는 우물[50]이 하나 있는데, 그 물이 맑고도 달다. 바다로 나가는 이들은 반드시 이 물을 길어서 갔는데, 태풍을 만났을 때 그 물을 뿌리면 곧 잠잠해졌다. 정화가 서양에 사신으로 갔을 때, 그 풍속과 물산에 대해 전한 것이 이와 같았다. 그 후로 왕을 칭하는 자가 이삼십 명에 달했고, 풍속도 점차 처음 같지는 않았다.

또한 다음 기록이 있다.

메디나는 이슬람교의 종주국으로, 그 땅은 메카와 가깝다. 선덕 연간에 그 추장이 사신을 보내 메카의 사신과 함께 내조하여 공물을 바쳤는데, 그 후에는 다시 오지 않았다. 전하는 바에 따르면, 처음에 국왕 무함마드 바로 마호메트[51]이다. 가 태어나면서부터 신령스러워서 서역의 여러 나라가 신복臣服했고, 여러 나라에서 파이감바르Paighambar[52]로 높이 받들었는데 이는 천사를 뜻하는 말이다. 나라에는 경전 30권이 있는데, 모두 3600여 단락으로 구성되어 있다. 그 경전은 가로쓰기로 전서·초서·해서의 세 가지 글자체를 겸용했는데, 서양 여러 나라에서 모두 이것을 사용했다. 그 종교는 하늘을 섬기는 것을 중심[53]으로 했고, 신상을 세우지는 않았다. 매일 서쪽을 향하여 경건하게 예배를 드렸다. 매년 한 달 동안 재계하면서 목욕하고 옷을 갈아입었으며, [이 기간에는] 반드시 상주하는 곳을 바꾸었다. 수隋나라 개황開皇[54] 연간에 그 나라의 사드 이븐 아비 와카스Sa'd ibn Abī Waqqās[55]가 처음으로 이슬람교를 전하러 중국에 들어왔다. 원나라 때에[56] 이르러 그 나라 사람들이 사방에 두루 퍼졌는데, 모두 이슬람교를 굳게 믿어 개종하지 않았다. 나라 안에 있는 성과 해자·궁궐·시장·전원은 대체로 중국과 비슷했다. 음양陰陽·천문·의약·음악 등에도 일가견이 있었다. 직조·제기製器 기술은 더욱 정교했다. 추위와 더위가 절기에 맞게 찾아왔고, 백성은 부유하고 물자가 풍부했으며, 오곡과 육축六畜이 모두 갖추어져 있었다. 풍속을 살펴보면, 살인을 삼가고 돼지고기를 먹지 않았다. 항상 흰 천으로 머리를 가렸으며, 다른 나라에 가더라도 역시 그 습속을 바꾸지 않았다.

『영애승람瀛涯勝覽』에 다음 기록이 있다.

아덴은 바다와 맞닿은 풍요로운 곳으로, 이슬람교를 믿는다. 아랍어를 사용하며, 성품이 억세면서 사납다. 정예병이 7, 8천 명으로, 기병과 보병 모두 뛰어나서 주변국에서 두려워했다. 뱃길로 캘리컷에서 서쪽으로 한 달을 가면 도달할 수 있다. 영락永樂[57] 9년(1411)에 중사中使[58]에게 조서를 내려 [이 나라에 가도록] 명하니, 그 국왕이 멀리까지 나와 상당히 공손하게 맞이했고, 이 나라 사람들에게 교역을 하도록 분부했다. 왕은 머리에 금관을 쓰고, 황금빛 도포를 입었으며, 허리에는 보석 장식을 한 금띠를 착용했다. 예배를 드릴 때는 흰 두건으로 바꾸어 머리를 둘렀고, 금색 비단으로 정수리 부분을 장식했으며, 흰 도포를 입고 가마에 올라 코끼리를 줄지어 따르게 하여 행차했다. 장군 등의 복식에는 차이가 있다. 민간의 남자는 머리에 두건을 쓰고, 사켈라트saqalāt[59]·비단·모시·무명 옷을 입었으며 가죽신을 신었다. 여자는 긴 옷을 입고 머리에는 영락纓絡을 늘어뜨린 진주관을 썼으며, 금전보金錢寶로 장식한 귀고리를 걸었고 금은보석으로 된 팔찌를 찼으며 발에도 발찌를 착용했다. 비단 손수건·금은으로 만든 식기가 상당히 훌륭하다. 적금전赤金錢[60]은 푸루린fulūrīn[61] 이라고 하며, 무게가 1전이고 표면에 무늬가 있다. 홍동전紅銅錢[62]은 푸루스fulūs[63]라고 하며, 물건을 사고팔 때 사용한다. 기후는 온화하고 역법에는 윤달이 없으며, 달이 뜨는 날수로 큰달과 작은달을 정했는데, 밤에 새로운 달이 뜨면 그다음 날이 새로운 달이 되었다. 천문에 능한 자가 있어서 어느 날이 봄이라고 정하면 곧 꽃과 나무가 무성해졌고, 어느 날이 가을이라고 하면 꽃과 나무가 시들어 떨어졌다. 일식과 월식이 일어나고 비바람과 조수 현상이 나타나는 것에 대해서도 영험함을 드러내지 않은 적이 없었다. 백성들의 집은 돌을 쌓아 벽을 만들었고 지붕에는 벽돌이나 흙을 덮었는데, 그 높이가 14~15자나 되었다. 저잣거리에서는 익힌 음식과 비단·서적을 파는데 모두 중국과 같다. 쌀로 밥을 지어 먹을 때는 대부분 연유와 당밀을 사용해서 그 맛이 상당히 좋다. 그곳에서는 쌀·보리·마·콩·채소가 나며, 과일로는 대추야자·잣·비파·건포도·호두·능금·석류·복숭아·살구 등이 난다. 짐승으로는 코끼리·낙타·소·양·닭·오리·개·고양이가 있고, 돼지·거위는 없으며, 양은 뿔이 없고 아래턱 부분에 짧은 털이 늘어져 있다. 자단紫檀·장미·치자·백포도·얼룩말[64]·흰 바탕에 푸른 문양이 있는 타조가 있다. 얼룩말은 노새처럼 생겼으며 머리와 눈썹이 하얗고 온몸에 가는 줄무늬가 있는데 푸른 문양을 그려 놓은 듯하다. 흰 타조는 얼룩말처럼 생겼다. 기린의 앞다리는 길이가 9자 남짓, 뒷다리는 6자 남짓이며 목이 길어 머리를 들면 1길 6자 높이에 이른다. 귀 옆에는 짧고 도톰한 뿔이 두 개 나 있고, 소꼬리에 사슴 몸을 하고 있으며, 조와 콩, 떡 등을 먹는다. 사자는 호랑이처럼 생겼는데, 누렇고 검은 털에 머리와 입이 크며, 꼬리는 약간 검고 그 털이 갓끈과도 같으며, 울부짖는 소리는 우레와도 같아서, 뭇짐승이 사자를 만나면 모두 엎드린다. 이 나라에서는 금으로 장식한 상자·보석으로 장식한 띠·진주·팔보·금관·야쿠트yāqūt[65] 등 각종 보석을 바치고 금박 표문을 올렸다.

『명사』에 다음 기록이 있다.

아덴은 캘리컷의 서쪽에 위치하며, 순풍을 타고 22일 밤낮을 가면 도착할 수 있다. 영락 14년(1416)에 사신을 보내 표문을 올리고 방물을 바쳤다. 사신이 돌아가겠다고 하자, 정화에게 명하여 칙서와 채폐彩幣를 가지고 함께 그 나라에 가서 하사하도록 했다. 이로부터 무릇 네 차례 입공했고, 천자 역시 후하게 상을 내렸다. 선덕 5년(1430)에 해외의 여러 번국이 오래도록 조공을 하지 않자, 다시 정화에게 명하여 칙서를 가지고 널리 효유하게 했다. 그 나라 왕은 곧 사신을 보내 조공했다. 선덕 8년(1433)에 경사에 이르렀고, 정통 원년(1436)에 조공 사신이 비로소 돌아갔으며, 이후로는 오지 않았다. 이전의 양梁나라·수나라·당나라 때는 모두 단단국丹丹國이 있었는데, 어떤 사람은 바로 그 지역이라고도 한다. 살펴보건대, 사서에 의하면 단단국은 진주振州 동쪽에 위치하고 또한 적토赤土를 단단이라 했으니, 곧 태국과 접경국이다. 아덴은 서인도 서쪽에 위치해 있어 그 거리가 상당히 멀리 떨어져 있으니 어찌 동일시할 수 있겠는가?

　땅이 비옥하고, 조와 쌀이 많이 난다. 사람들은 성품이 억세고 사나우며, 기병과 보병의 정예 병사가 7, 8천 명으로 주변국들이 두려워했다. 왕과 백성들은 모두 이슬람교를 믿는다. 기후는 늘 온화하고 매년 윤달을 두지 않았다. 때를 정하는 방법은 달을 기준으로 삼아, 만약 오늘 밤 새로운 달이 뜨면 다음 날이 바로 초하루가 되었다. 사계절이 일정치 않고 음양가의 계산법을 따랐다. 어느 날이 초봄이라 하면 곧 꽃이 피고, 어느 날이 초가을이라 하면 바로 잎이 떨어졌다. 일식과 월식이 일어나고 풍우와 조수 현상이 발생하는 것에 대해서도 모두 예측할 수 있었다. 그 나라 왕은 중국을 상당히 존경하여 정화의 선박이 온다는 소식을 듣고 몸소 부족장들을 이끌고 와서 맞이했다. 입국하여 조서를 반포하고 두루 백성들에게 알리니, 모두 진귀한 보물을 꺼내 와서 교역했다. 영락 19년(1421)에 주周씨 성의 중국인이 그곳에 가서 묘안석[66]을 구입했는데 2전 정도의 값을 치렀으며, 높이가 2자가 되는 산호수 몇 그루와 대주大珠·금박金珀[67]·여러 가지 색깔의 기이한 보석·기린·사자·얼룩무늬 고양이·사슴·표범·타조·흰 비둘기를 가지고 돌아왔는데 다른 나라에는 없는 것들이었다. 채소와 과일·축산은 모두 있으나 오직 거위와 돼지는 없다. 저잣거리에서는 서적을 판매한다. 공인들이 제조한 금으로 만든 머리 장식은 다른 나라들보다 [그 솜씨가] 훨씬 뛰어났다. 오직 초목이 부족해서 그 나라 사람들은 모두 돌을 쌓아 집을 지었다. 기린의 앞다리는 길이가 9자이며, 뒷다리는 6자, 목의 길이는 1길 6자 2치이고, 짧은 뿔, 소꼬리, 사슴의 몸을 하고 있으며, 조와 콩, 떡 등을 먹는다. 사자는 모양이 호랑이와 비슷하며, 흑황색에 무늬가 없고 머리가 크며, 입이 크고 꼬리는 뾰족하며, 울음소리는 우레와 같아서, 뭇짐승이 사자를 만나면 모두 땅에

엎드린다.

『명사』에 다음 기록이 있다.

가정 연간에 방구方邱와 조일단朝日壇[68]에서 사용할 제기용 옥잔을 만들기 위해 메카·하미 등의 여러 번국에서 홍옥紅玉과 황옥黃玉[69]을 구입하려 했으나 구하지 못했다. 어떤 통역관이 그 옥은 투르판에서 서남쪽으로 2천 리 떨어진 아덴에서 나는데, 그 땅에는 두 개의 산이 대치하여 자웅을 이루며 저절로 소리를 내기도 한다고 하며, 영락·선덕 시기의 사례를 예로 들면서 많은 재물을 가지고 가서 구매하기를 청했다. 그러나 황제는 관할 부서의 논의에 따라 이 일을 그만두었다. 이는 큰 오류이다. 아덴은 곧 메카이다. 이미 메카에서 구입했다면 어찌 또한 다시 아덴에서 구매한다는 말인가? 게다가 아덴이 투르판에서 또 어찌 2천 리만 떨어져 있겠는가? 마땅히 투르판·하미에서 옥을 구매할 수 없었으며, 이 옥이 투르판 서남쪽에서 2천 리 떨어져 있는 호탄 Khotan[70]에서 산출된다고 말했어야 한다. 어떤 사람은 옥이 메카의 아덴에서 생산되는데, 투르판·하미와는 1만 2천 리 떨어져 있는 곳으로, 곧 이곳에서 옥을 구입했다고도 한다.

또한 다음 기록이 있다.

곤성坤城은 서역의 이슬람족이다. 선덕 5년(1430)에 사신을 보내 입조하여 낙타를 바쳤다. 당시 개중법開中法[71]이 시행되어, 사신은 곧 쌀 1만 6700석을 경창京倉[72]으로 운반해서 보관했다. 작별 인사를 하고 돌아가면서 납부한 쌀을 관부에 바치고자 했다. 황제가 이르기를, "이슬람인은 이윤 추구에 뛰어나서, 비록 명분상 조공을 한다지만 실은 무역을 하려는 속셈이므로, 제값대로 보상해 주도록 하라"라고 했다. 이에 비단 40필과

포 80필을 주었다. 후에도 또한 조공을 바쳤다.

성조成祖는 무력으로 천하를 평정하면서부터 위세로 천하를 제어하고 자 하여, 사신을 사방으로 보내 초무했다. 이로써 서역의 크고 작은 여러 나라가 머리를 조아리며 신하를 자처하고, 후사를 두려워해 앞다투어 보물을 바쳤다. 또 북으로는 사막에서 남으로는 망망대해에 이르며, 동서로는 일출과 일몰하는 곳에 이르기까지, 무릇 배와 수레로 도달할 수 있는 모든 곳에서 조정에 이르지 않음이 없었다. 이로부터 이역만리의 알수 없는 언어를 사용하는 외국 사신들이 조정에 몰려들었다. 세시에 하사품을 나누어 주니, 창고가 텅 비게 되었다. 그러나 사방의 진귀한 보배·기이한 동물이 상방尙方[73]으로 진헌되는 것은 또한 나날이 증가했다. 대개 한나라와 당나라의 번성함을 아울러 지녀서 뭇 왕이 견줄 수 없을 정도였다. 영락제 위세의 여파가 후대까지 미치어, 선덕·정통 연간에도 여전히 많은 나라가 이리저리 통역을 해서 중국에 이르렀다. 그러나 인종仁宗[74]은 원방遠方에 대한 경략에 힘쓰지 않았고, 즉위 초에 곧 서양에 가는 보선을 없애고 송화강松花江에서 배를 만드는 노역을 정지시켰으며, 칙서를 내려 서역에 나간 사신을 경사로 불러들여 귀국시키고 원방의 사람을 받드는 것으로 인해 중원을 피폐시키고자 하지 않았다. 선덕제가 이를 계승해서 비록 그사이에 한차례 사신을 파견하기도 했지만, 얼마 후 중단되어 이로 인해 변방이 조용해졌다.

지금 옛 문서에서 일찍이 천조天朝에 조공을 바치고 이름을 통보한 곳을 살펴보면, 하산Khasan,[75] 헤라트Herat,[76] 사적만沙的蠻, 합적란哈的蘭, 소란掃蘭, 위구르,[77] 발흐Balkh,[78] 엄력俺力,[79] 토크마크Tokmak,[80] 카라샤르 Qarasheher,[81] 간실幹失, 부하라Bukhara,[82] 발흐,[83] 니샤푸르Nishapur,[84] 카슈미르Kashmir,[85] 타브리즈Tabriz,[86] 코젠드Khojend,[87] 후잔트Khujand,[88] 쿠차Kuca,[89]

아크수Aksu,[90] 야르칸드Yarkand,[91] 술戌, 백白, 올륜兀倫, 호탄,[92] 사사성邪思城, 사흑舍黑, 파음擺音, 극가克叺 등 29개 지역이다. 강역이 협소해서 단지 지역명으로 불렸다. 헤라트·카슈가르Kashgar[93]·사이람Sayram[94]·베쉬발릭Beshbalik[95]·시라즈Shiraz[96]·샤흐루히야Shahrukhiya[97]·오세티야Ossetia[98]·바다흐샨[99]과 함께 모두 하미를 경유하여 가욕관으로 들어왔는데, 3년, 4년, 5년마다 한 번 조공했고 경사에 들어오는 자는 35명을 넘을 수 없었다. 하미를 경유하지 않는 곳으로는 또한 케르만Kerman[100]·미아합란米兒哈蘭·가탈가可脫叺·납독臘獨·야르칸드[101]·날죽剌竹·이브라힘Ibrahim[102]·카슈미르·키르기스Kyrgyz[103]·유누스Yunus[104]·합신哈辛 등 11개의 지역이 있는데, 마찬가지로 일찍이 조공을 바쳤다.

또한 다음 기록이 있다.

루미Rumi[105]는 중국에서 상당히 멀리 떨어져 있다. 가정 3년(1524)에 사신을 보내 사자와 코뿔소를 공물로 바쳤다. 급사중 정일붕鄭一鵬[106]이 아뢰기를, "루미는 늘 공물을 바친 나라도 아니고, 사자는 길들일 수 있는 동물도 아니니, 이를 물리치시어 성덕을 빛내시길 청하옵니다"라고 했다. 가정제는 마침내 그 뜻을 받아들였다. 가정 5년(1526) 겨울에 다시 두 동물을 가지고 와서 공물로 바쳤다. 하사품을 나누어 주었는데, 그 사신은 먼 길을 건너와서 비용이 2만 3천여 냥이나 들었다고 하며 하사품을 더 내려 줄 것을 청했다. 어사 장록張祿이 아뢰기를, "화華와 이夷는 다른 지역으로 사람과 만물도 품성이 다르므로, 오랑캐를 머물게 하고 그들의 짐승을 기르는 것은 만물의 질서에 위배될 뿐 아니라 사람의 품성에도 어긋나는 일입니다. 하물며 사자를 기르는 데 매일 양 두 마리가 들고, 코뿔소를 기르는 데는 매일 과일과 떡을 써야 하는데, 동물이 서로

잡아먹고 사람이 먹는 음식을 먹어 치우는 것을 성현은 모두 꺼렸습니다. 청컨대 그 사신을 돌려보내고 그 공물을 물리치며, 그들에게 내리는 상을 줄여서 중국이 이물을 귀하게 여기지 않는다는 것을 밝히시길 바라옵니다"라고 했다. 가정제는 받아들이지 않았다. 그리고 예부 관원의 말에 따라 홍치 연간 사마르칸트의 경우처럼 하사품을 늘려 주었다. 가정 22년(1543)에 메카 등 여러 나라와 함께 말과 방물을 바쳤다. 그다음 해(1544)에 돌아가다가 감주甘州[107]에 이르렀다. 마침 이북洮北[108]의 적이 침입해 노략질을 하여, 총병관 양신楊信[109]이 조공 사절 90여 명에게 가서 방어하도록 했는데, 죽은 자가 9명이었다. 가정제는 이 소식을 듣고 양신의 관직을 삭탈하고 담당관에게 명하여 시신을 관에 넣어 돌려보내게 했다.[110] 가정 27년(1548)과 33년(1554)에 모두 입조하여 공물을 바쳤다. 그 공물로는 산호·호박·금강석·문양 자기·찬복鑽服·사켈라트 휘장·영양 뿔·서구피西狗皮[111]·스라소니 가죽·철각피鐵角皮 등이 있었다.

『영환지략瀛環志略』에 다음 기록이 있다.

아라비아 아랍피아亞拉彼亞·아랍비아亞拉鼻亞·아이랍밀아阿爾拉密阿·아랄파아阿辣波亞·아려미아阿黎米也·아단阿丹·아란阿蘭·천방天方·천당天堂이라고도 한다. 는 이슬람교가 처음 흥기한 나라이다. 북쪽으로는 동터키를 경계로 하고, 동쪽으로는 페르시아와 아라비아해[112]를 경계로 하며, 남쪽으로는 인도양[113]에 이르고, 서쪽으로는 늑이서해勒爾西海 보통 홍해紅海라고 한다. 에 이른다. 길이는 4천여 리에, 너비는 30여 리이다. 이 땅의 서쪽·남쪽은 바다에 맞닿아 있어서 토지가 비옥하다. 이 땅의 중앙은 모두 고비[114] 사막을 가리킨다. 로, 무역상들은 반드시 무리 지어 이동하는데, 그렇지 않으면 약탈당하거나 모래바람에 매몰될 것을 우려해서이다. 오직 대추가 가장 많이 생산되며, 사람들과 가축 모두 대추를 먹는다. 명마가 나며 말을 기르는 이는 자식처럼 애지중지 키우는데, 이 말은 하루에 5, 6백 리를 갈 수 있다. 낙타가 가장 훌륭한데, 무거운 짐을 싣고 먼 거리를 갈 때는 모두 낙타에게 의지한다. 또한 커피·향료·몰약 등이 난다. 이 땅은 옛날에는 원주민들이 흩어져 살던 지역으로 줄곧 페르시아에 복속되어 있었다.

　진나라 선제 대건 원년(570)에 무함마드 마합묵摩哈默, 마합목특瑪哈穆特이라고도 한다. 라는 자가 메카 묵가默伽, 미가美加라고도 한다. 에서 출생했다. 젊은 시절에 상인이 되어 서역으로 장사를 떠났으며, 부유한 상인이었던 과부를 아내로 맞아 마침내 거부가 되었다. 글은 몰랐으나 천성적으로 총명하고 민첩하여, 불교의 우상 숭배를 잘못되었다고 보고 서양 여러 나라에 기독교가 이미 성행하자 스스로 탁월한 능력으로 따로 종교를 만들 생각을 했다. 그는 산으로 들어가 여러 해 동안 공부를 하여 『쿠란』을 저술했고, 유일신 알라께서 성인에게 세상 사람들을 교화시키라고 명했는데, 처음에는 모세에게 그다음으로는 예수에게 명했다고 대중에게 선언했다. 모세와 예수의 종교가 비록 유행하고 있지만 널리 전파되지는 못했다. 이에 다시 무함마드에게 종교를 창시해서 그 결점을 보완하도록 명했다는 것이다. 이슬람교를 믿는 자들은 향을 피우고 예배를 드렸으며, 경전을 외우고 돼지고기를 금했다. 당나라 고조 무덕 4년(621)에 메디나 묵덕나默德那, 미적납美的納이라고도 한다. 로 피신했는데, 토착민들이 바람에 쏠리듯 이슬람교를 믿었고, 곧 무덕 4년을 이슬람의 원년으로 삼았다.[115] 지금 이슬람교에서 1천2백몇십 년이라고 하는 것은 이것에 근거한 것이다. 유럽에서는 예수의 탄생 연도를 원년으로 삼기 때문에 1천8백몇십 년이라고 한다. 이후 이슬람 교도들이 나날이 늘어나서 이슬람교를 믿지 않는 자들이 있으면 무리를 이끌고 가서 공격했다.[116] 군대가 패해 무리가 흩어지면 무리를 규합하여 다시 군대를 일으켜 마침내 큰 적을 멸망시켜서 아라비아 전역을 차지했고, 인근 사방에 이슬람교를 전파했다. 주변 지역에서는 모두 그들을 두려워하여 복종했으며, 이슬람교는 마침내 서양까지 널리 퍼졌다. 이슬람 세력이 흥성할 당시, 일찍이 페르시아를 섬멸하고 로마 유대[117]·매락買諾[118] 등 여러 지역이다. 를 점차 잠식했으며, 아프리카[119]의 북쪽 경계 홍해·지중해 남쪽 강기슭의 여러 지역이다. 를 차지하고, 유럽의 서쪽 변경 스페인·포르투갈이다. 을 갈라놓으면서 3대륙 아시아·아프리카·유럽이다. 을 종횡무진 누벼서 거의 천하무적이었다. 후에 터키의 공격을 받아 속지를 다 잃고 나날이 쇠퇴하여 마침내 터키에 공물을 바치고 속국이 되었다.

서역에서는 무함마드를 파이감바르[120]라고 칭했는데, 중국어로 천사를 의미한다. 그의 후예는 하지[121]라고 불렀는데, 중국어로 성인의 후예라는 뜻이다. 바다흐샨[122]·타슈켄트Tashkent[123]는 모두 그 갈래로, 호지잔Hojijan[124] 형제가 대종大宗을 칭하자 이슬람 권역에서는 그들을 고귀한 존재로 여겼고, 이르는 곳마다 늘 그들을 추대했다. 이 교활한 오랑캐[125]는 그 명성을 빌미 삼아 이슬람교도들을 불러 모아 여러 차례 변경을 침범하여 마침내 서쪽 변방의 오랜 우환거리가 되었다.

메카·메디나는 모두 홍해 가에 위치한다. 무함마드는 메카에서 출생했고, 이곳에는 검은 돌이 있으며 카바 신전을 높이 지었는데 둘레가 1리 정도 된다. 메디나는 무함마드가 묻힌 곳으로, 그의 시신은 철제관에 안치되어 있다. 매년 모든 이슬람교도가 두 지역에 와서 예배를 드리는데, 남양·서역·서양·아프리카 등 가까이는 수천 리, 멀리는 수만 리 되는 곳에서 뒷사람의 발끝이 앞사람의 발꿈치에 닿을 정도로 잇달아 와서 무릎 꿇고 절을 하는데, 그 수는 수만 명에 달한다.

아라비아 지역은 여섯 지역으로 나뉘는데, 중심지는 헤자즈이고 도성은 메카로 산골짜기에 세워져 있으며, 큰 집들이 구름처럼 이어져 있고 거리는 넓고 곧다. 해구는 상당히 넓으며, 커피가 대표적인 수출품으로 유럽 각 나라로 팔려나간다. 서쪽에 있는 해구인 지다[126]는 거상들이 모이는 곳이다. 동쪽에 있는 해구인 무스카트[127]는 영국·미국과 통상조약을 체결하여 군함이 바다를 순찰하며 보호한다. 아덴은 작은 섬으로 홍해 하구의 바깥쪽에 위치하며, 지금은 영국인이 차지하고 있다.

살펴보건대, 아라비아는 옛 조지국條支國이다. 이슬람교가 흥기하고 나서 천방·천당 등의 이름을 얻었는데, 모두 그 나라를 천상에 비유한 화려하고 과시적인 칭호로, 사실은 본래 이런 이름은 없었다. 그 나라는 페르시아 서남쪽에 위치하며, 이전 명나라 때 여러 차례 조공했는데, 대부분 서역의 육로를 경유해서 왔다. 명나라 초에 정화 등이 바닷길을 경유해 서양에 사신으로 갈 때 천방에 이르러 멈추어서 그곳을 서양의 끝이라고 했다. 정화는 대개 아라비아해를 경유해 홍해로 들어가서 마침내 바다가 이곳에서 끝난다고 여겨 소서양 바깥에 오히려 이른바 대서양이 있다는 것을 몰랐던 것이다.

불교는 인도에서 흥기하여 자비와 적멸寂滅을 귀의처歸依處로 삼았고, 중국의 사대부는 부처의 가르침을 확충하고 명백히 하여 마침내 선종禪宗[128]을 개창했다. 모세의 십계명은 깊이는 없지만, 오히려 괴이한 설은 아니다. 예수는 신비롭고 기이한 행적을 드러내어 사람들에게 선을 권했고 역시 모세의 대의를 벗어나지는 않았다. 주공周公·공자孔子의 가르침은 먼 지역까지 널리 펼칠 도리가 없었는데, 그 땅에서는 총명하고 걸출한 사람이 등장하여 풍속을 올바르게 인도하고 선을 권장했으니, 그 의도 역시 천하에 해가 되지 않는다. 다만 그 종교를 중국에 전파하고자 했으나 자신들의 역량을 제대로 파악하지 못했다고 할 수 있다. 무함마드는 본래 거간꾼으로, 홀연히 등장해서 종교를 창립했으며 예배하는 것은 천주교와 동일했다. 다른 점은 단지 돼지고기를 먹지 않는다는 것으로, 돼지를 부정한 존재로 여겼는데, 이 때문에 곧 서양 여러 나라의 경멸을 받았다. 이어 당나라 이후에 이슬람교가 점차 서역에 유행하여, 지금은 옥문관玉門關 서쪽에서 아시아 서쪽 땅까지 다해서 수만 리에 이르기까지 마침내 이슬람교를 믿지 않는 곳이 없다. 올빼미는 쥐를 좋아하고 지네는 뱀을 맛있어하는데, 참된 맛이란 무엇이란 말인가? 정말 우매하고 멋대로인 오랑캐를 깊이 파악하기는 어렵다. 다만 비린내와 노린내가 진동하는 풍속이 중국에 만연하여 상당히 해로운 상황이다. 그들은 스스로 일파를 이루어서 우리와 같은 민족이 아닌데도 실제로 이러한 급박한 상황을 만들어 냈으니 결국 강통江統[129]의 우려만을 남길 뿐이다.[130]

『후한서後漢書』에 이르기를 동한 화제和帝 영원永元[131] 9년(97)에 서역의 도호都護[132] 반초班超가 속관 감영甘英을 대진大秦에 파견하여 조지에 이르렀다고 한다. 대해를 건너려는데, 안식安息[133] 서쪽 경계에 있던 뱃사람이 감영에게 바다가 드넓어서 왕래하는 사람들은 반드시 3년 치 식량을 가져가야 한다고 하니, 감영은 주저하고 두려워하다가 바다를 건너는 일을 그만두었다. 대진은 여러 차례 한나라에 사신을 파견하려 했으나 안식이 가로막아서 올 수 없었다. 환제桓帝 연희延熹[134] 9년(166)에 대진의 왕 마르쿠스 아우렐리우스 안토니누스Marcus Aurelius Antoninus[135]가 사신을 파견하여 넛남Nhật Nam[136]의 변방을 통해 와서 상아·무소뿔·대모를 바치면서 비로소 교류할 수 있었다고 한다. 서양인의 지도를 살펴보건대, 안식은 바로 지금의 페르시아이며 조지는 곧 지금의 아라비아이다. 동한 시기에 대진 바로 이탈리아 로마. 은 때마침 전성기를 구가하여 아직 동서로 분할되지 않았고, 『의대리도설意大里圖說』에 상세히 나타나 있다. 수도는 이탈리아 로마이며, 동쪽 경계는 시리아Syria[137]·유대에 이르고, 바로 『당서唐書』에 보이는 불림국拂箖國이다. 안식과는 경계를 접하고 있었다. 만약 안식을 경유하여 대진으로 가면서 옥수스Oxus[138]를 건너 안식 바로 지금의 페르시아이다.의 땅으로 들어가서 약 3천여 리 가면 곧 대진의 동쪽 경계에 들어선다. 지금의 터키 동쪽 땅인 메소포타미아Mesopotamia[139]의 바스라Basra[140] 지역이다. 다시 서북쪽으로 3천여 리 정도 가다가 지금의 터키 동쪽 땅과 중앙의 땅이다. 보스포루스Bosporus해협[141] 바로 콘스탄티노플Constantinople[142]의 흑해해협이다.을 건너[143] 그리스Greece[144] 북쪽 경계 지금의 서터키이다.를 지나서 약 2천 리를 가면 이탈리아 동북쪽 경계 지금의 오스트리아Austria[145]이다.에 이르며, 다시 서남쪽으로 1천여 리를 가면 곧 대진의 도성 바로 지금의 로마[146]이다.에 도착한다. 육로로 가는 길을 계산하면 1만 리이다. 근래 시리아 서쪽으로는 모두 대진의 땅이다.

『한서』에서 이르기를 안식에서 육로로 바다를 돌아서 북쪽으로 가면 바다의 서쪽으로 나와 대진에 이르게 되며, 백성들이[147] 서로 연이어 살고 있고 10리마다 1정亭[148]이 있으며 30리마다 1치置[149]가 있어서 여태껏 도적에게 약탈당할 것을 우려한 적이 없었다고 했는데, 확실히 거짓말은 아니다. 또 길에는 사나운 호랑이와 사자가 많아 여행자들을 막고 해를 끼치는데, 백여 명이 안 되면 무기를 휴대해야 하며, 그렇지 않으면 번번이 잡아먹힌다고 했다. 살펴보건대, 시리아 서쪽으로는 모두 대진의 유명한 도시와 대도시로 사통팔달인데, 어찌 맹수가 여행자들을 막아서서 해를 끼칠 수 있단 말인가? 대개 안식이 채색 비단 교역의 이익을 탐하여 대진이 한나라와 교류하는 것을 원치 않았기 때문에 이런 황당한 말로 한나라 사신의 서쪽 행로를 방해했던 것이다. 이른바 방해를 해서 교류할 수 없게 한 것은 이런 이유 때문이다. 만약 조지를 경유하여 바닷길로 가면 곧 아프리카의 희망봉Cape of Good Hope[150]으로 가는 길로, 명나라 이전에는 배로 왕래한 적이 없다. 바로 지금 유럽 여러 나라의 선박이 왕래하는 길은 명나라 홍치 연간에 포르투갈이 맨 처음으로 그 길을 열었다. 유럽 동쪽에서 바닷길로 오면 모두 지중해와 홍해를 경유한다. 조지의 도성은 메카에 있는데, 바로 홍해의 북쪽 연안으로, 『한서』에 의하면, 조지성은 산 위에 있으며 둘레가 40여 리로 되어 있는데, 바로 지금의 메카성이다. 그 동쪽 경계는 또한 아라비아해에 이른다. 감영이 마주했던 바다가 아라비아해였는지 아니면 홍해였는지는 알 수가 없다. 만약 아라비아해라면 반드시 조지 삼면의 바다를 돌아서 뱃길로 6, 7천 리를 가야만 홍해의 끝에 이르러 바다가 끝난다. 여기에서 육로로 170리를 가면 지명이 수에즈Suez[151]로 이집트의 땅이다. 지중해의 동남쪽 모퉁이에 도달하며, 다시 배를 타고 서쪽으로 약 6천여 리를 가면 대진의 도성 바로 로마이다. 에 도착하는데, 계산해 보면 뱃길로 1만 3천여 리이다. 만약 감영이 마주했던 것이 조지국의 도성이 있는 홍해라면, 곧 서북쪽으로 1천여 리 정도 가면 홍해의 끝에 이르게 되니 뱃길로 만 리가 안 되는 것이다. 중간에 170리에 달하는 육로가 가로막혀 있어서 배로 곧장 갈 수 없기에, 명나라 이전에 유럽의 대형 선박은 직접 중국에 올 수 없었는데, 바로 이로 인해 가로막혔기 때문이며 『해국문견록』에서는 이곳을 칼로 잘라 낼 수 없는 것에 대해 한스러워했다. 근래 영국은 화륜선으로 문서를 주고받았는데, 모두 이 길을 통해서였다. 지중해에도 따로 화륜선을 두어서 연락을 주고받았다. 이곳으로 가지 않으면 달리 길이 없다. 계산해 보면 뱃길로 빠르면 4, 50일이 걸리고, 늦어도 2, 3개월은 넘지 않아서 반년이면 갔다가 돌아올 수 있는데 어찌 반드시 3년 치의 양식을 가져가야 한단 말인가? 대개 안식이 결국 대진이 한나라와 교류하는 것을 원치 않아서 서쪽 경계에 있던 뱃사람을 시켜 메카는 안식과 멀리 떨어져 있으니, 감영이 마주한 바다는 당연히 아라비아해이다. 이런 말을 지어내어 감영을 막은 것이다. 감영은 바다로 가는 것을 꺼려서 마침내 그만두었을 뿐이다. 마르쿠스 아우렐리우스 안토니누스가 조공을 바칠 때 넛남의 변방을 경유했는데, 바로 지금의 베트남 남쪽 지역의 참파Champa[152] 일대로, 홍해에서 인도양 동남쪽으로 들어가 수마트라Sumandra[153]·자와Jawa[154]의 순다해협Selat Sunda[155]에 이르러 돌아서 북쪽으로 가다가 남중국해[156]로 들어가서 베트남의 남쪽 경계에 도착했다. 지금의 유럽 각 나라는 광동에 올 때 아프리카를 우회하여 인도양에 도착한 후에 마찬가지로 이 노선을 경유한다. 만약 육로로 온다면 반드시 넛남을 경유하여 태국·미얀마를 거쳐야만 동인도에 도달하고 중인도를 지나 서인도에 이르기까지 도중에 수십 개의 원주민 부락을 거쳐야 함은 말할 필요도 없고 돈을 써도 통과하기가 어려웠다. 서인도 서쪽으로는 여전히 길을 가로막고 있는 안식을 지나야만 대진의 동쪽 경계에 도착한다. 그러므로 두말할 필요 없이 반드시 바닷길을 경유해야 한다는 것을 알 수 있다.

대진국의 북쪽 지역에도 중국으로 갈 수 있는 육로가 있는데, 반드시 오스트리아에서 동북쪽으로 가다가 러시아 남쪽 경계를 지나면 카스피해 북쪽 연안에 이른다. 다시 돌아서 동쪽으로 가면서 서역 유목민의 성곽과 여러 부락을 지나면 옥문관에 도달할 수 있다. 이는 곧 안식의 땅에 들어가지 않아서 저지당하지 않은 것이다. 그러나 양한 시기에 대진 북쪽 경계는 게르만[157] 지역에 이르러 끝나고 오스트리아 동쪽·북쪽은 모두 흉노의 일부 부족 이때 러시아는 아직 나라를 세우지 못했다. 들이 있어서 때때로 대진의 변경에서 소요를 일으켜 절대 지나갈 방법이 없었던 것이다. 그러므로 중국에 갈 수 있는 유일한 방법은 안식을 경유하는 것인데, 이미 저지당했기 때문에 바닷길을 경유하지 않을 수 없었다.

살펴보건대, 흉노의 일부 부족은 지금 러시아 남부의 체르케스 Cherkess[158]·조지아Georgia[159]·아스트라한Astrakhan[160]·오렌부르크Orenburg[161] 를 가리킨다. 그래서 이후에는 북카자흐스탄[162]·중앙카자흐스탄·코칸트 Kokand[163]·안디잔Andizhan[164]·키르기스스탄Kyrgyzstan[165]을 경유하여 서역에 이르러 옥문관에 도달했다.[166]

『도이지략島夷志略』에 다음 기록이 있다.

아라비아는 그 땅이 대부분 광활하며, 옛날 헤자즈의 땅이다. 풍경이 아름다우며 사계절이 봄과 같고, 땅이 비옥하여 벼가 많이 나며, 거주민 은 즐겁게 생업에 종사한다. 운남에서 그곳으로 갈 수 있는 길이 있는데, 1년 이상 걸려야 그 땅에 도착할 수 있다. 서양에서도 갈 수 있는 길이 있 다. 아라비아는 천당으로 부르며, 『회회력』이 있는데 중국의 『수시력授 時曆』[167]과는 전후로 3일 차이만 나서 날짜를 뽑아 보면 전혀 차이가 나지 않는다. 기후가 따스하고 선한 일을 즐겨 하는 풍속이 있다. 남녀는 머리 를 땋아 늘이고 긴 무명옷을 입으며 머리에는 무명 두건을 두른다. 이 땅 에서는 서양 말이 나는데 몸이 8자 정도 되며, 사람들은 대부분 말 젖과 밥을 섞어 먹기 때문에 얼굴에 윤기가 돌고 아름답다. 무역 물품으로는 은·오색 비단·청백색의 자기·무쇠 솥 등이 있다.

西印度西阿丹國沿革

—

唐以前名條支, 非回教, 已載西印度下.
唐以後爲波斯·阿丹·天方·默德那等國, 卽回教祖國也. 原無, 今補.

『新唐書』: 波斯居達遏水, 西距京師萬五千而贏, 東與吐火羅·康國接, 北隣突厥可薩部. 西南皆瀕海, 西北贏四千里接拂菻界, 人數十萬. 其先波斯匿王, 大月氏別裔. 王因以姓, 又爲號. 治二城, 有大城十餘. 俗尊右下左, 祠天·地·日·月·水·火. 祠夕以麝揉蘇, 澤肜顏鼻耳. 西域諸胡受其法以祠祆, 拜必交股. 俗跣跳, 丈夫祝髮, 衣不割襟, 靑白爲巾, 帔緣以錦, 婦辮髮着後. 戰乘象, 一象士百人, 負則盡殺. 斷罪不爲文書, 決于廷, 判者鐵灼其舌, 瘡白爲直, 黑爲曲. 刑有髡·鉗·刖·劓, 小罪肜, 或系木于頸, 以時月而置. 劫盜囚終老, 偸者輸銀錢. 凡死棄于山, 服閱月除. 氣常歊熱, 地夷漫, 知耕種畜牧. 有鶩, 能啖羊. 多善犬·騾·大驢. 産珊瑚, 高不三尺.

隋末, 西突厥葉護可汗討殘其國, 其孫奔拂菻, 國人迎立之. 貞觀十二年, 遣使朝貢. 其王爲大酋所逐, 奔吐火羅, 半道大食擊殺之. 吐火羅以兵納其子. 龍朔初, 又訴爲大食所侵. 是時, 天子方遣使者到西域, 分置州縣, 以疾陵城爲波斯都督府. 俄爲大食所滅. 雖不能國, 咸亨中猶入朝, 使其子泥涅師爲質. 調露

元年, 詔裴行儉將兵護還, 將復王其國. 以道遠, 至安西碎葉而還. 泥涅師因客

吐火羅. 景龍初, 西部獨存. 開元天寶間, 遣使者十輩, 獻瑪瑙床·火毛繡舞筵.

乾元初, 從大食襲廣州, 焚倉庫廬舍, 浮海走. 大曆時復來獻. 又有陀拔斯單者,

其國三面阻山, 北瀕小海, 居婆里城, 世爲波斯東大將. 波斯滅, 不肯臣大食,

後爲黑衣大食所滅.

『明史』: 天方, 古筠沖地, 一名天堂, 又曰默伽. 水道自忽魯謨斯四十日始

至, 自古里西南行, 三月始至. 其貢使多從陸道入嘉峪關. 宣德五年, 鄭和使西

洋, 分遣其儕詣古里. 聞古里遣人往天方, 因使人贏貨物, 附其舟偕行. 往返經

歲, 市奇珍異寶及麒麟·獅子·駝雞以歸. 其國王亦遣陪臣隨朝使來貢. 弘治三

年, 其王速檀阿黑麻遣使偕撒馬兒罕·土魯番貢馬·駝·玉石. 正德初, 帝從御馬

太監谷大用言, 令甘肅守臣訪求諸番騍馬·騸馬. 番使云善馬出天方, 守臣因請

謨諸番貢使傳達其王, 俾以入貢. 嘉靖十一年, 遣使偕土魯番·撒馬兒罕·哈密

諸國來貢, 稱王者至三十七人, 所遣使人倍逾恒數. 番文至後五六年一貢, 迄萬

曆中不絶.

天方于西域爲大國, 四時常似夏, 無雨雹霜雪, 惟露最濃, 草木皆資之長養.

土沃, 饒粟·麥·黑黍. 人皆頎碩. 男子削髮, 以布纏之. 婦女則編髮蓋頭不露其

面. 相傳回回敎之祖曰馬哈麻, 卽謨罕驀德. 首于此地行敎, 死卽葬焉. 墓頂常

有光, 日夜不熄. 後人遵其敎, 久而不衰, 故人皆向善. 國無苛擾, 亦無刑罰, 上

下安和, 寇賊不作, 西土稱爲樂國. 俗禁酒. 有禮拜寺, 月初生, 其王及臣民咸

拜天, 號呼稱揚以爲禮. 寺分四方, 每方九十間, 共三百六十間, 皆白玉爲柱,

黃甘玉爲地. 其堂以五色石砌成, 四方平頂. 內用沈香大木爲梁, 凡五, 又以黃

金爲閣. 堂中垣墉悉以薔薇露·龍涎香和土爲之. 守門以二黑獅. 堂左有司馬儀

墓, 其國稱爲聖人. 土產寶石, 圍牆則黃甘玉. 兩旁有諸祖師傳法之堂, 亦以石

築城, 俱極壯麗. 其崇奉回回教如此.

瓜果咸如中國. 西瓜·甘瓜有一人不能舉者, 桃有重四五斤者, 雞·鴨有重十餘斤者, 皆諸番所無也. 馬哈麻墓後有一井, 水清而甘. 泛海者必汲以行, 遇颶風取水灑之卽息. 當鄭和使西洋時, 傳其風物如此. 其後稱王者至二三十人, 其俗亦漸不如初矣.

又曰: 默德那, 回回祖國也, 地近天方. 宣德時, 其酋長遣使偕天方使臣來貢, 後不復至. 相傳, 其初國王謨罕驀德, 卽馬哈墨. 生而神靈, 盡臣服西域諸國, 諸國尊爲別諳拔爾, 猶言天使也. 國中有經三十本, 凡三千六百餘段. 其書旁行, 兼篆·草·楷三體, 西洋諸國皆用之. 其敎以事天爲主, 而無像設. 每日西向虔拜. 每歲齋戒一月, 沐浴更衣, 居必易常處. 隋開皇中, 其國撒哈八撒阿的幹葛思始傳其敎入中國. 迄元世, 其人徧於四方, 皆守敎不替. 國中城池·宮室·市肆·田園, 大類中土. 有陰陽·星曆·醫藥·音樂諸技. 其織文·製器尤巧. 寒暑應候, 民殷物繁, 五穀六畜咸備. 俗重殺, 不食豬肉. 嘗以白布蒙頭, 雖適他邦亦不易其俗.

『瀛涯勝覽』: 阿丹國瀕海富饒, 崇回敎. 阿剌壁言語, 情性強梗悍戾. 有勝兵七八千, 馬步俱精, 隣邦畏之. 自古里國舟西行一月可至. 永樂九年, 詔中使賜命, 其國王遠迎謹甚, 卽諭其國人就互市. 王頂金冠, 衣黃袍, 腰寶粧金帶. 禮拜則易白纏頭, 以金錦爲頂, 衣白袍, 乘車列象而行. 將領等冠服有差. 民間男則纏頭, 衣撒哈剌·錦繡·紵絲·細布, 有靴鞋. 婦人則長衣, 頂珠冠纓絡, 耳金錢寶環, 手金寶鐲釧, 足亦有環. 絲帨·金銀器皿絶勝. 赤金錢曰哺嚕黎, 重一錢, 面有文. 紅銅錢曰哺嚕廝, 市易用之. 氣候溫和, 曆無閏, 以月出定月之大小, 夜見月, 明日又爲一月也. 有善推步者, 定某日春, 則花木開榮, 某日秋, 則

花木凋落. 日月交蝕, 風雨潮汐, 無不驗者. 民居累石爲壁, 上覆以磚或土, 高至十四五尺. 市肆熟食及綺帛·書籍俱如中國. 粒食多用酥糖蜜製, 味極精美. 厥產有米·麥·麻·豆·蔬菜, 果有萬年棗·松子·杷欖·乾葡萄·核桃·花紅·石榴·桃·杏之類. 獸有象·駝·牛·羊·雞·鴨·犬·猫, 無猪·鵝, 羊則無角, 頷垂短毛. 有紫檀·薔薇·露簷葡花·白葡萄·福鹿·靑花白駝雞. 福鹿如騾, 白首白眉, 滿體細間道, 靑花如畫. 白駝雞如福鹿. 麒麟前足高九尺餘, 後足六尺餘, 項長, 頭昂至一丈六尺. 傍耳生二短肉角, 牛尾鹿身, 食粟豆餅餌. 獅子形類虎, 黃黑毛, 巨首闊口, 尾稍黑, 其毛如纓, 聲吼如雷, 百獸見之皆伏. 厥貢金庸·寶帶·珍珠·八寶·金冠·鴉忽等各種寶石, 金葉表文.

『明史』: 阿丹, 在古里之西, 順風二十二晝夜可至. 永樂十四年遣使奉表貢方物. 辭還, 命鄭和齎敕及綵幣偕往賜之. 自是凡四入貢, 天子亦厚加賜賚. 宣德五年, 海外諸番久缺貢, 復命和齎敕宣諭. 其王卽遣使來貢. 八年至京師, 正統元年貢使始還, 自後不至. 前世梁·隋·唐時, 竝有丹丹國, 或言卽其地. 源案: 史言丹丹國在振州東, 又以赤土爲丹丹, 則與暹羅接壤之國. 若阿丹, 則在西印度之西, 相去極遠, 安得混爲一乎?

地膏腴, 饒粟米. 人性強悍, 有馬·步銳卒七八千人, 隣邦畏之. 王及國人悉奉回回敎. 氣候常和, 歲不置閏. 其定時之法, 以月爲準, 如今夜見新月, 明日卽爲月朔. 四季不定, 自有陰陽家推算. 其日爲春首, 卽有花開, 其日爲秋初, 卽有葉落. 及日月交蝕, 風雨潮汐, 皆能預測. 其王甚尊中國, 聞貨船至, 躬率部領來迎. 入國宣詔訖, 徧諭其下, 盡出珍寶交易. 永樂十九年, 中國周姓者往, 市得猫睛, 重二錢許, 珊瑚樹高二尺者數株, 及大珠·金珀·諸色雅姑異寶·麒麟·獅子·花猫·鹿·金錢豹·駝雞·白鳩以歸, 他國所不及也. 蔬果·畜產咸備, 止無鵝與豕. 市肆有書籍. 工人所製金首飾絶勝諸番. 所少惟草木, 國人皆壘石爲居

室. 麒麟前足高九尺, 後六尺, 頸長丈六尺有二, 短角, 牛尾, 鹿身, 食粟豆餅餌. 獅子形似虎, 黑黃色, 無斑, 首大, 口廣, 尾尖, 聲吼若雷, 百獸見之皆伏地.

『明史』: 嘉靖時製方邱朝日壇玉爵, 購紅黃玉于天方·哈密諸國番, 不可得. 有通事言, 此玉產于阿丹, 去土魯番西南二千里, 其地兩山對峙, 自爲雌雄, 或自鳴, 請如永樂·宣德故事, 齎重賄往購. 帝從部議, 已之. 此大謬. 阿丹卽天方也. 旣購天方, 何又再購阿丹? 且阿丹去土魯番又豈止二千里耶? 當云購玉于土魯番·哈密不可得, 人言此玉產于闐, 去土魯番西南二千里. 或云玉產天方阿丹, 去土魯番·哈密萬二千里, 則得之.

又曰: 坤城, 西域回回種. 宣德五年, 遣使來朝, 貢駝馬. 時有開中之令, 使者卽輸米一萬六千七百石於京倉中監. 及辭還, 願以所納米獻官. 帝曰: "回人善營利, 雖名朝貢, 實圖貿易, 可酬以直." 於是予帛四十匹, 布倍之. 其後亦嘗貢.

自成祖以武定天下, 欲威制萬方, 遣使四出招徠. 由是西域大小諸國莫不稽顙稱臣, 獻琛恐後. 又北出沙漠, 南極溟海, 東西抵日出沒之處, 凡舟車可至者, 無所不屆. 自是殊方異域鳥言侏僚之使, 輻輳闕廷, 歲時頒賜, 庫藏爲虛. 而四方奇珍異寶, 名禽殊獸, 進獻尙方者, 亦日增月盛. 蓋兼漢唐之盛而有之, 百王所莫竝也. 餘威及於後嗣, 宣德·正統朝猶多重譯而至. 然仁宗不務遠略, 踐阼之初, 卽撤西洋取寶之船, 停松花江造舟之役, 召西域使臣還京, 敕之歸國, 不欲疲中土以奉遠人. 宣德繼之, 雖間一遣使, 尋亦停止, 以故邊隅獲休息焉.

今采故牘嘗奉貢通名天朝者, 曰哈三, 曰哈烈兒, 曰沙的蠻, 曰哈的蘭, 曰掃蘭, 曰乜克力, 曰把力黑, 曰俺力, 曰脫忽麻, 曰察力失, 曰幹失, 曰卜哈剌, 曰怕剌, 曰你沙兀兒, 曰克失迷兒, 曰帖必力思, 曰火壇, 曰火占, 曰苦先, 曰牙昔, 曰牙兒干, 曰戌, 曰白, 曰兀倫, 曰阿端, 曰邪思城, 曰舍黑, 曰擺音, 曰克乩, 計

二十九部. 以疆域褊小, 止稱地面. 與哈烈·哈實哈兒·賽藍·亦力把力·失剌思·沙鹿海牙·阿速·把丹沙皆由哈密入嘉峪關, 或三·四·五年一貢, 入京者不得過三十五人. 其不由哈密者, 更有乞兒麻·米兒哈蘭·可脫亂·臘獨·也的干·剌竹·亦不剌因·格失迷·乞兒吉思·羽奴思·哈辛十一地面, 亦嘗通貢.

又曰: 魯迷, 去中國絶遠. 嘉靖三年遣使貢獅子·西牛. 給事中鄭一鵬言: "魯迷非常貢之邦, 獅子非可育之獸, 請卻之, 以光聖德." 帝竟納之. 五年冬, 復以二物來貢. 旣頒賜, 其使臣言, 長途跋涉, 費至二萬三千餘金, 請加賜. 御史張祿言: "華夷異方, 人物異性, 留人養畜, 不惟違物, 抑且拂人. 況養獅日用二羊, 西牛日用果餌, 獸相食與食人食, 聖賢皆惡之. 乞返其人, 卻其物, 薄其賞, 明中國不貴異物." 不納. 乃從禮官言, 如弘治撒馬兒罕例益之. 二十二年偕天方諸國貢馬及方物. 明年, 還至甘州. 會迤北賊入寇, 總兵官楊信令貢使九十餘人往禦, 死者九人. 帝聞, 褫信職, 命有司棺殮, 歸其喪. 二十七年·三十三年竝入貢. 其貢物有珊瑚·琥珀·金剛鑽·花瓷器·鑽服·撒哈喇帳·羚羊角·西狗皮·猞猁孫皮·鐵角皮之屬.

『瀛環誌略』曰: 阿剌伯, 亞拉彼亞·亞拉鼻亞·阿爾拉密阿·阿辣波亞·阿黎米也·阿丹·阿蘭·天方·天堂. 回教初興國也. 北界東土耳其, 東界波斯及阿勒富海, 南距印度海, 西抵勒爾西海. 俗稱紅海. 長四千餘里, 廣三十餘里. 地西南濱海, 有腴壤. 中央皆戈壁, 沙磧也. 商旅必結隊以行, 否則虞盜劫, 且慮風沙埋沒. 物產唯棗最多, 人與畜皆食之. 產名馬, 牧者愛養如兒子, 能一日行五六百里. 駝尤良, 負重行遠皆賴之. 又產加非·香料·沒藥之類. 其地古爲土夷散部, 恒役屬於波斯.

陳宣帝大建元年, 有摩哈麥者, 或作摩哈默, 又作瑪哈穆特. 生於麥加. 一作默

伽, 又作美加. 少年爲商, 往來西國, 娶富商之寡, 遂至大富. 不識字而性聰敏, 以佛敎拜偶像爲非, 而泰西諸國耶穌敎已盛行, 思別創敎門以自高異. 入山讀書數年, 著書曰『可蘭』, 宣言於衆, 謂獨一眞主上帝命聖者敎化世人, 初命摩西, 次命耶穌. 兩人之敎雖行, 然不能徧及也. 復命摩哈麥立敎以補其缺. 入其敎者焚香禮拜, 念經, 禁食猪肉. 唐高祖武德四年, 逃難於麥地拿, 一作默德那, 又作美的納. 土人靡然從敎, 卽以四年爲元紀. 今回敎稱一千二百幾十年, 卽本於此. 歐羅巴則以耶穌生年爲元年, 故稱一千八百幾十年. 其後徒黨日衆, 不入敎者, 率衆攻之. 兵敗徒散, 收合復起, 遂滅大敵, 據阿剌伯全土, 布其敎於四隣. 隣部皆畏而從之, 回敎遂蔓延西土. 當其盛時, 嘗剪滅波斯, 蠶食羅馬, 猶太·買諾諸部. 據阿非之北境, 紅海·地中海南岸諸部. 裂歐羅之西垂, 西班牙·葡萄牙. 縱橫三土, 亞細亞·阿非利加·歐羅巴. 幾於無敵. 後爲土耳其所攻, 屬藩盡失, 日就衰微, 卒乃納貢於土耳其, 稱藩國焉.

西域稱摩哈麥爲派罕巴爾, 華言天使也. 其苗裔稱和卓木, 華言聖裔也. 巴達克山·塔什干皆其支派, 而霍集占兄弟稱大宗, 回部以爲貴種, 所至輒擁戴之. 點虜藉其名以號召回衆, 數數犯邊, 遂爲西鄙長患云.

麥加·麥地拿皆在紅海之濱. 摩哈麥生於麥加, 其地有黑石, 上作大殿, 周一里許. 麥地拿爲摩哈麥葬處, 斂以鐵梡. 每歲諸回回來兩地禮拜, 南洋·西域·泰西·阿非利加, 近者數千里, 遠者數萬里, 接踵膜拜, 以數萬計.

阿剌伯地分六部, 首部曰黑德倭斯, 都城曰麥加, 建於山谷之中, 夏屋雲連, 街衢闊直. 海口甚大, 出運之貨以加非爲主, 販行歐羅巴各國. 其海口在西方者曰熱地, 富商所萃. 在東方者曰木甲, 與英吉利·米利堅定約通商, 以兵船巡海護之. 亞丁, 小島也, 在紅海口門之外, 現爲英人所據.

按: 阿剌伯, 古條支國也. 回敎旣興, 乃有天方·天堂等名, 皆花門誇耀之稱, 比其國於天上, 其實本無此名. 其國在波斯之西南, 前明時累次朝貢,

多由西域陸路來. 明初鄭和等由海道使西洋, 至天方而止, 稱爲西洋盡處. 彼蓋由印度海駛入紅海, 遂以爲海盡於此, 而不知小西洋之外, 尙有所謂大西洋也.

佛教興於印度, 以慈悲寂滅爲歸, 中土士大夫推闡其說, 遂開禪悅一派. 摩西十誡雖淺近, 而尙無怪說. 耶穌著神異之迹, 而其勸人爲善, 亦不外摩西大旨. 周孔之化無由宣之重譯, 彼土聰明特達之人起而訓俗勸善, 其用意亦無惡於天下. 特欲行其教於中華, 未免不知分量. 摩哈麥本一市儈, 忽起而創立教門, 其禮拜與天主教同. 所別異者僅不食豬肉一端, 而其獸處無倫, 則又爲泰西諸國之所唾棄. 乃自李唐以後, 其教漸行於西域, 今則玉門以西, 盡亞細亞之西土, 周回數萬里, 竟無一非回教者. 鴟梟嗜鼠, 蜈蚣甘帶, 孰爲正味乎? 正難爲昧任倲儒者深求也. 惟腥膻之俗蔓延中土, 剛很毒鷙. 自爲一類, 非我族類, 實逼處此, 終貽江統憂爾.

『後漢書』: 東漢和帝永元九年, 西域都護班超遣掾甘英往通大秦, 抵條支. 臨海欲渡, 安息西界船人告以海水廣大, 往來須齎三歲糧, 英疑憚而止. 大秦屢欲遣使於漢, 爲安息遮遏不得通. 桓帝延熹九年, 其王安敦遣使自日南徼獻象牙·犀角·玳瑁, 始得一通. 云云. 考泰西人地圖, 安息卽今之波斯, 條支卽今之阿剌伯. 東漢時大秦, 卽意大里之羅馬. 正當全盛, 未分東西, 詳『意大里圖說』. 其國都在意大里之羅馬, 東境至西里亞·猶太, 卽『唐書』之拂箖國. 與安息接壤. 若由安息往大秦, 渡溺水, 入安息境約三千餘里, 卽今波斯. 卽已入大秦東境. 今土耳其東土美索不達迷亞部之巴索拉地. 再西北行約三千餘里, 今土耳其東土·中土. 渡海峽, 卽君士但丁黑海峽口. 歷西臘之北境, 今土耳其西土. 約二千里至意大里之東北境, 今奧地利亞地. 又西南行千餘里, 卽至大秦都城. 卽今羅馬. 計陸路萬里. 而近自西里亞以西皆大秦地.

『漢書』所云從安息陸路繞海北行, 出海西至大秦, 人庶連屬, 十里一亭, 三十里一置, 從無盜賊寇警者, 的確不誣. 又云道多猛虎·獅子, 遮害行旅, 不百餘人, 齎兵器, 輒爲所食. 按西里亞以西皆大秦名都大邑, 四達通衢, 安得有猛獸遮害行旅? 蓋安息貪繪彩交市之利, 必不欲大秦之通漢, 故爲此誕說以阻漢使之西行. 所謂遮遏不得通者, 此也. 若由條支從海道往, 則阿非利加之大浪山一路, 自明以前未通舟楫. 卽今歐羅巴諸國貨船往來之路, 明弘治間葡萄牙始創行之. 歐羅巴東來海道率取道於地中海·紅海. 條支都城在麥加, 乃紅海北岸,『漢書』云: 條支城在山上, 周迴四十餘里, 正今之麥加城也. 而其東境又臨阿勒富海. 甘英所臨之海, 未知其爲阿勒富海抑卽紅海. 若爲阿勒富海, 則須繞條支三面之海, 計水程六七千里, 至紅海之尾而海盡. 行陸路一百七十里, 地名蘇爾士, 麥西國地. 至地中海之東南隅, 再登舟西駛約六千餘里, 而抵大秦都城, 卽羅馬. 計水程一萬三千餘里. 若所臨係條支都城之紅海, 則西北駛千餘里已至紅海之尾, 計水程不足萬里. 中間隔陸路一百七十里, 不能一帆直, 明以前歐羅巴大船不能直抵中國, 卽因此阻隔,『海國聞見錄』所謂恨不能用刀截斷者也. 近年英吉利用火輪船遞送文報, 皆由此路. 地中海另有火輪船接遞. 然舍此別無道路. 計其水程速則四五十日, 遲亦不過兩三月, 半載盡可往返, 何至須齎三歲糧? 蓋安息總不欲大秦之通漢, 故使西界船人, 麥加距安息已遠, 甘英所臨之海當係阿勒富海也. 設此詞以難之. 甘英憚於浮海, 遂中止耳. 至安敦之入貢, 由日南徼外, 卽今越南南境之占城一帶, 乃由紅海駛入印度海東南, 行至蘇門答臘·噶羅巴之巽他海峽, 轉而北行入南洋, 抵越南之南境. 今歐羅巴諸國由粵東, 繞阿非利加至印度海後, 亦由此路. 若從陸路, 須由日南歷暹羅·緬甸, 抵東印度, 越中印度至西印度, 無論中間歷數十番部, 使幣難通. 而西印度以西仍須經遮遏之安息, 方達大秦東境. 故知其必由海道無

疑也.

大秦國之北方亦有陸路可通中國, 須從奧地利亞東北行, 歷峨羅斯南境, 至里海之北岸. 轉而東行, 歷西域游牧城郭諸部, 可抵玉關. 此則不入安息境, 無從遮遏之矣. 然兩漢時, 大秦北境至日耳曼而止, 奧地利亞以東·以北皆匈奴別部, 時峨羅斯尙未立國. 時擾大秦邊境, 斷無可通之理. 故通中國惟安息一路, 旣爲所遮遏, 不得不由海道也.

案: 匈奴別部, 指今俄羅斯南部薩加社·日爾日·阿斯達拉岡·疴倫不爾厄. 然後由北哈薩克·中哈薩克·霍罕·安集延·布魯特以達西域至玉門也.

『島夷志略』: 天堂, 地多曠漠, 卽古筠沖之地. 風景融和, 四時如春, 田沃稻饒, 居民樂業. 雲南有路可通, 一年之上可至其地. 西洋亦有路通. 名爲天堂, 有『回回曆』, 與中國『授時曆』, 前後只爭三日, 其選日永無差異. 氣候暖, 風俗好善. 男女辮髮, 穿細布長衫, 繫細布捎. 地產西馬, 高八尺許, 人多以馬乳拌飯爲食, 則人肥美. 貿易之貨用銀·五色緞·青白花器·鐵鼎之屬.

주석

1   티그리스강: 원문은 '달알수達遏水'이다.

2   토하라Tokhara: 원문은 '토화라吐火羅'이다. 중앙아시아의 옛 국가로, 지금의 아프가니스탄 북부에 위치한다.

3   사마르칸트Samarkand: 원문은 '강국康國'으로, 살말건薩末建, 실만근悉萬斤이라고도 한다.

4   하자르Khazar 지역: 원문은 '가살부可薩部'로, 7~10세기에 걸쳐 카스피해 북쪽에 거주했던 터키계 민족을 가리킨다.

5   동로마 제국: 원문은 '불름拂菻'이다.

6   파세나디Pasenadi(波斯匿)왕: 파세나디(재위 기원전 534~기원전 490년경)는 갠지스강 중부 유역에 있었던 코살라국Kosala의 왕이다. 코살라국은 고대 인도의 16대국 중 하나로, 마가다국Magadha과 함께 강국으로 알려졌다. 코살라국은 기원전 5세기 전반에 마가다국에 병합되어 멸망했다.

7   소초蘇草: 원문은 '소蘇'이다. 향소초香蘇草라고도 하며, 약재의 일종이다.

8   곤형髡刑·겸형鉗刑·월형刖刑·의형劓刑: 곤형은 체발형剃髮刑으로 머리카락을 바짝 깎는 형벌이고, 겸형은 목에 쇠사슬을 채우는 형벌이며, 월형은 발꿈치를 베는 형벌이고, 의형은 코를 베는 형벌이다.

9   이르비스 볼룬 카브구Irbis Bolun Cabgu: 원문은 '섭호가한葉護可汗'이다. 이르비스 볼룬 카브구(재위 631~632)는 서돌궐의 통치자로, 통 야브구 카간 Tong Yabghu Qaghan(재위 618~628)의 아들이다.

10   호스로 2세Khosrow II: 호스로 2세(재위 590, 591~628)는 사산조 페르시아의 왕이다.

11   손자: 원문은 '손孫'이다. 호스로 2세의 손자 아르다시르 3세Ardashir III를 가리킨다.

12   정관貞觀: 당나라 제2대 황제 태종太宗 이세민李世民의 연호(627~649)이다.

13 야즈데게르드 3세Yazdegerd III: 원문은 '기왕其王'이다. 야즈데게르드 3세 (재위 632~651)는 사산조 페르시아의 왕으로, 호스로 2세의 손자이며 사산 조의 마지막 왕이다.

14 할리드 이븐 알왈리드Khalid ibn al-Walid: 원문은 '대추大酋'이다. 할리드 이 븐 알왈리드(592~642)는 이슬람 초기 정통 칼리파 시대의 무장으로, 본래 이슬람을 반대하여 무함마드를 견제했으나 무함마드의 메카 입성 이후 이슬람교로 개종했다. 개종 이후 무함마드에게 '알라의 검'이라는 칭호 를 받았으며, 이슬람 제국의 세력 확장에 크게 기여했다.

15 용삭龍朔: 당나라 제3대 황제 고종高宗 이치李治의 세 번째 연호(661~663) 이다.

16 자란즈Zaranj: 원문은 '질릉성疾陵城'이다. 지금의 아프가니스탄 남서부에 위치한 도시로 이란 국경 가까이에 있다.

17 함형咸亨: 당나라 고종 이치의 일곱 번째 연호(670~674)이다.

18 나르시에Narsieh: 원문은 '니열사泥涅師'이다. 페로즈 3세의 아들이자, 사 산조의 마지막 왕이었던 야즈데게르드 3세의 손자이다.

19 조로調露: 당나라 고종 이치의 열 번째 연호(679~680)이다.

20 배행검裵行儉: 배행검(619~682)은 당나라의 장군으로, 강주絳州 문희聞喜(산 서성 문희) 사람이며, 자는 수약守約이다.

21 쇄섭성碎葉城: 중앙아시아 소그디아나에 있는 오아시스 도시로, 소섭 素葉, 소로索虜, 소섭수素葉水라고도 한다. 지금의 키르기스스탄 추강Chu River 토크마크Tokmak 부근이다.

22 경룡景龍: 당나라 제4대 황제 중종中宗 이현李顯의 연호(707~710)이다.

23 개원開元·천보天寶: 개원(713~741)과 천보(742~756)는 각각 당나라 제6대 황 제 현종玄宗 이융기李隆基의 첫 번째, 두 번째 연호이다.

24 건원乾元: 당나라 제7대 황제 숙종肅宗 이형李亨의 연호(758~760)이다.

25 대력大曆: 당나라 제8대 황제 대종代宗 이예李豫의 네 번째 연호(766~779) 이다.

26 타바리스탄Tabaristan: 원문은 '타발사단陀拔斯單'으로, 타발살탄陀拔薩憚이

라고도 한다. 옛 땅은 지금의 카스피해 남쪽 연안에 있다.

27 카스피해: 원문은 '소해小海'이다. 문맥상 카스피해로 추정된다.

28 사리Sari성: 원문은 '파리성婆里城'이다. 사리는 이란 북부에 위치한 도시로, 마잔다란주Mazandaran의 주도이며 알보르즈Alborz산맥 북쪽 기슭과 카스피해 남부 연안 사이에 위치한다.

29 이스파바드Ispahbad: 원문은 '파사동대장波斯東大將'으로, 사산조 페르시아 말기 페르시아 동쪽의 호라산Khorasan과 타바리스탄 총괄자에 대한 호칭이다.

30 헤자즈: 원문은 '균충筠沖'이다.

31 호르무즈Hormuz: 원문은 '홀로모사忽魯謨斯'이다. 호르무즈는 페르시아만과 오만만을 잇는 좁은 해협이다.

32 캘리컷Calicut: 원문은 '고리古里'로, 인도 서남부에 위치한다. 지금의 코지코드Kozhikode이다.

33 가욕관嘉峪關: 만리장성 서쪽 끝에 위치하는 관문으로, 감숙성甘肅省 가욕관시에 있다.

34 선덕宣德: 명나라 제5대 황제 선종宣宗 주첨기朱瞻基의 연호(1426~1435)이다.

35 홍치弘治: 명나라 제9대 황제 효종孝宗 주우당朱祐樘의 연호(1488~1505)이다.

36 술탄Sultan: 원문은 '속단速檀'으로, 소륵탄素勒坦, 속로단速魯檀, 소단蘇丹이라고도 한다.

37 아흐마드Ahmad: 원문은 '아흑마阿黑麻'이다.

38 사마르칸트: 원문은 '살마아한撒馬兒罕'이다.

39 투르판: 원문은 '토로번土魯番'이다.

40 정덕正德: 명나라 제10대 황제 무종武宗 주후조朱厚照의 연호(1506~1521)이다.

41 곡대용谷大用: 명나라 정덕 연간의 환관으로, '팔호八虎' 가운데 한 사람이다.

42 가정嘉靖: 명나라 제12대 황제 세종世宗 주후총朱厚熜의 연호(1522~1566)이다.

43 하미Hami: 원문은 '합밀哈密'로, 지금의 신강 위구르 자치구 쿠물 지역이다.

44 37명: 원문은 '삼십칠인三十七人'이다. 광서 2년본에는 '삼三'이 '이二'로 되

어 있으나, 『명사』에 따라 고쳐 번역한다.

45 만력萬曆: 명나라 제13대 황제 신종神宗 주익균朱翊鈞의 연호(1573~1620)이다.

46 마호메트: 원문은 '마합마馬哈麻'이다.

47 무함마드: 원문은 '모한맥덕謨罕驀德'이다.

48 이스마일Ismail: 원문은 '사마의司馬儀'로, 이실마리以實瑪利, 의시마이依市瑪耳, 이사마의易司馬儀라고도 한다. 이스라엘인과 아랍인 모두 선조로 받드는 아브라함의 아들이다.

49 이맘: 원문은 '조사祖師'이다.

50 우물: 원문은 '정井'으로, 잠잠을 말한다.

51 마호메트: 원문은 '마합묵馬哈墨'이다.

52 파이감바르Paighambar: 원문은 '별암발이別諳拔爾'로, 파안배이派安拜爾, 별암백이別庵伯爾, 벽엄팔이擗奄八而라고도 한다. 이슬람교의 사자使者 혹은 선지자先知者를 가리킨다.

53 중심: 원문은 '주主'이다. 광서 2년본은 '조祖'로 되어 있으나, 악록서사본에 따라 고쳐 번역한다.

54 개황開皇: 수나라 문제文帝 양견楊堅의 연호(581~600)이다.

55 사드 이븐 아비 와카스Sa'd ibn Abī Waqqās: 원문은 '살합팔살아적간갈사撒哈八撒阿的幹葛思'이다. 사드 이븐 아비 와카스(595~674)는 이슬람 제국의 명장으로, 중국에 사신으로 가서 이슬람교를 전파했다.

56 원나라 때에: 원문은 '원세元世'이다. 광서 2년본은 '세世'가 '씨氏'로 되어 있으나, 악록서사본에 따라 고쳐 번역한다.

57 영락永樂: 명나라 제3대 황제 성조聖祖 주체朱棣의 연호(1403~1424)이다.

58 중사中使: 중국 황제가 황궁에서 파견하는 사신으로, 대부분 환관이 이 임무를 맡았는데, 여기에서는 정화를 가리킨다.

59 사켈라트saqalāt: 원문은 '살합랄撒哈剌'으로, 쇄합랄瑣哈剌, 쇄해랄灑海剌, 살합리撒哈唎라고도 한다. 고급 직물로 원·명·청대에 중앙아시아·동남아시아 등의 여러 국가에서 공물로 바쳤다.

60 적금전赤金錢: 순 구리로 제작한 동전을 가리킨다.

61 푸루린fulūrin: 원문은 '포로려哺嚕黎'이다.

62 홍동전紅銅錢: 금이 약간 섞인 구리로 제작한 동전을 가리킨다.

63 푸루스fulūs: 원문은 '포로시哺嚕廝'이다.

64 얼룩말: 원문은 '복록福鹿'으로, 화복록花福鹿이라고도 한다.

65 야쿠트yāqūt: 원문은 '아홀鴉忽'로, 아고雅姑라고도 한다. 보석의 일종으로
색깔에 따라 홍아고紅雅姑, 청아고青雅姑, 황아고黃雅姑, 백아고白雅姑 등으
로 불렸다.

66 묘안석: 원문은 '묘정貓睛'으로, 묘정석貓睛石이라고도 한다. 표면에 고양
이 눈에서 볼 수 있는 수직 섬광과 같은 빛이 난다.

67 금박金珀: 호박琥珀의 한 종류로, 빛깔이 황금빛이며 속이 투명한 보석
이다.

68 방구方邱와 조일단朝日壇: 방구는 고대에 땅에 제사 지내던 단을 뜻하고,
조일단은 제왕들이 해에 제사 지내던 곳이다.

69 홍옥紅玉과 황옥黃玉: 원문은 '홍황옥紅黃玉'이다. 홍옥은 루비, 황옥은 토
파즈의 일종이다.

70 호탄Khotan: 원문은 '우전于闐'이다.

71 개중법開中法: 원문은 '개중지령開中之令'이다. 당시 상인들은 곡물을 정
부 지정 창고에 납입하고 그 대가로 감합勘合을 받아, 그것을 가지고 지
정 염운사鹽運司나 염과제거사鹽課提舉司로 가서 감합에 기재된 액수에 따
라 염인鹽引을 지급받은 뒤, 그것으로 염장에 가서 소금을 지급받았다.
염인이 없으면 사염私鹽으로 간주되었는데, 소금 판매 후에는 일정 기간
내에 염인을 관청에 반납해야 했다. 명대에는 이 납량納糧에서 염인의
반환까지의 모든 과정을 총괄하여 개중법이라 했다.

72 경창京倉: 북경의 조량漕糧(조세로 징수하여 조운하던 쌀·콩 따위의 곡류)을 저장하
는 창고를 가리킨다.

73 상방尚方: 고대에 황제가 사용하는 기물을 제조하던 관청이다.

74 인종仁宗: 중국 명나라 제4대 황제 홍희제洪熙帝 주고치朱高熾(재위 1424~
1425)의 묘호이다.

75 하산Khasan: 원문은 '합산哈드'이다. 러시아의 연해 지방으로 서남쪽 끝에 위치한다.

76 헤라트Herat: 원문은 '합렬아哈烈兒'로, 지금의 아프가니스탄 서부에 위치한다.

77 위구르: 원문은 '먀극력亿克力'이다.

78 발흐Balkh: 원문은 '파력흑把力黑'으로, 지금의 아프가니스탄 북부에 위치한다.

79 엄력俺力: 『명사』에는 '엄력마俺力麻'로 되어 있다. 지금의 신강 지역에 위치한 것으로 추정된다.

80 토크마크Tokmak: 원문은 '탈홀마脫忽麻'이다. 지금의 키르기스스탄 북부에 위치한다.

81 카라샤르Qarasheher: 원문은 '찰력실察力失'로, 차력실又力失, 가리사嘉理斯라고도 한다. 지금의 신강 위구르 자치구에 위치한다.

82 부하라Bukhara: 원문은 '복합랄卜哈剌'이다.

83 발흐: 원문은 '파랄怕剌'이다. 앞에 나오는 발흐와 같은 지역이다.

84 니샤푸르Nishapur: 원문은 '니사올아你沙兀兒'이다. 지금의 이란에 위치한다.

85 카슈미르Kashmir: 원문은 '극실미아克失迷兒'로, 격실미格失迷라고도 한다.

86 타브리즈Tabriz: 원문은 '첩필력사帖必力思'로, 지금의 이란 동아제르바이잔주의 주도이다.

87 코젠드Khojend: 원문은 '화단火壇'이다. 지금의 투르키스탄에 위치한다.

88 후잔트Khujand: 원문은 '화점火占'으로, 지금의 시르다리야강Syr Darya 강가에 위치한다.

89 쿠차Kuca: 원문은 '고선苦先'이다.

90 아크수Aksu: 원문은 '아석牙昔'이다.

91 야르칸드Yarkand: 원문은 '아아간牙兒干'이다.

92 호탄: 원문은 '아단阿端'이다.

93 카슈가르Kashgar: 원문은 '합실합아哈實哈兒'이다.

94 사이람Sayram: 원문은 '새람塞藍'으로, 새란賽蘭이라고도 한다. 지금의 우

즈베키스탄 타슈켄트 동북쪽에 위치한다.

95 베쉬발릭Beshbalik: 원문은 '역력파력亦力把力'이다. 지금의 신강 위구르 자
치구 우룸치Ürümqi에 위치한다.

96 시라즈Shiraz: 원문은 '실랄사失剌思'로, 실라자失羅子, 석라자石羅子, 설랍부
泄拉夫라고도 한다.

97 샤흐루히야Shahrukhiya: 원문은 '사록해아沙鹿海牙'로, 지금의 시르다리야
강 강가에 위치한다.

98 오세티야Ossetia: 원문은 '아속阿速'으로, 아소阿蘇라고도 한다. 지금의 코
카서스Caucasus산지에 위치한다.

99 바다흐샨: 원문은 '파단사把丹沙'이다. 광서 2년본에는 '파단把丹'으로 되
어 있으나 『명사』에 의거해서 고쳐 번역한다.

100 케르만Kerman: 원문은 '걸아마乞兒麻'이다.

101 야르칸드: 원문은 '야적간也的干'이다.

102 이브라힘Ibrahim: 원문은 '역불랄인亦不剌因'으로, 역패래亦孛來, 의파倚巴, 미
백아尾白兒, 이파리伊巴哩라고도 한다. 지금의 중국 내몽골 자치구와 영하
회족 자치구 내의 하투평원河套平原에 거주하던 몽골족 부족장이다.

103 키르기스Kyrgyz: 원문은 '걸아길사乞兒吉思'이다.

104 유누스Yunus: 원문은 '우노사犳奴思'이다. 차가타이한국이 동서로 분열된
후 동쪽 모글리스탄Moghulistan의 유누스 칸(재위 1462~1487)이 다스리던 나
라이다.

105 루미Rumi: 원문은 '로미魯迷'로, 오스만 제국을 가리킨다.

106 정일붕鄭一鵬: 정일붕(1494~1552)은 자가 구만九萬으로, 복건福建 흥화부興化
府 보전莆田 사람이다. 정덕 16년(1521)에 진사進士가 되었으며 간관諫官으
로 유명하다.

107 감주甘州: 지금의 감숙성 장액시張掖市 일대이다.

108 이북迤北: 지금의 신강 위구르 자치구 우룸치에 위치하며, 원나라 패망
이후 북원北元이 세워진 지역이다.

109 양신楊信: 양신(1422~1477)은 명나라 장수로, 자는 문실文實이다. 천순 원년

(1458) 청양구靑陽溝에서 오이라트 부대를 대파하여 창무백彰武伯에 봉해 지고 총병관이 되었다.

110 마침 이북迤北의 적이 … 돌려보내게 했다: 이 부분에 언급된 총병관 양 신은 정통·경태·성화 연간에 활동했던 명나라 장수로, 가정 연간과는 연관이 없기에 이 기록에는 오류가 있다.

111 서구피西狗皮: 털 길이가 2~3치 정도로, 품질이 좋으며 이리 가죽보다 두 껍고 따뜻하다.

112 아라비아해: 원문은 '아륵부해阿勒富海'이다.

113 인도양: 원문은 '인도해印度海'이다.

114 고비: 원문은 '과벽戈璧'이다. 몽골어로 '거친 땅'을 의미한다.

115 당나라 … 원년으로 삼았다: 실제 무함마드가 메카에서 메디나로 박해 를 피해 이주한 때는 622년으로, 이해가 바로 이슬람의 원년이다.

116 이후 이슬람교도들이 … 공격했다: 이슬람이 세력을 확장하자 유럽인 은 '한 손에는 칼, 한 손에는 『쿠란』'이라는 말을 만들어 내어, 마치 이 슬람이 강제로 개종하게 한 것처럼 악선전을 했다. 하지만 실제 이슬람 제국은 정복 이후 타 종교에 대해 관용과 포용 정책을 펼치며 타 종교 에 대한 세금인 지즈야를 통해 간접적 개종을 유도했다.

117 유대: 원문은 '유태猶太'로, 지금의 팔레스타인Palestine 지역에 위치한다.

118 매락買諾: 터키의 중앙지로, 지금의 소아시아이다.

119 아프리카: 원문은 '아비阿非'이다.

120 파이감바르: 원문은 '파한파이派罕巴爾'이다.

121 하지: 원문은 '화탁목和卓木'으로, 이슬람교의 성지인 메카 순례를 성공 적으로 마친 사람에게 붙이는 존칭이다. 여성의 경우는 하자Hajja라고 한다.

122 바다흐샨: 원문은 '파달극산巴達克山'이다.

123 타슈켄트Tashkent: 원문은 '탑십간塔什干'이다.

124 호지잔Hojijan: 원문은 '곽집점霍集占'으로, 천산산맥 남쪽에 거주하던 위 구르족 부족장이다.

125 교활한 오랑캐: 원문은 '힐로點虜'로, 호지잔 형제를 가리킨다.

126 지다: 원문은 '열지熱地'이다.

127 무스카트: 원문은 '목갑木甲'이다.

128 선종禪宗: 원문은 '선열일파禪悅一派'이다.

129 강통江統: 강통(?~310)은 서진의 관리로, '화이잡거華夷雜居'에 대해 문제를 제기한 「사융론徙戎論」으로 유명하다. 서진이 삼국 시대를 통일한 이후 '화이잡거'의 양상이 더욱 가속화되자, 서진의 관료들은 이에 강한 경계를 드러냈다. 그중 강통은 「사융론」을 통해서 "관중의 인구가 1백만 명인데 융적이 그 절반을 차지하고 있다"라고 비판하면서 그들을 본거지로 돌려보낼 것을 주장했다.

130 강통江統의 … 뿐이다: 위의 화이잡거에 대한 우려를 말한다.

131 영원永元: 후한 제4대 황제 목종穆宗 유조劉肇의 첫 번째 연호(89~105)이다.

132 도호都護: 중국 전한 선제 때부터 당나라 때까지 변경의 여러 이민족의 관리나 정벌의 일을 맡아보던 관직이다.

133 안식安息: 파르티아Parthia를 가리킨다.

134 연희延熹: 후한 제10대 황제 위종威宗 유지劉志의 여섯 번째 연호(158~167)이다.

135 마르쿠스 아우렐리우스 안토니누스Marcus Aurelius Antoninus: 원문은 '안돈安敦'으로, 로마 제국의 제16대 황제(재위 161~180)이다. 철인황제哲人皇帝로 불리며, 오현제 중 한 사람이다.

136 넛남Nhật Nam: 원문은 '일남日南'이다.

137 시리아Syria: 원문은 '서리아西里亞'이다.

138 옥수스Oxus: 원문은 '규수潙水'로, 지금의 아무다리야강Amu Darya이다.

139 메소포타미아Mesopotamia: 원문은 '미색부달미아부美索不達迷亞部'이다.

140 바스라Basra: 원문은 '파색랍지巴索拉地'로, 지금의 이라크 동남부에 있는 항구도시이다.

141 보스포루스Bosporus해협: 원문은 '해협海峽'이다. 흑해Black Sea와 마르마라해Sea of Marmara를 이으며 아시아와 유럽을 나누는 터키의 해협이다.

142 콘스탄티노플Constantinople: 원문은 '군사단정君士但丁'이다. 지금의 이스탄불Istanbul로, 원명은 비잔티움Byzantium이다.

143 건너: 원문은 '도渡'이다. 광서 2년본에는 '파波'로 되어 있으나 문맥상 고쳐 번역한다.

144 그리스Greece: 원문은 '서랍西臘'이다.

145 오스트리아Austria: 원문은 '오지리아奧地利亞'이다.

146 로마: 원문은 '라마羅馬'이다.

147 백성들이: 원문은 '인서人庶'이다. 광서 2년본에는 '인人' 자가 없으나 악록서사본에 따라 고쳐 번역한다.

148 정후: 중국의 전통 건축 양식으로, 행인들이 휴식을 취하거나 바람을 쐬고, 주변 경관을 즐길 수 있도록 제공되었다.

149 치置: 역참驛站의 일종이다.

150 희망봉Cape of Good Hope: 원문은 '대랑산大浪山'으로, 호망각好望角이라고도 한다.

151 수에즈Suez: 원문은 '소이사蘇爾士'이다.

152 참파Champa: 원문은 '점성占城'이다.

153 수마트라Sumandra: 원문은 '소문답랍蘇門答臘'이다.

154 자와Jawa: 원문은 '갈라파噶羅巴'이다.

155 순다해협Selat Sunda: 원문은 '손타해협巽他海峽'으로, 지금의 수마트라와 자와 사이에 위치한다.

156 남중국해: 원문은 '남양南洋'이다.

157 게르만: 원문은 '일이만日耳曼'이다.

158 체르케스Cherkess: 원문은 '살가사薩加社'이다. 북캅카스North Caucasus와 흑해를 따라 위치한 북동쪽 해안가 지역이다.

159 조지아Georgia: 원문은 '일이일日爾日'이다.

160 아스트라한Astrakhan: 원문은 '아사달랍강阿斯達拉岡'이다. 지금의 러시아 카스피해 저지, 볼가강Volga River 하류 삼각주에 위치한다.

161 오렌부르크Orenburg: 원문은 '아륜불이액痾倫不爾厄'으로, 치칼로프Chkalov

라고도 불렸다. 지금의 우랄산맥 최남단에 위치한다.

162 북카자흐스탄: 원문은 '북합살극北哈薩克'이다.

163 코칸트Kokand: 원문은 '곽한霍罕'으로, 지금의 우즈베키스탄 페르가나분지Fergana Valley 남서쪽 끝에 위치한다.

164 안디잔Andizhan: 원문은 '안집연安集延'이다.

165 키르기스스탄Kyrgyzstan: 원문은 '포로특布魯特'이다.

166 살펴보건대 … 도달했다: 이 부분은 위원의 안이다.

167 『수시력授時曆』: 중국 원元나라의 천문학자 곽수경郭守敬·왕순王恂 등이 만든 역법이다. 원나라 세조의 명으로 간의簡儀와 앙의仰儀 등을 이용하여 정밀한 관측을 거쳐 만든 것이다.

찾아보기

해국도지(七) 인물 색인

[ㄱ]

가정제 433

가르단, 앙투안 339

감영 437, 439

강통 437

강희제 282

건륭제 239, 241, 242, 282

건문제 69

곡대용 424

공자 436

[ㄴ]

나디르 샤 269, 362

나르시에 422

나세르 알딘 샤 365

난왕 147

[ㄷ]

다리우스 1세 364

다리우스 3세 362

단진반주이 242

달립 싱 151

대삼보 241

[ㄹ]

란지트 싱 116, 194, 206, 269

리치, 마테오 337

[ㅁ]

마로귀자 85

마르완 2세 351

마합목특 434

마합묵 434

마호메트 424, 425

마흐무드 샤 두라니 269

모세 360, 405, 434, 436

몽케칸 62

무아위야 351

무제 237

무함마드 341, 365, 394, 397, 399, 400-402,
404, 424, 425, 434-436

무후 394

무후측천 338

묵묵파이 265

미르 샤 술탄 267

[ㅂ]

바누 마르완 351

바부르 269

반초 437

배행검 423

보태 240

복강안 241-243

부처 236, 436

붓다 152

[ㅅ]
사기니 279
사디 341
사디크 363
사범 237
살의고저 69
샤마르파 239, 240, 242
샤 슈자 278-280
성덕 240-242
손사의 241
술레이만 351
시라지 웃다울라 69, 113

[ㅇ]
아가 모하마드 칸 338, 363
아르다시르 1세 338
아무르사나 282
아미르 395
아바스 1세 338
아부 무슬림 351
아빌, 데이비드 205
아흐마드 423
아흐마드 샤 69
아흐마드 샤 두라니 267, 269
악바르 2세 150
악휘 240, 241
안토니누스, 마르쿠스 아우렐리우스 437, 440
알라 399, 434
알라신 113
알렉산드로스대왕 112, 362
알리 341, 394
알리 무라드 칸 363
알마문 394
알 사우드 395
압둘라 395
야즈데게르드 3세 422
양신 433

열왕 112
영왕 361
예수 148, 205, 434, 436
오소완 265
와카스, 사드 이븐 아비 426
와하브, 무함마드 이븐 압둘 394, 397
왕현책 62
요영 281
월리엄 69
율옥란 280, 303
이브라힘 432
이븐 사우드 395
이븐 알왈리드 422
이스마일 425

[ㅈ]
자란즈 422
자만 샤 두라니 269
자파르 칸 363
장록 432
장마묵 69
장열 350
정성공 83
정일붕 432
정화 62, 275, 423, 425, 428, 436
제갈량 229
제신보 241, 242
주공 436

[ㅊ]
춘원씨 221, 266
칭기즈칸 62

[ㅋ]
카브구, 이르비스 볼룬 422
카림 칸 338, 362
캄비세스 2세 364

콜리 칸 338
크세르크세스 1세 364
클라이브, 로버트 69, 149
키루스 337, 361, 364

[ㅌ]
타흐마스프 2세 362
태비영아 241
티무르 69, 148

[ㅍ]
파드 알리 샤 338, 363
파세나디왕 421
파충 109, 240, 241
팔덴 라모 240
팔전 85
페로즈 3세 422
피루즈 샤 69
피르다우시 341

[ㅎ]
하느님 354, 360, 399, 400, 405
하룬알라시드 394
하빈 83
하심 351
하이데르 알리 69
하족걸 69
하페즈 341
해란찰 241-243
행근 353
혁산 85
현왕 112
현장법사 266
혜령 241
호스로 2세 422
호지잔 267, 435
화림 241
홀라구 칸 62

해국도지(七) 지리 색인

[ㄱ]
가경미라 206
가경미록 206
가든 리치 231
가르왈 91, 92, 141, 205
가습미륵국 265
가욕관 266, 423, 432
가적산 142
가즈니 269, 279
가지미이 206
가치미이 206, 207
가탈가 432
가포액니 270

가포이 86
간다바 157, 275, 276
간다키 136
간실 431
갈 319
갈단 109, 283
갈랄비아 393
감숙 424
감주 433
갑치가특 156
갑포 117
갑포이 267, 278
강국 350

강소 156, 281

개실밀 206

갠지스강 71, 112, 132, 133, 146, 147, 149, 153, 154, 156, 158, 209, 229, 235, 236, 278

걸석미이 206, 265

게르만 440

게젤오잔강 361

건각리마담달라사 221

경속 244

계빈국 265, 277

고다바리강 112, 133, 141

고마운 157

고불국 68

고비사막 209, 433

고사 337

고소산 337

고아 132, 144, 148, 197, 311, 312, 316

고진 90

곡다강공 240

곤드와나 89, 92, 140, 205

곤륜산맥 108

곤성 430

공명성 229

과만도 90

곽이객국 277

곽한 273

괄리오르 117, 135, 204

광동 207, 209, 221, 222, 244, 245, 280, 281, 309, 440

광동성 244

광주 229, 423

교아포대 231

구르카 61, 62, 88, 116, 153, 154, 157, 204, 206, 236, 238-240, 242-245, 277, 281-283, 303

구스니 85

구자라트 137, 138, 142-144

군투르 143

군파가륜 158

굼티강 137

그리스 274, 303, 338, 340, 364, 404, 438

극가 432

금안회회국 314

금천 243

급이포이 136

기랍덕사 136

길란 352, 358, 361, 363, 366

길사라 88

[ㄴ]

나가파티남 308, 310

나그푸르 70, 71, 115, 136

나그푸르국 137

나르가나 136

나르마다 157

나르마다강 112, 133, 157, 193

나특란 89

날죽 432

남만 229

남양 230

남양군도 80

남인도 61, 62, 68, 69, 88, 90-93, 205, 277, 280, 308, 311, 314

남중국해 238, 245, 440

남터키 110

남덕여이 207

납독 432

납등포이 137

낭덕각 137

낭리산 393

네덜란드 61, 80, 81, 85, 113, 134, 148-150, 154, 192, 234, 282, 308, 311, 317, 318, 356

네지드 402, 403

네팔 70, 71, 89, 91, 92, 135, 136, 140, 141, 204-206

녓남 440
노사랄 136
녹이문 83
늑이서해 433
니긴호 134
니샤푸르 431
니얼람 240
니잠 115, 137
니코바르제도 319
니하반드 352

[ㄷ]
다가리고도 142
다다르 71
다두 136
다람살라 138
다마반드산 349
다마스쿠스 351
다만 144
다웨이 140, 229
다카 236
단나국 237
단다 137
단단국 428
달단 278
달달 278
달몰 352
달호 134
답타 194
대만 80, 83
대백두 109, 110, 280
대서양 80, 111, 244, 310, 312, 436
대서천 109, 238
대식 349
대식국 337, 350-353, 422
대완 266
대월지 267, 277, 421

대진 437-440
데라가지칸 135, 207
데라이스마일칸 135, 207
데칸 136
데칸국 137, 143
덴마크 145, 148, 154, 319
델리 69, 91, 92, 136, 138, 141, 157, 205, 223
도랄해 361
도브강 361
도찰극 269
돌궐 352, 421
동가라삼 272
동갠지스강 112
동로마 제국 350, 421
동인도 61, 68, 69, 81, 88, 89, 92, 93, 156, 205,
    229, 235, 236, 238, 239, 277, 280, 281, 311,
    440
동터키 110, 433
두란 361
등월주 237
디우 144, 313
딘디굴 142

[ㄹ]
라그만 269
라레스탄 352, 359
라무리 353
라비강 135, 207
라슈트 366
라이푸르 137
라자스탄 136
라자스탄국 137, 138
라지푸타나 90, 92, 193, 205
라호르 91, 117, 135, 141, 142, 195, 205-207,
    269
랄릿푸르 239
랄합 206, 207

래카다이브제도 319
러시아 62, 108-110, 117, 151, 207, 237, 244,
　　245, 270, 274, 278-282, 302, 303, 337, 338,
　　340, 356, 360, 361, 363, 365-367, 440, 441
러크나우 137, 192
런던 70
레이아 135, 207
로마 274, 338-340, 362, 364, 404, 437, 438
로마 제국 353, 422
루디아나 138
루미 432
루스 271, 275, 276
륵회 207
리해 278, 340

[ㅁ]
마관 280
마나 90
마나마 90
마나우 91-93
마나항 146
마니푸르 156
마드라스 61, 69, 70, 84, 88, 90, 140, 142, 143,
　　149, 152, 157, 158, 195, 196, 205, 207, 208,
　　233, 309, 313-315
마라타 91, 93, 114, 131, 156, 157, 193, 195,
　　204, 233, 316
마라타국 87, 311
마르가오 144
마면 280
마슈하드 358, 367
마실리파트남 69, 70, 91, 93
마약리치 303
마에 145, 311
마웅사단 92
마이격 304
마이소르 116, 136, 142, 192

마이소르국 137
마이와 72
마잔다란 358, 361, 363, 367
마잔다란강 361
마카오 62, 83, 282, 302
마케도니아 362, 364
마크란 275, 276
마푸사 144
마하나디강 133
마하발레슈와르 139
마합파 137
막와이국 222
말라바르 142, 145
말레환초 317
말루쿠제도 83
말반 69, 89, 91
말와 71, 89, 90, 93, 135, 137, 141, 143, 205
말완 311
말완국 312
망갈로르 142, 158
매락 435
맹가랍 231
맹가렵 234
맹매 308
맹아랍 234
먹쿠완푸르 136
메디나 111, 393, 399, 400, 402, 403, 405, 421,
　　425, 434, 435
메디아 361
메르브 351
메소포타미아 438
메익 229
메카 110, 111, 268, 362, 393, 398-400, 402-
　　405, 421, 423-425, 430, 433-435, 439
명하라 234
모 139
모로코 394

모타마 140

모특산 304

목고랍산 241

목소달판 266

몰디브 317, 366

몰디브제도 319

몽골 69

무굴 제국 109, 148, 149, 156, 157, 195, 238,
    314

무르시다바드 154

무스카트 403, 405, 436

묵가 423, 434

묵덕나 434

물탄 70, 71, 92, 135, 195, 205, 207

뭄바이 61, 69, 70, 81, 84, 86-88, 114, 131, 140,
    143, 149, 156, 158, 195, 196, 205, 207, 208,
    233, 243, 277-279, 308, 309, 313, 315, 316

믈라카 109, 140

미가 434

미국 61, 62, 131, 205, 245, 281, 282, 436

미라지 139

미랍 93

미리아 89

미아합란 432

미얀마 61, 88, 146, 148, 150, 153, 156, 229,
    230, 236, 239, 245, 277, 281, 303, 440

미적납 434

민년신 111

민아국 110

민하 234

밀라기 274

[ㅂ]

바고 229, 230

바그다드 352

바다흐샨 266, 267, 278, 432, 435

바데즈 144

바도다라 116, 138, 193

바라문 350

바라이치 137

바레일리 157

바미안 273

바볼 367

바빌 354

바빌로니아 337, 354, 364, 394

바빌론 364

바스라 438

바쿠 해구 366

바하르 88, 89, 91, 136, 140, 141, 153, 154, 205

바하왈푸르 135, 207

박타푸르 239

박트리아 237

반다 144

반다르아바스 363

발라가트 143

발루치스탄 88, 131, 135, 136, 146, 206, 268,
    270, 271, 274-276, 337, 359, 361, 363

발트해 278, 303

발티스탄 265

발프루시 363

발호 431

백 432

백두국 109, 234

백두회국 303

백목융 238

백서국 356, 359

백의대식 351

백이서아 337

백이서아국 349

베나레스 89, 132, 156, 236

베라르 69, 71, 89, 90, 93, 137, 141, 143, 156,
    205

베쉬발릭 432

베트남 245, 440

벨로르 315
뱀버나드호 134
벵갈루루 138, 158, 315
벵골 61, 62, 69, 71, 85, 88, 89, 92, 110, 113,
    131, 132, 140, 145, 147, 149, 150, 152, 153,
    156, 192, 195, 196, 205, 207, 208, 231, 232,
    234, 238, 243, 244, 277-279, 281, 308, 309,
    311, 314
벵골만 131, 133, 141-143, 146, 147
벵골 해역 112
벵굴라 311
벵굴라국 312
보달 337
보스탄 363
보스포루스해협 438
보팔 136, 193
보팔국 139
복건 83, 208, 221, 222
볼로 209, 265
부셰르 358, 363, 367
부탄 136, 140, 205, 238, 277
부하라 206, 207, 268, 276, 278-280, 303, 359,
    431
부하라한국 110
북경 303
북고해 278, 340
북라길 274
북부 시르카르스 141, 143, 145
북인도 61, 62, 68, 88, 89, 152, 205-208, 236,
    265, 273, 278-280
북카자흐스탄 441
북터키 111
분델칸드 136, 139
분디 138
불림국 438
브라마푸트라강 112, 132, 133, 146, 155
비다르 137, 143

비로사 276
비로치국 275
비자푸르 89, 91, 93, 137, 139, 142-144
비카네르 138
비콜림 144
빈디아프라데시 69
빈목파 265

[ㅅ]
사국 352
사나 403
사라완 271, 275, 276
사리성 423
사마르칸트 69, 109, 110, 148, 234, 355, 365,
    421, 423, 433
사사성 432
사산조 페르시아 338
사아력산 303
사이람 432
사이프울마룩호 268
사적만 431
사천 208, 239
사타라 70, 71, 136, 139, 144, 192, 312
사타라국 137, 139
사포 274, 275
사프다리 136
사해 110
사혹 432
살렘 138, 143, 315
살미 197
살세트 144
살윈강 238
상트페테르부르크 281, 303
새이 238
색륵 361
샤트알아랍강 361
샤흐루히야 432

서각 206, 207
서갠지스강 112, 272
서남양 61, 63, 68, 109, 131, 219, 265, 337, 393
서녀국 110
서녕 240
서돌궐 422
서역 206, 363
서인도 61, 62, 68, 205, 274, 278, 337, 349, 356,
　　421, 428, 440
서인도제도 356
서카자흐스탄 337
서터키 110, 338, 438
석국 350
석숙보 239
설산 156
세람푸르 145
세르지람 85
셈난 363
셰베르간 269
소금사막 367
소란 431
소백두 109, 280, 308
소백두국 234
소서양 144, 314, 436
소서천 238
소아시리아 337
솔론 241, 282
송화강 431
쇄섭성 423
수라트 88, 143, 149, 159, 309, 313, 316
수마트라 440
수미산 222
수에즈 439
수에즈지협 398, 401, 402
수틀레지강 135, 138, 206
순다해협 440
순달랍아적 144

술 432
스리나가르 141
스리랑가파트나 158, 315
스리랑카 62
스페인 61, 356, 394, 404, 435
슬랏 140
시나이산 360, 393, 400, 405
시라즈 352, 361, 363, 367, 432
시르카르스 137
시르힌드 136, 206
시르힌드국 138
시리아 337, 437, 438
시베리아 109
시스탄 269, 363
시크 135, 136, 156, 194, 206-208, 236, 268,
　　269, 273, 275
시크국 138
시크 왕국 116
시킴 192
신강 110, 117, 265
신도사돈 337
신두 108, 222
신드 70, 71, 135, 193, 206
신드국 135
신디아 70, 71, 117, 135, 139, 146, 204, 275
신디아국 137
신부 308
실국 206
실론 70, 71, 91, 93, 133, 146, 148, 152, 308-
　　310, 317, 318
실론섬 139
실필리아 110
심덕하 268
심라 157

[ㅇ]
아갑 204

아그라 69, 91, 92, 135, 136, 138, 140, 141, 152, 205, 222
아단 433
아덴 110, 111, 274, 338, 341, 393, 395, 397, 405, 421, 426, 428, 430, 436
아덴만 398, 405
아라비아 159, 278, 309, 318, 363, 364, 367, 398, 400, 401, 404, 405, 433, 435-437, 441
아라비아반도 400, 402, 403
아라비아해 112, 131, 143, 146, 243, 275, 276, 314, 398, 400-403, 433, 436, 439
아라칸 140, 155
아란 393, 433
아랄파아 433
아랄해 278
아랍 86, 110, 111, 274, 365
아랍극파랍사 267
아랍백국 400
아랍비아 393, 433
아랍아 401
아랍피아 433
아려미아 433
아룬 136
아리 238
아마다바드 90, 316
아마드나가르 137
아매 352
아몰 352, 367
아무다리야강 365
아미탑발부 87
아미파아 340
아부안니 269, 278
아사덕랍가 144
아삼 71, 111, 140, 153, 155, 156, 277
아스트라바드 367
아스트라한 441
아시리아 337

아시아 68, 145, 272, 275, 277, 304, 361, 364, 393, 395, 401, 402, 435
아우드 69, 71, 90-92, 136, 139-141, 192, 205
아우랑가바드 138, 143, 191
아이랍밀아 433
아이사단 91
아잔타 191
아제르바이잔 267, 363, 366, 367
아지메르 136, 141-143
아크수 432
아톡 207
아포액니 267
아프가니스탄 85, 110, 117, 131, 133, 135, 138, 142, 146, 148, 206, 207, 266, 267, 269, 272-274, 276-280, 302, 303, 338, 339, 359, 361-363
아프리카 111, 398, 400, 402, 403, 435, 438, 440
안남 230
안다만제도 320
안드라스 311
안디잔 206, 273, 441
안서 423
안식 437-440
안식국 337
안잘리 363
안젠고 310
안평항 83
알라푸자 139
알라하바드 89, 90, 92, 136, 137, 139, 140, 141, 156, 192, 205
알아흐사 402, 403
암발라 138
암리차르 135, 195, 207
압안국 270
앗샴 352
애덤스산 318

애오한 273

액라사국 363

액륵제 338

야남 145

야르칸드 208, 209, 219, 265, 432

야무나강 156

야즈드 358

양곤 229

양광 208, 221

양주 237

엄력 431

여강 237

열하 241

염사한 136

염이한 136

영국 61, 62, 70, 72, 81, 83, 85, 87, 88, 113,
    115, 117, 131, 134, 135, 139, 148-150, 152,
    156, 157, 159, 191-194, 204, 206-208, 223,
    230, 231, 234, 235, 238, 242-245, 265, 270,
    271, 278-281, 302, 308, 310, 313, 314, 316,
    317, 339, 341, 349, 356, 357, 359, 366, 368,
    405, 436, 439

영파이파개 144

예레반 367

예멘 402, 405

오렌부르크 441

오리사 70, 71, 92, 137, 141, 143, 154, 205

오만 402, 403

오만만 133, 136, 138, 143, 144, 275, 361, 401

오사장 239

오세티야 432

오스트리아 438, 440

오이라트 282

오인도 61, 62, 68, 80, 82, 84, 88, 108, 112, 131,
    145, 148, 150, 151, 191, 196, 197, 205, 208,
    223, 239, 243, 270, 278, 318, 365, 366, 404

오인도국 111

오한 273

옥문관 437, 440, 441

옥수스 438

옥수스강 281, 303, 352

온도 68, 222

올륜 432

옹야아 242

와르하 137

왜파이포 141

우다이푸르 115, 138

우랄산맥 243

우룸치 245

우르미아 361

우즈베키스탄 110

우창 108

운남 112, 155, 208, 230, 237, 239, 441

운남성 114

울라호 268

위구르 431

위성 193

유누스 432

유대 110, 398, 404, 435, 437

유대 왕국 404

유럽 61, 63, 207, 280, 339-341, 368, 402, 434,
    435, 440

유프라테스강 401

의란 361

이라와디강 112, 229, 239

이라크 358, 363

이란 86, 267

이리 282

이리완 361

이북 433

이스라엘 360

이스파한 337, 358, 361, 367

이아열산 393

이저 244

이집트 360, 395, 397, 402-404, 439

이탈리아 338, 437

인더스강 70, 71, 112, 132, 133, 146, 193, 206, 209, 268, 273, 278, 354, 394

인도 62, 68, 86, 88, 109, 112, 113, 115, 116, 133, 135, 138, 145, 147, 149, 150, 152, 153, 193, 196, 204, 205, 208, 222, 235, 237, 239, 242, 244, 245, 271, 272, 276, 278, 279, 281, 283, 302, 315, 318, 319, 338, 356, 358, 364, 404, 436

인도양 61, 80, 81, 109, 133, 140, 146, 153, 277, 308, 356, 433, 440

일람 367

일본 80, 148

잉와 140, 229

잉와국 131

[ㅈ]

자낙푸르 136

자와 150, 440

자와섬 83

자이살메르 138

자이푸르 135, 138, 207

자즈푸르 155

잔지라 233, 313, 314

잘나 70, 143

잘랄라바드 269

장안 421

적밀부락 243

적토 428

전장 238, 239

절강 156, 244, 281

제롱 239

제롱주 241

제이팔찰 281

조드푸르 138

조지 421, 437, 438

조지국 436

조지아 110, 363, 441

종리 238

주나가드 136

주나가드국 138

준가르 282

중국 61, 86, 108, 112, 116, 147, 157, 159, 197, 204, 208, 220, 233, 235, 236, 238, 243, 244, 274, 281, 302, 314, 316, 360, 425, 429, 431, 432, 436, 437, 440, 441

중앙카자흐스탄 441

중인도 61, 62, 68, 86, 88, 91, 92, 205, 219, 222, 237, 238, 277-279, 281, 308, 314, 440

중장 238, 239

지곡 69

지다 405, 436

지중해 111, 435, 439

[ㅊ]

차우퓨 155

차타르푸르 139

착자 135

착저 207

찬다나가르 145

찬드푸르 137

찰지이 268

참파 440

천당 236, 423, 433, 436, 441

천방 433, 436

천주 353

천축국 131, 133, 234

철관 352

철삭교 242

청해 241

체르케스 441

치타공 230

치트라두르가 138

칠리카호 134

[ㅋ]

카나라 91, 137, 142, 144
카나코나 144
카니아쿠마리 146
카다파 315
카드페 277
카라샤르 431
카라치 136
카룬강 361
카르강 361
카르나타카 138
카르나티크 89-91, 93, 137, 139, 142, 143, 145, 205
카리칼 145
카불 69, 85, 111, 117, 151, 194, 267, 269-271, 279, 304
카슈가르 221, 432
카슈미르 71, 91, 135, 142, 151, 194-196, 205-208, 219, 265, 266, 277, 431, 432
카스피해 110, 146, 222, 268, 278, 302, 340, 356, 358, 359, 361, 363, 365-367, 423, 440
카이라바드 137
카자흐스탄 110, 271, 361
카치 271
카콜렘 144
카트만두 116, 136, 204, 239, 242
카티아와르 138, 233, 313
카티하르 156
칸다하르 267, 269, 271
칸데시 87, 89, 90, 93, 135, 137, 141, 143, 205
칼라트 272, 276
칼라트이길자이 269
캄가온 87
캄베이 146
캔디 왕국 310

캘리컷 70, 90, 92, 93, 158, 311, 423, 426, 428
케르만 352, 359, 363, 432
코모린곶 310
코베리강 112, 133
코스타 308, 314
코임바토르 91, 93, 142
코젠드 431
코친 70, 71, 90-92, 230, 310, 317
코칸트 206, 273, 441
코타 138
코테 319
코히스탄 135, 207, 275, 276
콘스탄티노플 438
콜롬보 140, 310, 319
콜카타 70, 89, 131, 140, 154, 231, 235
쿠달로르 315
쿠라강 361
쿠르디스탄 337, 363
쿠바 356
쿠차 431
쿠치 136, 146, 193
쿠타크 137, 141, 155
쿠파 352
쿤두즈 304
퀼론 139
크리슈나강 112, 133
클라파 80, 85
키르기스 432
키르기스스탄 271, 337, 441

[ㅌ]

타네 193
타드무르 352
타라와 87
타바리스탄 352, 423
타브리즈 431
타쉬룬포 238, 240

타슈켄트 435

타웅지 230

타전로 239

타타르 69, 88, 245, 278, 280, 302, 303, 337-
339, 394

타필성 367

탈라세리 311

탑티강 112, 134

탕구트 239, 240

태국 80, 109, 148, 229, 234, 245, 428, 440

터키 268, 274, 303, 337, 338, 340, 341, 356,
359, 363, 365-367, 393, 396-398, 400-403,
405, 435, 438

테헤란 358, 359, 367

토르구트 274, 282

토번 62, 351

토크마크 431

토하라 421, 422

통크 138

투르키스탄 272

투르판 423, 430

튀르기쉬 350

트라방코르 70, 71, 89, 90, 136, 142, 192, 310,
312

트라방코르국 139

트라시강 205

트랑케바르 145

트리반드룸 139

트리치노폴리 158

트링코말리 319

특란사가이사 92

티그리스 350

티그리스강 401, 421

티베트 71, 88, 92, 111, 116, 131, 133, 135, 141,
146, 157, 192, 195, 204, 234, 236, 237-243,
245, 265, 277, 281, 283

[ㅍ]

파라 269

파랍파리 154

파려 144

파르스 358, 363, 367

파리성 154

파미르고원 109, 209, 239, 243, 266, 278, 302,
365

파사 361

파음 432

파이제아 337

파탈리푸트라 68

파트나 89, 90, 140, 154, 233, 236

파티알라 138

판다르푸르 139

판짐 144

팔리 138

팔크해협 146, 147

팡웅아 229

패가이 137

팽착령 240

펀자브 135, 207

페르넘 144

페르시아 86, 109, 111, 117, 148, 151, 159,
268-271, 273-276, 279, 280, 302, 303,
337-339, 341, 349, 350, 353-356, 359, 361,
363-365, 367, 394, 397, 404, 405, 421-423,
433-437

페르시아만 337, 359, 361, 398, 400-403, 405

페샤와르 135, 137, 207

포르투갈 61, 81, 82, 86, 113, 132, 134, 144,
148, 149, 152, 158, 197, 312, 313, 315, 316,
318, 435, 439

포사 337, 349

포이아 238

포피성 193

퐁디셰리 145, 197, 308, 309, 315

푸나 139, 316
푸네 156, 159
푸텐키라 139
프랑스 61, 62, 84, 134, 145, 148, 149, 197, 234,
　　245, 281, 282, 308, 309, 311, 315, 339, 356,
　　368
프로이센 278
피낭섬 308
피룽 244
필가시국 265

[ㅎ]
하드라마우트 402, 403
하라완 271, 275, 276
하리강 361
하미 424, 430, 432
하반 273
하부간 117
하산 193, 431
하이데라바드 90, 93, 136, 137, 141, 143, 191,
　　194, 205, 309, 313
하자르 352, 421
할하부 110
함해 340
합달니 139
합신 432
합적란 431
항하 71
해랄부 87
헌도사단 68
헤라트 151, 267, 270, 272, 359, 361, 366, 431,
　　432
헤라트강 71
헤자즈 402, 403, 423, 435
협씨미리리 206
협지미리 266
호라산 69, 351, 358, 363, 367

호르무즈 359, 423
호르무즈섬 355
호탄 430, 432
호한 273
홀로모사 274, 275
홀카르 136, 137
홀카르국 137
홍콩 85
홍해 147, 360, 400-403, 405, 433, 435, 436,
　　439, 440
황포 316
회강 108, 206, 208, 221
회리저 242
회부 243
후글리 231, 309
후글리강 140, 145, 154
후잔트 431
후장 194, 206, 207, 209, 238, 239, 241, 243,
　　277
후제스탄 359
흉노 364, 440
흑룡강 110, 282
흑성 158
흑의대식 351, 423
흑해 111, 278
흑해해협 438
흔도 222
흔도사탄 68
흥도 222
흥도사하 71
희랍 274
희망봉 438
히라산 404
히말라야 146, 209
히말라야산맥 71
히바 85, 110, 279, 280, 302, 303
힌두 276, 279

힌두스탄 62, 68, 86, 108, 109, 111, 208, 219,
221, 265-267, 273, 277-280, 337

힌두쿠시 69, 279

힌두쿠시산맥 62, 280, 302, 304

해국도지(七) 서적 색인

[ㄱ]

강유기행 281

건륭정곽이객기 239

고종어제문집 108

고종어제시집 108

곤여도 222

[ㄷ]

당서 437

대당서역기 265, 266

대청일통지 265

도이지략 441

[ㅁ]

만국지리전도집 111, 222, 235, 314, 356, 398

매월통기전 82, 86

명사 278, 423, 428, 430

무역통지 80, 356

[ㅅ]

사기 337

서류고토기 68

서역문견록 208, 219, 265, 273

서장기 238

서장후기 237

성서 360

송사 206, 265, 353

수시력 441

신당서 206, 349, 421

[ㅇ]

아라사여인도구병기 277

영애승람 426

영환지략 205, 273, 433

외국사략 145, 270, 271, 317, 363, 402

원경세지리도 265

월상회술 234

의대리도설 437

[ㅈ]

지구도설 131, 276, 359, 400

지리비고 133, 139, 144, 145, 268, 272, 275,
277, 317, 360, 401

직방도 222

직방외기 354

[ㅊ]

천일야화 398

[ㅋ]

쿠란 341, 399, 401, 434

[ㅌ]

탐험보기 68

[ㅎ]

한서 266, 438

해국문견록 109, 234, 308, 439

해도일지 84

해록 89, 90, 229, 309

황청통고 266

후한서 437

회회력 441

해국도지(七) 개념 색인

[ㄱ]

가경 82, 83, 87, 150, 157, 204, 245, 276, 316,
　　338, 363
가리사 396
가임나 70
가자 233
가정 148, 223, 424, 430, 432, 433
강황 71
강희 81, 83, 149, 235, 269, 278, 282, 362
개보 353
개원 350, 423
개중법 430
개황 426
건덕 353
건륭 81, 84, 113, 149, 206, 221, 223, 235, 239,
　　243, 245, 265, 267, 269, 278, 315, 320, 338,
　　362, 363, 365
건문 148
건염 354
건원 423
게르 276
견 71
견직물 341
경룡 423
경정 362
경창 430
계피 71, 133, 140, 147, 318
고거자 310
고래 기름 313
곤륜노 353

공반 89, 233
공반토 234
구리 309, 357, 360
그리스도교 118
금강석 112, 133, 309
금사 267
금색옥 112, 133
금화홍 90, 233
기독교 131, 152, 158, 205, 397, 401, 404
기린 428
길패 208, 353
꼭두서니 276

[ㄴ]

나가족 150
나사 85, 360
낙타 360
낙타털 담요 353
납 71
네덜란드 동인도 회사 83
노사 401
녹감 353
녹석 353
뇌사 268, 276, 361
눈황옥 112, 133
니유 230

[ㄷ]

다이아몬드 71
단삼 268

단향 71, 112, 133, 147, 158, 233, 312
담배 153, 196, 268, 356
대건 399, 434
대관 354
대라마 240
대력 423
대모 233, 317
대업 349, 353
대이맘 395
대추 359, 360, 364, 398, 403, 433
대추야자 353, 403, 427
대토 208
대파 313
대풍자 311
대합조개 319
대황 220, 277, 361, 364
도광 82, 84, 85, 116, 117, 151, 193, 196, 206,
    207, 223, 244, 270, 278, 279, 281, 302, 319,
    356, 360, 365
도미 236
동인도 회사 80, 81, 83, 113, 139, 149, 196
두구 71

[ㄹ]
라마 205, 240
라마 불교 245
라마승 204
라오스족 155
로드 232
로마인 364
루비 112, 133

[ㅁ]
마노 112, 133, 313, 353, 401
마노석 86
마노 침상 423
마라타족 69, 192

만력 80, 149, 338, 424
말 360
말라리아 319
면포 315, 319, 360
면화 71, 86, 112, 133, 134, 145, 147, 154, 156,
    158, 196, 208, 233, 235, 268, 272, 276, 277,
    309, 310, 312, 313, 316, 356, 361, 364, 401,
    403
명반 268
모스크 405
모포 360
목화 208
몰약 309, 311, 313, 398, 403, 434
묘안석 71, 429
무덕 399, 402, 404, 434
무소뿔 230, 312, 353
무수리 112
무슬림 159, 220, 223, 271, 273, 316, 318, 400,
    402, 403
문석 277
문양석 361, 401

[ㅂ]
바이샤 132, 151
방게 319
방구 430
방생원 88
배화교 359
백두 109
백두번 280
백두회 314
백설탕 133
백옥 401, 424
백용뇌 353
백피 90
백피토 234
버선 71

벵골족 232
벽옥 71
병아리콩 396, 398
보석 71
불교 68, 89, 109, 131, 134, 147, 151, 152, 155,
    204, 236, 245, 271, 276, 277, 318, 399, 434,
    436
불의 신 341
붉은 대추 359
브라만 87, 114, 132, 147, 151, 155-157
브라만교 134, 151, 152, 154, 159
브라만족 232
블랙홀 69
비누 313
비단 71, 195, 196, 220, 267, 315, 341, 360, 427
비상 71
비숍 70
빈랑 71
빈철 353

[ㅅ]
사 71
사금 71
사단 276
사바라족 90
사산조 364
사인 311
사켈라트 427
사탄 276
사탕수수 158, 197, 268, 401
사파비 왕조 338, 362
산스크리트어 152
산호 112, 133, 309, 312, 316, 317, 319, 401
삼보태감 62
상방 431
상아 312, 350, 353
상어 지느러미 230, 309-314

새우 309
생강 356, 364
생고무 398, 403
생사 366
서양포 109
서지 85
석류주 112, 133
석유 357, 360, 366
선덕 423, 425, 428, 430, 431
선종 436
선화 354
설탕 71, 147, 153, 154, 156, 157, 196, 233, 235,
    319, 356
섭조개 311
세포이 70, 232, 309
소금 157, 194, 268, 341, 360, 364
소목 71, 112, 133
소토 208
소합유 310, 311
소홍 354
송골매 112
수니파 397
수드라 132, 151
수만 233
수정 71
숙피 401
순치 80, 149
술탄 423
숭정 318, 396
시아파 397
시크교 134
시크교도 150
심지과 351
십계명 436

[ㅇ]
아다 230

아라비아인 313
아랍어 366, 426
아말향 350
아위 268, 313, 364
아초 71
아케메네스조 337
아편 71, 89-91, 112, 117, 133, 134, 145, 147,
    153, 154, 196, 208, 233-235, 237, 244, 281,
    282, 309, 312-314, 360, 361, 364
아프샤르 왕조 338, 362
악어 230
야자 71, 310, 316, 318
야쿠트 428
약수 222
약재 86, 360, 361
양 360
양귀비 196, 208, 233, 236
양모 341, 360
양삼 71
양은 80
양탄자 71, 268, 341, 357, 360, 361
양털 71
연희 437
영강 338
영국 동인도 회사 81, 84
영락 426, 428, 430
영명 364
영원 437
영정 364
영초 404
영휘 350, 353
예수교 318, 319, 367
예수교도 319
오색 꽃 그림의 서역 비단 353
오토 233
옹정 239, 245, 278, 365
와택 268, 276

용연향 310, 319, 425
용염 353
우단 85
우마이야 왕조 351
우피 361
우황 233
위량 114
유대인 364, 405
유리그릇 353
유향 309, 311, 313, 353, 364, 393, 398
유홍 90, 233
유황 71, 268, 276, 361, 364, 401
육계피 318
육두구 158
은 71, 309
은약 353
은행 196, 282
이맘 395, 425
이스파바드 423
이슬람 87, 195, 223, 265, 266, 278, 280, 302,
    339, 349, 356, 365, 402, 421
이슬람교 63, 68, 86, 88, 110, 111, 131, 134,
    151, 194, 222, 268, 272, 274, 276, 278, 302,
    317, 338, 339, 341, 357, 359, 361, 365, 393,
    397-399, 401-404, 421, 424, 425, 426, 429,
    433-436
이슬람교도 109, 113, 152, 154, 156, 158, 274,
    362, 399, 435
이슬람족 148, 311, 430
인디고 71, 112, 133, 134, 147, 153, 154, 156,
    195, 197, 233, 236, 268, 272, 276, 360, 401

[ㅈ]
자경 230
자기 220, 361
자와족 310
잔드 왕조 338, 362

잠잠 400
장미 236
장미수 353, 425
장융 221
재첩 319
저스티스 232
전리미 396
전병 235
전복 312, 313
정강 148
정관 62, 362, 365, 422
정덕 148, 269, 316, 365, 424
정역장군 85
정원 351
정통 394, 428, 431
정향 83
제중 240
조로 422
조로아스터교 356
조선인 274
조일단 430
주리 232
주어러 232
주장대신 240, 241, 244, 281
준마 359, 360
중바 후툭투 239, 240
지덕 351
지방무역상인 280
진주 133, 147, 309, 318, 353, 359-361, 401,
    428
진주조개 354

[ㅊ]
찬보 238
찰창 240
창캬 후툭투 109
천문 427

천보 352, 423
천사 404, 426, 435
천신 349
천연가스 366
천주교 63, 132, 134, 197, 314, 318, 319, 437
철 71
청벽 112
초석 112, 235
침향 398

[ㅋ]
카바 신전 400, 435
카자르 왕조 338
카자흐족 302
카카오 309-311
칼란다르 221
캔디족 318
커피 133, 318, 356, 360, 396, 398, 403, 405,
    434
켄포 240
코끼리 71
쿠라이시족 351
쿠루바 312
크샤트리아 114, 132, 151
키르기스족 302

[ㅌ]
탑박포 196
태양교 359
태창 80
태평홍국 353
터키인 365
토번족 281
투글루크 69

[ㅍ]
파르시 313

파사도독부 422
파샤 395
파슈툰족 271
파이감바르 425, 435
파이색마향 398
파제고라 233
판첸 라마 239, 240
패화 233
페르시아인 89
포 231
포도주 360
푸루린 427
푸루스 427
프랑스 동인도 회사 81

[ㅎ]
하이데라바드족 309, 313
하지 435
학유야인 238
함형 422
해삼 233, 310, 312, 314, 319
해치 309
향료 133, 134, 353, 361, 398, 401, 403, 434
혈갈 311
호랑이 71

호사 196, 235
호시 281
홍교 240
홍무 365
홍사 353
홍옥 430
홍치 82, 113, 134, 318, 423, 433, 439
홍향목 320
화모수무연 423
화석 276
화약 233
활불 205
황감옥 424
황모파 277
황옥 430
회족 273
후글리족 232
후추 71, 80, 83, 112, 133, 140, 145, 147, 158,
    311, 312, 316, 401
흑금 277
흑토 89, 90
흑향목 320
흠차대신 281
힌두교 89-93, 194

저자 소개

위 원 魏 源(1794~1857)

청대 정치가, 계몽사상가이다. 호남성湖南省 소양邵陽 사람으로 도광 2년(1822) 향시鄕試에 합격했다. 1830년 임칙서 등과 함께 선남시사宣南詩社를 결성해서 황작자黃爵滋, 공자진龔自珍 등 개혁적 성향을 지닌 인사들과 교류했다. 1840년 임칙서의 추천으로 양절총독 유겸裕謙의 막료로 들어가면서 서양에 관심을 갖게 되었다. 같은 해 임칙서에게서 『사주지』를 비롯해 서양 관련 자료를 전해 받고 『해국도지』를 편찬했다. 주요 저작으로는 『공양고미公羊古微』, 『춘추번로주春秋繁露注』, 『성무기聖武記』 등이 있다.

역주자 소개

정 지 호 鄭 址 鎬

도쿄대학 대학원 인문사회계 연구과에서 박사학위를 취득하고 현재 경희대학교 사학과 교수로 재직 중이다. 주요 연구로 중국의 전통적 상업 관행인 합과合夥 경영 및 량치차오梁啓超의 국민국가론에 대해 다수의 논문을 발표했으며 현재는 귀주貴州 소수민족 사회에 대한 연구를 진행하고 있다. 저서로는『합과: 전통 중국 상공업의 기업 관행』,『키워드로 읽는 중국의 역사』,『진수의《삼국지》나관중의《삼국연의》읽기』,『한중 역사인식의 공유』(공저)가 있으며, 역서로는『애국주의의 형성』,『중국근현대사 1: 청조와 근대 세계』,『동북사강』등이 있다.

이 민 숙 李 玟 淑

한국외국어대학교에서 중국고전소설로 박사학위를 받았으며, 현재 한림대학교 인문학연구소 학술연구교수로 재직 중이다. 고서적 읽는 것을 좋아해서 틈틈이 중국 전통 시대의 글을 번역해 출간하고 있다. 특히 필기문헌에 실려 있는 중국 전통문화를 이해하고 재구성하는 것에 관심이 많다. 저서로는『한자 콘서트』(공저),『중화미각』(공저),『중화명승』(공저), 역서로는『태평광기』(공역),『우초신지』(공역),『풍속통의』(공역),『강남은 어디인가: 청나라 황제의 강남 지식인 길들이기』(공역),『임진기록』(공역),『녹색모자 좀 벗겨줘』(공역),『열미초당필기』등이 있다.

고 숙 희 高淑姬

성균관대학교 대학원에서 중문학 박사학위를 받았다. 동서양 고전을 즐겨 읽으면서 동서양 소통을 주제로 한 대중적 글쓰기를 시도하고 있다. 특히 18세기 한중 사회의 다양한 문화에 대해 큰 관심을 가지고 소소한 글쓰기를 하고 있다. 최근에는 법의학과 전통 시대 동아시아 재판 서사에 대해 깊은 관심을 가지고 연구를 진행 중이다. 저서로는 『고대 중국의 문명과 역사』와 『중국 고전 산문 읽기』가 있고, 역서로는 『송원화본』(공역), 『중국문화 17: 문학』, 『백가공안』, 『용도공안』, 『열두 누각 이야기+二樓』, 『新 36계』 등이 있다.

정 민 경 鄭瞥暻

중국사회과학원에서 중국문학 전공으로 박사학위를 받았다. 현재 제주대학교 중문과 부교수로 재직 중이다. 중국소설과 필기를 틈틈이 읽고 있으며 중국 지리와 외국과의 문화 교류에도 관심이 많다. 저서로는 『옛이야기와 에듀테인먼트 콘텐츠』(공저), 『중화미각』(공저), 『중화명승』(공저)이 있고, 역서로는 『태평광기』(공역), 『우초신지』(공역), 『풍속통의』(공역), 『명대여성작가총서』(공역), 『강남은 어디인가: 청나라 황제의 강남 지식인 길들이기』(공역), 『사치의 제국』(공역), 『(청 모종강본) 삼국지』(공역) 등이 있다.

해국도지
海國圖志